住房城乡建设部土建类学科专业"十三五"规划教材

高等学校城乡规划专业系列教材

城市社会学

刘玉亭　主编

中国建筑工业出版社

图书在版编目（CIP）数据

城市社会学 / 刘玉亭主编 . —北京：中国建筑工业出版社，2023.7

住房城乡建设部土建类学科专业"十三五"规划教材
高等学校城乡规划专业系列教材

ISBN 978-7-112-28958-5

Ⅰ.①城… Ⅱ.①刘… Ⅲ.①城市社会学—高等学校—教材 Ⅳ.① C912.81

中国国家版本馆 CIP 数据核字（2023）第 139450 号

本教材为住房城乡建设部土建类学科专业"十三五"规划教材，详细讲解了城市社会学的概念、理论和实践知识，主要包括：绪论、基本概念与理论初步、城市社会结构、城市社会问题、分异·隔离·融合、城市社会空间结构、社区与社区规划、城市贫困与低收入邻里、绅士化与旧城更新、城市移民社区、城市文化空间、城市社会调查方法与调查实践等内容。本书可作为高等学校城乡规划及相关专业的教材，也可供相关行业从业人员学习参考。

为更好地支持本课程的教学，我们向采用本书作为教材的教师提供教学课件，有需要者请与出版社联系，邮箱：jgcabpbeijing@163.com。

责任编辑：杨　虹　尤凯曦
责任校对：李美娜

住房城乡建设部土建类学科专业"十三五"规划教材
高等学校城乡规划专业系列教材
城市社会学
刘玉亭　主编
*
中国建筑工业出版社出版、发行（北京海淀三里河路9号）
各地新华书店、建筑书店经销
北京雅盈中佳图文设计公司制版
北京中科印刷有限公司印刷
*
开本：787 毫米 ×1092 毫米　1/16　印张：23$\frac{3}{4}$　字数：478 千字
2025 年 1 月第一版　2025 年 1 月第一次印刷
定价：**68.00 元**（赠教师课件）
ISBN 978-7-112-28958-5
（41692）

版权所有　翻印必究
如有内容及印装质量问题，请与本社读者服务中心联系
电话：（010）58337283　QQ：2885381756
（地址：北京海淀三里河路9号中国建筑工业出版社604室　邮政编码：100037）

编委会

主　　编：刘玉亭
参　　编：何深静　刘于琪　黄　幸　钱俊希　张园林　赵楠楠
　　　　　叶原源　邱君丽

前言

城市是人类文明的高级聚落形态。在农业文明时代，城市仅是军事、政治以及集市等功能的简单聚合体；进入工业文明时代，生产和生活方式的巨大改变，极大地提升了城市在社会经济体系中的地位，世界的城镇化进程得到快速发展。尤其是率先推进工业化的发达国家，其城镇人口的比重由1850年的11.4%，增加到1950年的51.8%，再快速增加到1980年的约70%，之后进入回稳阶段，到2010年和2020年分别为71.8%和75%；而发展中国家城镇化进程相对滞后，城镇化率在1980年接近30%（29.2%），之后进入快速发展阶段，到2010年城镇化率达到46.2%，到2020年增加到约50%，目前仍处于快速发展阶段。世界银行资料显示，2020年末，全球城镇化率为56.2%，预计2050年达到68%，发展中国家已经并将继续成为世界城镇化推进的主要力量。

改革开放以来，中国的城镇化步入正轨并进入稳步发展阶段，尤其是进入新世纪，中国的城镇化进程加速，城镇化水平大幅提高，从2000年的36.2%快速提高到2010年的49.9%，中国的城市社会来临，城市在整个社会经济体系中占据主导地位。城镇化高速发展，城镇人口和用地规模大幅提升，2020年，中国城镇化率已经达到63.9%。量的增长也在不断地推动着城市质的飞跃，尤其是近些年来，城市发展已经从外延扩张式的规模增长为主，转向存量更新的内涵提升，城镇化与再城市化的进程并行。城市发展在社会维度，标识着生活方式及其组织模式的发展与转变，与此相应而生的是各种城市社会现象与问题的产生与变化。党的十九大报告指出，中国当前社会的主要矛盾为"人民日益增长的美好生活需要和不平衡不充分的发展之间的矛盾"。与此相对照，中国城市社会发展的不平衡、不充分等问题持续存在，需要得到政府、学界、业界等的积极面对、持续关注并着力解决。

城市社会学正是这样一门运用社会学的理论和方法来分析和研究城市和城市社会的应用学科，其重点是研究城市的产生与发展、城市的社会结构与社会问题，以及城市发展的社会规律和表现。本教材的编写组成员具备丰富的一线教学经验，教材编写着重突出以下特点：

（1）**知识点与知识体系建构**。城市社会学的研究领域极为宽泛，内容非常庞杂，本教材着力提起若干关键知识点，如社会结构、社会分层与极化、社会分异与融合、社会空间、社区规划、城市贫困、绅士化、城市移民、文化空间等，通过这些知识点的统领，内在形成前后关联的、清晰的知识体系和内容结构。

（2）**问题导向与专题化解读**。科学研究的本质是对特定现象或问题的深入剖析，并对其成因机制做细致探究。本教材重视凝练城市社会学领域的若干核心议题，以专题化的编写形式，问题导向性的引入，带领读者深入认识城市社会的传统和现实问题，诸如城市化、城市社会空间、城市就业与城市贫困、社区发展与规划、绅士化与城市更新、城市移民等，引发读者对城市规划、建设和发展过程中城市社会领域关键问题的深思，深刻理解问题产生的背景、原因和机制，并就问题解决的可能措施展开讨论，力求做到深入浅出。

（3）**突显空间性和本土化**。重视解读城市社会现象或问题的空间性是本教材期望突出的特点，也是本教材主要面向城乡规划学、地理学、建筑学、风景园林学等学科、专业的目标期许。社会与空间是一对辩证统一体，空间形式（Spatial Form）和作为其内在机制的社会过程（Social Process）之间存在相互作用关系。历史和社会应视为内在地是空间性的，空间性维度的引入必将注入新的思考和解释模式，有助于我们理解社会、历史和空间的共时性及其复杂性与相互依赖性。同时，本教材重视对城市社会学经典理论和流派的引介的同时，突出对中国城市社会问题、城市社会空间、城市更新等的本土化分析和解读。

本教材力求在有限的篇幅、课时内，系统地介绍城市社会学领域的相关知识，旨在引导城乡规划、地理及相关专业的学生学习有关城市社会学研究的基本知识，了解基本理论、基本研究方法和思路，以及重要研究课题和案例等，启发学生对城市社会学、城市化和城市问题的关注与思考，为具有相关研究兴趣的同学提供学术指导。

全书分为12章。第1章绪论，阐述城市社会学学科性质、基本内涵和研究范畴；第2章基本概念与理论初步，明晰城市社会学的关键概念，并概括介绍经典的社会学理论；第3章、第4章城市社会结构与城市社会问题，解读城市社会结构与组织，分析城市社会存在的若干主要问题；第5章分异·隔离·融合，解读城市社会分异、隔离和融合的现象和本质，分析其空间表现，并辅以案例解析；第6章城市社会空间结构，诠释城市社会空间以及空间结构的基本概念，介绍相关理论与研究方法，并辅以案例评析；第7章社区与社区规划，解读社区和城市社区的基本概念和内涵，介绍社区规划的基本理念、方法和实践；第8章城市贫困与低收入邻里，分析城市社会的突出问题——贫困问题，并从空间角度入手，深入分析城市低收入邻里的类型、特征、成因机制和可能的发展对策；第9章绅士化与旧城更新，从社会学视角分析当代城市的旧城更新，突出分析绅士化的概念内涵，以及其多重表现形式；第10章城市移民社区，分别以城市国内、国际移民为研究对象，深入分析国内、国际移民的特征，以及国内、国际移民社区的类型、特征、成因机制和发展策略；第11章城市文化空间，从日常生活空间、消费空间、文化创意空间以及性别文化空间四个维度出发，对其进行简要梳理与总结；第12章城市社会调查方法与调查实践，概括介绍城市社会调查的基本方法，辅以案例介绍，阐述社会调查实践。

除华南理工大学团队以外，许多外校学者、老师和同学们积极参与了本教材的编写工作。全书的写作分工如下：第1章、第2章，由刘玉亭教授、张园林助理教授负责编写；第3章、第4章，由叶原源博士、刘玉亭教授、邱君丽博士负责编写；第5章、第10章，由刘于琪副教授、黄幸副教授负责编写；第6章、第7章由刘玉亭教授、黄幸副教授、赵楠楠博士负责编写；第8章由刘玉亭教授负责编写；第9章、第12章，由何深静教授、刘于琪副教授负责编写；第11章，由钱俊希副教授负责编写。

本书是一本主要面向高等学校及其他科研机构的城乡规划学、地理学等学科、专业本科生和研究生的通用普适性教材，它同时适用于建筑学、风景园林学、社会学、管理学等相关专业。本书不仅是一本教材和教研参考书，也可供城市规划、建设和管理等相关政府部门以及业界同仁们阅读与参考。

刘玉亭

目录

001 第1章 绪论
002　1.1　城市社会学是什么
010　1.2　城市社会学的兴起
018　本章参考文献

021 第2章 基本概念与理论初步
022　2.1　城市与城市社会
025　2.2　西方城市社会学的兴起
028　2.3　人类生态学和芝加哥学派
030　2.4　马克思主义学派：城市政治经济学
034　2.5　城市研究的社会空间方法
037　本章参考文献

041 第3章 城市社会结构
042　3.1　基本含义
043　3.2　相关理论
047　3.3　特征及其变迁
051　3.4　社会结构的要素
059　3.5　社会结构的载体
067　3.6　社会分层与流动
077　本章参考文献

081　**第4章　城市社会问题**
082　4.1　城市社会问题类型与成因
085　4.2　人口问题
091　4.3　住房问题
096　4.4　失业问题
100　4.5　贫困问题
111　4.6　城乡差距问题
116　本章参考文献

119　**第5章　分异·隔离·融合**
120　5.1　分异
126　5.2　隔离
135　5.3　融合
140　本章参考文献

143　**第6章　城市社会空间结构**
144　6.1　基本概念
145　6.2　研究理论与方法
149　6.3　模式与演变趋势
161　6.4　中国城市社会空间结构特征及其演变趋势
176　本章参考文献

179	**第 7 章　社区与社区规划**
180	7.1　社区
187	7.2　社区研究的理论方法
190	7.3　新城市主义以及新城市主义社区
196	7.4　社区规划
210	本章参考文献

215	**第 8 章　城市贫困与低收入邻里**
216	8.1　城市贫困
226	8.2　低收入邻里
237	8.3　中国快速城镇化的特殊产物——城中村
245	本章参考文献

249	**第 9 章　绅士化与旧城更新**
250	9.1　绅士化
255	9.2　绅士化的演化过程与动力机制
264	9.3　绅士化与旧城更新
267	本章参考文献

269	**第 10 章　城市移民社区**
270	10.1　国内移民社区
277	10.2　跨国移民社区
289	本章参考文献

293　第 11 章　城市文化空间

295　11.1　日常生活空间
300　11.2　消费空间
307　11.3　文化创意空间
315　11.4　性别空间
319　本章参考文献

327　第 12 章　城市社会调查方法与调查实践

328　12.1　城市社会学研究
347　12.2　社会调查分析和报告编制
358　12.3　社会调查案例
364　本章参考文献

365　后记

第 1 章

绪论

1.1 城市社会学是什么

1.1.1 基本内涵

1. 社会学与城市社会学

社会学（Sociology）产生于19世纪中叶，是为了回答和解释伴随着资本主义工业化和城市化发展而产生的社会结构和社会变迁的一门学科[1]。"社会学"的英文"Sociology"由两部分组成，前半部分"socio"来源于拉丁文"socius"，意思是"社会中的个人"；后半部分"logy"来源于希腊文"logos"，意思是"论述"或"学说"。合在一起，意思就是关于社会的理论或学说[2]。它诞生之初以研究人类社会的起源、组织、风俗习惯为主，后逐渐转变为研究社会发展和社会中的团体行为。社会学中的人类不是作为单独的个体，而是以群体、机构或社会组织而存在。社会学就是关于人类社会的学说，研究有关人类行为、人类互动关系和人类社会生活的科学。它是从变动着的社会系统整体出发，通过人们的社会关系和社会行为来研究社会的结构、功能、发生与发展规律的综合性学科[3]。

一般意义上的社会学指的是研究普遍性社会问题的科学，强调社会的整体性研究以及作为有机整体的社会系统各领域之间的关联。因此，社会学研究以整体性、综合性及科学性为特点[4]。而城市社会学（Urban Sociology）是社会学的一个分支学科，即社会学在城市系统中的延伸和分支[3]。

城市社会学，又称都市社会学，是一门以城市社会为研究对象的社会学分支学科。它应用社会学的理论和方法，研究城市中的社会生活、社会现象、社会关系和社会问题，以及城市规模、社会结构、社区组织、城市发展方向和发展规律等问题。在研究城市各种社会现象和问题时，城市社会学往往要和城市经济学、城市地理学、地方史学、社会心理学、政治学、伦理学、法律学等专门学科交织在一起，进行多学科的综合性研究。目前，世界上许多国家都开展了对这门学科的研究，并运用其研究成果指导城市的建设和管理工作[5]。

2. 城市社会学的界定

（1）研究城市社会问题的学科

城市社会学是社会学的一个分支学科，也是国际社会学领域中的一门"显学"。城市社会学主要关注的是城市生活的本质、现状和发展，并着重分析各种"城市社会问题"，如失业、贫困、社会动荡、拥挤、无根漂泊等[6]。

（2）研究与城市有关的社会现象的学科

从广义上说，凡是与城市有关的社会现象都可以作为城市社会学的研究对象。由于城市几乎影响到现代生活的每一个方面，所以某些社会学家将城市社会学的研究范围与社会学本身的研究范围并列起来。可以说，凡是具有城市成分的社会现象，都可以看作城市社会学的研究对象[7]。

（3）研究城市社会发展规律的学科

社会学是研究人类社会群体发展规律的科学，而侧重于研究城市社会的社会学，我们称它为城市社会学[2]。因此，城市社会学是从变动着的城市社会整体出发，以城市社会的构成与发展规律为研究对象的一门社会学的分支学科[8]。

（4）研究城市内部各种关系的学科

城市社会学与社会学的理论客体并不完全相同，社会学的理论客体是人、人与人组成的社会关系，以及由社会关系构成的社会规范、社会制度、社会组织等。而城市社会学的理论客体则是城市内部的各种社会关系[9]。

（5）利用社会学方法研究城市社会的学科

城市社会学的研究对象是城市社会，包括城市社会问题、有关城市的现象、城市社会发展规律等，使城市社会学明显区别于其他学科，有自己独立的研究领域；其研究方法是社会学方法，使城市社会学区别于研究城市社会的其他学科；研究对象与研究方法的结合，确立了城市社会学的独立性和特殊性[10]。

综合而言，城市社会学可界定为利用社会学的理论、方法和观点来分析、研究城市社会问题、现象、规律以及内部关系的社会学分支学科。它从社会学的视角入手，研究城市的规范和社会结构、社会组织，研究城市的自然系统和社会文化系统的互动关系，探索城市的发展规律以及它对城市中个人与群体的行为方式以及世界观的影响[11]。

1.1.2 研究对象与范畴

1. 城市社会学的研究对象

城市社会学的研究对象主要包括城市化、城市社会演化、城市社会结构、城市社会空间结构、城市生活方式、城市社会心理、城市社会问题、城市社会组织、城市社区等。其中，城市化、城市社会结构、城市社会空间结构、城市生活方式、城市社会问题、城市社区等是城市社会学的重点研究对象。

（1）城市化

城市化是农村人口不断转变为城市人口、农村区域逐渐演化为城市区域的过程，反映了农村社会向城市社会的转变[12]。城市化不仅是人口向城市的集中过程，更表现为人口的生活方式和价值观念等方面的变化[5]。城市规模的不断扩大和城市数目的不断增长是城市化的两种具体表现，当前整个世界都处于城市化的过程之中，尤其是发展中国家。因此，城市化毫无争议成为城市社会学研究的重要领域之一。城市社会学主要研究城市化的时空进程、类型、动力机制，与城市化相伴而生的城市社会问题，并通过不同时期、不同区域城市化的比较研究探讨城市发展的规律[12]。

（2）城市社会结构

城市社会结构是指"社会体系各组成部分或诸要素之间比较持久、稳定的相互联系模式"，是社会学研究的一个基本内容，也是城市社会学研究的重要领域。一方面，按照由个体到群体，由简单到复杂的原则，社会结构的载体是个人、群体、组织、阶层、社区。基于这些城市社会构成要素，城市社会结构的研究内容包括城市居民、城市社会组织、城市社会分层与社会流动、城市社区。另一方面，按照经济、社会、文化的标准，可将城市社会结构要素作横向分类，这一类研究包括人口结构、家庭结构、城市经济结构以及城市文化结构等方面的内容。城市社会学应当从不同的方面进行研究，了解城市社会各个构成要素的具体存在方式或状态，揭示构成城市社会的基本结构要素，关注各要素之间的相互联系、相互影响和相互作用[5]。

（3）城市社会空间结构

城市社会由居民、政府、各种社会组织以及物质实体空间组成，是人类的主要聚居场所，也是社会、经济和文化发展到一定阶段的产物。城市社会空间包括居住空间、公共空间以及交通空间等。城市社会空间结构的形成，并不只是一种纯粹的空间环境上的变化，而是一种深刻的社会历史变迁。城市社会学通过对城市社会各种空间结构模式的研究，探讨影响城市社会空间结构模式形成的多种因素，揭示和理解这些内容，把握城市社会空间结构形成的规律，从而有利于在更高层面上把握城市社会空间结构的总体特征，有助于更好地理解城市空间的社会学特性[5]。

（4）城市生活方式

美国社会学家沃思认为："城市是由不同的异质个体组成的一个相对较大的、相对稠密的、相对长久的居住地。"城市性可以理解为一种生活方式，它表征着人类联系的具体形式。而"城市社会学的中心任务是揭示那些典型的、相对长久的、聚合了大量异质性个体的居住地的社会行为和社会组织形式"[13]。城市本身就是一种生活方式，城市社会学应将城市生活方式作为研究对象，重点研究城市生活方式的起源、形成与变迁，城市生活方式的特征，城市生活方式的传播与辐射等[12]。

（5）城市社会问题

与城市发展相伴而生的是城市人口膨胀、交通拥挤、住房紧张、环境污染严重、犯罪率上升等一系列城市社会问题。这些问题的出现导致城市社会中人与自然、人与人、人与社会之间关系的紧张和失调[12]。城市社会问题一直是传统社会学研究的重要领域，对城市社会问题的研究从法国社会学家迪尔凯姆（Durkheim）对自杀问题的研究开始，沃思通过对城市人口问题、社会流动问题等城市问题的研究指出了城市政府进行社会控制和城市规划的重要性；卡斯特运用结构马克思主义观点探讨了城市住宅、环境、医疗等一系列城市社会问题以及城市政府为缓解城市社会矛盾、解决城市社会问题而制定的一系列城市政策。学者们一直没有停止过对城市社会问题的研究。在工业化和全球化的背景下，城市社会问题日益凸显，有关城市社会问题的现状、表现特征、产生原因以及解决途径是当前城市社会学研究的主要内容[5]。

（6）城市社区

城市社区是指一定地域范围内的城市居民连同他们的社会活动、社会关系、组织制度、社会文化和社会心理等方面构成的社会共同体。有些社会学家还将城市作为一个社区来研究[6]。人类社会是一个制度性、地域性的空间，任何一个社区成员由于扮演的社会角色不同，在具体的时间与空间场合中，都属于某个社区。城市社区具有人口规模大、密度高，经济、政治、文化活动集中，社会组织复杂，公共市政设施齐全，社区成员异质性高等特点。城市社区作为城市社会学的研究对象之一，是一个复杂的社会系统，是整个人类社会在某一特定区域的缩影[2]。

2. 对城市社会学研究对象的理解

城市社会学关注城市作为一种人类生活共同体的存在和发展，其研究的范围较宽泛。正如一些学者所强调的，城市社会学是研究"城市社会整体"的学科，它与其他分支学科研究对象的差别似乎只是把研究对象的空间范围严格地限制在"城市尺度"上，或者说它与其他社会学分支，如经济社会学、政治社会学、家庭社会学、组织社会学、犯罪社会学等，似乎没有实质性的区别，只是其把研究严格限制在城市经济、城市政治、城市家庭、城市犯罪等领域内。而且，城市社会学研究对象与问题的宽泛性，除了表现出与社会学内部分支学科的交叉，还表现在与其他学科的交叉上[1]。

由于不同研究领域对城市社会学研究内容的偏好，使得不同学者对城市社会学研究对象的理解存在较大差异。蔡禾认为，在研究对象理解的差异中，城市社会学还存在着稳定的传统和一致的核心问题。第一个传统是对"空间"的关注，城市社会学在分析社会现象时，经常将其置于空间的视野，这是其他分支社会学所没有重视的；第二个传统是把城市看作一种新型的生活形态，研究那些基本的城市生活共同体形式（如家庭、邻里、朋辈群体、社区、种族、阶层等）是如何伴随着城市化过程而发生适应和冲突，以及这些适应和冲突是如何在空间中展现的[1]。基于以上两个传统，蔡禾指出迄今为止的城市社会学，其核心问题基本上是一致的，即人类群体生活与都市环境的关系[1]。

本书选取城市社会学研究对象中的核心内容进行阐述，不求面面俱到。由于主要面向工科院校，重点突出空间视角，因此本书在简要介绍城市社会学基本理论的基础上，概述城市社会结构与社会问题，进而探讨城市社会空间结构，并对核心内容（如社区与社区规划、城市贫困与贫困邻里、"绅士化"与旧城更新、移民社区等）进行专题式论述。本书以城市社会学研究的独特视角来分析具体的城市社会现象与问题，注重问题意识，凸显空间视野。

3. 城市社会学的研究范畴

（1）城市居民或城市人研究

根据马克思主义观点，城市社会是城市居民或城市人相互作用的产物。城市居民是城市社会的主体，研究城市社会的构成可以从城市居民或城市人出发。同时，城市居民也是一系列社会地位和社会角色的总和。因此，可以围绕城市居民的社会地位和社会角色来开展对于城市人的社会学研究。这方面的内容主要包括：①研究城市居民的社会地位和社会角色的形成过程，亦即城市人的社会化过程；②研究城市人的社会地位和社会角色的表现形式——生活方式；③研究城市人的社会地位和社会角色的功能单位——群体、组织；④研究城市人的社会地位和社会角色的纵向结构及其变动——社会分层与社会流动。

（2）城市社区研究

社区是社会学的基本范畴，关于城市社区的研究至少可以包括以下几个方面：①城市社区的形成与扩张过程——农村城市化进程；②城市社区的类型构成及其比较；③城市社区建设、发展与规划。

（3）城市社会结构研究

作为城市主体的城市人的一系列角色活动及其结果在特定地域内结合，构成了具体的城市社区，而多元城市社区的结合构成了城市社会的开放性社会结构。这部分研究内容主要包括：

1）阐述和分析城市社会是一个有机的社会结构；

2）揭示城市社会结构的主要特征；

3）分析城市社会在整体社会结构中的地位和作用；

4）分析城市与农村的关系。

（4）城市社会发展研究

这部分研究内容至少包括：

1）城市社会发展的基本原则和评估指标体系；

2）城市社会发展的动力系统；

3）城市社会发展的障碍因素，如城市社会问题；

4）城市社会发展的保障机制，包括社会控制、社会保障与社会工作等[8]。

1.1.3 学科性质及与相邻学科关系

1. 城市社会学的学科性质

（1）整体性

整体性作为社会学学科的一个显著特点，强调社会是一个有机整体，社会各部分之间存在像生物有机体一样的联系，因此不能孤立地研究社会的组成部分。城市社会学的研究对象是城市，它既是作为一种社会形态的空间结构，也是作为人类社会发展到一定历史阶段的居住形式，而且它会随着社会的变迁和发展而出现变化，不可能脱离社会而独立存在。因此，城市社会学必须从城市整体角度进行研究，但这种整体性并不是各个结构部分的简单相加，而是指系统内各个要素之间存在着内在必然联系，这些部分共同构成城市的有机整体[13]。

（2）综合性

社会学研究一向注重各种社会现象之间的联系，而城市社会学则更加注重对城市社会现象产生影响的各种因素进行综合分析。城市是社会有机体中一个具有多层次、多结构、多序列的完整网络，它的复杂性决定了对城市整体的认识离不开城市经济学、地理学、管理学等学科关于城市的研究。城市社会学在研究任何一种社会现象、城市过程和城市问题时，总是联系多种有关的社会因素、自然因素来考察，更在于它经常结合和利用其他社会科学甚至自然科学的成果来作综合性的考察[5]。

（3）理论性与实证性相统一

1916年之前，城市社会学的中心在欧洲，受当时欧洲传统理论的影响，城市社会学有着比较浓厚的思辨色彩。而美国社会学者帕克（Park）在《城市：对于开展城市环境中人类行为研究的几点意见》这篇著名的论文中，指出"坐在躺椅上创立不出完美的城市理论，城市社会学家必须走出去，直接观察城市生活"。之后的二十年间，社会调查成为城市社会学的主要研究方法，城市社会学的中心随之转移到美国，但在此期间芝加哥学派的研究成果基本上仍然是描述性的。1938年沃思（Wirth）

的《作为一种生活方式的城市性》一文发表以后，城市社会学的这种理论研究与经验研究相脱节的状况就得到了纠正。此后，城市社会学家为了提出和证实自己的理论，不但要进行广泛而深入的社会调查，采用许多不同学科的技术特长；而且要向社会学、心理学和人类学等母体学科汲取学术养料和理论资源。城市社会学不仅把理论研究和经验研究统一起来，而且也形成了有别于其他学科的理论体系[6]。

（4）应用性

城市社会学自诞生起就以研究城市问题作为其核心内容，围绕着城市社会存在的诸多问题，学者们企图寻找解决这些问题的途径[5]。可见，城市社会学的产生从根本上是源于直接的"社会需要"，产生之初就具有突出的应用性特征。在发展过程中，城市社会学受到了"社会需要"的推动，如1960年代，欧美的"逆城市化"过程又造成了新的"城市危机"，而新的"城市危机"又造就了"新城市社会学派"。应用性促进了城市社会学本身的繁荣，简而言之，"源于社会、用于社会"是城市社会学的显著特征[6]。

（5）本土性

城市社会学的本土性，在理论上反映出城市社会学的特殊性，在实践上反映出城市社会学的针对性。城市社会受不同文化、地理环境、经济发展、社会心理等因素的影响，不同的历史时期、不同国家、不同民族和不同地域都表现出不同的特点。重视本民族、本国家、本地域是城市社会学研究的重要特征[5]。

2. 城市社会学与相邻学科的关系

（1）城乡规划学与城市社会学

城乡规划学以城市空间为研究对象，已发展成为一门综合性学科。城乡规划学的任务是根据国民经济和社会发展规划以及城市的自然、经济、社会条件，确定城市的性质及发展规模，合理安排城市的生产、生活等功能组织，促进城市的发展[12]。

城市社会学是社会学的分支，它从城市社会结构的视点描述并解释社会空间的相关问题。随着城市化进程的加快，各种社会问题日益突出，如人口老龄化、住房问题、失业以及贫富差距等，这些课题既属于社会学领域，也是城乡规划学科的研究范畴（尽管研究内容、方法上存在差异）。城市社会学、城市规划均以城市为研究对象，都以解决城市的社会问题、促进城市的有序发展为目标。基于学科综合与拓展的发展趋势，城乡规划学科正酝酿由偏重物质性规划向注重社会性、综合性规划转变[4]。城市规划的专业实践呈现出越来越多的社会属性和人文色彩，城市社会学和城乡规划学越来越体现出学科之间研究内容上的相互交叉和重叠[5]。

（2）城市经济学与城市社会学

城市经济学以城市经济为研究对象，探索城市各经济要素和经济活动之间的相互关系以及社会再生产过程中的生产、分配、交换、消费在城市的表现，揭示城市经济运行的机制以及城市经济发展的性质和规律[12]。

城市社会学与城市经济学之间的区别在于：①从学科性质看，城市经济学属于经济科学范畴，是部门经济学；城市社会学是社会学的分支，属社会学学科。②从研究对象上看，城市经济学以城市经济活动、经济关系以及经济发展为基本内容，以城市的经济过程为中心展开研究，目的在于通过分析这一经济过程，找出其中蕴含的经济规律，而对于城市经济以外的其他方面活动及社会关系只是略有涉及。而城市社会学既要研究城市经济现象，又要研究众多的非经济现象，如城市的生活方式、城市社会问题等[5]。

（3）城市地理学与城市社会学

城市地理学以人和地理环境的关系为中心，揭示城市的地域特点以及地域中各种社会现象之间的联系，它从城市体系和城市结构两个方面对城市进行系统分析，研究区域中的城市（把城市当成一个点）和城市中的地方（把城市当成一个面），探求点与面的关系及变化规律[12]。

城市社会学是研究城市社会问题的学科。20世纪70年代以后，随着西方国家社会问题的日趋严重，城市问题也成为城市地理学的研究内容之一。在研究方法上，城市地理学和城市社会学互相取长补短，在研究内容上相互融合。但作为地理学分支的城市地理学着重从空间结构方面对城市进行研究，对于城市社会问题的研究目的在于探索规律性，强调问题产生和解决的空间性，为政府决策作参考；而城市社会学则注重从社会现象的过程与联系中对城市进行分析，对于城市社会问题的研究注重社会实践，探讨促进社会发展，特别是城市社会进步的具体政策[5]。

（4）城市生态学与城市社会学

城市生态学的研究对象是城市人类活动与周围环境相互作用形成的城市生态系统（包括城市自然系统、城市经济系统和城市社会系统），它研究城市生态系统的特点、结构和功能，强调城市中自然环境和人的环境、生物群落与人类社会、生物过程与社会经济过程之间的相互关系、相互影响、相互作用。城市生态学的研究重点是城市与生态环境的关系，其研究大量采用自然科学的方法。城市社会学则从整体出发研究城市社会，它把城市的一切关系、一切过程都纳入社会学的研究框架中[12]。

1.1.4 主要研究方法

一般意义上讲，社会学研究主要使用两种方法：定量和定性。定量方法（Quantitative Methods）用于研究可以用数据来测量的变量，如收入、年龄和教育水平等。因为定量测量在所有科学中处于核心地位，所以只要有可能，大多数社会学研究都使用这些方法。定性方法（Qualitive Methods）则运用准确的言语来描述社会现实。研究者使用这种方法研究社会互动，它从所研究的人本身的角度来看待社会世界,而不是从一个外部观察者的角度来研究。

总之,与自然科学相比,社会学使用了更广泛的研究方法。许多社会学研究既有定性成分又有定量成分。一般来说,对某一问题进行探索性研究时使用定性方法,紧接而来的是就这一问题的某些方面运用定量方法进行研究。[14]

社会调查,是社会研究中一种最常见的研究方式。城市社会调查的主要方法包括文献调查法、实地观察法、访问调查法、集体访谈法、问卷调查法等多种类型。

1.2 城市社会学的兴起

1.2.1 源起

城市社会学作为一门独立的学科产生至今已有一百多年的历史,它起源于18世纪中叶的工业革命,是西方工业化与城市化的产物[15]。社会学者运用社会学的理论和方法对城市进行了系统、全面的研究,试图认识城市的本质,把握城市发展的规律,解决城市萌生的各种社会问题,以城市作为研究对象的城市社会学应运而生[5]。

1. 孕育

城市社会学的启蒙思想起源于欧洲,19世纪的工业革命加快了德、法等国的城市化进程和城市发展速度,大量农村人口涌入城市。伴随着城市人口激增,城市失业问题突出,食物、住房、医疗卫生设施严重短缺,进而引起疾病流行,犯罪率上升,城市秩序混乱,城市生存状态不断恶化。这些城市社会问题造成社会生活的剧烈动荡和新旧文化价值体系的冲突,成为欧洲传统城市社会学产生的土壤,引起滕尼斯(Tönnies)、齐美尔(Simmel)、迪尔凯姆、韦伯(Weber)等社会学家的关注[16]。

滕尼斯比较乡村生活和城市生活,阐述了城市生活的特性;齐美尔从城市社会心理的角度揭示了城市的高节奏和理智化的精神生活特征;迪尔凯姆发现城市社会是典型的有机团结,存在着非人格性、异质化和竞争等问题;韦伯建构了城市理想模型,把中世纪城市看作历史上唯一的完全城市社区,指出现代城市因过分理智和重视利润而衰落。滕尼斯、齐美尔、迪尔凯姆、韦伯等传统欧洲社会学家对城市社会的研究,构成了古典城市社会学的核心价值和理论基础。他们创造性地把城市纳入社会学的研究范畴,运用社会学的理论和方法对城市进行考察,提出了一些可贵的城市社会学思想。他们采用乡村与城市相对照的模式来研究和揭示城市的特性,强调城市在社会发展中的地位和作用,并从社会结构(滕尼斯、迪尔凯姆、韦伯)和社会心理(齐美尔)等不同角度探讨了城市的本质,发掘当时城市社会问题的根源,以理论方式对当时的城市社会问题作出回应,确立了城市社会学研究的主要领域[12]。

2. 创立

城市社会学作为一门独立学科，其重大标志是以罗伯特·帕克（Robert Park）为首的芝加哥学派的诞生。20世纪初，美国从农业社会向城市社会过渡，大量农民和移民涌进城市。城市人口规模的急剧膨胀与城市环境容量之间的矛盾十分突出，各种社会问题由此产生。在工业发展迅速的芝加哥市，"举目皆是移民和季节工"[7]。庞大的城市贫民队伍使城市更加混乱不堪，"几乎所有都市都存在大面积的贫民窟，其恶劣的生存环境，又反过来造成这里人口教育水平低下，道德水准滑坡，暴力、犯罪、种族冲突盛行"[17]，城市几乎陷入一种恶性循环。人类生态学理论的创始人帕克在做新闻记者期间，广泛观察和接触城市生活的方方面面，了解得越多，他的困惑就越多。"几乎可以肯定，帕克在面对这些活生生的社会现实的时候，缺少一种思维和分析的武器，不能解决他自己的困惑。"这些困惑驱使帕克转入社会学研究来寻找解答，于是帕克带领芝加哥大学社会学系师生对芝加哥市展开大规模研究，旨在发现城市人口和社会结构组织的特定秩序及其影响因素，以解除当时出现的城市失序状态[16]。

1916年，帕克发表《城市：对于开展城市环境中人类行为研究的几点意见》一文，把自己的学说称为"区别于动植物的生态学研究"的"人文生态学"，也就是我们现在所说的人类生态学。帕克第一次指出可以把城市看作"一种有机体"和"一种心理物理过程"，并提出要借鉴人类学的方法对当代城市生活进行"更深入、更公正的研究"。他阐明了城市社会学研究的指导纲领，即通过对城市具体组织、各种职业和城市文化的研究来研究城市生活[18]。除帕克外，伯吉斯（Burgess）、麦肯齐（Mackenzie）和沃思也是芝加哥学派的著名代表人物。在《城市发展：一项研究计划的导言》一文中，伯吉斯提出了揭示城市内部空间的"同心圆"假说，并启发了后来的研究。在《人类社区研究的生态学方法》一文中，麦肯齐在帕克所创立的人类生态学基础上进一步阐释了城市社会变迁的各种过程，提出了"生态过程论"[18]。在《作为一种生活方式的城市性》一文中，沃思认真分析和总结了以前城市社会学家的理论和观点，研究了社会学家积累的大量描述城市现象的材料，建构了系统的城市社会学理论[13]。

以帕克为首的芝加哥学派，一方面继承了欧洲古典社会学的研究传统，另一方面又以其更具社会学特征的研究方法，不断开拓和深化社会学的研究领域和内容，不仅奠定了社会学在美国的地位，也使城市社会学从社会学这一母体中分离出来[19]。

1.2.2 进程

1. 至1960年代城市社会学的主要理论学派

随着对城市研究的不断深入，城市社会学也随之分化出许多学派。在各种城市社会学的教材中，引用比较多的是美国著名社会学家斯兆伯格（Sioberg）的观点。

1965年，美国著名社会学家斯兆伯格在《城市社会的理论与研究》一文中，回顾和评析了城市社会学创立以来的各种理论，并将这些理论分为以下八大学派[20]。

（1）城市化学派（The Urbanization School）

城市化学派着重研究城市对人文生态及社会结构的影响，探讨农村社会向城市社会转变的过程和形态。该理论认为，城市的主要特点在于角色分化（Role Segmentation）、次属关系（Secondary Relationship）、价值观的世俗化以及规范秩序的解体。其所关心的基本问题是城市从"前工业的"（或农业的、封建的）生活方式转变到"工业的"（或资本主义的）状态所包含的模式和过程。路易斯·沃思（Louis Wirth）是这一学派的代表人物。

（2）亚社会学派（The Sub-Social School）

亚社会学派常常被认定为芝加哥学派，主张把人视为自然界的组成部分，认为人在城市的空间和时间中的位置是由城市中亚文化社会的各种因素所决定的，人类行为是生物亚社会（Biosubsocial）压力和动力共同作用的结果，而社会变迁是"非个人竞争的结果"。

（3）生存学派（The Ecological or Sustenance School）

生存学派又称维持学派，也被称为"新芝加哥学派"。该学派认为城市是人们自己创造出来用以满足大量人口聚居需要的组织形式，其主要关心城市居民如何组织自己以使环境更好地适应人类生存的需要。生存学派还可以划分为两个分支：一个分支主要从城市生态角度去归纳社会现象，把城市社会的环境、人口、社会组织和工艺四个基本因素作为变量，分析社会功能上的相互关系，认为其中任何一个因素发生变化都会引起其他因素的变化。另一个分支则着重于"维持"（指维持生活活动）的概念，偏向于应用演绎研究法。其注重对城市化、工艺、分工和消费的研究，并提出四个命题：①一个社会的城市化程度直接与分工有关；②一个社会的分工变化直接与消费的多样化有关；③一个社会的城市化程度直接与工艺的发展有关；④一个社会的工艺发展又与消费分散直接有关。

（4）经济学派（The Economic School）

经济学派主要从经济角度解释城市化，认为城市化是市场和经济活动重新组合的产物。在重新组合的过程中，原来单一的第一产业（农业）逐渐派生出第二产业（工业）和第三产业（服务业）。在社会的经济结构发生变化的同时，整个社会特别是城市的社会组织也发生变化。因而，其认为城市发展的主要动力不在于城市本身，而是取决于整个社会的经济发展，同时认为城市的变化主要表现在城市规模上的变化。

（5）环境学派（The Environmental School）

环境学派最初是由英国的格迪斯（Geddes）所倡导的，后来美国市政学家芒福德（L. Mumford）发展了该学说。他们认为城市表现了人类在生存斗争中的适应性。城市是人造的，但城市又制约着人的生活，工业城市破坏了人与自然之间的和谐关系，城市污染正在威胁着人类的生存，社会问题就是人类文化和自然之间不平衡的产物。他们主张，为了让人类的活动与自然界和谐一致，应当彻底改造城市结构。他们还提出了许多城市规划和城市改造的建议。

（6）技术学派（The Technological School）

技术学派着重研究各种技术变量对城市空间位置、城市间相互关系及城市人口与经济活动的空间模式的影响，强调技术进步对城市的作用。比如，这一学派的美国著名社会学家奥格本（Ogburn）认为，运输工具的发展对交通网以及城市的分布有极大的影响；霍莱也认为，大城市人口空间分配、住宅等都与交通网有关。但是，他们往往忽视非技术因素对城市化的影响。

（7）价值取向学派（The Value-Orientation School）

价值取向学派着重研究价值观对城市结构及社会行为的影响，主张以社会的或文化的价值等非经济、非技术的因素作为影响城市土地利用与社会结构的主要依据。这一学派的许多社会学家，如韦伯、索罗金（Sorokin）、帕森斯（Parsons）等都遵循这样的假定：价值会对城市的社会结构和社会行为产生多方面的影响，文化背景不同的城市的价值体系也会有许多差异，而这些差异又会导致这些城市之间的差别。他们认为，东西方城市的景观差异是与东西方不同的价值取向相联系的。

（8）社会权力学派（The Social Power School）

这一学派着重研究城市中不同利益集团之间的关系。社会权力学派认为，"社会权力"是一种影响城市发展的重要独立因素。"社会权力"的概念首先是由福姆（Form）引入城市社会学的，他认为社会权力是地域共同体或国家中各团体所掌握的起作用的力量。该学派认为城市中各个利益集团之间对权力的争夺会作用于城市规划，使不同的城市在土地利用和城市建设等方面表现出差异性。

斯兆伯格指出，以上八个学派都有各自的优缺点。他期望今后有更多的比较城市研究来反驳现有的理论假设，而且这种比较城市研究必须同时从理论和经验两方面着手，在更广泛的社会体系中对城市进行考察。应当指出，城市社会学的流派划分并不是绝对的，即使是同一个研究者在提出和论证自己的观点时也不会拘泥于某一流派。斯兆伯格提出的观点距今已经有数十年的时间，他的划分已经很难涵盖最近几十年城市社会学理论的最新发展。然而，斯兆伯格的八种流派说作为一种影响很广的分类方法，仍然可以启发和帮助我们思考各种城市理论之间的异同及其发展趋势[6]。

2. 城市社会学理论的新发展

（1）新城市社会学的崛起

1960—1970年代是欧美国家城市危机凸显的年代。这一时期，逆城市化开始出现，城市失业人口和贫困人口剧增。城市社会学家认识到，城市现象并不只是城市环境的产物，而是社会经济结构的反映。他们认为，传统城市社会学提出的城市通过竞争与演变可以自动达到和谐、平衡的观点无法解释城市危机。对城市现象的理解还应考虑到阶级、文化、性别、种族、制度等社会因素。"新城市社会学"在此背景下开始崛起[12]。新城市社会学主要理论流派包括英国以帕尔（Parr）为代表的新韦伯主义，法国以卡斯泰尔（Castells）为代表的结构马克思主义城市社会学和美国以哈维（Harvey）为代表的政治经济学，后两者构成新马克思主义城市社会学[21]。

1950年代，英国开始建立全国范围内的综合性社会保障体系，这个体系涉及医疗保健、住房改革、城镇规划、教育等方面，试图逐步用社会化的消费方式解决市场模式存在的问题。雷克斯（Rexroth）和帕尔等社会学家关注这一问题，孕育了新韦伯主义城市社会学理论[16]。1960—1970年代，欧美城市出现郊区化。城市中心区产业纷纷向郊区迁移，人口也随之流向郊区，城市中心出现空洞化。城市中心区的产业和人口稀少导致税收和财政收入降低，社会服务水平下降，公共设施破旧落后，失业人口增多，居民实际生活水平下降。这些严重的问题使城市发展停滞，秩序混乱，陷入危机，而城市间的资本转移使城市危机加剧。工业资本大量从老工业城市流向新兴城市化地区，老工业城市失业严重，财政紧张，经济萧条。这些矛盾在一些城市引起社区居民抗议运动和持续爆发的骚乱，犯罪率上升。"在欧美城市中，各种社会阶层、社会团体为争夺城市资源和维护各自利益而发生竞争和冲突，各种罢工和抗议、邻里组织的反抗活动层出不穷。这一切使得城市里的阶层和种族不平等、社会冲突和社会运动备受人们的关注。"1960年代以来，伴随着资本主义国家城市危机的出现，西方马克思主义学者重新发现城市问题，并在此基础上提出了新马克思主义城市理论[22]，新马克思主义城市社会学应运而生。

新城市社会学理论侧重于从经济因素角度解释城市现象，丰富了城市社会学理论，对城市社会学研究对象进行了深刻的反思和探索，揭示了城市社会系统的一些重要特征，对重塑城市社会学产生了巨大影响[12]。

（2）世界体系理论

1950—1970年代，现代化的进程使不发达国家被纳入全球资本主义体系，沦为西方发达国家的经济附庸，形成了一个以西方发达国家为主导，以不合理的国际分工为基础的世界经济格局。由此阿根廷学者普雷维什（Prebisch）提出"核心—边缘"概念，认为当时的世界经济是由核心（西方发达资本主义国家）和边缘（非西方不发达国家）两个部分组成，核心与边缘之间不平等的经济关系是导致边缘国家不发达的根本原因。后来拉丁美洲国家的学者弗兰克（Frank）和阿明（Amin）以及多斯桑托斯（dos Santos）等人发展了依附理论，其基本观点是：与未发达相区别的不发达的根本原因，并不是像现代理论所认为的那样是由于国家内部原来存在的落后因素所引起，而应当归咎于使资本主义发达国家变得发达的这个当今世界的历史进程。

依附理论创立以后引起了诸多的理论回应，其中影响比较大的是1970年代中期由美国社会学家沃勒斯坦（Wallerstein）和纽约州立大学罗代尔研究中心（Braudel Center）所创立的世界体系理论（World System Theory）。其分析单位为世界体系，以经济为主体而设计全球的世界性区域分工，各个国家和地区都在其中担当不同的经济角色：核心、边缘和半边缘，并具有周期性规律和长期性趋势。世界体系理论的中心论点是，世界经济包括一个占支配的中心和一个处于依附地位的外围，它们相互影响，并且作为一个一体化的整体在发挥作用[5]。

在世界体系理论下，对于发达国家（核心）的城市，城市社会学所关注的问题主要在于，由于世界体系中的全球经济重构的作用，特别是产业结构的全球性调整和新国际分工的影响，造成了城市社区的一系列重构性的变迁，包括工厂关闭、血汗工厂兴起、国外移民涌入、大公司总部的集中和中心商务区的兴起、外围地区的扩张和城市中心的内部萎缩等，以及由此引起的一系列问题。而对于不发达国家（边缘）的城市，城市社会学的聚焦点集中于过度城市化、非正式经济的兴盛、区域内城市体系的不均衡分布以及由此引起的一系列城市问题。而边缘国家的城市问题不仅是世界体系内的新国际分工和经济重构的作用结果，也与各自国内的经济、政治、社会特点相关联，是多重因素相互作用的综合性结果[23]。

（3）女性主义学派

女性主义是1970—1980年代西方最重要的社会理论流派之一，广泛存在于政治、经济、历史、地理等领域，也影响了当代城市社会学。女性主义者认为，城市发展和城市社会研究长期以来都受到了"男性原则"的主导，使城市发展带上了男性的烙印，由此产生了一系列城市问题，如交通拥堵、环境恶化、城市过度扩张和住房紧张等。这些问题单靠技术组织与创新是难以完成的，唯有走出当前的男性化视角，从女性主义的角度重新思考城市社会问题，才是恰当的选择[3]。

1980年代中期以来，西方城市社会学研究日益分裂为两大阵营：一些学者专注于非空间城市社会学研究；另一些学者则继续把城市的空间形式作为城市社会学的主要研究对象，认为空间形式在某种程度上反映、影响或推动了更广泛的经济和社会变化过程。他们关注的是空间如何被利用和管理，并旨在创立一种"空间"发挥着重要作用的城市社会分析模型[24]。

1.2.3 城市社会学在中国的发展

1. 萌芽与生长

20世纪初，城市社会学作为社会学的一个分支学科传入中国，时间上基本与欧美同步[6]。这一时期，中国存在着大量深刻的社会矛盾与社会问题，学者们对其思考与探索促进了城市社会学在中国的萌芽和生长[12]。其研究焦点体现在对城市社会生活的社会调查与研究，和对于城市社会学专业发展的探索两个方面。

1914年前后，北京社会实进会组织对北京302名人力车夫生活情形的调查，是社会学者进行的最早的社会调查。1917年清华大学教授狄特莫（Dittmer）指导该校学生在北京西郊对195家居民的生活费用进行调查[5]。之后也陆续产生了一些对于各地区城市社会状况的调查研究。1929年吴景超出版的《都市社会学》和1933年邱致中出版的《都市社会学原理》，成为我国较早的城市社会学教材。1944年城市社会学被列为"全国高校社会学系课程设置"中的必修课之一，标志着我国城市社会学学科建设已步入制度化的轨道[12]。

此外，1933年芝加哥学派的奠基人帕克在燕京大学讲学期间，带领学生参观了北京各种类别的居民区，并指出"社会学中国化"的具体方法，即"社区研究"（Community Study），当时作为学生的费孝通、杨庆堃、林耀华、黄迪、廖太初等人深受影响[25]。由此，以吴文藻、费孝通、林耀华等为代表的社会学家进行了一系列的实地社区研究，产生了一批享誉国内外学术界的社区研究成果，为中国社会学的本土化研究奠定了基础。此后，城市社会学在中国中断了三十多年的时间，直到改革开放之后[5]。

2. 改革开放以来的发展

1980年代城市社会学在中国开始恢复并得以重新发展。改革开放以来我国经济的快速发展和城市化进程的推进，为我国城市社会学研究提供了前所未有的机遇。我国社会学者积极引进国外城市社会学的理论和方法，努力建设有中国特色的本土社会学，并结合实际开展中国城市社会学的应用研究[12]。目前，中国的城市社会学研究主要包括以下主要内容。

（1）城市化研究

城市化是城市社会学的主要研究对象，尤其是改革开放以来我国城市化进程的快速推进，使其成为我国城市社会学研究的热门领域。城市化研究主要围绕以下两个方面展开：一是关于城市发展规模和发展模式方面的研究。例如，自1980年代中期费孝通提出"小城镇、大问题"的观点以来，"小城镇"研究成为城市社会学研究的重要方面，研究主要集中于小城镇在社会发展过程中的功能、发展模式和类型、乡镇企业的产生和发展、小城镇文化生活和旅游业、小城镇与大中城市的经济联系、小城镇教育、人口和生活方式等方面。二是关于城市化进程方面的研究。纵向方面，学者们回顾了中国城市化的历史进程，分析城市发展的不同历史阶段，总结中国城市化过程中存在的现实问题；横向方面，学者们将我国城市化与其他国家城市化的历史进程进行比较，总结了中外城市化发展过程中的差异，发现中国城市化进程中的不足，并提出国外城市化进程中可借鉴的经验和启示[5]。

（2）城市社会结构研究

社会结构历来是社会学研究的核心议题。改革开放以来，我国城市社会结构发生巨大变化。2002年，以陆学艺的《当代中国社会阶层研究报告》为标志，中国社会阶层分化正式在政府层面被认同。郑杭生的《当代中国城市社会结构：现状与趋势》（2004年）以广州、中山、长沙等十个城市的抽样调查为基础，将我国城市居民划分为管理阶层、专业技术人员、办事员阶层等七个阶层，从历史演变、收入分配、工作转换、社会心态等方面对当代中国城市社会结构展开研究。

（3）城市社会问题研究

城市社会问题一直是城市社会学研究的传统。随着城市建设与发展速度加快，西方国家城市化进程中的各种社会问题在我国相继凸显出来。分析当前我国城市社会问题的现状、特征、原因，探讨城市社会问题的解决之道，成为我国城市社会学研究的重要课题[12]。其中，谷迎春的《中国的城市"病"——城市社会问题研究》（1989年）对中国城市化道路的特殊性、中国城市社会问题的分类以及城市社会问题产生的原因等都有详细的论述；李强的《城市化进程中的重大社会问题及其对策研究》（2009年）对新时期中国社会转型中所面临的重大社会问题进行了梳理，并归纳为城市化中的阶级阶层研究、社会公正研究、弱势群体保障研究、城市管理体制研究、城市空间和城市社会规划研究五个方面，进行分析并探讨解决问题的对策。综合而论，我国关于城市社会问题的研究主要包括城市流动人口问题、城市老龄化问题、城市犯罪问题、城市贫困问题、城市住宅和交通问题、下岗和劳动就业问题、城市教育及医疗保障问题等诸多方面。

（4）城市社会空间研究

1978年后，国内学术界开始关注中国城市社会空间的研究，西方的相关理论、方法，如芝加哥学派、空间分析技术（GIS）、因子生态分析等不断被引入国内。而1984年的第三次人口普查为城市社会空间"宏观性"的社区聚类分析准备了基础数据，如许学强等对广州市社会空间的经典研究等[26]。改革开放为中国城市发展提供了巨大机遇，在全球化和市场转型的特殊背景下，随着社会结构分化的产生，各种分异现象正在中国的城市中出现。国内学者对我国城市社会空间分异现象展开研究，主要表现在：邻里与社区的空间分异、土地与环境的空间分异、行为与感知的空间分异、社会阶层分化、社会空间分异的机制等方面[27]。

（5）城市社区研究

1930年代初，以费孝通为首的一些燕京大学学生在翻译帕克的"Community is not Society"时，将社区概念引进我国。他们在吴文藻先生的指导下，与其他学者一起致力于我国本土的社区研究，确立了社区研究在我国社会学中的重要地位。从1980年代中期开始，城市社区成为多学科学者研究的对象，当前已成为人文地理学、城市科学、社会学和经济学等学科的研究热点[28]。国内对城市社区的学术研究取得了一批有价值的成果，从学科上看以社会学研究为主要阵地[29]。

推荐阅读参考资料

1. 顾朝林. 城市社会学 [M]. 南京：东南大学出版社，2003.
2. 康少邦，张宁. 城市社会学 [M]. 杭州：浙江人民出版社，1986.
3. 许英. 城市社会学 [M]. 济南：齐鲁书社，2002.
4. 向德平. 城市社会学 [M]. 北京：高等教育出版社，2008.
5. 荣玥芳，高春凤. 城市社会学 [M]. 武汉：华中科技大学出版社，2012.
6. 王颖. 城市社会学 [M]. 上海：上海三联书店，2005.
7. 吴晓，魏羽力. 城市规划社会学 [M]. 南京：东南大学出版社，2010.
8. 蔡禾. 城市社会学：理论与视野 [M]. 广州：中山大学出版社，2003.
9. 蔡禾. 城市社会学讲义 [M]. 北京：人民出版社，2011.

思考题

1. 什么是城市社会学？
2. 阐述城市社会学的研究对象以及对它的理解。
3. 论述城市社会学与社会学及其他相关学科的关系。
4. 简述城市社会学的研究意义。
5. 分析城市社会学产生的背景。
6. 阐述城市社会学在中国的发展。

本章参考文献

[1] 蔡禾. 城市社会学讲义 [M]. 北京：人民出版社，2011.

[2] 顾朝林. 城市社会学 [M]. 南京：东南大学出版社，2003.

[3] 吴晓，魏羽力. 城市规划社会学 [M]. 南京：东南大学出版社，2010.

[4] 梁玮男. 浅谈城市规划层面的城市社会学研究 [J]. 城市发展研究，2009，16（12）：46-50.

[5] 荣玥芳，高春凤. 城市社会学 [M]. 武汉：华中科技大学出版社，2012.

[6] 许英. 城市社会学 [M]. 济南：齐鲁书社，2002.

[7] 康少邦，张宁. 城市社会学 [M]. 杭州：浙江人民出版社，1986.

[8] 唐忠新. 城市社会学的研究对象和内容框架刍议 [J]. 天津社会科学，2009（12）：62-66.

[9] 王颖.城市社会学[M].上海：上海三联书店，2005.

[10] 王光荣.关于城市社会学界定的辨析与整合[J].学习与实践，2010（7）：110-113.

[11] 张占彪，薛萍.城市社会学[M].长春：吉林大学出版社，1997.

[12] 向德平.城市社会学[M].北京：高等教育出版社，2008.

[13] WIRTH L. Urbanism as a way of lives[J].American Journal of Sociology，1938，44：1-24.

[14] 戴维·波普诺.社会学[M].李强，等译.10版，北京：中国人民大学出版社，2014.

[15] 周蜀秦.西方城市社会学研究的范式演进[J].南京师大学报，2010（6）：38-44.

[16] 王光荣.城市社会学理论的发展轨迹及其对和谐城市建设的启示[J].理论导刊，2007（11）：57-59.

[17] 于长江.从理想到实证：芝加哥学派的心路历程[M].天津：天津古籍出版社，2006.

[18] 帕克，等.城市社会学：芝加哥学派城市研究文集[M].宋俊岭，等译.北京：华夏出版社，1987.

[19] 冯安乐.试析人类生态学范式与新城市社会学范式之不同[J].天津城市建设学院学报，2010，16（2）：145-148.

[20] SIOBERG G. Theory and research in urban sociology[M]//HAUSER P. M，SCHNORE L F. The study of urbanization. New York：John Wiley，1965：164-165.

[21] 夏建中.新城市社会学的主要理论[J].社会学研究，1998（4）：49-55.

[22] 张应祥，蔡禾.新马克思主义城市理论述评[J].学术研究，2006（3）：85-89.

[23] 蔡禾.城市社会学：理论与视野[M].广州：中山大学出版社，2003.

[24] 邓清.城市社会学研究的理论和方法[J].城市发展研究，1997（5）：6，25-28.

[25] 费孝通.从实求知录[M].北京：北京大学出版社，1998.

[26] 许学强，胡华颖，叶嘉安.广州市社会空间结构的因子生态分析[J].地理学报，1989，44（4）：385-399.

[27] 庞瑞秋.中国大城市社会空间分异研究[D].吉林：东北师范大学，2009.

[28] 陈潇潇，朱传耿.我国城市社区研究综述及展望[J].重庆社会科学，2007（9）：108-115.

[29] 肖林."'社区'研究"与"社区研究"：近年来我国城市社区研究述评[J].社会学研究，2011（4）：185-209.

第 2 章

基本概念与理论初步

2.1 城市与城市社会

2.1.1 城市与城市化

城市（City），是以非农业产业和非农业人口集聚形成的较大聚落[1]。一般而言，城市是人口比较稠密的地区，通常包括居住区、工业区和商业区等，并且具备行政管辖、区域服务等功能。

城市的定义还因研究视角的不同而有所差异。地理学家和规划学者往往从城市形态上对城市加以概括，强调城市是地处交通区位便利、覆盖有一定面积的人群和房屋的密集聚合体等[2, 3]。而城市社会学家多倾向于综合各个学科的观点，把城市作为一个具有一定地理疆界的社会整体进行研究，即城市是"大量异质性居民聚居，以非农职业为主，具有综合功能的社会共同体"[4]。

城市化（Urbanization）通常认为是人口逐渐向城市集中，城市逐渐成为政治、经济、文化和社会生活中心，城市在社会生活中的地位越来越重要，并成为社会发展的趋势和人们向往的进程[5]。它的具体表现为，农村人口向城市流动，自然经济转为社会化大生产，农村生活方式转向城市生活方式，并伴随着城市数量的增加、城市规模的扩大以及城市现代化水平的提高[6]。评价一个地区的城市化水平通常有两个指标：一是城市人口比例，二是土地使用状况。国际上一般认为，城市人口占全国或地区总人口的比重达到70%以上为城市化高度发展状态，达到40%以上为城市化中等发展状态，20%以下则为城市化低水平状态[4]。

与之相比，由Urbanization翻译过来的"城镇化"一词则更适合中国的具体国情，两者虽都表示从乡到城不断转化的渐进的历史过程，但城镇化更强调在乡—城转化过程中，"镇"作为一个重要的节点所发挥的作用[7]。我国农村需要向外转移的人口数量极多，同时大部分城市离广大农村的距离相对较远，对周围农村区域的辐射力有限，仅仅依靠大中城市是不够的，必须坚持大中小城市和小城镇协调发展，让"镇"承担辐射农村经济、社会的主要作用。

此外，由于世界各地城市化的规模与空间分布极不均衡，因此在城市化进程中出现了不同模式的城市化，主要表现为城市化、郊区城市化、逆城市化、再城市化、反城市化、过度城市化、新型城镇化。

郊区城市化是现代的一种普遍现象，即城市附近的郊区开始变成城市，伴随城市中上阶层人口移居市郊，而在郊区乡村区域发生的城市化过程。首先是住宅向郊区迁移，而后是商业、事务、工业迁往郊区，使郊区由原来的农业景观或自然景观转变为城市景观，在这一过程中，城市的用地规模不断扩大，城市人口不断增长[8]。

逆城市化是指人口由城市向农村地域迁移，大城市出现了人口负增长，这一过程的人口流动是城市化达到一定阶段后出现的城市人口反向流动，是郊区化的发展[9]。逆城市化出现晚于郊区城市化，相对而言，逆城市化是城市不断衰退的过程。

再城市化是针对逆城市化而言的一个应对过程，使得城市因发生逆城市化而衰败的城市中心区再度城市化的过程，是城市化、郊区城市化、逆城市化和再城市化四个连续过程的第四个过程。它通过对城市功能的重新组合，来实现城市的长期良性发展[10]。

反城市化和过度城市化是城市化过程中出现的两种特殊情况，实际上就是违背城市化发展规律而出现的反常的城市化[9]。反城市化是指将大量的城市人口转移到农村及边疆地区来推动农业发展的过程，它主要发生在中国1950年代中后期。过度城市化也称超前城市化，是指城市化速度超过工业化速度，造成城市化水平与经济发展水平的脱节，也即城市化进程和乡村人口向城市迁移，超过城市工业化和经济发展水平[11]。它形成的主要原因是二元经济结构下形成的农村推力和城市拉力的不平衡，而政府又没有采取必要的宏观调控措施，现在相当数量的发展中国家基本上都存在过度城市化和虚假城市化现象[12]。

"新型城镇化"一词，在中共十八大正式提出，开始作为中国未来城镇化发展的战略概念[13]。2012年中央经济工作会议首次提出，"把生态文明理念和原则全面融入城镇化全过程，走集约、智能、绿色、低碳的新型城镇化道路"。根据《国家新型城镇化规划（2014—2020年）》，新型城镇化是指以城乡统筹、城乡一体、产城互动、节约集约、生态宜居、和谐发展为基本特征的城镇化，是大中小城市、小城镇、新型农村社区协调发展、互促互进的城镇化。相比于我国过去以城市扩张为主要手段的粗放型城镇化模式，新型城镇化更加注重质量化和内涵式发展，强调以人为本、生态文明、城乡一体化的新型发展道路[14]。

2.1.2 城市社会与乡村社会

城市社会（Urban Society）是不同于乡村社会生活的一种生活方式、物质空间和社会现象[15]，它是建立在非农业生产和非农业人口聚集的基础上，功能分化并以多样性、异质性、流动性等社会性质为主导的社会。城市社会是相对于乡村社会来说的，二者有着天然的普遍联系，但又有许多差异。城市社会的主要特点为：①人口经济相对集中，密度大；②社会结构复杂，社会群体活跃；③社会流动性大，个人地位和角色易变；④家庭规模小，功能少；⑤人口素质较高；⑥交通发达，信息丰富，公共设施较为齐全；⑦生活方式多样，生活节奏快，紧张压迫感强；⑧经济、政治活动集中，金融信贷、商业贸易、科学技术、文化、信息、服务等系统综合功能强。这些特点在不同的国家和地区有不同程度的表现。

乡村社会（Rural Society）的概念与城市社会相对，指以农业生产活动为主要谋生手段的区域社会。它具有许多与城市社会不同的特点，如：①社会接触多是直接的，人与人的关系密切；②社会行为标准较为单一，风俗、道德、习惯势力较大；③生活方式是固定的个别生活；④生活以家庭为中心，血缘方面的联系较浓郁；⑤人口数量少、密度低、变动少，因此，具有较多的保守心理，社会变态现象不明显。随社会生产力与结构的不断变迁，乡村社会也相应发生变化，其大致有村落社会、封建社会、租佃社会等几种类型或阶段。在农业革命后，还出现了以生产商品作物为主的现代化的乡村社会[16]。

2.1.3 城市性

城市性（Urbanism）是指人类在城市社会居住生活中形成的生活方式与人格模式，是城市生活所具有的特性，也是城市生活区别于乡村生活的特征。在社会学领域，路易斯·沃思（Louis Wirth）于1938年发表的《作为一种生活方式的城市性》[17]，首先提出形成城市性状态的三个重要特征变量：人口数量多、人口密度高和人口异质性大。这些变量决定了城市与农村迥然不同的生活方式。

作为生活方式的城市性是由城市的基本特征所决定的，它包含了一系列社会和文化上的特质：①存在复杂的社会分工，有各种各样的职业结构，形成不同的阶级、阶层；②有较高的地域和社会流动性；③人与人之间存在明显的依靠功能；④人与人的交往具有匿名性，是角色之间的互动；⑤社会、文化上的差异导致城市正式控制机构（如法律系统）的发达[10]。总之，城市性是具有城市特色的生活模式的一套特性，是一种现代城市的生活方式。

2.1.4 城市社区

城市社区是人类聚居的一种组织结构，是从社会学角度理解的居住区，也可以称为城市基层社区[18]。作为城市的基本细胞以及社会的重要基础组成单元，城市社区承载着人们居住、工作、生活、娱乐等重要功能，一定的地域界限内形成了丰富的社会联系和情感，伴随着现代城市中社区的综合发展与成熟，人们越来越多的时间在社区中生活，社区也成为研究城市社会的重要单元。

美国社会学家金耀基（Yeo-Chi King，Ambrose）等从理论和实践的可操作性上认为，社区有三个分析维度：第一是物质维度，社区是一个有明确边界的地理区域；第二是社会维度，在该区域内生活的居民在一定程度上进行沟通和互动；第三是心理维度，即这些居民有心理上的认同感和归属感[19]。

2.2 西方城市社会学的兴起

2.2.1 滕尼斯：礼俗社会和法理社会

斐迪南·滕尼斯（Ferdinand Tonnies）是城市社会学的奠基人，也是德国社会学的创始人之一。《礼俗社会与法理社会》是滕尼斯的代表作，他的社会学体系就是围绕"礼俗社会"和"法理社会"而建立起来的[20]。

"礼俗社会"和"法理社会"是滕尼斯社会学中的两个基本概念，前者对应着较小的乡村社区，后者则对应着大城市。滕尼斯认为，在以小乡村为特征的"礼俗社会"里，人们有着一致的目标，为了共同的利益而共同劳动；人们之间的相互关系是以亲属、邻里和朋友等亲密的私人关系为纽带。相反，在以大城市为特征的"法理社会"中，个人主义猖獗，居民们很少有共同的目标，家庭和邻里的纽带几乎不存在。

两类社会中的个人与群体之间的关系可以用图2-1表示。在（a）图中，圆圈代表礼俗社会中的社会群体，明晰而且牢固；圆圈里的虚线代表礼俗社会的个体，特征不明显甚至微弱。也就是说，在礼俗社会中，居民们的生活特征是亲密无间的、与世隔绝的、排外的共同生活，其成员由共同的语言、文化和传统联系在一起，他们中间存在着"我们"和"我们的"意识。（b）图所述的法理社会则恰恰相反，代表社会群体的圆圈轮廓不明显甚至微弱，而代表个人的圆圈内的线却显著而坚实。也就是说，城市生活的特点是自私自利，人们之间的相互关系是分崩离析甚至相互敌对[4]。

2.2.2 涂尔干：机械团结与有机团结

埃米尔·涂尔干（Emile Durkheim）是法国著名社会学家，他在代表作《社会分工论》中提出了"机械团结"（Mechanical Solidarity）与"有机团结"（Organic

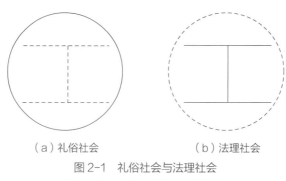

图 2-1 礼俗社会与法理社会
资料来源：整理自本章参考文献 [4].

Solidarity）这对类型概念[21]。

"机械团结"是一种以共同的信仰、风俗习惯和礼仪等相似性为基础的社会联系。涂尔干认为这种团结是机械的，因为这是由一种支配性的集体良知所产生的团结类型，介入这种团结的人们生活在自给自足的家庭、部族或小村镇中，不必依靠其他群体就能使生活需要得到满足。因而介入这种团结的人是极其相似的，他们无意识地联结在一起，类似于无机物质各分子之间的关系。

与"机械团结"相反，"有机团结"是一种建立在社会成员异质性和相互依赖基础上的社会秩序。现代的城市社会就是这种团结的代表，依赖的是复杂的社会分工。涂尔干把社会分工理解为职业的专门化，在这种分工中，人们从事着各种不同的职业，更多地依靠别人来满足自己的需要。比如在城市中，律师无需为饮食问题操心，他可以在餐馆买到他想要的食物，因而可以更加专心致志地从事他的法律活动；同样地，餐厅老板也不用自己研究法律，因为他可以把棘手的法律问题委托给法律专家。

2.2.3 西美尔：都市与现代性

乔治·西美尔（Georg Simmel）也是最早认识到城市生活具有自身特点和研究价值的学者之一。他的独特贡献在于，从个人的社会心理出发，就城市化及城市社会对个人的社会心理的影响作了系统的考察。其论点主要体现在 1903 年出版的《都市与精神生活》中[22]。

西美尔认为，现代城市给生活在其中的人们带来了高度的神经刺激。城市如同一个巨大的万花筒，以自己多变的景象刺激着人们。因此，生活在城市中的人们必须学会区分出重要的和不太重要的刺激，以集中精力来处理和应对那些相对重要的刺激，而忽略那些不涉及个人利害关系的次要刺激。在这个区分的过程中，与乡村居民相比，城市居民形成了更加"复杂和老于世故"的人格特征，而整个城市社会也就变得较具理性、斤斤计较和重视效率。事实上，西美尔认为城市生活给居民带来高度的神经刺激的看法，与涂尔干"城市使居民承担的道德密度增加"的观点十分相似，但西美尔更关心这些刺激对个人造成的影响（人格改变），而涂尔干则更关心这些刺激给社会制度层面造成的影响（社会分工）。

西美尔还富有创造力地将城市看成是"货币经济"的根据地，认为"大都市始终是金钱经济的地盘""金钱具有一种适用于世间万物的共性：它要求交换价值"。因此，城市生活既提供也阻碍了个人创造性的实现，在城市中个人尽管变得孤独、冷漠，却也因而增加并发挥了自治自主能力，并提升了个人自由与发展自我意志的机会。西美尔进而提出四种在城市里特征性明显的、相互关联的文化形式，即理智性强、精于计算、厌倦享乐、人情淡漠。也就是说，城市人更多地运用理智而不是情感来处理日常的事务，对陌生人相当冷淡，久而久之就形成对社会的疏离感，即在社会体系中个人的存在微不足道，乃至无关紧要。城市人为了印证个体在社会中的存在，往往刻意做出标新立异的行为。于是，社会的疏离和个人的异常行为成为城市生活的常态，城市居民间基于情感的互动行为趋于消失，金钱取代了人情而成为城市居民之间人际互动的衡量标准。总体而言，西美尔对城市的看法比较悲观。

西美尔还指出，城市社会之所以会发生这些变迁，并不是由于个人或文化体系的自动改变，而是人口集中的城市社会体系给予城市居民的高度的神经刺激的必然结果，这也是后来"城市决定论"（Urban Determinism）者的中心论点。

2.2.4 韦伯：城市共同体

韦伯（Max Weber）从世界城市发展史的角度对各种城市研究的概念加以评述[23]。他认为，许多研究都比较笼统且含义不清，并提出了自己的城市共同体学说。他指出，一个完全的城市共同体应具有以下特征：①一个要塞；②一个市场；③有它自己的法庭和部分独立的法律；④一个有关的结合体制；⑤至少有半自主和自治的首领。因此，也就有一个市民参加选举的行政权威。根据以上看法，他认为典型的城市共同体在西欧才有，此外见之于近东，因为那里的城市是国家行政的中心。

韦伯认为，东方城市司法和法定组织与农村没有什么差别，而西欧则不同。西方的城市是自治的、独立的，在那里工人和商人是居民的大多数。社会组织在西方城市以个人为基础，东方城市则是以亲属为根据。东方城市属于中央集权的一部分，政治、经济、军事都集中在中央，而西方城市各种权力是分散的。他认为这是东西方文化最显著的差异性特征，集中统一就不利于产生和培植一个发展资本主义的集团或阶级，而西方则由于这个阶级和集团享有自己的特权，所以能成为争取资产阶级自由与民主的代表。

2.3 人类生态学和芝加哥学派

人类生态学（Human Ecology）是运用生态学视角对城市结构和城市发展进行研究的一种理论范式。该范式重视从人口与地域空间互动关系研究城市发展，重点研究人和机构组织的地理分布的形成过程及其变化的规律，尤其注重研究城市中人口空间分布的社会因素和非社会因素。

20世纪初，以美国芝加哥大学社会学系为代表的几位学者，针对当时城市两极分化、居住隔离等社会现象，借用了生物界自然竞争的生态学规律，提出人类生态学的基本概念和设想，并依此来研究城市空间结构及其变化，指出城市生态过程即城市社会空间形态的动态演化过程，包括集中和分散、隔离、侵入与演替等。这些学者及其城市社会研究学术思想则统称为芝加哥学派，还包括对城市社会进行了开创性研究的非芝大学者，如英国的查尔斯·布什（Charles Both）。

2.3.1 芝加哥学派

芝加哥学派，又称古典区位学派，主要代表学者有罗伯特·帕克（Robert E. Park）、欧内斯特·伯吉斯（Ernest W. Burgess）和麦肯齐（Roderick D. Mckenzie）等。该学派强调以社区作为分析和研究单位，认为社区是一种生态区位秩序，支配城市组织的基本过程是竞争和共生。在城市环境中，为了生存而彼此依赖的个体或群体同时在为匮乏的资源进行竞争，竞争关系的性质因时因地而异。其主要理论观点包括帕克的城市理论、伯吉斯的同心圆理论等[24]。

罗伯特·帕克于1916年发表代表作《城市：对于开展城市环境中人类行为研究的几点意见》，将生态学原理引用到城市社会研究中，提出人类生态学的概念和基本设想，并主要研究城市的人口、邻里关系、职业三个方面。他认为，城市既是自然组织，又是道德组织，因此在他的城市社会学中，处处渗透着对城市生活方式的价值判断。

欧内斯特·伯吉斯是美国芝加哥大学社会学教授，于1925年最早提出同心圆城市地域结构模型，其基本原理是流入城市的移民群体的同化过程。这一模式表明，城市以不同功能的用地围绕单一的核心，有规律地向外扩展形成同心圆结构，并将其从内到外分为五个同心圆区域，具体包括：中心商业区、过渡性地带、工人住宅区、高级住宅区以及通勤区[25]。

2.3.2 作为生活方式的城市性

路易斯·沃思（Louis Wirth）于1938年发表了题为《作为一种生活方式的城市性》的著名论文，从社会性、多样性、流动性及异质性等方面分析城市居民生活方式的特征和人格模式。路易斯·沃思把这种城市特有的生活方式称为城市性

（Urbanism），并指出"城市性"是从人口规模、人口密度和人口异质性三个因素及其交互的关系中发展出来的。

第一个因素是人口规模。城市人口数量越大，个人化和多样化的机会越多。随着城市人口的增加，原先的初级关系被竞争的、理性的关系所取代，人口数量增加，导致社会角色分化的专业化程度提高，社会互动呈现匿名性的特点。

第二个因素是人口密度。一方面，高密度加剧了竞争，增加了人们彼此间的压力。人与人之间的态度变得漠然与厌倦；另一方面，高密度也可提高人们对异质人群的宽容度。密度增加迫使人们逃往密度小的地方，从而形成了城市的扩张。

第三个因素是人口异质性。异质性摧毁了阶级和种族的界限，异质性越高，群体间的宽容度越大；同时，异质性高导致社会分化加剧，公共生活的匿名性和非个人化程度提高。

路易斯·沃思认为，以上三个因素使人与人之间的直接关系变成次级关系，人际关系更加疏远，人和人交往中感情成分更少，更多计算和功利的考虑。高密度和异质性增加了社会的复杂性、专业性，而这种复杂化和专业化导致竞争的加剧，使人和人之间的交往越来越追求表面的效果。社会控制的方式越来越趋于正式，这也造成了人们心理上的重要变化，即更加孤独、无助并有深刻的受挫感[10]。

2.3.3 人类生态学研究的新发展

新正统区位学派和社会文化区位学派是人类生态学（Human Ecology）新发展起来的两个主要的现代区位学流派。其中，新正统区位学派修正了古典区位理论，把研究焦点从空间分布转移至人口的适应，试图将社会生活的社会因素和次社会因素结合起来分析，强调自然经济变量对城市土地利用模式的决定作用，认为技术、文化、社会组织、环境是关键的适应机制[26]。该学派代表人物有阿莫斯·霍利（Amos H. Hawley）、詹姆士·奎因（James A. Quinn）、欧蒂斯·邓肯（Otis Duncan）等，他们主要重新定义了人类生态学，并形成城市空间结构决定于区位互动形态的学说，以及人文区位结合体的理论框架（表 2-1）[27]。

社会文化区位学派作为现代区位学的另外一个主要理论流派，强调的是文化在人类行为中的重要作用，主张把文化和价值观念置于区位理论的中心去了解城市的结构和发展，认为文化是一种习得性行为，既可与土地和稀有资源的合理利用息息相关，也可无关系。它的代表人物主要有法尔（W. Firey）、乔纳森（C. Jonasan）等。法尔通过研究波士顿市的土地使用情况，发现诸如思想感情和象征体系这样一些社会文化因素或变项，对于城市的空间格局、土地利用模式具有重要影响。乔纳森则通过对纽约挪威人社区地域流动的分析，也得出与法尔一致的结论，发现城市土地利用并非仅仅受经济竞争因素影响，感情及文化象征的因素也是非常重要的。

新正统学派代表及其理论学说　　　　　表 2-1

代表人物	主要思想	具体内容
阿莫斯·霍利 （Amos H. Hawley）	人类生态学理论	阿莫斯·霍利于 1950 年出版《人类生态学》[27]，给人类生态学重新定位，认为空间分布只是人类生态学所关注的一个要素，人类生态学更重要的是研究城市人类怎样集体适应环境；否定帕克关于生物与文化相分离的观点，认为文化应包含于区位研究之内；认为社区是一个分析的单位，是社会所有要素得以展现的一个较小又较易于研究的范畴，支配社区的主要区位原理是当地的"相互依存性"
詹姆士·奎因 （James A. Quinn）	城市空间结构决定于区位互动形态	詹姆士·奎因[29]认为人类区位学应专门研究劳动分工问题及其对空间分布的影响，把研究限制在人类群体及其与环境的相互关系上；试图避免古典区位学派将社会性和次社会性截然分开的倾向，把社会文化定义为人类群体努力适应环境的方式，将文化适应性作为区位研究课题；由此创立城市空间结构决定于区位互动形态的学说
欧蒂斯·邓肯 （Otis Duncan）	人文区位结合体	欧蒂斯·邓肯的代表作为《人文区位学和人口研究》[30]；指出社会现象、职业区别和自然空间存在着一定的关系，并非截然分离，提出了人文区位结合体的理论架构；认为人文区位的问题可用四个概念（或要素）及其间的关系来加以说明，即人口、组织、环境和技术，简称 POET；这四个要素是相互作用的，并在一个动态系统中运作，且特别强调人口与其他三项要素的关系

资料来源：作者整理自文献 [27]~[29].

2.4　马克思主义学派：城市政治经济学

城市政治经济学派以亨利·列斐伏尔（Henri Lefebvre）和戴维·哈维（David Harvey）为代表，从资本主义体系的角度对城市空间分化进行研究，又称马克思主义传统城市理论学派。他们将城市空间问题置于资本主义的宏观框架下去考察，指出城市社会空间分化如何践行资本运作的逻辑，以及如何实现资本主义对资本有效运行的需求。

2.4.1　列斐伏尔：空间的生产

法国著名社会学家亨利·列斐伏尔认为，已有的城市理论及其所支持的城市规划是把城市空间当作一种纯粹的科学对象，是一种技术统治论，完全忽视了形塑城市空间的社会关系、经济结构及不同团体间的政治对抗。

立足于对资本主义社会的观察，亨利·列斐伏尔首先提出空间所具有的典型的社会关系指向，从空间生产的角度对"城市时代"的资本主义生产方式进行了批判性研究，由此开展关于"社会—空间辩证法"的论述，真正将空间要素与社会要素糅合起来，从本质上揭露出空间所具有的"可生产性"和"被生产性"，以及其作为一种社会建构的内在含义。其空间思想对西方学术界空间理论的形成与"空间转向"产生了巨大影响[30]。

亨利·列斐伏尔的空间生产理论包含三个层次，即空间的本质、空间的生产与城市空间研究。

（1）"空间不仅是通常的几何学与传统地理学的概念，更是一个社会关系的重组与社会秩序的时间性建构过程"[31]。其本质是政治的、意识形态的，是政治和社会的产物，是一种既内含于财产关系又关联于生产力的社会关系的存在，其间充斥着各种社会关系。

（2）空间作为一个整体，已经进入现代资本主义的生产模式：空间被用来生产剩余价值。资本主义社会的"城市革命"，即生产从以工业为基础到以城市为基础的逐步转变，使空间变成商品，城乡的物质分离变得越来越不重要。空间生产过程中的基本矛盾是剥削空间谋取利润的资本要求与消费空间的人的社会需要之间的矛盾，也就是利润和需要之间、交换价值和使用价值之间的矛盾，这种矛盾的政治表现就是政治斗争[31]。

（3）该理论集中研究了城市空间的生产与再生产。城市空间的生产承载了商品生产的逻辑，实践着各种资本性、政治性的意图与目的。因而，资本主义空间生产所造成的中心与外围的分化和矛盾，首先是城市本身功能的分割和分散，由资本利益而形成的城市空间组织造成人口的分割和分散，城市中心区吸引和集中了越来越多的政治权力机构与商业功能，日常生活空间被迫向外围边缘地区置换。空间生产所导致的决策机构在大城市或城市中心的集中，也造成对外围地区的依附，不发达的地区与大都市中心之间的分化变得越来越明显[31]。

2.4.2 哈维：空间与社会再生产

受亨利·列斐伏尔的理论思想影响和启发，戴维·哈维认为，在资本主义社会，空间对确保其再生产比以往任何时候都显得更为重要，但在某些重要和关键方面，工业社会及其结构仍继续支配城市性状态。他根据马克思主义关于资本主义生产和再生产的周期性原理，提出资本运动三级环程的理论，并以此来解释资本运动和城市空间发展的关系（图2-2）。

资本运动包括三级环程：初级环程，即资本向产业的投入和向消费资料的利润性生产的投入；次级环程，即资本向城市基础设施和物质结构的投入；第三级环程，即资本向科教、卫生、福利事业等劳动力再生产的投入。在资本运动的初级环程，资本家在价值规律和资本本质的支配下，最大限度榨取剩余价值，增加积累，扩大生产，把劳动力再生产所需要的消费压到最低限度，结果造成生产过剩、过度积累。为了摆脱积累过剩的困境，资本必须寻求新的出路，一部分剩余资本从初级环程中分离出来，进入次级环程。对城市基础设施和物质结构的投资是长期的和社会性的，这类投资数额巨大而且不能产生直接的生产性利润，因此私人资本一般无力也不愿进行

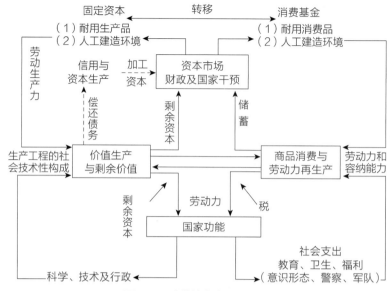

图 2-2 哈维的资本循环模型
资料来源：整理自本章参考文献 [4].

投资。为此国家开始发挥干预作用，一方面通过各种优惠政策鼓励私人资本进入次级环程，另一方面通过金融政策为私人资本创造良好的投资环境。当初级环程和次级环程的过剩资本寻求出路时就会考虑进入第三级环程。由于第三级环程的投资不直接产生利润，它同样需要国家的介入。国家从整个社会出发，为提高劳动力再生产的水平，保证劳动力能更多地创造剩余价值，制定各种政策进行干预和介入，与私人资本共同进行投资。在第三级环程濒临危机时，则可能出现"空间修复"（表 2-2）。

资本主义的资本积累与城市过程　　　　　　表 2-2

第一级环程 （Primary Circuit）	积累内容	工业资本生产
	潜在危机	商品过剩、资本限制、劳动力闲置或对劳动力剥削加强
↓危机迫近		
第二级环程 （Secondary Circuit）	积累内容	生产的人造环境生产、消费的人造环境生产
	潜在危机	固定资本和消费资金贬值，甚至引发金融、信用和货币危机以及国家财政危机
↓危机迫近		
第三级环程 （Tertiary Circuit）	积累内容	科学和技术研究投资，与劳动力再生产过程有关的社会开支
	潜在危机	城市各种社会开支的危机（健康、教育等）、消费资金形式的危机（住房）、技术和科学的危机
↓危机迫近		
"空间修复" （Spatial Fix）	积累内容	在全球寻找新的可让资本投资的地方
	潜在危机	整个资本主义系统的危机

戴维·哈维认为，资本在次级环程投资是城市发展和变迁的主要决定因素。他认为，土地及其之上的建筑物等城市基础设施可以不断地为资本创造价值，这种能力使私人资本在次级环程中获取利润（主要是房地产业），于是吸引更多的过剩资本进入次级环程[32]。当城市中心商业区趋于饱和时，资本便向郊区移动，投资于郊区豪华住宅的建设，这就带动了中产阶级的居住郊区化，进一步造成城市中心或中心城市的衰落[32]。

2.4.3 卡斯特尔：城市结构分析框架与集体消费

曼纽尔·卡斯特尔（Manuel Castells）深受亨利·列斐伏尔、阿兰·杜兰（Alain Touraine）和路易斯·皮埃尔·阿尔都塞（Louis Pierre Althusser）的影响，创造性地把亨利·列斐伏尔的空间生产理论、阿兰·杜兰的社会运动社会学和路易斯·皮埃尔斯·阿尔都塞的结构主义综合起来，用结构马克思主义的观点来分析城市社会。《城市问题》是其代表作，也是新城市社会学的奠基之作，书中他提出了"城市结构分析框架"（图2-3）[33]。他认为，城市空间是社会结构的表现，社会结构是由经济、政治、意识形态系统组成的，其中经济系统起决定作用[34]。

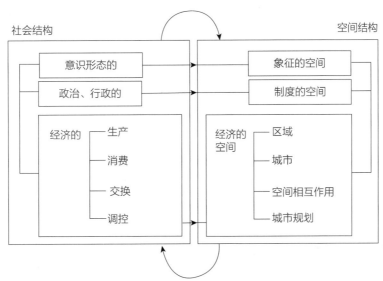

图2-3 卡斯特尔的城市结构分析框架

资料来源：整理自本章参考文献 [4].

曼纽尔·卡斯特尔提出了一个重要的概念——集体消费（Collective Consumption），意为"问题的特点和规模使得消费过程的组织和管理只能是集体而不是别的什么人"，并从劳动力再生产的过程来阐述他的理论。他认为，在农业社会，劳动者主要通过个人提供的私人消费进行劳动力再生产，农民为自己提供衣食住行及其他大部分生活资料（也就是自给自足）。随着社会化大生产的发展，城市劳动者的个人消费日益成为以国家为中介的社会化集体消费。城市住宅、交通、医疗、保险、福利、教育、文娱、市政等公共事业都成为劳动力再生产的必要投入。而私人资本已不可能独立组织起这些消费过程，只有通过国家的介入，直接干预公共事业的生产、分配、管理与消费的组织过程才能提供集体消费资料。所以，后工业时期发达的资本主义社会的国家政权已成为一股凌驾于社会生产方式之上的独立力量，并直接影响着城市发展的进程[35]。

曼纽尔·卡斯特尔认为，作为集体消费过程发生的主要场所，城市的发展和演变是占统治地位的资本家阶级和社会中被压迫的劳动者阶级之间不断进行斗争的结果。在这个场所中，资本家的利益来源于资本积累，希望国家大量投资于社会性生产过程（如投资有助于其扩大再生产的基本建设），而把集体消费投资降到最低限度。但是劳动者阶级则要求国家加大对集体消费的投资。现代化社会大生产的发展对维持劳动力再生产的消费资料生产也提出了日益高涨的要求，如高技术产业对劳动者的教育、技能水平的要求不断提高，若国家不能提供充分的教育和培训，必造成大量失业，影响城市社会稳定。所以，国家一方面代表统治阶级的利益，另一方面也不得不采取一定的措施缓和阶级矛盾。随着资本的市场运动，政府在何时、何地、以何种方式、在多大程度上组织集体消费过程，必将极大地影响城市空间形态的演变[36]。

此外，曼纽尔·卡斯特尔认为，除了阶级斗争，城市运动也是决定城市发展的重要因素之一。由于人们的社会利益与他们所在的社区紧密相联，在同一社区生活的居民便有可能超越阶级的界限组织成政治团体，为捍卫社区的共同利益而斗争。如果政府不能向社区提供足够的集体消费资料，社区团体就会组织社区运动来表示不满并进行抗议活动。这些社会活动对于影响政府的政策决策过程和城市发展过程起到了巨大作用。

2.5 城市研究的社会空间方法

2.5.1 吉登斯：空间结构下的社会互动

安东尼·吉登斯（Anthony Giddens）从权力与互动的角度切入空间议题，在其结构化理论中把时间和空间放在核心的位置，致力于围绕社会系统在时空延伸方面的构成方式来建构理论体系。在《社会的构成》一书中，他借鉴了瑞典地理学家托斯腾·哈格斯特朗（Torsten Hägerstrand）的时间地理学和欧文·戈夫曼（Erving Goffman）的拟剧理论，并发展出了许多与空间相关的概念，如区域化、脱域（Dismembering）、场所、共同在场和在场可得性等，并试图以这些概念辨识出社会互动在空间结构下如何以不同的形式延展并改变社会的资源分配结构和运行机制，同时将时间—空间关系直接与权力的产生和统治结构的再生产紧密联系在一起[37, 38]。

2.5.2 列斐伏尔的社会空间分析方法

亨利·列斐伏尔认为，20世纪中期以来，城市化问题日益凸显，城市的生产已经成为工业生产的目标和意义，以至于在发达资本主义的社会中，空间的组织在支配性的社会关系的再生产中发挥着主导的作用，而支配性社会关系的再生产已经成为资本主义生存的主要基础。由此，列斐伏尔着手建构起一个空间本体论的社会理论框架，与福柯等人一同开启了一场社会理论和社会学的空间转向。

亨利·列斐伏尔的空间思想中最为重要的方面莫过于对资本主义的社会空间的反思和批判，他将这一空间命名为抽象空间（Abstract Space）。而他对抽象空间的分析和批判则主要是围绕着其代表作《空间的生产》（*The Production of Space*）中提出的空间再生三元理论展开，即空间实践（Spatial Practice）、空间表征（Representations of Space）、表征空间（Spaces of Representation）。

在亨利·列斐伏尔看来，空间实践属于社会空间的被感知（Perceived）和物质建构的维度，或译为被感知的空间（Perceived Space），担负着社会构成物的生产和再生产的职能，并且包含着作为任何社会构成物特征的特定的地点（Locations）和空间位置（Sets）。空间表征属于社会空间的被构想的（Conceived）维度，是一个概念化的空间（Conceptualized Space），或构想的空间（Conceived Space），属于生产关系及其秩序的层面，体现了统治群体所掌握的知识和意识形态的表象化作用及其介入并改变空间构造的实践影响。表征空间是一种直接经历的（Lived）空间，是一种想象的乌托邦的空间，意味着对批判和反抗空间表象的空间真理的亲身体验；与空间表象主要偏好于理智上所建构的语言符号系统不同的是，表征的空间更倾向于或多或少一致的各种非语言的象征和符号系统[39]。

总的来说，亨利·列斐伏尔的理论具有开创性，他对其他空间政治经济学研究者的理论思考具有很大的启发性。同时，其理论具有很高的推理性，但人文主义和"乌托邦"色彩较浓。

2.5.3 高狄纳的社会空间视角

马克·高狄纳（Mark Gottdiener）在批判亨利·列斐伏尔、戴维·哈维和曼纽尔·卡斯特的都市空间阐述的基础上，提出了一个更具操作性的理论框架——社会空间视角（Socio-Spatial Perspective）。社会空间视角批评传统城市社会学过分重视技术作为变迁主体的推动力，试图将更多的因素纳入城市空间的分析框架。他认为，城市空间镶嵌在一个复杂的政治、经济与文化之网中。概括起来，社会与空间存在着相互交织的关系：一方面，人类在社会结构的限制下在一定的空间下运行；另一方面，人类可以创造和改变空间以表达自己的需求和欲望。这一论述呼应了安东尼·吉登斯的结构化理论，凸显了人的能动性在空间建构中的重要性[40]。

2.5.4 林奇的环境感知与城市意象

凯文·林奇（Kevin Lynch）作为20世纪城市设计最具灵感的学者，对城市空间与人类行为的关系有着深刻的洞见。凯文·林奇认为，场所是一个环境的空间形态和人类认知过程相互作用的交汇点，解释了依赖于个人对城市的情感的感知过程[41]。感知是一种主动的行为，其能动性可用心理认知地图（Cognitive Maps）来说明。心理认知地图反映城市人的意象或对城市的感知。人们将他们为了某些特定目的或功能而经过的那些地点认作场所，沿着一个人的日常路线的那些场所，常常成为人的主观的城市空间的核心图像。不同的个人及群体赋予场所不同的意义，在头脑中形成不同的城市图像，故应根据具体的客观环境来分析认知图，但一些重要且显著的基本感受却能被大多数人共同接受。

从人类的感知和经验的价值出发，凯文·林奇给出了一个对好的环境的定义：一个好的地方，就是通过一些对人及其文化都非常恰当的方法，使得人能了解自己的社区、自己的过去、社会的网络，以及其中所包含的时间和空间的世界。进而，林奇将城市经验视为发展完整人格的教育过程，认为运用感觉的手法是放之四海而皆准的[41]。

2.5.5 新城市主义：空间尺度与社会交往

新城市主义社会学的空间转向是以曼纽尔·卡斯特尔、戴维·哈维等为代表的。

曼纽尔·卡斯特尔认为，城市空间是社会结构的表现，而社会结构是由经济系统、政治系统和意识形态系统组成的。他批评了亨利·列斐伏尔的"把空间看作是创造性自由这一人的属性的作为，是人的愿望的自发表现"，认为空间只是社会的一个重要物质维度，且与其他物质维度发生关系，进入这一关系的人赋予空间以形式、意义和功能。在曼纽尔·卡斯特尔看来，社会是环绕着流动而建立起来的，流动不仅是社会组织的一个要素，还是支配了经济、政治与象征生活过程的表现。他在《网络社会的崛起》中提出"流动空间"（Space of Flows）的概念，即通过流动而运作的共享时间之社会实践的物质组织[42]。

戴维·哈维在《社会公正与城市》一书中表明追随亨利·列斐伏尔，并在《后现代状况》一书中阐述其主要论点：直接将资本主义的经济发展同对空间和时间的改造联系起来。他还提出著名的"时空压缩"这个概念，即交通和信息的加快流动使得空间的障碍进一步消除。

推荐阅读资料

1. 潘允康. 城市社会学新论：城市人与区位的结合与互动 [M]. 天津：天津社会科学院出版社，2003.
2. 荣玥芳，高春凤. 城市社会学 [M]. 武汉：华中科技大学出版社，2012：95-96.
3. 蔡禾. 城市社会学讲义 [M]. 北京：人民出版社，2011：70-71.
4. 向德平. 城市社会学 [M]. 北京：高等教育出版社，2005.
5. 许英. 城市社会学 [M]. 济南：齐鲁书社，2002.
6. 麦夷，江美球. 城市社会学概论 [M]. 贵阳：贵州人民出版社，1988.
7. HAWLEY A H. Human ecoloy: a theory of community structure[M]. New York：Ronald Press，1950.

思考题

1. 结合相应的城市案例，阐述城市化的不同模式与特征。
2. 结合现阶段的国情特点，谈谈如何理解城镇化。
3. 阐述城市社会与乡村社会的主要特征。
4. 如何理解城市性？
5. 阐述欧洲城市社会学的兴起及其中的代表思想。
6. 结合你所在区域，论述城市空间与社会结构的关系。

本章参考文献

[1] 国家质量技术监督局. 城市规划基本术语标准：GB/T 50280—1998[M]. 北京：中国建筑工业出版社，1998.

[2] 赵荣. 人文地理学 [M]. 2版. 北京：高等教育出版社，2006.

[3] 吴志强，李德华. 城市规划原理 [M]. 4版. 北京：中国建筑工业出版社，2011.

[4] 许英. 城市社会学 [M]. 济南：齐鲁书社，2002.

[5] 潘允康. 城市社会学新论：城市人与区位的结合与互动[M]. 天津：天津社会科学出版社，2003.

[6] 宁越敏. 新城市化进程：90年代中国城市化动力机制和特点探讨 [J]. 地理学报，1998（53）：470–477.

[7] 叶连松，鲁泽. 中国特色城镇化 [M]. 石家庄：河北人民出版社，2003.

[8] 张永亮. 逆城市化与郊区城市化 [J]. 地理教育，2004（3）：79.

[9] 向德平. 城市社会学 [M]. 北京：高等教育出版社，2005.

[10] 孙合灵. 山东资源型城市再城市化对策研究 [D]. 济南：山东师范大学，2011：9-10.

[11] 王张伟，王琛，程银侠. 浅析城市化发展进程中的三种发展模式：逆城市化、超前城市化、滞后城市化 [J]. 陕西建筑，2011（11）：1-3.

[12] 荣玥芳，高春凤. 城市社会学 [M]. 武汉：华中科技大学出版社，2012.

[13] 单卓然，黄亚平. "新型城镇化"概念内涵、目标内容、规划策略及认知误区解析 [J]. 城市规划学刊，2013（2）：16-22.

[14] 董晓峰，杨春志，刘星光. 中国新型城镇化理论探讨 [J]. 城市发展研究，2017（1）：26-34.

[15] 蔡禾. 城市社会学讲义 [M]. 北京：人民出版社，2011：70-71.

[16] 陈国强. 简明文化人类学词典 [M]. 杭州：浙江人民出版社，1990.

[17] WIRTH L. Urbanism as a way of life [J]. American Journal of Sociology，1938（44）：1-24.

[18] 李友梅. 基层社区组织的实际生活方式 [J]. 社会学研究，2002（4）：17-25.

[19] 周晓红. 现代社会心理学 [M]. 上海：上海人民出版社，1997.

[20] TONNIES F，LOOMIS C P. Community and society[M]. Chicago：Courier Corporation，2002.

[21] 埃米尔·涂尔干. 社会分工论 [M]. 渠敬东，译. 北京：生活·读书·新知三联书店，2017.

[22] SIMMEL G. The metropolis and mental life[M]. Oxford：Routledge，2012.

[23] MAX W. The city[M]. New York：Free Press，1950.

[24] 周晓虹. 芝加哥社会学派的贡献与局限 [J]. 社会科学研究，2004（6）：94-98.

[25] 麦夷，江美球. 城市社会学概论 [M]. 贵阳：贵州人民出版社，1988.

[26] HAWLEY A H. Human ecology：a theory of community structure[M]. New York：Ronald Press，1950.

[27] 张宝义. 城市人与城市区位的互动：城市社会学发展的基本内涵 [J]. 南方论丛，2006（3）：120-128.

[28] QUINN J A. Human ecology and interactional ecology [J]. American Sociological Review，1940，5（5）：713-722.

[29] DUNCAN O D. Human ecology and population studies [M]//HAUSER P M. The study of population. Chicago：University of Chicago Press，1959：678-716.

[30] LEFEBVRE H，NICHOLSON-SMITH D. The production of space[M]. Blackwell：Oxford，1991.

[31] 何森，张鸿雁. 城市社会空间分化如何可能：西方城市社会学空间理论的中国意义 [J]. 探索与争鸣，2011（8）：47-51.

[32] 夏建中. 新城市社会学的主要理论 [J]. 社会学研究，1998（4）：47-53.

[33] CASTELLS M. The urban question：a marxist approach [M]. London：E. Arnold，1977.

[34] 张应祥，蔡禾. 资本主义与城市社会变迁：新马克思主义城市理论视角 [J]. 城市发展研究，2006（13）：105-110.

[35] 邓清. 城市社会学研究的理论与方法 [J]. 城市发展研究，1997（5）: 25-28.

[36] 夏建中. 新城市社会学的主要理论 [J]. 社会学研究，1998（4）: 47-53.

[37] GIDDENS A. The constitution of society: outline of the theory of structuration [M]. Berkeley: Univ. of California Press，1984.

[38] 林晓珊. 空间生产的逻辑 [J]. 理论与现代化，2008（2）: 90-95.

[39] 郑震. 空间：一个社会学的概念 [J]. 社会学研究，2010（5）: 167-191.

[40] GOTTDIENER M，HOHLE R，KING C. The new urban sociology[M]. Oxford: Routledge，2019.

[41] 凯文·林奇. 城市意象 [M]. 方益萍，何晓军，译. 北京：华夏出版社，2017.

[42] 曼纽尔·卡斯特. 网络社会的崛起 [M]. 夏铸九，等译. 北京：社会科学文献出版社，2006.

第 3 章

城市社会结构

3.1 基本含义

社会结构（Social Structure）的概念形成并伴随于社会学的创立，是社会学研究社会的基本范畴，是一个使用极为广泛的概念，不同的研究者对社会结构有着不同的理解。早期社会学家，如孔德（August Comte）、斯宾塞（Herbert Spencer）、涂尔干（Emile Durkheim）等，从自然主义和实证主义角度出发，以生物学方法认识社会结构。帕森斯（Talcott Parsons）认为，社会结构是相互联系的各种子系统所形成的一个整体系统。迪尔凯姆（Emile Durkheim）认为，社会结构是社会分工造成的社会结合的组织形式和功能。列维-斯特劳斯（Claude Lévi-Strauss）认为，社会结构是具体的规则整体之间的逻辑关系[1]。吉登斯则认为，社会结构是潜在于社会系统中不断再造过程中的规则和资源；马克斯·韦伯把社会结构归结为各种文化要素形成的不同形态[2]。马克思（Karl Marx）认为，社会结构是由生产力、生产关系、上层建筑等基本要素组成的统一体。总之，尽管社会学家们对于社会结构的含义有不同的理解，但在定义上还是有共同之处。

总结而言，社会结构，是指一个国家或地区的占有一定资源、机会的社会成员的组成方式或关系格局，是一个群体或一个社会中的各要素相互关联的方式[3]。社会结构分为广义与狭义两种。从广义上说，社会结构是社会关系的总和，是社会基本要素之间稳定持久的联系模式，包括产业结构、经济结构、政治结构、文化结构等；而狭义的社会结构是指由社会分化产生的主要社会群体之间相互联系的模式。这类群体主要有：阶级、阶层、种族、职业群体、宗教团体等[4]。在这里，社会结构被简单地定义为某种确定的社会关系,即那些在某一社会中成员之间相互作用的有规律的重复的特性[1]。

城市社会结构是指城市中各种社会群体之间相互作用所形成的某种稳定的联系方式,或者说是城市中的群体构成方式。城市社会结构是社会学研究的一个基本内容,也是城市社会学研究的重要领域。首先,按照经济、社会、文化的标准,可将城市社会结构要素作横向分类,包括人口结构、家庭结构、经济结构、职业结构、收入结构等。其次,按照由个体到群体,由简单到复杂的原则,社会结构的载体包括个人、群体、组织、网络、阶层、社区,因此,城市社会结构研究即城市居民、城市群体、城市社会组织、城市社会网络、城市社区、城市社会分层与社会流动研究[5]。

3.2 相关理论

社会结构是一个复杂的有机整体,从宏观上分析其构成要素与系统之间的稳定联系,把握社会结构的规律,预测其发展趋势,是社会学工作者的重要理论任务和现实课题。有关社会结构理论研究在西方社会学中由来已久,许多学派从各自的角度对社会结构进行研究,构建了自己的社会结构理论。以下根据学科的发展历程来阐述社会结构的相关理论解释。

1. 社会结构研究的早期经典论述

(1)自然主义和实证主义——孔德、斯宾塞、涂尔干、迪尔凯姆

结构观念进入社会学,始于自然主义和实证主义开始尝试社会分析的社会学初创时期,当时的社会学家们从生物学角度研究社会,社会结构的概念往往建构于对生物学的移植和嫁接[5]。以孔德、斯宾塞、涂尔干、迪尔凯姆等人为代表,他们的观点直接反映了这种自然科学取向的认识方式。

孔德将社会类比为生物有机体,视其为一个由众多部分构成的相互依赖的有机整体,它的每一部分都在为维持整体的稳定而发挥自己的作用。他基于一些观念事实而引出一个结构解释视角,尝试用整体与部分的关系,以人性、博爱与秩序的联系串接社会结构的概念[6]。

斯宾塞则继承和发展了孔德的社会有机体论,将社会看成一个类似于但又有别于生命有机体的超有机体。他认为人类社会就像活的生物有机体一样,是从较为简单的形式向更复杂的形式发展的,是处于一种不断扩展和不断复杂化之中的[7]。

涂尔干将社会看成是一个不可化约的实体,并强调社会整体的优先位置。他指出社会事实并非个人意愿能左右,社会对个人具有外在制约性,人们的内在思想结构反映着社会结构的秩序,并在这种反映过程中加强和再现了外在的社会秩序。涂尔干在社会分工研究的基础上提出了社会团结理论,认为社会结构是社会关系的组

合形式[8]。

迪尔凯姆继承了孔德和斯宾塞的社会有机思想，认为社会是独立存在的客观实体，社会由个人联合组成，并超越个人。他提倡社会整体观，认为社会系统的存在和延续，需要社会内部各部分之间有最低程度的整合，社会的整体性强调的是个体之间相互作用和结合的关系，不能认为是个体之间的简单叠加[9]。

（2）历史唯物主义——马克思

有别于孔德等人的生物学取向，马克思的社会结构理论，更为强调根源于物质的生活关系层次，即生产关系。马克思把各种社会结构看作各种社会关系的总和，经济结构是生产关系的总和，政治结构是政治关系的总和，社会意识形态结构是文化关系的总和，社会整体结构则是人们的物质生活关系和精神生活关系的总和，并将社会结构视为矛盾关系体，认为社会结构变化的动力来源于社会内部的矛盾运动。他认为社会结构不仅可以指客观实体之间的关系，也可以指人为实体（制度、意识形态、生产方式等）之间的逻辑关系。马克思将社会结构的分析和探讨与人的主体性和实践性结合起来，同社会发展的辩证性和历史性有机结合起来，提出了历史唯物主义的社会结构观[10]。

（3）人文主义——韦伯

与孔德等人不同，韦伯认为社会科学和自然科学不同，社会学关注的是精神现象的移情理解。他认为社会学指的是一门试图说明性地理解社会行为，并由此而对这一行为的过程和作用作出因果解释的科学。"行为"在这里表示人的行动，只要这一行动带有行为者赋予的主观意象，而对行动者的主观意义只有用理解的方法才能获得。理解分为即时理解和解释性理解两类，两者区别在于后者更多地考虑到行动产生的社会背景、行动者所赋予的主观意义。由此可见，韦伯理解社会学的主观主义色彩相当浓[11]。

韦伯理解社会学强调个体的自主性与社会过程的主观方面，他认为社会的本质是由行动者构成的系统，不存在超越个人之上的社会。他把塑造社会事实的社会行动作为研究对象，认为社会行动是构成社会结构的基本材料。韦伯主张对社会行动进行解释性理解，把行动同其动机、意义联系起来，以主观动机模式为基础来分析社会制度模式。韦伯又从文化角度出发，把社会结构归结为各种文化要素形成的不同形态[12]。

2. 帕森斯理论主导的帕森斯时代

（1）结构功能主义——帕森斯

结构功能主义是第二次世界大战后社会学的主导理论，帕森斯是结构功能主义的集大成者。帕森斯的结构功能分析模型，从功能分化的角度，将社会结构概念发展成一种庞大的旨在解释一切人类行动的系统理论。帕森斯把社会结构看作一个由文化系统、社会系统、人格系统和行为有机体组成的庞大系统，各子系统之间相互作用影响，共同维持整个系统的运行[13]。帕森斯非常强调秩序、行动和共同价值体系在社会结构中的作用。他认为秩序是社会结构的本质，并认为结构是行动者之间的互动组成的。总体社会系统中的四个子系统之所以能够充分发挥功能，其关键在于社会拥有那些将其成员整合在一起的共同的价值体系[6]。社会结构最为基本的分析单元是行动者所处的地位和承担的角色，并将社会结构看作是各个地位、角色之间稳定的关系。在帕森斯看来，结构是要素相互作用构成的运动，通过形成一定的规范来发挥作用，结构的不同功能体现结构的意义。结构内部的各要素以及形成的秩序规范和意义呈现，这三者又依靠中介变量"地位—角色"有机地串接在一起[13]。

（2）人类结构主义——列维·斯特劳斯

法国著名人类学家列维·斯特劳斯试图用结构主义否定帕森斯勾勒的大型结构实体，他用社会之"深层结构"，抑或"心灵的结构"代替帕森斯力主的社会宏观结构[6]。他认为，一切社会活动都深藏着一种内在的社会结构，寻找出这些内在的结构以及相互关系是社会和人文科学的主要任务；在他看来，社会结构不是客观存在的社会实体，而是存在于深层结构的一种模式。同时，社会结构既是表面秩序，又是深层结构，深层结构决定表面秩序。可以认为，列维·斯特劳斯塑造的是一种规则性结构、关系性结构[13]。

3. 反帕森斯理论的繁荣时代——微观结构主义

1960—1970年代，社会学界掀起了一股反帕森斯理论的热潮，社会学者们把结构研究视角放在更微观的角度，提出诸如符号互动论、冲突理论、交换理论等，较全面地研究了社会微观互动过程，力图概括互动的本质以及互动与社会宏观结构之间的关系，揭示社会结构形成的微观基础。

微观结构主义反对结构功能主义有关限制和约束个人选择的观点，强调个人在互动过程中构建社会关系的能动作用。微观结构主义认为，社会结构不具有恒定、实在的性质，既不是决定社会过程的稳定因素，也不是社会均衡的基础。社会结构具有思维抽象性，流动易变，是人们根据经验建立的、用以把握互动情景的认识论工具。微观结构主义经常使用个人资源及其差异、情景定义、选择、互动仪式、交往密度、沟通网络、符号等概念，致力于揭示行动者对互动情景的主观理解及其对互动的影响[1]。

4. 后帕森斯的新综合时代

后帕森斯时代始于1970年代后半期，是继反帕森斯时代之后出现的重估或综合帕氏理论的新阶段。社会学家们在借鉴古典理论基础上对当代多元理论进行综合，使社会学理论摆脱激进的批判主义，重新回到以均衡、整合、秩序为诉求的传统轨道。其中，具有较强代表性的包括阿尔都塞（Louis Althusser）的结构马克思主义、吉登斯的结构化理论以及布迪厄（Pierre Bourdieu）的生成结构主义。

（1）结构马克思主义——阿尔都塞

1960年代，路易斯·阿尔都塞创立了一种反对人本主义的"结构马克思主义"，主要专注那些不可见的社会大型结构。他认为，马克思主义是关于社会形态的科学，是对社会内在规律及其不同层次或结构之间关系的研究。他指出，确定社会形态的性质，不能从主体或社会行动的角度进行分析，而只能从一个复杂的整体角度进行分析，该整体是由经济的、政治法律的、意识形态的结构构成。阿尔都塞强调经济、政治和意识形态诸结构的多样性和相对独立性。阿尔都塞提出的"多元论"社会形态观，对社会结构研究具有重要的参考价值[1]。

（2）结构化理论——吉登斯

在后帕森斯时代，英国社会学家吉登斯提出了结构化理论，其核心概念主要有：结构、行动、结构二重性。吉登斯认为结构包括规则和资源，正是通过这些规则和资源，行动者在空间和时间中维持和再生产了结构。规则属于行动者的知识与理解部分，它构成行动的内在因素，是潜在的、非具决定性的情境界域。资源可以分为两类：一是物质性资源，即配置性资源；一种是隐含在社会关系网络中的非物质性资源，即权威性资源。在吉登斯看来，社会结构充满了可转化性和灵活性，是行动者在具体情境中的"一部分"，且被他们用来在时空之中创造社会关系的模式。吉登斯认为行动是一个反思性的行动流，是一个不断循环反复的过程。吉登斯的结构二重性观点是，行动者和结构二者的构成过程并不是彼此独立的两个既定现象系列，即某种二元论，而是体现着一种二重性。行动者利用结构，并且在利用结构的特质时改变或再生结构，结构对行动具有限制性与能动性[14]。可以说，吉登斯的结构化理论是主观主义和客观主义的综合。

（3）生成结构主义——布迪厄

法国社会学家布迪厄提出的生成结构主义，从主观和客观两个角度出发，既关注由客观主义形式知识构建的客观关系系统，同时也考虑这些客观结构和主观性情倾向之间的辩证关系。他强调认识结构必须回到实践中，认为实践是惯习（习性）、资本和场域相互作用的产物[15]，即具备习性和资本的行动者在一个场中的活动构成了实践。场域，即各种位置之间存在客观关系的网络或构型；惯习（习性），即某种生成性能力。在布迪厄看来，社会结构产生惯习，而惯习又反过来充当社会结构与实践行动的媒介，对于我们克服主客观二元对立来说是至关重要的[16]。

5. 后结构主义

后结构主义是对社会结构的解构，其代表理论主要为法国哲学家福柯（Foucault M.）的话语、权力与"人之死"理论和鲍德里亚（Jean Baudrillard）的符码、内爆与"社会终结"理论。

福柯主要关注话语的对话性，强调话语的实践性，认为话语是一种活动。透过话语解释隐藏在话语规则的深层结构——权力关系。他提出"人之死"理论，希望消解由启蒙以来提出的真理和理性，及其由理性建构起来的外显形构式的、抑或内在规则式的社会结构。鲍德里亚认为社会进入一个后现代的拟像时代，社会所呈现的景观为：符号取代并超越了现实，使得现实与非现实的界限消失。大众因此丧失了一切依据理性而进行的判断，处在一种不辨是非、不知真假的认识逻辑的混乱之中，最后干脆拒绝了由这些符号构成的社会规范，导致社会性的消失，及整个社会的终结。他在剖析后现代景观时，感叹起"社会的终结"[6]。

6.中国学者有关社会结构的讨论

中国学者基于马克思主义社会学传统以及西方社会学观点，也提出了自己对社会结构的看法和界定。陆学艺认为："所谓社会结构，就是指一个国家或者地区占有一定资源、机会的社会成员的组成方式和关系格局"，他认为单将社会结构界定在一个国家或地区内部诸要素之间的构成方式与状况，不能充分反映出构成社会结构的要素和机制，而这种要素和机制正是人们认识和分析社会结构不可缺少的重要维度。因此，将社会结构界定在社会资源在社会成员中的配置，以及社会成员获得社会资源的机会[3]。正是基于这种界定，陆学艺等人将社会结构分成多个子结构，除了作为基础要素的人口结构之外，还有体现社会整合方式的家庭结构和社会组织结构，体现生存活动方式的就业结构、收入分配结构和消费结构，以及体现社会地位格局的社会阶层结构等。

3.3 特征及其变迁

3.3.1 社会结构的特征

城市是一个以人类为主体，以地域空间和各种设施为环境的生态系统，是城市居民与城市环境对立统一的系统。城市作为生态系统，它的结构包括城市社会结构和城市空间结构。城市社会结构作为城市系统的子系统，它具有自身的特征。首先，作为一种社会结构，它具有社会结构所具有的共同特征；其次，作为社会结构的一类特殊情况，它有自己的独特特征。

1.社会结构的一般特征

（1）整体优先性

结构的整体性强调整体相对局部的优先重要性。结构是机体的"整个的内部联系"，是整体或总体的结构，结构是属于整体的。整体优先性强调从整体的角度把握结构要素的意义和要素之间的相互关系，而不仅停留在要素本身。换言之，也只有面对一个客观整体，才有可能去考虑整体的各个部分、各种要素之间的关系问题，才会去考虑其结构问题。

(2) 层次差异性

社会结构既具有整体性，各构成要素之间又有层次性。由于各要素在社会发展中的地位和作用是不尽相同的，因此，层次性成为社会结构的一个基本特征。在马克思看来，社会结构是在生产力和生产关系的矛盾、经济基础和上层建筑的矛盾中构成的一个开放的系统，其中生产力才是社会结构中具有基础性和决定性的力量。

(3) 有机组合性

社会结构的构成要素不是杂乱无章地堆砌，也不是简单地排列组合，而是有机地联系成为一个有序整体，这主要指结构要素之间的功能耦合。社会结构的构成要素（子系统）都存在着一定的功能，在耦合状态下，此功能的输出恰是彼功能的输入，正如机械齿轮的耦合。社会结构各层次总是互相作用、互相制约、互相促进，形成完整的自我调节的社会功能系统。子系统结构的功能相互适应和耦合，整体结构才能保持动态平衡，一旦功能紊乱，社会结构就会发生震荡和变迁[17]。

(4) 历史动态性

社会结构不是一个静止状态，而是一个动态发展的过程，是一个相对稳定、协调发展、多级发展的过程。社会转型的过程就是一个社会结构不断变迁的过程，一个不断"解构"和"建构"的过程。马克思所理解的社会结构总是处在一定历史阶段上运动着的结构。人类迄今为止经历了原始社会、奴隶社会、封建社会、资本主义社会和社会主义社会五种社会形态，每一种社会形态都包含着特定的历史条件，并且对应着这种特定历史条件下的社会结构。社会结构既是人们行动的前提和条件，也是人们社会行动的结果与创造物。这是马克思所理解的社会结构历史性的奥秘[17]。

2. 城市社会结构的特殊特征

(1) 开放性

城市社会结构不是一个封闭系统，而是一个开放的循环系统。开放性是城市社会结构的本质特征，也是城市发展的客观规律。城市作为一个多系统组成的集合体，它的发展需要依赖各组成系统的相互配合与协调；同时，城市作为社会大系统的一个子系统，必然与其他系统存在相互依存、互为因果的关系。城市内部各组成系统之间、城市之间、城乡之间相互依存、相互影响，促进整个社会的协调、良性发展。社会的生产社会化、劳动分工专业化、社会城市化加快，城市与外部的联系性加强，城市只有具备开放型的结构，才能不断获取资源，促进城市的发展。一般来说，城市规模越大，专业性越强，发展越现代化，城市结构就越开放，城市在整个社会中的地位就越突出。

(2) 流动性

城市社会结构的开放性是流动性的前提，没有社会结构的开放，就不可能有社会流动。城市社会结构的开放性决定了城市的流动性。城市的社会流动包括不同类型：依流动的方向可分为水平流动和垂直流动，依流动的主体范围可分为代内流动和代际流动，依流动的规模和作用可分为结构性流动和非结构性流动等。各种不同类型的流动同时存在于城市之中，对城市发展产生影响。水平流动为人们自由择业提供了可能，促进社会资源合理分配，实现人力资源的合理布局。垂直流动为人们提供了平等的升迁机会和公平的竞争机制。结构性流动有利于合理调整人口结构和产业结构。总之，城市社会流动的频率和方向反映着城市发展的水平。

（3）异质性

城市社会结构的异质性表现在很多方面，主要表现为社会分层结构中各阶层之间的差异。从职业结构看，由于社会分工的发展，城市中专门职业越来越多，人们分别从事不同的职业，处在复杂的分工合作关系中，形成复杂的职业群体结构。从收入结构看，城市居民的收入也具有层次多、差异大的特点，形成"高薪阶层""中产阶层"和"低薪阶层"。从社会地位来看，职业差异、文化差异、收入差异直接导致人们社会经济地位的差异。

（4）复杂性

城市社会结构的复杂性源于两方面原因：一方面是联系社会关系的纽带的不同导致结构的复杂性，在城市生活中，人与人之间以业缘关系为主，血缘关系和亲缘关系退居到次要的地位。除了业缘关系外，城市中还存在着许多以相同的兴趣、志向为纽带连接起来的社会关系，即趣缘关系和志缘关系。业缘、趣缘、志缘关系构成联系城市社会关系的主要纽带，纽带的多样性导致结构的复杂性。另一方面是城市社会结构的异质性和随着社会的发展而出现的新阶层导致社会阶层的多样性，而社会阶层的多样化使得城市社会结构较之以往更为复杂。

3.3.2 社会结构的变迁

城市不仅是各种现代化要素流动的场域，也是社会结构变迁的主体，改革开放40年来，中国城市社会结构研究重点关注城乡结构、城市消费结构、城市阶层结构、城市空间结构、城市就业结构和城市人口结构，其中最为突出的为城乡结构研究。城市社会结构不是孤立、静止的，而是随着社会诸要素的变化而不断变化[18]。具体而言，影响社会结构变迁的因素可以概括为政治、经济、文化三个方面，其中文化方面主要是科学技术的发展和教育的发展。

（1）社会体制与社会政策的变化对社会结构变迁的影响

社会体制与社会政策的变化是导致社会结构变化的重要因素。社会体制的变动和社会政策的调整，能促进人们在不同职业、不同阶层、不同地域之间的流动，促进新的社会群体和阶层出现，促进新的产业和职业形成，从而改变原有的城市社会结构。如中国经济体制改革后把权力下放到企业，产生了一个"厂长、经理"阶层；改革开放初期提出的"让一部分人先富起来的"政策使得收入分配结构发生变化；户籍制度造就的城乡二元结构，使得农民工进城难等。此外，部分城市出台的税收优惠政策不仅吸引了外资，也吸引了大量国际、国内的相似移民与关联移民，移民劳动分工下的经济产业链和跨境的移民生态链分别引发了城市社会阶层结构和城市社会空间结构的变动，促生了城市纵向维度的阶层分化和横向空间维度的居住分异[19]。产业发展政策的变化也会影响城市产业结构，进而影响城市社会结构，如最低工资制度和政府创新干预对产业结构升级存在显著的正向效应，同时最低工资标准提升与城市产业结构升级之间还存在显著的倒"U"形关系等[20]。

(2) 经济发展对社会结构变迁的影响

城市经济的发展，一方面表现为生产力内部的发展，如发达的社会分工使劳动生产率不断提高，新技术的运用使产业结构不断变化等；另一方面表现为生产关系内部的变化，如所有制结构的变化等。由城市经济发展引起的城市社会结构的变化，不仅表现为城市产业结构的变化，即人们在新的产业结构中发生职业流动；还表现为人们在新的所有制结构中发生社会流动，引起与所有制结构相联系的社会阶级、阶层的变动。如中国城市经济体制改革后出现的产业结构不断调整、职业结构重新组合的情况，就是由经济发展所引起的城市社会结构的变动。城市经济的发展，一方面对城市社会结构的变化提出了必要性，另一方面也为城市社会结构的变化提供了可能性，这种必要性与可能性的结合，导致城市社会结构随城市经济的发展而变化[1]。

(3) 科学技术的发展对社会结构变迁的影响

马克思说过"科学技术是生产力"，而他又强调生产力是社会结构的基础性和决定性力量，可见科学技术的发展对城市社会结构有巨大的影响。科学技术的发展不仅能提高劳动生产率，促进新型产业的建立，而且能改变劳动方式。如信息传播技术对社会结构的影响，最早的传播活动是借助语言和文字进行，社会交流的扩大要求人们设想文字书写复制的传播技术。印刷术应运而生，其传媒内容的复杂和理解循序渐进的特点，造成受众明显的等级差异和交往隔绝。电子媒介打破了传播的文化条件限制，特别是电视与网络传播，构成了最为广泛的公共领域，提供了从未有过的信息共享。而手机短信传播，实现了人际传播与大众传播的完满结合、互动及时、信息自主选择，打破了公众进入媒介的技术障碍。

(4) 教育的发展对社会结构变迁的影响

教育的发展不仅提高了城市居民的文化层次，改变了其文化结构，而且引发劳动者在不同行业和职业间的流动，带来居民职业的变更和社会地位的变化。在任何历史时期教育对获取更高的社会地位一直都有所助益，拥有较好的教育资源的人群容易获得较高的社会地位。

3.4 社会结构的要素

3.4.1 人口

1. 含义

人口是城市社会结构的核心构成要素，更是城市发展中最活跃的因素之一。人口的数量、质量、结构、空间分布及其变动带来了城市的形态、结构和功能的变动，对城市的可持续发展有深刻的影响。因此，研究城市社会结构首先要研究城市的人口结构。城市人口结构（City Population Structure）是指一定时期内城市人口文化、年龄、职业、户籍、民族等方面的构成状况。人口结构是社会结构的基础结构。

2. 特点

根据国家统计局第七次全国人口普查数据，2020年我国拥有城镇人口90199万，占总人口的63.89%。我国城市人口结构的特点主要表现为以下几方面。

（1）文化——城市人口素质显著提高

随着全国义务教育的普及、高校扩招，城市人口素质显著提高。据2020年第七次全国人口普查统计，同2010年第六次全国人口普查数据相比，全国文盲人口减少16906373人，文盲率由4.08%下降为2.67%，下降1.41个百分点。与六普相比，2020年拥有大学（指大专及以上）文化程度的人口为218360767人，占比由8.9%上升至15.47%。同时，每10万人中具有大学文化程度的人口由8930人上升为15467人；拥有高中文化程度的人口由14032人上升为15088人；拥有初中文化程度的人口由38788人下降为34507人；拥有小学文化程度的人口由26779人下降为24767人。15岁及以上人口的平均受教育年限由9.08年提高至9.91年。这种提升在各大城市尤为明显，七普数据显示，北京每10万人口中拥有41980名大学生，占比42%，居全国首位。南京、上海、武汉、西安、太原等城市表现也比较突出，占比均超三成，远超全国平均水平15.47%，城市人口素质显著提高。

（2）年龄——城市人口老龄化速度加快

经济长期持续稳定发展、人民生活水平显著提高、医疗条件持续提高，人口平均预期寿命显著提高，老龄化进程明显加快。根据国家统计局第七次全国人口普查数据，2020年我国60岁及以上人口有2.6亿人，其中，65岁及以上人口1.9亿人。与2010年六普数据相比，60岁及以上人口比重上升了5.44个百分点，65岁及以上人口比重上升了4.63个百分点。与此同时，城市人口的低自然增长率导致年轻人口所占比例持续下降，城市人口老龄化速度加快。第七次全国人口普查数据显示，城镇人口中60岁及以上人口占总人口的15.82%，比2010年人口普查上升4.35个百分点，其中65岁及以上人口占11.11%，比2010年人口普查上升3.43个百分点。

（3）职业——城市劳动就业人口仍在持续增加

虽然城市保持较低的自然增长率，老年人口所占的比重也在逐年上升，但是城市劳动人口仍在持续增加，致使城市劳动就业压力巨大。据统计，城市就业人口在经济活动人口中所占的比重由 2010 年的 41.09% 扩大到 2020 年的 61.64%，增加了 20.5 个百分点。随着国家产业的变化，农业所能涵养的劳动力人口在逐年下降，大多数劳动力就业人口都转向城市寻找就业机会，这使得城市劳动就业人口持续增加。

（4）户籍——流动人口占城市常住人口比例逐年上升

据第七次全国人口普查数据统计，人口自然增长率逐年降低，2010 年为 4.79‰，2020 为 1.45‰。相较而言，人口流动趋势不断加剧，第七次全国人口普查数据显示，我国人户分离人口为 49276 万人，其中，市辖区内人户分离人口为 11694 万人，流动人口为 37582 万人，与 2010 年相比，人户分离人口增长 88.52%，市辖区内人户分离人口增长 192.66%，流动人口增长 69.73%。流动人口中，乡城流动占比不断上升，五普、六普及七普数据显示，2000 年、2010 年、2020 年，乡城流动占流动人口的 52.2%、63.2%、66.3%，乡城流动依然是流动人口的核心驱动。与此同时，2020 年城城流动人口为 8200 万，比 2010 年多 3500 万，城城流动大规模增加。2020 年，流入城市的流动人口占城市常住人口比例逐年上升，2010 年流动人口仅占城市常住人口比重的 27.9%，2020 年该比重上升到 36.7%，增加了 8.8 个百分点。

（5）民族——城市少数民族人口数量增长迅速，族别不断增多

随着社会经济的发展和城市化进程的加快，进入大城市的外来人口日益增多，其中少数民族流动人口也大幅度上升，而且族别不断增多。以上海市为例，上海市统计局数据显示，上海市居住和工作的少数民族人口的族别越发丰富，从 1953 年仅拥有 21 个少数民族直至 2005 年已经拥有 53 个少数民族，并在 2008 年时增长到 55 个；1990 年上海市少数民族人口总数为 6.22 万人，2000 年上海市少数民族人口总数为 10.36 万人，2010 年为 27.56 万人。上海市第七次全国人口普查数据显示，2020 年上海市少数民族人口达到 39.98 万人，比 2010 年增长 44.8 个百分点。

3.4.2 家庭

1. 含义

家庭是社会的细胞、社会的基本构成单元，是"以一定的婚姻关系、血缘关系或者收养关系组合起来的社会生活组织[3]，在通常情况下，婚姻构成最初的家庭关系，这就是夫妻之间、父母和子女之间的关系"。家庭结构（Family Structure）是指家庭中的成员的构成及其构成方式，具体指一个家庭包括哪些成员和他们之间的关系。家庭结构包括两个基本方面：一是家庭人口要素，指家庭由多少人组成；二是家庭关系模式要素，指家庭组成成员之间的关系，以及由此形成的关系模式。

2. 特点

家庭作为社会的基本构成单元，任何大的社会变动必然会引起家庭结构的变动。中华人民共和国成立以来，尤其是改革开放以来，由于社会经济的发展、思想文化的开放，导致我国家庭结构发生巨大的变化。当今我国城市家庭结构的特点主要表现为以下几方面。

(1) 规模（人口要素）——家庭规模小型化

1982年，家庭户均人数为4.41人，2006年为3.17人，2010年为3.1人，2020年下降到2.62人，比2010年减少了0.48人，下降趋势持续且明显。但是近年来这种小型化主要表现为空巢家庭比例的增加和由于部分家庭成员日益明显的个人本位倾向导致的家庭凝聚力的降低[21]，也受我国人口流动日趋频繁，以及居住条件改善，年轻人喜欢婚后独立居住等因素的影响。

(2) 类型——家庭类型核心化

家庭结构的发展和变迁与经济发展水平和生产方式密切相关，工业化和城市直接导致了家庭结构的核心化。中国计划生育政策的实施，控制了家庭规模，家庭总数中三口之家的增长速度最快、幅度最大[5]。

(3) 形式——家庭形式多元化

家庭形式多元化主要原因是家庭稳定性减弱和离婚率的升高等。家庭稳定性减弱，导致和子女共同生活在一起的老年人越来越少，出现了空巢家庭；离婚率的上升，导致单亲家庭不断增加；还有决定不要孩子的丁克家庭等。

(4) 关系——家庭成员关系逐渐平等化

中华人民共和国成立后，随着市场经济体制的确立，家庭收入格局的性别与代际变动趋势的加大，使家庭成员之间的关系逐渐平等化。但是，传统的角色模式与行为规范仍在发生影响，在某种程度上它通过协调家庭内部的人际关系维护着家庭的稳定。

(5) 功能——家庭功能发生变化

结构决定功能，家庭结构的变迁必然会导致家庭功能的变迁。如家庭功能外移、经济功能强化等。

3.4.3 经济

1. 含义

经济结构的概念就是将社会经济看作整体系统，按照一定标准划分出经济系统的各组成部分，并探究其比例、构成及相互联系、相互作用的内在形式和状况。城市存在一个有机、开放、复杂的经济系统，城市经济结构（City Economic Structure）是指城市经济系统的各种经济要素之间的相互依存、相互制约的组合状态及其数量比例关系。从社会分工着眼，它是指城市经济各部门之间的相互关系和数量比例；从社会再生产各环节着眼，它是指城市生产、流通、分配和消费的相互关系和数量比例；从生产关系着眼，它是指城市所有制结构，即城市中各种所有制经济之间的相互关系和比例。

2. 特点

改革开放以来，我国城市经济迅猛增长，经济发展水平逐渐提高，现代化和城市化等内在因素逐渐推动我国城市尤其是大中型城市经济结构发生显著变化。

当今我国城市经济结构，特别是大中型城市经济结构，有如下特点。

（1）发展水平——城市经济发展总体水平较高，经济增速短暂波动后继续呈上升趋势

城市经济发展总体水平较高，在全国国民生产总值中所占比重较高。根据历年中国城市统计年鉴数据，在2007年以前城市经济增长速度较快；2007年、2008年受金融危机影响，经济呈倒退趋势，总量虽在增加，但是在全国总产值中的比重下降了；2010年经济开始恢复增长趋势，且增长速度加快；2014年，城市（市辖区）地区生产总值占全国比重达到61.57%。此外，2020年中国城市统计年鉴、中国统计年鉴数据显示，2019年，东部、中部、西部和东北地区省会城市和计划单列市地区生产总值占整个地区生产总值的比重分别为43.7%、26.7%、37.9%、49%。中国城市总体经济发展水平较高。具体情况见表3-1。

地级及以上城市地区生产总值比较（市辖区的数据）　　　表3-1

	2005年	2006年	2007年	2008年	2009年	2010年	2011年	2012年	2013年	2014年
GDP（亿元）	109743.3	132271.9	157284.5	186279.5	207744	245978.4	293025.6	327381.9	363325.1	396268.2
占全国比重（%）	58.59	60.28	58.23	58.35	59.61	59.69	60.05	60.79	61.27	61.57

资料来源：2006—2015年中国城市统计年鉴.

（2）发展模式——城市产业发展以第二、第三产业为主

据统计，2011年，全国地级及以上城市地区的三次产业比例为2.8∶49.8∶47.4，2011年以前，我国城市经济在保持快速发展的同时，实现产业升级优化，以现代服务业为主的第三产业发展步伐加快，第二、第三产业继续领跑城市经济发展。2012年，三次产业占比分别为2.81∶48.57∶48.62，第三产业超过第二产业，形成"三、二、一"的产业格局。2014年，城市第三产业占比超过50%，城市第三产业发展强劲。2020年中国统计年鉴数据显示，所有的省会城市及计划单列市，均形成"三、

二、一"的产业格局。仅有宁波市、南昌市的第三产业占比低于50%,其余城市第三产业占GDP的比重均高于50%。其中,北京市第三产业占比最高,达到83.52%(表3-2、表3-3)。

地级及以上城市地区三次产业占比(%) 表3-2

	2005年	2006年	2007年	2008年	2009年	2010年	2011年	2012年	2013年	2014年
第一产业	3.9	3.5	3.3	3.2	3	2.8	2.8	2.81	2.83	2.87
第二产业	50.2	50.7	50.5	50.6	48.3	49.3	49.8	48.57	47.62	45.96
第三产业	45.9	45.8	46.2	46.2	48.7	47.8	47.4	48.62	49.54	51.17

资料来源:2006—2015年中国城市统计年鉴.

2019年省会城市和计划单列市三次产业占比(%) 表3-3

城市	第一产业	第二产业	第三产业	城市	第一产业	第二产业	第三产业
北京	0.32	16.16	83.52	武汉	2.34	36.92	60.75
天津	1.31	35.23	63.46	长沙	3.11	38.35	58.54
石家庄	7.73	31.53	60.74	呼和浩特	4.08	29.52	66.39
杭州	2.12	31.71	66.17	南宁	11.25	23.19	65.54
上海	0.27	26.99	72.73	重庆	6.57	40.23	53.20
南京	2.05	35.93	62.02	成都	3.60	30.83	65.57
福州	5.60	40.79	53.61	贵阳	3.99	37.00	58.99
厦门	0.43	41.60	57.96	昆明	4.17	32.10	63.73
济南	3.63	34.58	61.79	拉萨	3.24	38.19	58.58
广州	1.06	27.31	71.62	西安	2.99	33.98	63.03
青岛	3.49	35.63	60.89	兰州	1.83	33.31	64.86
海口	4.25	16.51	79.25	西宁	3.84	30.05	66.11
宁波	2.69	48.25	49.06	银川	3.43	43.70	52.87
深圳	0.09	38.98	60.93	乌鲁木齐	0.82	26.55	72.63
太原	1.04	37.70	61.23	大连	6.56	39.99	53.46
合肥	3.10	36.30	60.60	长春	5.89	42.26	51.85
南昌	3.81	47.43	48.77	哈尔滨	10.86	21.47	67.69
郑州	1.22	39.84	58.95	沈阳	4.39	33.68	61.95

资料来源:2020年中国统计年鉴.

（3）结构升级——城市经济结构模式仍有待优化

目前，我国省会城市及计划单列市的总体产业结构表现为"三、二、一"的模式，大多数省会城市已经完成产业结构的转型升级。仍有部分城市，依然为"二、三、一"的产业结构，如河北省唐山市、辽宁省鞍山市，2019年三次产业结构占比分别为4.27：62.10：33.63，0.73：50.31：48.96。城市经济结构优化的规律表明，第三产业发展水平是衡量一个城市发展水平的重要指标。这就需要我们采取相应的政策，推动第三产业发展，发展生产性服务业，以实现从"制造中心"向"服务中心"的经济结构转型[22]。

（4）外部压力——信息化和经济全球化对城市经济结构提出了新的挑战

经济全球化发展，特别是国际金融危机之后，世界经济格局改变，城市经济结构面临更多的压力。服务业向信息业转化、制造业向创造业升级，全球化和无边界经济活动将城市与世界任何一地的经济发展联系在一起。城市发展面临信息化和全球化带来的新的挑战，要求经济结构调整，以适应新趋势。

3.4.4 职业

1. 含义

职业结构（Occupational Structure）是指社会劳动力在各种职业之间分布的数量、比例及相互之间的关系，它反映的是劳动者在不同职业上的数量与比例关系[23]。职业结构研究的是劳动力在职业上的分布，因此职业结构包括两个基本要素：一是职业，包括职业的类型和质量；二是劳动力，包括劳动力的数量和质量。职业结构是社会分层结构的主要支柱，是社会结构的组成部分，受到产业结构、科学技术、劳动力资源、制度等方面的影响，受生产发展水平及人民生活水平的制约。

2. 特点

改革开放以来，系列变革下的新制度、新环境使得中国社会发生了巨大变化，职业结构作为社会结构的一个组成部分也发生了巨大的变化，这种变化在大城市尤为明显，特点如下。

（1）职业类型——职业类型多样化

科学技术的发展，导致产业结构不断调整。随着产业结构的变化，职业类型发生变化，有新职业的出现，有旧职业的消亡，有旧职业通过转变成为新职业。同时，由于社会分工的发展，一些职业进行细分，分化成更多的职业类型，导致职业类型的多样化。

（2）规模变化——各职业从业人员总量和比重发生变化

城市经济的发展促进城市规模扩大，城市人口增多，城市中各职业的就业人数也增多，国家统计年鉴数据显示，城镇就业人口占总就业人口的比重由2010年的

45.58% 增加到 2019 年的 57.1%，增加了 11.52%。因为职业类型的变化，各职业从业人员也发生较大的变化。

（3）户籍构成——城市职业结构中外来人口比重上升

随着城市经济的发展，就业机会的增多，吸引大量的外来人口，尤其是农村人口，城市就业人数外来人口比重上升。其中，外来农村人口主要从事的是较低等级的职业，而外来城市人口主要从事较高等级的职业[24]；本地居民则转向白领、商业服务等较高等级职业[25]。

（4）**性别构成——性别构成仍然不平衡，但女性比例有所上升**

女性由于生理、性别等特性以及受传统"男主外、女主内"的家庭思想影响，在就业方面历来处于弱势，社会职业结构的性别构成中女性比重较低。而由于经济、产业的发展，以服务业为主的第三产业为女性提供了更多的岗位，使得女性从业机会增多，职业性别构成中女性比重有所上升。

（5）**年龄构成——不同职业从业人员呈不同趋势变化**

随着城市外来人口的增多，城市职业竞争增强，各职业由于行业特性导致其特定的从业人员年龄构成。2020 年中国劳动统计年鉴数据显示，城镇就业人员的年龄结构趋于年轻化，集中在 25~34 岁之间的城镇就业人员最多，占比达到 30%，其次是 35~44 岁之间（占比 26%）。通过对历年数据分职业分析发现，办事人员、专业技术人员呈现年轻化趋势，农林牧渔水利业生产人员呈比较明显的老年化趋势，而商业服务人员集中在 25~44 岁年龄段，负责人、生产运输设备操作人员及有关人员、其他职业人员主要集中在 35~54 岁年龄段，详见表 3-4。

1990—2019 年城镇各职业从业人员的年龄构成（%） 表 3-4

职业类别	年份	16~24 岁	25~34 岁	35~44 岁	45~54 岁	55 岁以上	趋势
负责人	1990 年	1.55	17.30	37.00	31.47	12.68	35~54 岁年龄段
	2000 年	2.75	21.61	37.19	31.06	7.39	
	2010 年	4.36	26.67	39.96	25.08	6.94	
	2019 年	2.1	24.2	34.1	30.2	9.5	
专业技术人员	1990 年	17.55	35.84	24.52	17.12	4.96	年轻化
	2000 年	14.48	37.09	27.34	16.04	5.04	
	2010 年	10.87	37.18	30.86	17.28	3.81	
	2019 年	10.7	37.8	28.7	18.2	4.8	
办事人员和有关人员	1990 年	18.45	32.47	26.36	15.68	7.04	年轻化
	2000 年	13.32	30.84	28.84	19.98	7.01	
	2010 年	10.80	30.04	29.00	22.61	7.54	
	2019 年	7.2	32	27.8	23.6	9.5	

续表

职业类别	年份	16~24岁	25~34岁	35~44岁	45~54岁	55岁以上	趋势
商业服务人员	1990年	22.05	33.00	24.77	11.98	8.20	25~44岁年龄段
	2000年	18.11	34.49	28.18	14.46	4.76	
	2010年	16.79	30.12	31.32	17.29	4.48	
	2019年	8.6	31.5	26.3	24.3	9.3	
农林牧渔水利业生产人员	1990年	31.58	25.00	20.95	12.42	10.05	老年化
	2000年	15.02	27.35	22.95	19.94	14.74	
	2010年	8.41	15.08	26.61	25.88	24.03	
	2019年	2.6	9.6	13.7	29.8	44.3	
生产运输设备操作人员及有关人员	1990年	32.69	34.97	22.23	7.92	2.19	35~54岁年龄段
	2000年	23.45	36.90	25.67	11.83	2.16	
	2010年	19.57	27.05	32.44	17.11	3.82	
	2019年	6.3	27.9	25.9	29.4	10.3	
其他	1990年	55.47	24.72	10.46	4.23	5.12	35~54岁年龄段
	2000年	18.84	31.59	25.36	16.07	8.14	
	2010年	11.24	25.34	33.63	22.12	6.74	
	2019年	5	23.5	21.6	31.3	18.7	

资料来源：1990年、2000年、2010年、2020年中国劳动统计年鉴.

（6）结构质量——职业结构逐渐趋于高级化

科学技术的发展引起产业结构的变化，产业结构逐渐朝着第三产业为主导的方向发展，更多的职业属于脑力劳动的范畴，职业级别提高。同时，因为教育制度的改革、教育的普及，职业人口的受教育程度有所提高。此外，就业人员有年轻化趋势。以上三方面共同影响着职业结构渐趋高级化。

3.4.5 收入

1. 含义

居民收入结构是指其收入构成要素及各项收入来源在总收入中的比例及其相互关系。收入构成要素包括四个部分：工资性收入、转移性收入、经营性收入和财产性收入。收入分配结构是指社会成员经济收入的数量比例关系和收入获得的机会。收入分配结构是社会结构、社会分层的重要维度，从财富角度反映社会结构是否合理。合理的收入分配结构在宏观层面具有重要社会整合意义。一般用基尼系数来衡量一个国家或地区的收入分配结构。城市收入结构（City Income Structure）不仅要包括总体居民的收入状况，还应包括居民之间的收入分配情况。

2. 特点

我国收入结构的特点主要表现为以下几方面。

(1) 城市收入总体呈增长趋势，不同要素增长速度不同

改革开放以来，城市经济发展，城市收入总体呈增长趋势。根据中国统计年鉴数据，2010 城镇居民人均可支配收入为 19109 元，2019 年达到 42359 元，是 2010 年人均收入的 2.2 倍。此外，不同的要素增长的速度不同，2019 年城镇居民人均收入中，工资性收入占比最高，达到 60.4%，其次是转移性收入，占比 17.9%，经营性收入、财产性收入分别占比 11.4% 和 10.4%。因此，按照收入构成要素对收入增长的贡献依次为：工资性收入、转移性收入、经营性收入、财产性收入。

(2) 居民收入来源多元化趋势

工资性收入仍然是居民收入的主体，但其占总收入的份额出现逐年下降的趋势。转移性收入是居民收入的第二主要来源，其占总收入的份额逐渐上升，增长速度现处于稳定状态。经营性收入在收入结构中所占比重较低，增长速度先降后升。而财产性收入所占份额最低，但增长速度最快，份额有逐渐递增趋势（表 3-5）。

2013—2019 年城镇居民各项收入占人均可支配收入比例　　表 3-5

	2013 年	2014 年	2015 年	2016 年	2017 年	2018 年	2019 年
工资性收入占比（%）	62.8	62.2	62.0	61.5	61.0	60.6	60.4
经营性收入占比（%）	11.2	11.4	11.1	11.2	11.2	11.3	11.4
财产性收入占比（%）	9.6	9.7	9.8	9.7	9.9	10.3	10.4
转移性收入占比（%）	16.3	16.7	17.1	17.6	17.9	17.8	17.9

资料来源：2013—2019 年中国统计年鉴.

(3) 收入分配不均，居民收入差距越来越大

不同职业类别所带来的报酬不同，从事不同职业类别的人群获得的劳动报酬不同，职业等级较高的人群获得的收入明显高于等级较低的人群。其次，由于居民个人的收入来源结构的不同使得居民之间的收入存在差距。

3.5 社会结构的载体

社会结构是社会成员的关系格局，社会成员是社会结构的主体，是资源与机会的载体。社会成员包括个人，还包括集体意义上的群体、组织、社区等社会实体[3]。

个人是社会结构的基本组成单元，多个人按一定关系组成社会群体，有特定目标的社会群体是社会组织，而社区包含一定数量的社会群体和社会组织；社会网络则是个人、组织、群体、社区乃至国家、经济体等通过传递和交换资源、信息、知识等形成的关系。

3.5.1 个人

"个人"是社会结构中的基本组成单元，存在共性和差异性。这种差异的总和，构成每一个人的相互区别的独特特征。世界上有多少个人，就有多少这样的独特特征，没有绝对相同的人。因此，社会学研究个人必须以共性和特殊性统一为出发点。

1. 构成要素

个人的构成要素包括自然要素和社会要素两个方面。自然要素主要由人的遗传基因决定，包括体形、外貌、年龄、性别、种族、智力和气质等；而社会要素则包括出身、社会地位、党派、职业、身份、思想情操、价值取向、社会观念、政治态度、生活方式、行为举止、科学文化素养等。个人是自然因素和社会因素有机统一的结合体。

2. 社会身份

身份指的是人的出身和社会地位。社会身份是个人的社会存在形式，它是由个人所处社会关系的性质以及与人发生联系的具体情况所决定的。个人有了某种身份，就取得了某种社会成员的资格，也就获得了相应的社会地位，因此在社会学中这种身份又称为社会规定的位置。社会关系的复杂性，使得个人总是与许多不同类的人发生多种不同的关系，这也决定了个人的社会身份和地位的多样性[2]。个人身份、地位的获得由先赋性因素和后制性因素共同决定。先赋性因素即家庭因素，包括家庭背景、父母的地位等；后制性因素是个人的后天因素，包括受教育程度、个人关系网络等。

3. 社会角色

实际的社会生活中，个人社会身份不仅是个人具体的社会存在形式，也决定着一整套的规范系列和行为模式，西方社会学家用"角色"的概念来表示[2]。具体而言，角色是对群体或社会中具有某一特定身份的人的行为期待。按照拉尔夫·林顿（Ralph Linton）的说法，一个人占有的是地位，而扮演的是角色。一个人处于什么样的社会地位，就要扮演什么样的角色[26]。个人扮演的角色并非单一的，每个人在社会中都扮演多重角色，当角色之间出现对立时，个人出现角色冲突；同时，由于一个角色的要求的多样性，个人感到压力，出现角色紧张。身份决定角色，反过来，个人要取得一定的身份和地位，扮演好社会赋予的角色，也就是要完善个人结构，必须通过学习、教育等，即要进行社会化。

4. 个人社会化

所谓个人社会化是个人被动接受和能动选择社会的文化教化，学习适应社会环境以实现其社会性的人生发展的全部过程[27]。法国社会学家涂尔干认为，"人之所以为人，必须具备社会化个性；而只有处于社会之中并经过社会的磨炼，人才能成长为完全的人"[28]。即个人要获得相应的身份和角色必须在社会中磨炼，完成社会化。要完成个人社会化必须具备一些条件：①有较长的社会依赖期；②有较强的学习能力；③有语言能力。此外，社会化主体形成的社会环境是影响个人社会化的各种社会条件，包含家庭、学校、工作单位、同龄人群体和大众媒体等（肖云中，2018）。人类在长期的劳动中有了语言，才能实现社会互动；有了社会互动，才有影响和认识，才有社会化[2]。

个人社会化的内容是多方面的，主要表现在社会知识、行为规范、价值观念、理想目标。从总体上看，个人社会化的过程是复杂的、长期的和不断发展变化的，它贯穿于人的一生。

3.5.2 群体

个人要进行社会化是因为要获得相应的身份、角色，而身份、角色对于单独的个人来讲是毫无意义的。个人要进入社会，社会要影响个人，必须通过群体才能完成。群体既是人们生活的基本单位，又是社会结构的重要组成部分。

1. 社会群体的含义

社会群体（Social Group）是指人们通过互动而形成的、由某种社会关系联结起来的共同体。社会群体是由两个以上具有认同感及某种团结感的人所组成的集合，群体内的成员相互作用和影响，共享着特定的目标和期望[26]。人是群体的基本要素，但不能说凡是有人的地方都可以称为社会群体，群体成员必须是由某种纽带联系起来，形成一定的结构，具有共同的文化。群体的形成是为了满足工具性需要和表意性需要[26]。

2. 社会群体的基本特征

群体是一个集合体，它具有以下几种特征。

（1）经常性的社会互动

社会群体中的人际关系以彼此了解为纽带，并以一定的利益和感情关系为基础，转瞬即逝的互动不能形成社会群体，群体互动关系的形成与发展需要一定时间的交往。

（2）相对稳定的成员关系

群体一旦形成，便有着相应的成员身份，这些身份便结成特定的社会关系。这种社会关系表现为两个方面：一是相当明确，另一则相对模糊。无论是明确还是模糊，群体内部成员之间关系是相对稳定的。

（3）具有明确的行为规范

通过公认的规范来协调成员的行为，以保证群体的功能得以实现。无论是简单的、非正规的通过互相信任、彼此接近形成的一些承诺，还是复杂的、正规的规章制度，都是群体内部有一定行为规范的表现。

（4）具有共同一致的群体意识

群体成员通过心理和行为的相互影响产生或遵守一些共同的观念、信仰、价值和态度，并遵循一些模糊或者明确的行为规范。

3. 社会群体的类型

依照不同的标准，社会群体可以划分为不同的类型[2, 29]，具体情况见表3-6。

社会群体类型　　　　　　　表3-6

划分依据	内容
成员间的亲密程度	基本群体和社会组织，或初级群体和次级群体
群体成员联系纽带的性质	业缘群体、血缘群体、地缘群体、趣缘群体
群体成员的归属	所属群体和参照群体
群体内的规范化程度	正式群体和非正式群体
群体规模	大群体和小群体

资料来源：根据本章参考文献[2][29]整理．

3.5.3 社会组织

1. 社会组织的含义

社会组织（Social Organization）是为了合理、有效地实现某一特定目标而结成的社会群体，它只是人类社会群体中的一种，是人们为了特定的目标而建立起来的相对稳定的合作形式。对社会组织概念的认识有广义和狭义之分，广义上认为社会组织是社会学领域的概念，指社会中所有存在的各类组织，比如政治组织、经济组织、宗教组织等；狭义上的社会组织是指区别于政府和企业之外的具有非营利性、互益性等特征的组织，如非营利组织、非营利机构、第三部门、民间组织、非政府组织、公民社会等[30]。社会组织产生的动力来源于功能群体的出现，以及群体正式化的趋势。社会组织是由社会群体发展而来的，社会组织和社会群体的区别，除了实现特定目标外，还需要具备一些特征：一定数量的成员、正式的规范章程、制度化的组织结构、一定的物质基础。

2. 社会组织的类型

社会组织的种类很多，以不同的观点、不同的标准来划分，会得出不同的组织类型（表3-7）。按照组织规模将其分为小型组织、中型组织、大型组织、巨型组织。从组织成员关系出发，划分为正式组织和非正式组织[31]。美国社会学家帕森斯（Talcott Parsons）对组织类型的比较直接着眼于某一特定的历史阶段，立足于解决社会各要素的协调耦合及稳定运行，提出经济生产组织、社区及整合组织、政治管理组织、模式维持组织[32]。美国社会学家布劳（Peter M. Blaw）根据组织目标与受益者的关系把组织分为互利组织、服务组织、营利组织、公益组织[32]。爱桑尼（A. Etijoni）根据组织权威划分为强制性组织，如军队、监狱；功利性组织，如各类银行、企业、保险公司、合作社等；规范性组织。我国学者根据组织性质不同，区分为经济组织、政治组织、文教科研组织、群众组织、宗教组织等[2]。

社会组织分类　　　　　　　　　　　　　　　　表3-7

分类依据	社会组织类型
组织规模	小型组织、中型组织、大型组织、巨型组织
组织成员关系	正式组织、非正式组织
组织目标、受益类型	互利组织、营利组织、服务组织、公益组织
组织功能、目标	经济生产组织、社区及整合组织、政治管理组织、模式维持组织
组织权威	强制性组织、功利性组织、规范性组织
组织性质	经济组织、政治组织、文教科研组织、群众组织、宗教组织、非政府组织等

资料来源：根据本章参考文献[2][31][32]整理.

3. 社会组织的结构

社会组织的结构就是一个组织内各构成部分之间所确定的关系形式。它一般分为正式和非正式两种结构形式。非正式结构作为正式结构的补充，对正式结构具有正向作用和负向作用。非正式结构对组织的作用是正向还是负向，取决于两者的目标是否一致。

4. 城市社会组织的特点

与农村的社会组织相比，城市社会组织有很多特征[1, 5]：就分类而言，城市社会组织类型多样，大体可分为经济类、行政类、文化类、政治类、社区类、家庭类以及其他类型的社会组织；就结构而言，组织结构体系较复杂且完善；就管理模式而言，组织管理模式科层化；就组织互动而言，组织之间的互动性较强，竞争与互惠、冲突与合作等活动较多。

社会组织是人类社会公共生活的产物，是人们为了实现特定目标而建立起来的。随着社会的发展，大量的社会组织取代了传统的各种初级社会群体及村社等地缘单位，成为当今社会结构的一种崭新的组成单位[5]。

3.5.4 社会网络

社会网络（Social Network）的概念最早是由拉德克里夫-布朗（A. R. Radcliffe-Brown）提出来的，后来经过贝利·威尔曼（Barry Wellman）、格兰诺维特（Mark Granovetter）、布迪厄（Pierre Bourdieu）等人的发展，成为社会结构的重要组成部分，它是社会如何由小的个体、群体发展到大的社会结构模式的关键因素。

1. 社会网络的含义

关于社会网络的定义有很多，不同的学者有不同的认识，比较有影响力的定义是站在资源说、关系说、竞争说等不同视角上来讨论的。

资源说——社会网络是社会实体获得知识、资源、信息等的关系与联系。

关系说——社会网络是把行为主体连接起来的各种不同的社会关系或社会联系。

竞争说——社会网络是通过交换与转移而获得技艺、信息、知识、技术的手段，以减少恶性竞争，使获得的共同利益最大化。

总的来说，社会网络就是行为主体之间在因某些特定联系而发生互动的基础上，形成的各种关系总和。行为主体可以是个人、组织、群体、社区，甚至可以是国家、经济体等；联系可以是人际联系，也可以是贸易往来或商业交换联系等；行为主体之间的联系可以通过传递和交换资源、信息、知识等，提供互相帮助[33]。

2. 社会网络的类型

研究社会网络首先有必要弄清它的类型，社会网络的种类较多，根据不同的分类标准可以划分为不同的类型[2, 26]（表3-8）。

社会网络分类　　　　表3-8

标准	社会网络类型
资源	符号资源网络、物质资源网络、情感资源网络
社会关系	信息网络、资金网络、讨论网络、聊天网络、情感支持网络、社会网、生意网等
网络主体	亲缘社会网络、地缘社会网络、业缘社会网络、泛缘社会网络
成员交往密度	稠密型网络、松散型网络
成员社会属性	内向型网络、开放型网络

资料来源：根据本章参考文献[2][26]整理.

3. 社会网络的影响因素

社会网络是一种动态发展的结构形态，它从来就不是固定的、一成不变的，而是流动的、易变的。共同作用并影响社会网络变化的因素主要有以下三个。

（1）文化因素

文化因素对社会网络的动态发展具有重要影响，文化形构人们对社会网络的理解与评判，从而放弃某些社会网络机会或者选择某些机会。

（2）个人能动性

个人有可以改变或再生产其社会网络的能力，个人能动性在社会网络的变动中同样起到很大的作用。

（3）社会结构

社会结构在一定程度上形塑个人社会网络的资源与机会，促进或者限制个人的网络选择。

3.5.5 城市社区

人类的社会活动，不但在一定的社会关系和社会结构的框架内进行，而且离不开必需的地域条件。换句话说，人们总是在特定而具体的社区中从事自己的社会活动。城市社区是城市社会结构的重要组成部分，是社会结构研究的重要领域之一。

1. 城市社区的含义

城市社区是社会的一部分，是宏观社会的缩影，社区与社会的关系是局部与整体的关系，社区包括社会有机体的最基本内容——人口、社会群体和社会组织。社区是指居住在一定地域内，结成多种社会关系和社会群体，从事多种社会活动，并产生一定社会心理认同感和归属感，具有内在互动关系与文化联系的地域性的生活共同体[2]。社区代表着数量最多、分布最广的一类社会实体，它一般由五大要素构成[34]（吴晓，魏羽力，2010）：

1）地域要素。地域是社区存在和发展的基本条件，是社区居民从事生产、生活活动的依托。

2）人口要素。人口的数量、人口的质量、人口的分布是社区形成和发展的重要因素[2]。

3）区位要素。社区的人口活动往往具有时间和空间双重属性，并呈现出一定的规律性。

4）结构要素。结构是社区内各种社会群体和组织相互之间的关系，是社区存在的联系性因素。

5）社会心理要素。即社区意识，是居民对所在社区产生的一定的心理认同感和归属感，是社区必备的凝聚力。

城市社区（City Community）是城市社会中的社区，是与农村社区相对应的一种社区类型，是以第二、第三产业为基础，人口聚集规模较大，社会结构比较复杂的社区。城市社区有广义和狭义之分，广义的城市社区和城市的概念是一致的，狭义的城市社区范围比城市小，一个城市可以由多个城市社区组成。

2. 狭义的城市社区

狭义上的城市社区是指我国城市街道办事处辖区共同体和居民委员会辖区共同体。城市社区按照不同的依据可以划分为不同的类型：

1）按照功能，可划分为工业社区、教育社区、军事社区、商业社区。
2）按在城市中所处地理位置，可划分为城市社区、近郊区社区、远郊区社区。
3）按经济和社会发展程度，可划分为发达社区、中等社区、落后社区。

3. 广义的城市社区

广义的城市社区即城市，是人类聚落体系中的重要体系，更是人类群居生活的高级形式。城市作为重要的社会组织形态，对人类社会的发展及文明的推进具有显著的意义。社会学家路易斯·沃思认为，"城市之所以为城市，主要是城市形成了一种特有的生活方式——城市性（Urbanism）"，他主张把人口数量、人口密度和人口异质性（Heterogeneity）作为城市的三个主要标志[2]。

由于城市形成的原因、所处的环境和发挥的作用不同，城市的类型也很多样。依据总和的特点，可以把城市社区划分成几种类型[2]，具体见表3-9。

城市社区分类　　　　　　　　　　　　　表3-9

	欧洲型	美国型	亚洲型	中东型	俄国型
特点	功能多样，结构复杂，以工商业市民为主体；城市建筑城墙包围街市，市中心有市民集会的广场、大教堂以及工商组合的事务所；城市中有大量大规模的工厂	与欧洲型相比结构简单；现代化产业城市，布局合理、整齐；城市建筑以摩天大楼和商业中心为主；以大资本家、大金融家和大投机商为主体；逆城市化现象普遍	历史悠久，政治色彩鲜明；城市结构中以宫城为中心，象征统治地位；缺乏欧洲城市中方便的商业和工业场所	普遍有宗教建筑、集市和商场；迷宫式的道路；在村落的基础上形成	缺乏组合式的中心商业区，以宏大的广场和其他公共设施为主；注重以小区作为空间单位的公寓式住宅建设；重视中小城市发展

资料来源：顾朝林. 城市社会学[M]. 南京：东南大学出版社, 2002.

4. 城市社区的特点

城市社区的外部特征和内在功能与农村相比都有很大的差异，这种差异就形成了城市社区的特点。主要表现为：①人口集中，人口密度大；②经济活动复杂，商品经济发达；③社会结构复杂，社会流动性大；④社会生活设施完备，精神文化生活丰富；⑤社会生活的节奏快，社会文化的变迁速度快。

3.6 社会分层与流动

3.6.1 社会分层

社会分层（Social Stratification）是对社会阶级和阶层结构的分析研究，是社会结构研究的重要范畴之一。分层一词来源于地质学研究，原来指地质构造的不同层面。社会学借用"分层"一词来分析和说明社会的纵向结构。可以从两个角度对社会分层进行定义：一类是从客观角度，认为社会分层是指社会成员在社会生活中因获取社会资源的能力和机会不同而呈现出高低有序的等级或层次的现象；另一类是从主观角度，即认为社会分层是按照一定的标准将社会成员区分为高低不同的等级序列。两种角度的阐述并不矛盾，前者是后者的基础，后者是前者的反映[35]。

社会分层是由于社会分化造成的。社会分化是一种动态的变化过程，有两种基本形式，即水平分化和垂直分化。社会分层是社会分化定型化的结构。从社会结构上看，由社会分化造成的社会分层又分为阶级、阶层、层界三个层次[5]。

社会分层的实质是社会资源在社会成员中的分配状况，即不同的社会群体以不同的质和量占有那些在社会中有价值的事物，例如财富、收入、声望、教育机会、职业地位等[36]。可以认为，社会分层是指按照一定标准将因社会分化造成的人与人之间的差别进行区分，将人分为高低有序的不同等级、层次。

1. 一般理论

国外对于社会分层的理论成果可以分为两部分。第一部分是社会阶层与社会分层的古典理论，分别包括马克思、韦伯和涂尔干的社会分层理论等；第二部分是当代社会分层理论，基本是在古典分层理论基础上发展起来的，这部分主要包括功能论和冲突论两种基本范式。

（1）生产关系——马克思的社会分层理论

马克思的社会分层理论认为，对社会的分层研究，首先是根据人们在一定的生产关系中的地位和作用不同将他们划分为不同阶级，然后再根据其他经济因素将人们划分为不同的经济人，然后再根据其他经济和非经济因素将人们划分为不同的等级[2]。

马克思的社会分层思想可归结为经济决定论与结构决定论。他的分层理论仅仅是将生产资料这一经济指标作为区分社会阶级的依据，而其他社会差距都看作经济分层的结果和具体表现。尽管后人对这一分层理论看法不一，但是后人的理论绝大多数是在它的基础上建立的。

（2）市场竞争关系——韦伯的社会分层理论

韦伯在对马克思分层理论进行批判的基础上，提出了自己的社会分层理论。他认为社会分层不能只根据生产资料的占有，即经济因素，进行简单的划分，还要考虑社会地位或社会声望。他认为社会是不平等的，社会中存在上层人士、中层人士、工人阶层、穷人，这些人所拥有的收入、升迁机会、失业保障等存在差别。韦伯在这个基础上确定了社会分层的三个关键维度：财富与收入（经济地位）、权力（政治地位）、声望（社会地位）[37]。

（3）分工配合关系（实证主义）——涂尔干的社会分层理论

涂尔干从社会分工的角度来说明社会分层，认为是社会分工带来的社会不平等，社会分层状况直接由社会结构形式所决定。但是同时他也认为社会的不平等会在机械团结向有机团结转化的过程中消失，当社会分工越精细，人与人之间就更容易通过签订公平的契约而实现平等。涂尔干的分层理论以职业功能作为指标，从功能需要的角度阐释分层思想，是功能主义社会分层理论的开端。

（4）当代社会分层理论——功能论和冲突论

1）功能论

功能论观点主要以功能主义学派和社会达尔文主义为代表，认为社会分层是必然且合理的，所有社会均会具有高低等级分化，有能力和对社会贡献更大的人，就应该获得更多的经济报酬和居于更高的社会地位，反之则居于较低的社会地位。只有这样，社会才能获得进步，经济才能发展。因此，不平等和社会分层具有积极的正向功能，是社会需要的。

2）冲突论

冲突论观点认为不平等和社会分层并不是社会所必需的，而是社会中少数人通过各种手段控制和垄断资源并排斥其他社会成员所导致的结果。虽然绝大多数社会都存在着资源分配不平等，但并不意味着这种现象是必然的、合理的，人们可以采取各种方式来控制社会不平等的程度，调节社会不公正的现象，避免资源被少数人所垄断，这种社会才是协调和稳定的。

2. 阶级与阶层划分

社会分层实质上是对社会阶级、阶层状况的分析研究，认识社会分层首先需要了解阶级、阶层及其划分状况。

（1）辨析

阶级与阶层是社会分层研究中出现频率非常高的两个概念，却也是最难以界定和区分的两个概念，阶级、阶层之间既存在联系也存在区别，可以从以下几个视角说明。

1）阶级内部的阶层

阶级是一个以经济属性为其本质属性，同时具有政治和思想意识属性的社会概念，阶层则主要是在具备这些社会属性的基础上，由于某一社会属性的差别、利益的差别而形成的阶级中的不同层面。阶级由一个或多个阶层组成。

2）阶级形成和消亡过程中的阶层

阶级的形成和消亡不是一蹴而就的，而是一个漫长的过程。阶级形成或消亡过程中具有阶级某些属性的社会集团称为阶层。这里阶层是阶级的一个过渡阶段，它只是具有阶级的部分属性，缺乏阶级的根本属性。

3）社会分工所形成的职能群体

社会分工产生不同的社会职能群体，这些社会群体可以称为阶层，这个阶层不是阶级意义上的阶层。

4）社会分层意义上的阶层

根据人们收入的高低、声望的高低、职业的优劣和职业地位的高低、权力的大小而排列的层次、等级。

总的来说，阶级指的是类别和属性上的不同，不存在高低等级的区分；阶层则是依据高低等级进行区分。阶级指具有类别特征的社会群体，而阶层指具有等级差距的社会群体。阶层没有阶级那样长久的历史持久性、大的集团性[38]。阶级和阶层虽然是两个不同的概念，但是两者可以相互渗透或相互包容、相互作用、彼此强化。

（2）划分

关于阶级、阶层划分的研究由来已久，划分的标准也因各自立场、出发点和目的的不同而不同，得出的结论自然也不相同。

1）阶级划分

把社会划分为特征差异显著的几大阶级，其中影响力比较大的是以下几个。

①马克思的资产阶级和无产阶级

马克思从经济视角出发，根据人们对生产资料的占有情况将社会分为资产阶级和无产阶级，这两个阶级之间的关系是对立和冲突的，他们之间的资源分配方式是灵活的。

②林德的企业家阶级和工人阶级

美国社会学家罗伯特·林德（R. S. Lynd）和海伦·林德（H. M. Lynd）在其著作中提出"企业家阶级"与"工人阶级"的模式。企业家阶级包括商业与工业管理者以及通常被称为专家的人，工人阶级则是企业家阶级以外的人。

③米尔斯的白领阶级和蓝领阶级

美国社会学家米尔斯（C. Wright Mills）在其著作中提出把工人分为白领和蓝领两个阶级。白领是指从事脑力劳动的技术熟练的工人，其中包括管理者阶层。蓝领则是非熟练的体力劳动者。

④吉登斯的三个阶级理论

吉登斯把个人的市场能力作为阶级划分依据，这个市场能力包括生产资料的占有状况、教育和技能资历的拥有状况、体力劳动能力，根据这个把社会分为上层阶级、中层阶级、下层阶级或工人阶级[39]。

2）阶层划分

阶层划分就是把社会划分为特征逐渐过渡与连续变化的若干阶层，阶层划分可以依据其中的一个单项指标，也可以根据政治、经济、社会等综合指标进行划分，其所划分的阶层一般都具有相当的规模。其中影响比较大的阶层划分方法有以下两种。

①沃纳等人的六个阶层

沃纳（William Lloyd Warner）等人依据职业、收入多少、收入来源、文化程度、生活方式、宗教信仰、政治态度、价值观念8项指标将社会成员划分为六个阶层[2]。具体情况见表3-10。

阶层的划分　　　　　　　表3-10

分层情况	阶层概况
上上层	由世世代代富有的人们组成，拥有大量的物质财富，有上流社会特有的生活方式
下上层	一些暴发户，财产上并不逊色于上上层，但还没有学到上流社会的生活方式
上中层	基本上由那些居住在舒适而景色诱人的郊区的企业家和专业人员组成
下中层	生活条件不如上中层人们那样好，主要包括一些小店主、神职人员等
上下层	收入并不少，从事体力劳动，如操作机器的工人，在装配线上工作的工人等
下下层	没有固定收入、领取救济金的人，失业者，只能从事一些非熟练工作的人，以及一些"阶层之外的人"，如精神分裂症患者、酒鬼、吸毒者、妓女等

资料来源：顾朝林．城市社会学 [M]．南京：东南大学出版社，2002.

②帕森斯的六个阶层说

美国社会学家帕森斯主张以职业作为分层的标准，职业是财富与声望的前提，据此他将人群分为六个阶层，即专业人员、经理和管理人员、半专业人员与低级管理人员，普通白领，技术工人，半技术工人，无技术工人[1]。

3. 我国社会阶层划分的标准、特点与趋势

（1）划分标准与情况

1）划分标准

以什么样的标准来划分阶层，不仅关系到对我国社会阶层状况的描述是否准确和科学，也关系到依据标准划分出来的各阶层在整个分层体系中的位置。很多学者在坚持马克思主义阶级理论基本原理的基础上，借鉴西方社会学分层理论中的合理成分，对分层作了新的探讨。结合我国现实状况，确定了我国阶层划分依据。近期，

中国社会分层研究主要采用如下几种分层标准。

①资源配置

陆学艺提出要以职业分类为基础，以组织资源、经济资源和文化资源的占有状况为标准，建立划分社会阶层的理论框架，据此把中国当代社会分成十大社会阶层和五种社会经济地位等级[3]。李春玲也提出社会分层的依据是个人资源占有情况[40]。

②经济收入

改革开放以来，我国经济发展快速，导致产业、行业、职业构成发生变化，与此同时，体制改革导致了所有制成分的变化，这两者通过影响居民的经济收入对社会阶层的变化产生重要影响。李强等学者就是从这个角度对中国社会进行分层。

③身份地位

社会性资源的不平均分配造成了社会地位的差别，社会性资源的构成要素是地位分层的指标。社会地位主要由经济地位、政治地位、职业地位、文化地位构成。一般用收入作为划分经济地位的标准，用政治权力作为划分政治地位的标准，用职业声望作为划分职业地位的标准，用教育程度作为划分文化地位的标准[41]。

④消费能力

随着社会经济的发展和人们生活水平的提高，人们花费在休闲娱乐方面的时间和精力也越来越多，消费水平和消费方式在人们的生活领域占据越来越重要的位置，消费也成为人们社会分层的一个重要维度[42]。

⑤阶层归属意识

上述社会阶层划分标准都是从客观的角度进行界定的，但是社会分层不单是一种社会事实，还是一种社会心理。也就是说，社会分层不但可以通过社会指标，如收入、财富、权力等来加以客观评价，还可以通过自我认定，进行主观评价，这可以称为"阶层归属意识"，它一方面反映了社会存在，另一方面本身又是相对独立的存在——心理存在[43]。

2）划分情况

根据上述划分标准对我国城市社会阶层进行划分，得到不同的结果，具体情况如下。

①七个阶层说

根据郑杭生、李路路等人的观点，将我国转型期城市社会划分为七个界限相对清晰的职业阶层，分别是管理阶层、专业技术人员阶层、办事员阶层、工人阶层、自雇佣者阶层、私营企业主阶层、其他阶层（未能确切区分的阶层）。各个阶层的职业构成情况具体见表3-11[44]。

城市社会各阶层的职业构成　　　　　表 3-11

社会分层	职业构成
管理阶层	单位负责人
	中高级管理人员
专业技术人员阶层	高级技术人员
	中级技术人员
	初级技术人员
办事员阶层	一般管理人员
	职员
工人阶层	技术工人
	体力工人
	下岗工人
自雇佣者阶层	自雇佣者
私营企业主阶层	私营企业主
其他阶层	军人、警察
	其他

资料来源：郑杭生，李路路. 当代中国城市社会结构 [M]. 北京：中国人民大学出版社，2004.

②十大阶层说

根据中国社会科学院社会学所的观点，我国社会可以被划分为十大社会阶层，分别是国家与社会管理者阶层，经理人阶层，私营企业主阶层，专业技术人员阶层，办事人员阶层，个体工商户阶层，商业服务业员工阶层，产业工人阶层，农业劳动者阶层，无业、失业和半失业者阶层。这十个社会阶层是由五种社会经济地位等级构成的，即社会上层、中上层、中中层、中下层、底层。社会上层包括高层行政管理者、大企业经理人员、高级专业人员、大私营企业主；中上层包括中低层领导干部、大企业中层管理人员、中小企业经理人员、中级专业技术人员及中等企业主；中中层包括低级专业人员、小企业主、办事人员、个体工商户；中下层包括个体劳动者、一般商业服务业人员、工人；底层包括生活处于贫困状态并缺乏就业保障的工人、农民和无业、失业、半失业者[3]。

③四个利益集团说

李强以利益变动的状况对社会群体进行了划分，将社会成员划分为特殊获益者群体、普通获益者群体、利益相对受损群体、社会底层群体[45]。

④强弱势群体说

孙立平认为，自20世纪90年代以来，一个拥有了社会中大部分资本的强势群体已经形成。该强势群体主要有三个基本组成部分，即经济精英、政治精英和知识精英；而弱势群体主要包括：除了部分富裕农民之外的贫困农民、进入城市的农民工和城市中的失业下岗人员，这三部分人几乎构成了中国人口的绝大多数[46]。

⑤三个层次说

顾朝林按照收入和个人财富将城市社会划分为新富裕阶层、中产阶层、贫困阶层三个主要层次，每个层次由多种职业人群组成[2]。

（2）特点

改革开放以来，我国社会分层体系变迁，城市社会结构发生了很大变化，城市社会分层表现为以下特点。

1）分层机制——社会分层的主导机制逐渐从政治分层转变为职业分层

随着改革开放的继续推进，社会转型渐次深入，社会分层的主导动力逐渐从政治分层转向职业分层。职业分层不同于政治分层，奉行的不是意识形态逻辑或政治逻辑，而是工具理性逻辑，追求的是非常务实的经济效率和效益。社会分层不再是"再分配者"赋予的结果，而是自己在职业活动中自致的结果。社会分层的基础不再是某种意识形态或政治定位，而是自身在职业活动中所显示的技能。

2）分层格局——市场取向和现代化取向的社会分层格局初步形成

改革开放以来，我国社会分层结构发生剧烈变动，如出现新的社会阶层、旧的社会阶层地位发生较大变化。经过几十年的演变，原先的"两阶级一阶层"格局被打破，符合现代市场经济社会发展趋势的社会分层结构已经初步形成。

3）阶层结构——社会阶层结构发展相对失衡，城市社会阶层二元化特征显现

改革开放以来，在整个社会结构趋于现代化和市场化的同时，传统因素和再分配因素仍然具有较为显著的影响，使整个社会的分层结构和机制呈现出"传统—现代""再分配—市场"这样一种二元化境况。一极是城市新兴的、高收入的"知识精英""行业精英"，另一极是贫困的"农民工"和"失业下岗工人阶层"，形成了鲜明的城市阶级对比，需引起管理者注意[44]。

4）阶层流动——不同阶层之间的社会流动越来越活跃

改革开放以来，一系列社会制度的改革，使得社会群体在分化重组的过程中，先赋性因素的作用越来越小，而自致性因素的作用越来越大，身份或角色的变换机会增加，社会分层结构变得活泼灵动，充满生机[44]。

（3）趋势

当前我国处于改革攻坚阶段和发展关键时期，经济体制深刻改革，社会结构深刻变动。随着经济和社会的发展，一个类似于西方现代化社会中的中间阶层已在现阶段中国社会结构中初具雏形，我国当前金字塔形的社会阶层结构将朝着橄榄形的社会阶层结构演变。我国当前社会分层的演变趋势主要包括三个方面：

第一，继续由传统社会分层向现代社会分层转变。在我国传统社会，自给自足

的小农经济和以儒家思想为主的传统文化造成传统社会分层即士农工商,社会结构非常稳定,社会分化与社会流动不显著,社会成员可通过读书踏上仕途,或通过赢得战功提升自己的社会地位,但就整个社会来说此类机会非常有限。当前我国社会结构处于深刻变动中,社会分化和流动都比较显著,社会成员向上和向下流动相比传统社会要显著许多。随着我国工业化、城镇化和现代化的发展,这种社会分化和流动将更加显著。

第二,中间阶层将会继续壮大,社会顶层和底层缩小。随着我国统筹城乡和区域发展的政策措施的执行,各项推动合理社会流动的制度政策的建立和健全,我国将逐步建立机会均等的社会分层机制,使后致性因素成为社会分层的主要标准,使先天性因素影响下降,使人们向上流动的机会均等,允许合理的、适度的社会不平等,从而使中间阶层继续壮大,逐步形成一个具有统一意志、利益诉求和行动的阶层,发挥其对维护社会稳定、减少社会摩擦、缓解社会矛盾和冲突的作用。

第三,政治权力带来的社会分层减少,市场竞争带来的社会分层增加。随着改革开放的深入,社会主义市场经济体制将进一步完善,由政治权力带来的权力寻租、借助权力谋求经济利益的现象将得到抑制,由政治权力带来的社会分层现象将减少。竞争机制将更加有效,使社会阶层结构向"两头小、中间大"的橄榄形结构发展。

总之,我国当前社会分层将向橄榄形结构演变,但这需要采取有力的政策措施,通过政府、人民和社会团体的共同努力来逐步实现。如重视不够,应对不力,就有可能由金字塔形的社会阶层结构向倒"丁"字形结构演变,引起一定程度的社会问题与社会矛盾。因为"社会流动的程度——获得权力、声望与财富的机会——成为产生使人们倾向于冲突的不满与紧张的重要变量"。只有畅通社会流动渠道,建立健全公平正义的制度政策,才能实现社会持续稳定和协调发展。

3.6.2 社会流动

1. 含义

社会流动(Social Mobility)是社会分层和社会结构演变的动力[34],社会流动研究是社会分层研究和社会结构研究的重要部分。对社会流动的研究开始于美国社会学家皮蒂里姆·索罗金(Pitirim Sorokin)。第二次世界大战后的社会变迁,导致社会流动频率提高,社会学家开始更多地关注社会流动,社会流动成为社会结构研究的一个重要领域。

社会存在一定的社会分层体系,人们占据的社会地位有高有低,所占有的社会资源有多有少。显然,社会成员在其生命历程中会发生社会位置的变化,社会学将这种变化称为社会流动[5]。具体而言,社会流动是指一个自然人在阶级或阶层或职业之间的转变。社会流动既表现为个人社会地位的变更,也表现为个人社会角色的转换,实质是个人社会关系的改变[2]。社会流动反映的是社会阶层之间的流动,社会流动的频率是检验一个社会的开放性和公平性的重要指标[47]。社会流动是社会结构变化的一种形式,不仅对社会个体具有重要意义,也将对整个社会结构产生重大的影响。

此外,社会流动还是社会阶级、阶层结构的量变过程,社会流动幅度的大小、速度的快慢都对社会结构的性质和社会运行的状态产生重要的影响,并且可以形象地反映出一个社会的开放程度,越是开放的社会,流动越加频繁[5]。

2. 类型与特点

（1）类型

根据社会流动的方向、参照基点和主体特征,可以将社会流动划分为三种类型[48]。具体情况如表 3-12 所示。

社会流动的分类　　　　表 3-12

划分依据	流动类型	特征
方向	横向流动	一个人在同一社会阶层内的流动,亦称水平流动
	纵向流动	一个人在不同社会阶层之间的流动,亦称垂直流动
参照基点	代际流动	两代人之间的职业和社会地位的流动
	代内流动	一个人一生中在职业和地位方面的水平或垂直的流动
主体特征	结构性流动	由外部环境变化引起的相当多人的流动,分为有组织、无组织,有方向性
	自由式流动	个人原因造成的地位、职业的变化或地区的移动,无固定方向

资料来源：刘祖云. 论社会流动的基本类型及其社会意义 [J]. 社会科学研究, 1991（2）: 48-53.

（2）特点

改革开放以来,我国城市社会纵向流动明显提高,上向流动和下向流动都十分明显,整体社会流动呈现出愈加开放的现代格局。具体而言,我国城市社会流动呈现出一些显著的特点：

1）城镇范围内代际流动的比例相当高,父辈和子辈之间的职业结构发生了明显的变化,越来越多的人变换了工作职位,上辈对下辈在职业选择上的影响正在逐渐缩小。

2）城市中流动总趋势呈现为从事脑力型职业的人数比重越来越大,而从事体力型职业的人数比重越来越小。

3）各社会阶层在社会流动上各有其特征。如管理阶层等优势阶层流出率较低,专业技术人员阶层地位的代际传递性较强,自雇佣者阶层较少有向上流动的机会等。

此外，各阶层子代的流动机会也反映出较大的不平等，父辈所居的层次越低，其子辈向上流动的难度越大。

4）受教育已经成为影响社会成员流动的最重要因素。现代社会中，教育居于至关重要的位置，教育投资被看作是具有积极意义的生产性投资。调查显示，在与人们职业地位相关的几个主要因素，如被调查者父辈的文化程度、职业，本人的文化程度、职业、户口、收入等中，本人的文化程度对于一个人的职业地位影响很大，仅次于户口的影响。而社会成员职业地位的高低序列同人们文化程度的高低序列几乎重合。教育已经成为当今城市社会成员实现向上流动的最重要途径。

3. 影响

宏观社会因素和个体微观因素都会对某个社会成员在社会分层体系内的流动产生不同程度的影响。主要影响因素如下。

（1）社会因素

1）社会结构的性质

社会结构的性质是指社会结构是封闭还是开放的，封闭的社会在制度上并不鼓励甚至限制社会流动，社会流动的频率和多样性显然受到限制。如我国城乡二元分割的户籍制度在某段时期严重地影响社会成员的社会流动，城市和农村人口被严格地限制在出生地域。而开放的社会结构中人们可以通过努力获取相应的社会地位。

2）经济社会的发展程度

一个社会的经济和社会发展程度直接影响着社会流动，经济发展程度和社会流动呈正相关的关系。

（2）个体因素

1）家庭背景

家庭背景对于社会成员流动的影响也具有重要作用。例如，父辈的职业和教育结合在一起，对儿子的教育产生重要的影响，儿子所受的教育又影响其最初的工作和后来的工作。

2）教育因素

教育流动对人们的职业地位和收入地位获得具有明显影响。教育上向流动者其具有获得非体力职业的明显优势，而且随着教育年限的增加，这种优势越来越大，其收入水平也明显增高。

3）社会关系网络

社会关系网络是指社会关系资源，这对于社会成员社会地位的获得也具有重要的作用。社会关系网络能够为工作提供信息和资源，通过影响职业来影响社会地位。

推荐阅读资料

1. 向德平. 城市社会学 [M]. 北京：高等教育出版社，2005.
2. 顾朝林. 城市社会学 [M]. 南京：东南大学出版社，2002.
3. 吴晓，魏羽力. 城市规划社会学 [M]. 南京：东南大学出版社，2010.
4. 荣玥芳，高春凤. 城市社会学 [M]. 武汉：华中科技大学出版社，2012.
5. 陆学艺. 当代中国社会结构 [M]. 北京：社会科学文献出版社，2010.
6. 戴维·波普诺. 社会学 [M]. 李强，等译. 北京：中国人民大学出版社，1998.
7. 周怡. 社会结构：由"形构"到"解构"：结构功能主义、结构主义和后结构主义理论之走向 [J]. 社会学研究，2000（3）：55-66.

思考题

1. 如何理解社会结构的概念？
2. 分析我国现阶段城市家庭结构所呈现的特点及其影响。
3. 请解释社会组织的内涵和主要构成要素。
4. 结合你所了解的城市和相应的理论，讨论城市这种社会形态究竟是缓和还是加剧了阶级冲突。
5. 结合事例分析我国城市自改革开放以来社会分层的特点和趋势。

本章参考文献

[1] 向德平. 城市社会学 [M]. 北京：高等教育出版社，2005.

[2] 顾朝林. 城市社会学 [M]. 南京：东南大学出版社，2002.

[3] 陆学艺. 当代中国社会结构 [M]. 北京：社会科学文献出版社，2010.

[4] 刘欣，田丰. 社会结构研究40年：中国社会学研究者的探索 [J]. 江苏社会科学，2018（4）：33-46.

[5] 荣玥芳，高春凤. 城市社会学 [M]. 武汉：华中科技大学出版社，2012.

[6] 周怡. 社会结构：由"形构"到"解构"：结构功能主义、结构主义和后结构主义理论之走向 [J]. 社会学研究，2000（3）：55-66.

[7] 舒晓兵，风笑天. 结构与秩序的解构：斯宾塞、帕森斯、达伦多夫的社会变迁思想评析 [J]. 浙江学刊，2000（1）：82-85.

[8] 吕付华. 失范与秩序：重思涂尔干的社会团结理论 [J]. 云南大学学报（社会科学版），2011（2）：76-81.

[9] 段彪永. 社会结构的分裂与整合：从迪尔凯姆到默顿而后赫希 [J]. 重庆科技学院学报（社会科学版），2011（2）：33-35.

[10] 马克思，恩格斯. 马克思恩格斯选集. 第13卷. 政治经济学批判：序言 [M]. 中共中央马克思恩格斯列宁斯大林著作编译局，编译. 北京：人民出版社，1995.

[11] 侯志阳. 主客观主义的鸿沟与衔接：吉登斯与布尔迪厄结构理论之比较 [J]. 佛山科学技术学院学报（社会科学版），2009（6）：63-68.

[12] 马克斯·韦伯. 社会学的基本概念 [M]. 顾忠华，译. 桂林：广西师范大学出版社，2005.

[13] 武晋维. 吉登斯结构化理论研究 [D]. 太原：山西大学，2012.

[14] 金小红. 吉登斯结构化理论的逻辑 [M]. 武汉：华中师范大学出版社，2008.

[15] 文军. 西方社会学理论 [M]. 上海：上海人民出版社，2006.

[16] 刘晖. 布尔迪厄的思想谱系：布尔迪厄生成结构理论探源 [J]. 中国社会科学院研究生院学报，2016（6）：114-120.

[17] 汪绪永. 社会结构理论及其方法论意义 [J]. 黄冈师范学院学报，2004（5）：26-30.

[18] 文军，刘雨婷. 40年来中国城市社会结构研究的回顾与反思：以CNKI和CSSCI收录的论文为例 [J]. 华东师范大学学报（哲学社会科学版），2019，51（5）：79-89，238.

[19] 李升. 阶层分化与居住分异：移民对中国城市社会结构变动的影响：基于青岛市的个案研究 [J]. 城市发展研究，2019，26（6）：61-69.

[20] 郑兴无，王豆豆，张翼. 最低工资标准、政府创新干预与城市产业结构升级：来自我国279个地级市的经验证据 [J]. 华东经济管理，2020，34（12）：39-47.

[21] 杨善华. 中国当代城市家庭变迁与家庭凝聚力 [J]. 北京大学学报（哲学社会科学版），2011（2）：150-157.

[22] 张志彬，张四梅. 生产性服务业发展与城市经济结构转型研究 [J]. 求索，2012（4）：32-34.

[23] 郭宇强. 我国职业结构变迁研究 [D]. 北京：首都经济贸易大学，2009.

[24] 李骏，顾燕峰. 中国城市劳动力市场中的户籍分层 [J]. 社会学研究，2011（2）：48-77.

[25] 李若建. 超大城市社会结构的演化：广州市职业结构变迁分析 [J]. 南方人口，2009（2）：14-20.

[26] 戴维·波普诺. 社会学 [M]. 李强，等译. 北京：中国人民大学出版社，1998.

[27] 吴增基，吴鹏森，苏振芳. 现代社会学 [M]. 5版. 上海：上海人民出版社，2014：109.

[28] 尼葛罗庞蒂. 数字化生存 [M]. 海口：海南出版社，1996.

[29] 胡科. 社会精英、民间组织、政府之于群众体育运行研究 [D]. 上海：上海体育学院，2012.

[30] 杨莹. 社会组织经济贡献研究 [D]. 北京：中共中央党校，2019.

[31] 俞进伟. 正式组织领导与非正式组织领导的调和之道 [J]. 领导科学，2020（22）：91-93.

[32] 周霄. 小议社会组织分类：从韦伯到帕森斯 [J]. 安徽农业大学学报（社会科学版），2005（5）：87-89.

[33] 张秀娥，周荣鑫，王于佳. 创业团队成员信任对社会网络与企业创新能力关系的影响 [J]. 经济与管理研究，2012（3）：105-111.

[34] 吴晓，魏羽力. 城市规划社会学 [M]. 南京：东南大学出版社，2010.

[35] 刘祖云. 社会分层的若干理论问题新探 [J]. 江汉论坛，2002（9）：89-93.

[36] 王昕. 社会性别视角下的布劳—邓肯地位获得模型及后续研究 [J]. 青海师范大学学报，2010（1）：46-50.

[37] 黄怡. 城市社会分层与居住隔离 [M]. 上海：同济大学出版社，2006.

[38] 曲伟，赵瑞政. 黑龙江社会阶层研究 [M]. 哈尔滨：黑龙江人民出版社，2003.

[39] 戴桂斌. 阶级与阶层：社会分层的两种模式 [J]. 宁夏社会科学，2007（1）：48-49.

[40] 李春玲. 中国社会分层与生活方式的新趋势 [J]. 科学社会主义，2004（1）：12-15.

[41] 景跃军，张景荣. 社会分层研究与中国社会分层现状 [J]. 人口学刊，1999（5）：23-27.

[42] 刁乃莉. 近年来中国社会阶层研究综述 [J]. 学术交流，2009（10）：141-144.

[43] 郑晨. 阶层归属意识及其成因分析：中国广州市居民的一项调查 [J]. 浙江学刊，2001（3）：115-117.

[44] 郑杭生，李路路. 当代中国城市社会结构 [M]. 北京：中国人民大学出版社，2004.

[45] 李强. 当前中国社会的四个利益群体 [J]. 学术界，2000（3）：5-19.

[46] 孙立平. 断裂，20世纪90年代以来的中国社会 [M]. 北京：社会科学文献出版社，2003.

[47] 王兰永. 社会结构研究浅析 [J]. 中共郑州市委党校学报，2012（4）：90-94.

[48] 刘祖云. 论社会流动的基本类型及其社会意义 [J]. 社会科学研究，1991（2）：48-53.

第 4 章

城市社会问题

4.1 城市社会问题类型与成因

每一个社会在一个特定的时期都会存在特殊的问题。城市社会问题是城市发展与变迁的产物,在此过程中,城市的整体平衡被打破,社会结构失去相对稳定性。而城市系统的部分功能减弱或丧失、部分功能转化则会造成城市结构失衡、功能失调,社会问题随之出现。

4.1.1 定义与特点

1. 城市社会问题的定义

城市社会问题是指在城市中存在的人与自然、人与社会以及人与人之间关系的冲突或严重失调现象。城市问题是城市发展与变迁的必然产物。城市在不断发展、变化中,社会系统内部及其与社会、自然环境之间的平衡不断被打破,社会问题随之产生。一般来说,城市发展速度越快,所产生的社会问题越严重。

城市社会问题会对城市的发展与运作产生消极的影响,是城市病态的表现。同时,城市社会问题也是对城市陈旧体制与旧结构的冲击,促进了城市的变革与更新,也成为城市社会发展的动力之一。

2. 城市社会问题的特点

城市社会问题具有普遍性、特殊性、复合性和爆发性的特点[1]。

（1）普遍性

城市社会问题的普遍性包含两层含义：一是从横向看,任何一个城市都存在社会问题；二是从纵向看，每一个阶段都存在城市问题。社会问题伴随着城市的产生而出现，其自身也随着城市的发展不断改变。

（2）特殊性

城市社会问题在不同的时间、不同的空间内具有不同的特点。时间上的特殊性是指在不同的历史时期、不同的发展阶段上城市的社会问题各不相同；空间上的特殊性是指在不同地区、不同类型、不同规模的城市，社会问题也各不相同。

（3）复合性

城市社会问题的复合性表现在以下三个方面：

1）城市社会问题产生原因上的复合性。社会问题的形成是多种因素共同作用的结果。

2）城市社会问题存在方式和表现形式上的复合性。城市社会问题之间相互关联、相互作用，共同影响城市的发展。众多的城市问题会随着各自的变化而相互交织、彼此重叠，形成一种综合的城市病症。

3）城市社会问题后果上的复合性。指城市社会问题不仅产生原因众多，结果也错综复杂。一个社会问题会引起一系列的连锁反应，这些反应再继续作用，引起更多反应，造成恶性循环，使问题的影响面扩大，社会危害加深。如人口增长率过高必然引起交通、就业、工资、福利等方面的社会问题。

（4）爆发性

相对乡村地区而言，城市社会问题表现得更为突出和剧烈。随着当今城市的发展加速，其呈现出爆发状态，造成强烈的社会影响。

4.1.2 类型

城市是一个巨大的、复杂的有机体，其内部的各种要素不断作用、相互影响，而在它的外部，城市又与其他系统处在广泛联系之中。城市社会问题的产生既有来自城市内部的原因，如生产力发展水平、构成要素的变化、科学技术状况、人口的变迁等；也有来自城市外部的原因，如区域经济条件、城乡关系等。不同国家和地区所存在的城市问题存在着很大的差异，但也有其共性。一般来说，城市社会问题主要包括人口、住房、就业、贫困、教育、医疗保障、社会治安等。

1. 人口问题

人口问题主要指城市人口发展过程中产生的各种矛盾。人是城市的主体，人口数量和人口结构的变化必然影响到社会生活的各个方面，如就业、婚姻、家庭、教育、住房、交通、物资供应等。当城市人口发展与城市建设发展失调，如人口规模过度膨胀时，各方面的矛盾就会十分突出。

2. 住房问题

城市人口过于集中或增长速度过快,导致住房需求和供应之间矛盾加剧,住房短缺、住宅质量低、居住环境差、住房费用高,是很多城市长期存在的老大难问题。

3. 就业问题

就业问题指城市劳动者失业或不充分就业的现象。若城市的劳动者高度集中且职业岗位难以满足就业需要,就会产生就业问题。

4. 贫困问题

贫困是一个世界性的问题,也是世界各国发展过程中普遍存在的一种现象。改革开放以来,尤其是在转型期,中国城市贫困人口的总体规模明显增加,城市贫困问题显现。

5. 教育问题

城市化进程中,出现教育发展与城市化进程不相适应的情况。现阶段中国的教育问题主要包括:教育供求之间的矛盾加剧,以及传统应试教育的弊端逐渐凸显等。

6. 医疗保障问题

改革开放后,中国开始逐渐推进医疗体制改革,改革过程中暴露出了许多问题,主要包括社会医疗保险覆盖范围狭窄、改革不配套、政府投入不足等。

7. 社会治安问题

城市是经济与社会转型的集中地区,社会矛盾易激化。城市作为政治、经济、文化交流的中心,其社会治安方面的问题不容忽视。

4.1.3 产生原因

城市是一个有机整体,它的内部由各种系统与要素构成。当城市内部各要素、各系统运行不协调时,就会产生城市社会问题。其原因是多方面的,对城市问题的研究应采用多因素分析法。一般来说,造成的原因主要来源于三个维度:生产力水平、城市要素变迁和管理水平。

1. 生产力水平

城市是生产力发展到一定阶段的产物,生产力的水平决定了城市的发展阶段、水平及城市特征,也决定了城市社会问题的特点。例如,随着生产力的发展,产业结构也相应调整,对劳动力的数量和质量也产生新的要求,便容易造成结构性的城市失业问题。

2. 城市要素变迁

城市是人口、环境、物质和技术四大要素的复合体。四大要素相互联系、彼此配合,构成一个整体,其中每一个要素的改变都会影响其他部分,引起其他要素的相应变化。例如当城市人口增长过快,住房问题、交通问题和就业问题就会随之产生。

3. 城市管理水平

城市管理的过程是人有意识地协调城市内外人与人、人与社会、人与自然关系的过程。城市管理水平的高低，直接影响到城市的发展，许多城市问题的产生就是由于城市管理水平低下。

在中国的城市管理中，长期存在忽略城市内部各要素联系、违背城市发展规律的现象。譬如用传统小农意识处理城市发展问题，无视城市的开放性、动态性而采用封闭、专制的管理办法等。这些现象都会加剧现有的城市问题或导致新城市问题的出现。

4.2 人口问题

中国是世界上人口最多的国家。第七次全国人口普查的数据显示，2020年年末中国大陆人口14.11亿，占世界人口的18.6%、亚洲人口的31.1%。现阶段中国人口快速增长的趋势已经逐渐减缓，但庞大的人口总量依然是中国人口的重要特征，人口流动不均衡、人口老龄化等新问题也开始逐渐凸显。人口问题不仅影响到中国的社会发展，还会影响到经济、文化等诸多方面。

4.2.1 人口原因

1. 城市人口规模论

目前，学术界对城市合理人口规模的讨论有两种具有代表性的观点，一种观点主张发展大城市，另一种观点则是发展中小城市。

主张发展大城市的观点认为，城市人口规模越大，其经济效益越高。大城市对工业国家的经济发展作出了不可估量的贡献。主张发展中小城市的观点源于霍华德的"田园城市"理论。此类观点认为只有维持相对较小的人口规模（25万~40万人）才能成为相对独立的地区商务中心，并维持较高质量的文化教育设施配套水平，以吸引现代工业；中等城市既可避免大城市的弊端，又能为城市的各项事业和服务活动提供发展的条件。

近年来，一些学者从计算城市投资比例入手，运用信息论、控制论和电子计算机等方法，对城市规模进行了分析研究，提出了城市发展的"门槛理论"。"门槛理论"认为，城市发展到一定阶段，就会遇到一些阻碍城市发展的限制性因素，这些限制性因素既有地理环境方面的，也有经济社会方面的，其决定了城市人口的极限。人口规模越接近极限值，限制因素所产生的作用就越大。要想克服这些限制性因素，城市就需要增加投资以更新城市公用设施，或发展新的市区以扩大城市的容纳能力。

对于某个城市而言，"门槛"是多级的。当城市跨越一级门槛后，其基建投资和经营的费用将相应下降，城市因而具备新的容纳能力，发展也更为迅速。但当人口规模再次接近城市的容纳极限时，城市发展将面临一道新的门槛，又需要进行大规模的投资。城市跨越的门槛越多，克服下一个门槛所需的投资额就越大，因此，城市发展的门槛就成了城市一定时期内人口规模的阈限，有效地限制了城市的发展规模。

2. 城市人口规模问题的表现

城市人口规模问题表现在以下几个方面[2]：

1）城市人口的过度增长将导致城市用地紧张、交通拥堵、基础设施建设严重不足等问题。城市人口规模决定了城市的用地规模和基础设施规模。当前大量的人口涌入城市，使城市人口的增长速度远高于预期，导致了社会资源与实际人口的不匹配，从而引发了用地紧张、交通拥堵、住房短缺等其他一系列问题。

2）市场经济下的集聚效应，使大城市的社会资源过度集中，人口规模将持续膨胀，进一步加剧其他社会问题。一方面，大城市由于经济发展水平高，能够吸引和容纳更多的资源和人口；另一方面，为了保持自身的优势和更多的资源（包括教育资源、医疗资源、文化娱乐设施、社会福利等）的进一步集中，大城市的人口规模也因此持续膨胀，导致相应社会问题的加重，也为解决社会问题带来更大的挑战。

3）城市人口规模的统计存在较大的误差，难以反映实际情况，为解决人口规模问题带来较大的困难。一方面，因方法、口径不一致，人口统计经常出现不同程度的误差，其中，暂住人口的统计误差尤为明显；另一方面，由于我国不同城市级别的人口规模要求有所不同，存在着部分地方有意夸大或降低人口规模的情况。以上种种原因均加剧了人口规模统计的难度，使得城市难以针对现状人口规模配备相应的基础设施，同时也难以预测城市未来人口规模的增长。

3. 大城市人口规模的控制

大城市是区域政治、经济、文化、教育和科学技术的中心，人口问题是制约大城市发展的首要问题。目前，中国大城市人口规模过大的情况引发了一系列社会问题。因此，应合理管控大城市的人口规模，其手段主要表现为以下几个方面。

（1）控制

大城市的人口控制包括人口自然增长率和迁移增长率的控制。

中国城市人口自然增长率虽有大幅度下降，但大城市的人口自然增长率仍在5‰~8‰左右，而且人口规模还在不断扩大。因此，需要重视控制大城市人口的自然增长率。

同时，城市人口不是静止、封闭的，而是一个开放的、流动的系统。中国大城市人口迁移率很高，且随着市场经济的发展和农村剩余劳动力的转移，大城市迁移人口的增长还会保持持续上升的势头。迁移率的提高既有积极的作用也有消极的影响，这就需要在动态平衡中控制大城市的迁移增长，使其保持合适的增长水平，与城市社会经济发展相协调。

（2）疏导

大城市人口疏导的重要途径之一，就是因地制宜地建设各种类型的卫星城。一般来说，卫星城由于与大城市（母城）有着密切的经济和社会联系且离大城市距离较近，并具有人口适度、污染较少、就业充分、住房宽松等特点，因而最有可能吸引特大城市人口。政府应制定有利于卫星城发展的政策措施，重视其基础设施的配套和生产力的合理配置，使之更具吸引力，成为疏导中心城区人口、截流外地迁入人口、消化郊县农村过剩人口的"蓄水池"。

疏导大城市人口，还可以鼓励大城市的专门人才和熟练劳动力流出城市，迁移到更需要或更适合的地区。当一个区域内城乡之间以及大中小城市之间的差别逐渐缩小时，这种疏导就容易取得效果。

（3）截流

从宏观的角度解决大城市人口规模的控制问题，要从建设合理的城镇体系着手，通过发展大城市周围的小城市、集镇和农村促使区域的经济平衡发展，减缓人口流向大城市的趋势。大城市之所以具有巨大的吸引力，最根本的原因在于其经济、文化、教育、信息等方面与农村及中小城市有很大的差距。而通过区域经济社会的平衡发展缩小这种差距，就可以减轻大城市所受的人口迁移的压力。

4.2.2 人口流动

人口流动是社会经济、文化发展的必然产物，是一个城市充满活力的显著标志。随着经济的发展、文明的进步，以及社会由封闭走向开放，城市人口流动的规模越来越大、速度越来越快、频率越来越高，对城市经济、社会产生了巨大影响，并带来了一系列城市社会问题。

1. 城市人口流动的特点

城市流动人口是指相对于常住人口而言不具备常住地户口的各类暂住人口。这些人员来源广泛、目的各异，且分散在城市的各个角落。从居住方式、居住时间和居住目的来看，他们是一个人口众多的"新移民"群体。他们虽然没有得到户籍制度的认可，但已实际参与城市的经济和社会生活，是城市人口的一个组成部分。中国城市流动人口具有以下几个特点。

（1）数量大，增长速度快

随着城市的经济发展以及城市功能的增强，流动人口大量涌入城市，其规模之大、速度之快都超出以往任何时期。一些中心城市的流动人口数量达到几十万甚至几百万，而且每年还在持续地迅速增长。

（2）流动目的以从事经济活动为主

随着市场经济的发展，各地到城市务工、经商的人员不断增多，流动人口由过去以探亲、访友、就医为主转变为以从事经济活动为主，特别是进城求职、从事经营活动的人员（农民）所占比重增大。

（3）季节变动趋向平缓，滞留时间延长

1980年以前，城市流动人口多以探亲访友为主且只作短期停留，一般情况下人口流动在春节期间达到最高峰。1980年以后，随着流动人口构成的变化，各季节流动人口规模的差距已日趋缩小，流动人口的变动已无明显淡旺季之分，呈现出淡季不淡、旺季更旺的特点。流动人口在城市滞留时间延长，部分已成为城市的"事实移民"。

（4）自主性和自由性流动增多

中国城市过去的人口流动带有明显的计划性和组织性。如中华人民共和国成立初期，从东部工业城市抽调大批人员支援新城市建设，"文化大革命"期间的干部下放和知识青年上山下乡等，都是行政命令导致的人口流动。从1980年开始，城市人口流动更多是在经济因素的驱使下形成的，流动的自主性大大提高。

2. 流动人口类型

参与流动的每一个个体都有自己的目的与需求。根据调查，城市流动人口可大体分为经济型、旅游型、公务型和探访型四大类。

（1）经济型

经济型流动人口即从事劳务活动的流动人口。这部分人在流动人口中所占的比例最多，约占总流动人口的60%~70%，并主要从事于建筑、运输、经商和修理服务等经济活动。市场经济的发展打破了过去僵化的计划经济体制，也拓展了各行业、各部门以及各地区的联系，并扩大了就业范围，流动人口的经济目的日渐增强。

（2）旅游型

城市以其独特的历史文化、特色景观以及购物环境吸引着大量游客。近年来，旅游型人口形成一支规模宏大的人口流，而且有继续扩大的趋势。

（3）公务型

公务型流动人口即从事国家或集体公务活动的人口。其一般居住在招待所、旅馆、饭店，这类流动人口居住时间短暂、人数较多，并在不同城市形成不同的规模，其中，以首都和省会城市及风景名胜城市居多。

（4）探访型

探访型流动人口主要是指探亲访友、休假、看病的流动人口。这类流动人口一般有较稳定的住处以及得以生存的基本条件，是流动人口中居住时间最长、最稳定的一部分。

3. 流动人口对城市经济、社会的消极影响

城市流动人口的增加适应了改革开放和人口城市化进程的需要，也促进了城乡人、财、物的交流，推动了农村进步，缩小了城乡差别，加快了城市化的进程。然而，城市流动人口的增加也给城市带来了很大的压力，给城市交通、市政设施、治安管理、人民生活安排等方面增加了困难。其消极影响主要表现在以下几个方面。

（1）增大了城市人口密度

流动人口的增加增大了城市人口密度，使本来已经十分稠密的城市更加拥挤。特别是大城市常出现每天超过几十万的流动人口，部分中心城市的流动人口甚至高达百万。人口密度的增加使城市基础设施不堪负担，并加剧了城市"膨胀病"的症状。

（2）加重了城市的负担

流动人口加重了城市交通、供水、邮政、电信、园林绿化、环境卫生以及粮食和副食品供应等方面的负担，对城市基础设施、财政支出和商品供应形成了日益艰巨的挑战。此外，城市流动人口中有相当大一部分人是到城市寻找工作的，这加剧了城市的就业矛盾，增加了就业的难度。

（3）增加了交通压力

流动人口的增加引起了交通客运量的猛增，加剧了乘车难的状况，使有限的交通运送能力难以满足超额的运输需求。城市的机场、车站、码头人满为患，城市对内、对外的交通系统都超负荷运转。

（4）流动人口构成复杂，给城市治安管理带来压力

流动人口来自全国各地，其构成极为复杂。他们具有从业面宽、活动面广、流动性强的特点，因而使得对其的管理十分困难。事实证明，流动人口的犯罪率比常住人口高得多，而且呈逐年上升的趋势。

除此之外，城市流动人口还对城市的人口结构、产业结构、家庭婚姻关系、计划生育带来不同程度的影响，其不确定性和构成上的复杂性给管理增加了难度。流动人口增长带来的消极影响表现在城市基础设施、城市结构、城市管理与城市流动人口之间的不相适应。而城市发展过程中的消极影响是可以控制，甚至消除的。因此，要从实际出发，并采取切实可行的措施，加强对流动人口的管理，兴利除弊，变消极因素为积极因素。

4.2.3 人口老龄化

人口老龄化是老龄人口总数占总人口超过一定比例的一种人口现象。联合国的传统标准是一个地区60岁以上老人达到总人口的10%，而新标准则是65岁老人占总人口的7%以上，则该地区即被视为进入老龄化社会。第七次全国人口普查数据

显示，60岁以上人口占总人口的18.70%，65岁以上人口占13.50%，即我国已是名副其实的老龄社会国家。人口老龄化问题已经成为影响社会经济发展的重大问题。

1. 城市人口老龄化的特点

中国城市独特的历史背景、社会经济条件及人口发展使中国城市人口老龄化具有如下特点。

（1）老龄人口数量大

根据第七次全国人口普查数据公报，2020年年末，我国60岁以上人口为26402万人，占全国总人口的18.70%，其中65岁及以上人口为19064万人，占13.50%。同2000年第五次全国人口普查相比，60岁及以上人口的比重上升5.44个百分点，65岁及以上人口的比重上升4.63个百分点。

（2）人口老龄化发展速度快

65岁及以上老年人口占总人口的比例从7%提升到14%，发达国家大多用了45年以上的时间，中国仅需不到25年便可以完成这个历程。

（3）区域间人口老龄化进程差异较大

中国东部沿海经济发达地区人口老龄化发展明显快于西部经济欠发达地区。上海于1979年便正式进入了老龄化社会的发展阶段，比许多西部城市快了将近四十年之久。

（4）人口老龄化超前于经济发展

发达国家在进入老龄化社会的时候已具备雄厚的经济实力，其人均国民生产总值在10000美元以上。2010年中国进入老龄化社会时，人均GDP仅为4283美元，世界排名仅第94位，呈现出人口老龄化超前于经济发展的特征。

（5）老年人口抚养比例逐步上升，社会负担日益加重

老年人口抚养比是指被抚养老年人口与劳动人口的比例关系。中国自20世纪80年代以来，人口老龄化现象日趋明显，且劳动人口抚养老人的比例迅速上升。据预测，从1982年到2032年，北京老年人口抚养比将从13%上升到53%左右，平均每年增加0.8个百分点[3]。

2. 人口老龄化对城市的影响

1982年维也纳老龄问题世界大会通过了《老龄问题国际行动计划》，提出人口老龄化对城市的影响可以从两个方面进行分析：一方面是"影响到老年人个人的问题"，即随着老年人口增加，老年群体产生各种特殊需要，如保健与营养、住房与环境、家庭、就业、教育等；另一方面是"与人口老龄化有关的社会问题"，人口老龄化对社会经济发展的环节产生的影响，主要是老年人受赡养比例日益增长，对生产、消费、保险、社会福利、收入保障以及对一般社会经济状况和政策所起的影响。具体来说，人口老龄化对城市的影响可以从以下几个方面来认识。

（1）劳动力资源相对减少，年龄结构出现老化趋势

随着人口老龄化，老年人在社会中所占的比重不断提高，使劳动力资源相对减少，劳动力的年龄结构老化。

（2）家庭与社会负担增加

人口老龄化使家庭的负担加重。人口平均寿命的延长使得老年人需要照料的时间增加。加之高龄老人发病率高，生活自理能力差，需要家庭和社会的帮助，这使得老龄化问题超出家庭的范围变成社会问题，加重了社会经济的负担。而随着老年人口逐年增加，退休金、养老金、老年医疗保健费用以及用于老年福利事业的费用日益增多，这些费用在消费基金中所占比重不断增加，老年人口的社会保障将成为社会分配领域中的一个重要方面。

（3）社会需求发生变化

由于人口年龄结构老化，老年人的需求增加，满足老年人需要的商品和生活服务设施也相应增加，其中，老年人消费品、老年公寓、老年医疗保健、老年教育及娱乐活动设施增加需求尤为明显。这种变化必然引起生产结构和产品门类的调整以适应发展。

4.3 住房问题

住宅是城市居民生存和发展的基本条件之一。随着工业文明的发展，城市住房问题已发展成一个世界性的社会问题。如何有效地解决城市居民住房问题是个重大的理论课题和现实任务。

世界绝大多数城市都不同程度地存在着住房问题，但不同城市的情况则有差异，其经济发展水平有差异，住房问题的具体内容也不相同。发达国家城市居民的人均居住面积达 15~20m^2，其建筑业作为三大支柱产业之一发展得相当繁荣，但仍存在着由居住水平的贫富差别形成的住房问题。发展中国家由于经济发展水平较低，因此住宅建设发展相对缓慢，城市住宅也较为短缺；许多失业与半失业及低收入人群居住在棚户区，为温饱而挣扎。

一些社会学、统计学专家提出运用社会学理论以建立指标体系，用数据来反映国民经济的发展与人民生活"质量"的变化，并借此研究更深层的社会现象与社会问题，并把住房问题作为社会经济发展的基本指标之一。

自 1970 年代后期起，各国都从社会学角度对住宅建设和居住环境进行综合研究。在 1978 年的国际建筑研究与文献委员会上，学者们正式提出要建立一门住宅社会学学科去研究各种与住宅有关的问题。根据该委员会意见，住宅社会学研究的范围大致有以下四个方面：第一，规划方面的研究；第二，从宏观社会经济角度，探

讨住宅建设与重大经济因素间的相互关系；第三，住宅建设的预测；第四，居住区的社会环境。1981年4月，在伦敦召开的国际住宅与城市问题研究会上通过了《住宅人权宣言》，其明确提出"我们确定居住在良好环境中适宜于人类的住处是所有市民的基本人权……衷心期望把关系到人类尊严的良好住宅作为国家的责任，对住房问题的研究从建筑学、经济学领域扩展到社会学领域"。如今，世界各国都已十分注重对城市住房问题的研究。

4.3.1 影响住房问题的社会因素

城市住房问题不是一个孤立的现象，它受城市经济、社会等诸方面因素的影响。从社会学角度来看，影响城市住房问题形成与发展的因素主要有以下几个方面。

1. 人口构成

人口构成对城市住宅的影响主要表现在人口数量、人口质量以及人口年龄构成三个方面。

人口数量与城市住房问题有直接的联系。一般来说，城市人口越多，要求住宅的数量也越多，如果人口数量超过住宅供应量则会造成住宅紧张。而随着城市化的推进，大量外来人口涌入城市，城市常住人口增长速度远超出住宅的增长速度，城市住房短缺问题日渐严峻。

人口质量包括人口的身体素质、思想素质和科学文化素质三个方面。不同质量的人口对住宅的需求是不同的，人口质量越高，人们对住宅的需求层次就越高。

人口的年龄构成与城市住房问题之间也有密切的联系。若根据年龄将人口分为青少年人口、成年人口和老年人口，则可根据不同年龄段人口在城市中所占比例将城市人口分为年轻型、成年型和老年型。而不同类型的城市在生活、文化、经济消费等方面存在差异，对住房品质需求也不相同。比如，年轻型城市中经济实用的单身公寓或新婚住房需求量较大，成年型城市则需要更多满足三口之家生活需要的住房。

2. 产业结构

产业结构是人口社会结构分析的基本内容。随着产业结构的变化以及人口职业构成的调整，城市住宅建设和规划也要进行相应的改变。首先，在住宅设计上要考虑第三产业从业人员特别是科研文教等人员的需要，如书房和工作间。其次，随着商业、饮食业等服务业的增加，附属配套建筑所占比例也在不断提高。最后，房地产业以及与住宅相关服务业的发展将会极大地推进城市住宅商品化和社会化的进程，并推动城市住宅体制的改革。

3. 家庭构成

家庭构成是指家庭成员的数量以及他们之间的关系状况。

从家庭成员的数量来看，家庭的规模影响着住宅的规模，家庭人口多、规模大则需要的住宅规模就大；同时，家庭成员越多，对住宅独立性的要求就越高。

从家庭结构来看，家庭类型直接决定对住宅的需要，一般来说，可分成单身家庭、一对夫妇及其未婚子女构成的核心家庭、三代同堂的主干家庭以及联合家庭。随着城市的发展，城市主干家庭和联合家庭所占比例不断减少，核心家庭在城市家庭结构中占据主要地位，出现家庭核心化的趋势。而核心化也极大地加快了家庭的分化速度，使家庭数越来越多，并直接影响到社会住宅的需求量，也给城市的住宅供给提出了新的要求。

4. 生活方式

生活方式是一个复杂的系统，它包括消费方式、劳动方式、交往方式、闲暇方式等内容。随着经济发展和社会进步，人们的生活方式从原来的生存与享受为主，逐步转向追求个性生活、注重自身价值观体现等维度，人们对住房的需求也开始转向追求个性发展、创意生活空间等方向。

随着社会的发展，家庭的部分功能逐步淡化，并一定程度上由社会服务所替代，这也要求着家庭与社会之间逐渐建立起一种相互依赖的关系。因此，就住房问题来看，与居住环境相匹配的社会服务越来越受到重视。

4.3.2 解决住房问题的国际经验

面对世界性的城市住房问题，各国政府都在探索解决的途径和对策。

1. 实现住宅商品化

其特点是住宅造价贵、租金高。以美国为例，其拥有私人住宅的居民户达98.5%，且作为国内三大经济支柱之一，建筑业在美国经济生活中占有举足轻重的地位，成为反映美国经济发展状况的晴雨表。而无力购房的低收入阶层则选择租赁，其租金占到了个人收入的35%左右。

2. 以住宅商品化为主，兼具福利化

其特点是鼓励私人拥有住宅，并对社会中低收入阶层在经济方面提供优惠条件，德国、新加坡等国家便采取了该类措施。德国有两类具体措施：一是由政府提供低息贷款，资助社会团体建造住宅出售或出租，同时也贷款给个人建房，其中政府资助的资金占社会住宅投资的25%；二是实行房租补贴，当现行住宅租金低于成本租金时，政府给出租人相当于成本租金37.5%~50%的利息补贴，使住宅租金维持在家庭总收入13%的水平上。新加坡则对中等收入以上的居民实行由国家统一建筑商品住宅出售，对低收入家庭实行补贴出售，对与老人同住的家庭实行优惠补贴出租的政策。

3. 以福利化为主，兼具商品化

该类对策的实行以苏联、东欧为典型。如罗马尼亚便按职工的人均收入来分配住宅，凡超过分配居住面积标准（8~10m²/人）的家庭按规定增收房租。

上述三种类型中，第一类以住宅商品化为主，后两类则以住宅福利化为主。从各国的实践来看，单纯采用商品化对策或福利化对策都难以达到满意的效果，因而应根据城市的特点灵活地采取措施。

4.3.3 中国城市的住房问题

中国住房问题的形成一方面是由于城市化进程的加剧，另一方面则是由于现行土地管理制度存在一定局限性。双重因素的叠加效应推动了中国房价的快速上涨，而快速上涨的房价同时也反过来阻碍了城市化的进程，侧面凸显了现行土地管理制度的部分不足。

1. 中国城市住房问题的表现

中国城市住房问题主要表现在住宅数量、住宅质量和住宅价格三个方面。

（1）城市住房数量存在着人均住宅面积小、无房和缺房户数量多的困境

中国城市人均居住面积与国外城市相比有很大的距离，且城市与农村之间、不同规模的城市之间的住宅条件差异也巨大。总体来看，城市人均居住面积远远低于农村和集镇居住水平，不同规模城市的户均和人均居住面积也呈现出县城—小城市—中等城市—大城市—特大城市逐级递减的分布格局，城市越大则人均居住面积越小，住房问题也越突出。

（2）城市居民的住宅质量仍有待提高

国际上通常把住房水平划分为三个等级，人均一个床位是最低标准，每户一套住宅为文明标准（或合理标准），每人一个房间为舒适标准。若按照这个标准来衡量，则中国城市的住宅水平一直处于最低标准之下。其中，部分住宅因使用时间过长、维护力度不足等原因导致房屋质量低下，甚至逐渐成为危房。还有部分住宅由于施工进程过于仓促，存在各种质量问题，具有严重的安全隐患。

（3）大城市的住房价格普遍过高

相关研究指出，房价和居民收入比应当在适宜的范围（3~6）之内。而根据国家统计局2020年的数据，全国房价收入比达到9.2。在全国统计的5个收入阶层房价收入比情况中，最高收入户的房价收入比仅有4.8，而最低收入户的这一指标却达到48.96，相差了10倍。目前来看，许多城市的房价已超出了普通居民的支付和负担能力，年轻家庭在房价的重压下往往被迫选择压缩生活成本、降低生活质量或是增加储蓄，低收入的个体和家庭更是出现难寻得栖身之所的情况[4]。

目前，中国城市化率仍呈增长趋势，每年依旧有大量的人口从各地向城市集中。如此过高的房价会成为影响家庭内部投资、消费、创业,甚至是困扰社会经济可持续发展、阻碍城市化进程的负面因子[5]。

2. 中国城市住房问题的成因

造成中国城镇住房问题的原因是多方面的,其中最主要的原因有以下几方面。

(1) 住房所有制单一化

中国在相当长的一段时间内采用社会福利性质的住房分配方式,这种方式虽然能较大程度地满足所有人对住房的需要,却忽略了住房的商品属性。住宅作为个人生活资料,在分配时应体现按劳分配原则,即在劳动者获得的报酬中应包括支付"住"这一部分费用,个人可凭劳动报酬去换取、购买和租赁所需住房。

(2) 住房投资比例相对较低

从城市建设的角度看,住房问题产生的根本原因是长期以来住宅投资占基本建设投资的比例过低。在 20 世纪 80 年代之前,中国在"先生产,后生活"和"先治坡,后治窝"的思想指导下,长期忽视住宅建设,住宅投资比例也因而持续走低。住房的建设不足对之后的发展产生了较大的阻碍。

(3) 住房投资体制和住房分配制度不完善

中国住宅建设主要是由国家财政拨款(包括中央和地方政府)和企业自筹支持。由于投资有限和计划体制不健全的原因,往往是各级领导机关和大的企事业单位优先获得住宅投资。至于企业自筹,利润较多的企业自筹资金多,则职工住房相对容易解决,而那些政策性亏损企业、利润少的中小企业和文教卫系统的基层单位,既无力自筹资金又很少得到国家投资,因而造成住宅分配的不均衡。

(4) 政府房地产财政推动的房价上涨

根据全国工商联在 2009 年政协大会上的报道,土地财政是在中国目前所有建设用地强制征用和国家高度垄断土地制度的影响下形成的。政府先通过低价将农业用地征收,同时掌握城镇的原有国有土地的再出让权,最后将大部分土地以用地商招拍挂或者其他形式出让 50~70 年不等的使用权。在此过程中,"土地财政"让政府成了最大的受益者。而由于政府所得部分利益在房地产开发成本中是刚性存在的,这便使得近年来房价居高不下,从而相对降低了居民对住宅的购买能力。

3. 中国城市住房问题的解决对策

住宅作为人民生活的基本物质条件,和其他个人消费品一样属于商品。中国住宅还具有多种社会福利性质,由于中国的工资制度是按劳分配的方式,因此一部分直接分配给劳动者,而另一部分消费资料则以社会福利的形式分配。同时,中国的住宅具有商品和福利两重属性,是商品化和福利化的结合。在中国住宅商品化的过程中,针对其已经出现或可能出现的问题,应采取积极、有效的措施予以解决。

（1）依托市场经济体制，以多元化为目标，有步骤分阶段地推进住宅商品化

应明确划分住房供应层次，建立适应不同收入家庭支付能力的住房供应体系。对于低收入家庭，政府应采取一系列措施完善住房保障体系。

（2）进一步完善住房保障制度

进一步完善经济适用房的相关法律法规，在部分地区逐步尝试从经济适用房到经济租赁房的过渡；增加对租赁房的专项投资，扩大廉租房资金来源，政府也可与开发商合作，多渠道增加廉租房的供给；进一步落实中低收入家庭的住房政策优惠。

（3）进行全方位的综合配套改革

实行住宅商品化是一个大的系统工程，它要求相关的改革配套进行，主要包括工资改革、价格改革、信贷改革、财政改革、计划体制改革和房地产管理体制改革等。要建立与新住宅体制相配套的住宅价格体制、房租体制以及财政、金融体制。同时，还要重视宣传，改变"住房靠国家""住房分等级"的旧观念，建立"住宅是商品"的新观念，调动地方、企业和个人建房、买房的积极性。

（4）完善住房市场流通体系

在中国部分地区可逐步尝试产销分离的方式，以加快住宅市场效率，同时规范房地产服务市场，提高服务质量。另外，应大力发展租赁市场，提高现有住房的使用率。

（5）完善住房金融体系

住房金融的发展是增强中低收入家庭购房能力的重要措施。而目前，中国的中低收入家庭贷款缺少担保主体。因此，可借鉴发达国家在住房金融方面的经验，成立由政府扶持的专门住房金融机构，为中低收入家庭购房提供低息或无息贷款，并由政府出面对中低收入家庭购房进行担保。

（6）改善国家对住房的宏观调控

强化土地的供应管理，推进有形的土地市场运作，避免暗箱操作。同时，强化金融的间接调控作用，根据实际情况调节高档住房、商场写字楼等的贷款利率，使低息政策向低收入者倾斜。

4.4 失业问题

当城市提供的就业岗位与城市劳动力的就业需求并不完全对等，有时甚至相差悬殊，便会致使劳动者不能充分有效地与工作岗位结合，劳动职业关系也因而失调，形成城市失业问题。城市失业问题牵涉到每个人以及与之相联的千千万万个家庭的切身利益，影响到社会的稳定和发展，这一问题已引起了全社会的高度关注。

中国的失业率由于统计口径的差异及数据采集误差等原因，各部门所得出的数据相差很大。根据新华社公布的数据，2014年中国调查失业率在5.1%左右；至2019年年末，全国实有城镇登记失业人员在1300万人以上，城镇登记失业率为3.63%。中国的失业问题已引起各方面的高度重视。

4.4.1 形成原因

从一般意义上讲，就业是劳动者与劳动资料的结合。即意味着就业包含两个要素，一个是就业的主体——劳动者，另一个是就业的客体——劳动资料，两个要素的结合就是就业的实现。所谓失业问题，实际上就是劳动者与生产资料的分离。

1. 中国劳动力人口增加迅速，与就业岗位的增加并不匹配

根据第七次全国人口普查的数据，2020年11月1日，全国总人口数为14.1亿人，与2011年相比增长7206万人，增长5.38%，年平均增长率为0.53%，比上一个十年的年平均增长率0.57%下降了0.04个百分点。在今后20年内，净增劳动力人口依旧将保持增长的势头。这是中国就业供需矛盾产生的一个重要原因。

2. 技术选择、金融制度和劳动力市场制度是影响就业的重要因素

由于中国劳动力丰富而资本相对稀缺，因此，企业和政府的最优选择便是大力发展劳动密集型技术和产业，以发挥中国的比较优势，促进就业和经济增长。但是，发展资本密集型技术和产业不能大量吸收劳动力，因此，为了增加就业，政府要求国有企业雇佣大量冗员。而随着国有企业的改革不断深入，冗员被不断地释放，逐渐显现出城镇就业的困难。

3. 就业机会增加的程度是决定失业率的重要因素

金融制度影响着新企业的建立和新就业机会的提供，从而对就业问题产生影响。研究表明，建立能够为中小企业的发展提供足够资金的金融制度会增加就业率并降低失业率。在发展中国家，金融制度在很大程度上也内生于一国的发展战略，其由于实行赶超战略，实际则违背发展中国家的要素禀赋，进而导致作为优先发展的产业、作为技术载体的企业在开放、竞争的市场中缺乏自生能力。因此，便出现政府内在地要求建立垄断的银行体系，为没有自生能力的企业提供政策性贷款，这会使得有效的金融制度不能建立，中小企业融资难的问题也逐渐突显。

4. 长期的城乡分割制度使"剪刀差"成为中国资本积累的重要来源

在城乡分割的制度下，相当有限的教育资源投入向城市倾斜，农村教育资源的投入较少。改革开放之后，城乡分割的制度也并没有消除，国家教育投入的重点仍在城市，农村居民仍在很大程度上不能享受城市的教育资源，例如，绝大部分城市规定农村户口的子女在城市接受中小学教育时需要上交相当数量的额外费用（例如赞助费等），农村受教育水平还是比较低下[6]。

4.4.2 类型

西方经济学家将失业问题分成三种情况：一是结构性失业，是指生产过程变化或技术发展所造成的一部分在业劳动者失去职业；二是自愿性失业，指工人不愿意接受现有的报酬或劳动条件，自愿放弃就业；三是非自愿性失业，指由于社会有效需求不足而导致的对劳动力需求不足，失业者被迫降低报酬仍然无法找到工作而形成的失业。结合这些失业的归类以分析中国国情，可将中国的劳动就业问题分成以下几种情况。

1. 显性劳动失业问题

显性劳动失业问题是指劳动人口因没有工作而形成的就业问题。中国城镇每年都有相当数量的劳动人口找不到工作，而导致这种现象的原因是多方面的，既有生产力方面的因素，也有就业政策方面的因素，还包括劳动者素质以及与之相应的教育、文化因素。随着市场经济的发展，竞争会越来越激烈，显性劳动失业问题会变得更加严重。

2. 隐性失业问题

隐性失业问题指就业者中实际工作量与实际工作人数之间存在相当大的差距，从而导致劳动者与劳动资料无法实际有效地结合的情况。其最显著的表现为机构重叠、人员冗杂、人浮于事。

3. 结构性失业问题

结构性失业问题是中国城市就业问题中最基本的类型，其表现形式主要有两种：一种是劳动者的文化和技能不能适应生产力发展的需要而产生就业问题；另一种是随着企业技术进步、资本有机构成提高而引起的就业问题。当企业技术进步时，设备更新、自动化程度也不断提高，而生产规模尚未提高时，便会有一部分劳动力被从现有岗位中排挤出来。

4. 间断劳动失业问题

间断劳动失业问题是城市经济发展过程中就业制度改变而出现的一种新情况。劳动者与就业岗位之间既有稳定、连续的合作关系，也有不稳定、不连续的弹性合作关系。目前，中国城市的间断失业问题主要表现为三种情况：一是劳动者出于职业选择或工资报酬等因素，暂时退出原有工作岗位，等待和选择更加理想的新职业；二是劳动者被企事业单位辞退，领取社会保险救济，等待新的就业机会；三是劳动者在企事业单位从事具有一定期限的临时性工作，工作期满就另行寻找工作。随着劳动管理体制的改革以及社会保障制度的建立，间断失业的问题将会大量出现。

5. 职业选择性失业问题

职业选择性失业问题是指劳动者在就业过程中为了寻求一种更加理想的工作而选择不就业，或就业后又退出并等待新的就业机会而引起的就业问题，其特征是职业流动。在改革开放以前，中国城市就业紧张，出现"僧多粥少"的情况，加之社会保障不健全，因而自愿性失业问题很少发生。随着劳动用工制度的改革，劳动者有了一定程度的就业自主权，劳动者可以从个人的专长、特点、兴趣等内在因素以及工作环境、劳动报酬、人际关系、职业前途等外在因素两方面进行权衡取舍，从一个部门转到另一个部门，或是从一种职业转到另一种职业，由此造成职业间的不断流动。

4.4.3 解决途径

长时间以来，中国经济发展强调以 GDP 增长为主导，因而更加重视工业的经济增长，并形成以城市为主体、忽视农业发展的工业化战略。另外，由于劳动密集型的产业更注重出口生产的粗放型扩张，以占领更多的国际低端产品市场，因而不但固化了原有的二元经济结构，还使城市化进程的动力不足，并衍生出产业劳动力供需结构失调、产业结构升级困难等问题。相应地，长期忽视中小企业的生存环境还会导致中小企业发育不良、高新技术以及与之相匹配的人才素质难以同步提高等问题。在劳动力需求方面，中国的发展受困于大量的低素质劳动力供给，而劳动力的大量供给又被工业化不全面、城市化进程滞后、中小企业难以健康发展、第三产业发展空间狭窄、高新技术水平效益低下等现实困境所约束，中国的就业问题面临压力[7]。

当前，为缓解中国就业问题的困境，最重要的就是要尽快改变中国人力资源的状况，调整赶超战略，并逐渐建立具有比较优势的发展战略[6]。

1）深化改革户籍管理制度，确实拆除城乡壁垒，积极推进进城农民市民化。中国现在已经逐渐建立起遵循比较优势的发展战略，产品市场的竞争制度基本确立，要素市场的竞争制度也应随之建立。户籍制度的改革有助于中国消除二元城乡经济结构、优化劳动力资源的配置、促进经济增长并缓解就业压力，同时，也有利于优化教育资源的配置、提高农村劳动力的教育水平。

2）逐步建立全国统一的社会保障体系，形成全国统一的、竞争的、流动的劳动力市场。中国目前实行的是社会保障省级统筹，尚未建立全国统一的社会保障体系。而省级统筹限制了劳动力在省际的流动，不利于建立有序流动的全国性人才市场和劳动力市场。因此，全国性人才市场和劳动力市场的建立对优化配置中国的劳动力资源、促进中国的经济增长和缓解就业压力有重要的意义和作用。

3）完善失业保险制度，减少社会不稳定的因素。由于在未来的十几年内，中国将可能面临严重的失业问题，因而要扩大失业保险覆盖面，尽快扩大至城镇全体职工，并突破行业、所有制限制，即从现在的全民企业扩大到集体企业、中外合资企业、私营企业以及个体经营者，以减少社会不稳定的因素、促进经济的增长。同时，还需要增加筹资渠道，减少保险支付的压力。

4）加大教育投入，着力提高劳动力素质。为了提高中国劳动力的质量水平，应加大教育投入。2019 年，我国的财政性教育经费支出首次突破 4 万亿元，年均增长 8.2%；占 GDP 比例为 4.04%，连续第八年保持在 4% 以上。然而，未来一段时间内，教育财政投入的增加还要继续加强农村的教育投资，特别是农村义务教育的发展，从而有助于缩小城乡受教育水平的差距。

5）大力推进中等职业教育，积极应对就业市场结构性问题。中等职业教育是提高一般劳动者科学文化素质的关键，其在增加中国熟练劳动力的供给量、减少结构性失业、促进产业结构的升级和经济增长方面有重要作用。

4.5 贫困问题

贫困问题是世界性难题，城市贫困问题也是世界各国城市发展过程中普遍存在的社会经济现象。贫困是指部分社会成员缺少一定的资源和能力，从而导致生活水平达不到社会公认的最基本标准的状态，而城市贫困则是指城市社会中的贫困问题。城市贫困分为绝对贫困和相对贫困，绝对贫困是指社会成员的基本生存需求得不到满足；相对贫困是指相对于社会上其他部分人而言，生活水平处于社会最下层的那部分人的生活状态[1]。

改革开放以来，中国农村的反贫困取得了举世瞩目的成就，农村绝对贫困人口从 1978 年的 2.5 亿人下降到 2019 年的 1900 万人，农村贫困发生率从 1978 年的 30.7% 下降到了 2020 年的 0.6%。然而，中国城市贫困人口的总体规模却明显增加，城市贫困发生率逐步提高，城市贫困人口最低生活保障人数从 1996 年的 84.6 万人增加到 2019 年的 4333.5 万人（这个数字仍较为保守），2009 年至 2019 年的增长率达到了 184.8%。至今，我国依旧存在着一定程度的城市贫困问题（图 4-1）[8]。

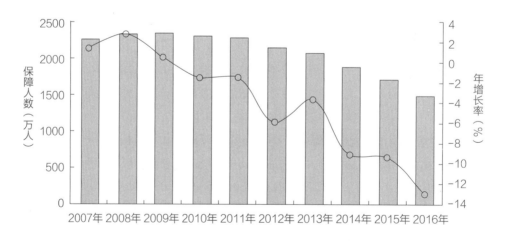

图 4-1　2007—2016 年中国城市最低生活保障人数

资料来源：历年《中国民政统计年鉴》.

4.5.1 特征

1. 城市贫困人口的构成特征

城市贫困人口的构成较为复杂，表现出群体多元化现象。贫困群体不仅包括一部分低收入者，还包括没有劳动能力、没有固定收入来源的无业和失业社会成员，他们的生活状况往往难以维持生存和体面的社会尊严。其具体主要包括：

1）"三无"人员。即长期以来由政府给予救济的无生活来源、无劳动能力、无法定抚养人或法定抚养人无抚养能力的居民。

2）失业人员和离退休人员。即在领取失业救济金、基本生活费、离退休金或养老保险金后，其家庭人均收入低于当地贫困线标准的居民。

3）未充分就业的在职人员。这类人员主要是因为不充分就业造成收入水平达不到当地贫困线的标准，即隐性失业的部分群体。

4）部分外来人口。外来人口大量涌入城市是城市化进程中出现的重要现象，这类人群在城市生活中往往处于劣势地位，其中因从事临时工作或无固定职业、收入低微而导致贫困的人口应归入城市贫困人口的范畴。

5）其他城市贫困人口。如无力负担学费的贫困大学生以及部分毕业即失业的大学生，都已成为当今社会新的贫困群体。

2. 结构性和体制性特征

改革开放以来，我国的城市贫困已经由原来的普遍贫困转为社会成员收入普遍增加后的局部贫困。当前的城市贫困主要表现为我国体制转轨和结构转型时期的新城市贫困。

我国转型期的城市贫困具有结构性和制度性特征，即造成贫困的主要原因在于结构转型、体制转轨等外部原因，以贫困职工和贫困农民工为主体的城市贫困邻里是中国现代化进程中独有的社会现象。这些贫困人口主要是第一、第二产业结构调整所产生的大批剩余劳动力中的一部分，与产业和行业相互关联，更是与经济体制改革后引发的矛盾密切相关[9]。下岗和失业人员实际是社会变迁中的被淘汰者，他们已经成为被社会甩到了社会结构之外的一个群体，从而使其表现出与社会断裂的结构性特征。社会排斥把城市贫困群体从主流社会中隔离开来，使之陷入孤立的境地，并逐渐被边缘化[8]。

3. 空间分异特征

随着城市社会的变迁，不同阶层的人群开始有规律地居住在城市的不同区位，贫困群体也逐渐聚集在城市的某些特定区域并产生了新的"城市贫民区"。在一些西方国家，城市居民按社会阶层分化位于相应的地域结构，较富裕者通常居住在环境清静的郊区，而贫困者则因不能支付昂贵的交通费和房价，只能留在市中心的贫民窟。在我国，部分学者也注意到城市贫困的空间分异现象，如通过对北京等大城市流动人口聚落分布，以及社会极化和空间分异的机制研究，指出我国当前尤其是在大城市已经出现了以低收入人口为主体的集中分布的低收入邻里[10]。

4. 地域分布特征

从地域分布看，1990年代以来，中国城市贫困人口的分布区域逐渐扩大，从以中西部欠发达地区为主，扩展到老工业基地和资源型城市，再扩散到以传统工业和中小企业占主导的中小城市[8]。从城镇居民最低生活保障人数来看，2019年西南地区城市贫困人口比重最高，为23.23%；东部地区最低，为11.08%；中南地区、东北地区、华东地区、西北地区依次为20.49%、16.56%、16.09%和12.49%；我国的城镇贫困人口比重整体呈现出西高东低的状态。具体来看，华东地区的城镇贫困发生率最低，中南和华北地区次之，东北地区则最高（表4-1）。

2019年中国分省城镇居民最低生活保障人数及比例　　　　表4-1

地区	城镇居民最低生活保障人数（万人）	占全国贫困比率（%）	城镇人口（万人）	该地区城市贫困人口占城镇总人口的比率（‰）
合计	861.00	100	88426	0.010
北京	6.50	0.75	1865	0.003
天津	7.60	0.88	1304	0.006
河北	19.50	2.26	4374	0.004
山西	28.00	3.25	2221	0.013
内蒙古	33.90	3.94	1589	0.021
辽宁	39.20	4.55	2964	0.013
吉林	43.80	5.09	1568	0.028
黑龙江	59.80	6.95	2284	0.026
上海	14.80	1.72	2144	0.007
江苏	12.30	1.43	5698	0.002
浙江	19.40	2.25	4095	0.005
安徽	36.70	4.26	3553	0.010
福建	6.20	0.72	2642	0.002
江西	35.90	4.17	2679	0.013
山东	13.30	1.54	6194	0.002
河南	44.10	5.12	5129	0.009
湖北	31.80	3.69	3615	0.009
湖南	50.70	5.89	3959	0.013
广东	15.70	1.82	8226	0.002
广西	30.50	3.54	2534	0.012
海南	3.70	0.43	560	0.007
重庆	28.10	3.26	2087	0.013

续表

地区	城镇居民最低生活保障人数（万人）	占全国贫困比率（%）	城镇人口（万人）	该地区城市贫困人口占城镇总人口的比率（‰）
四川	76.80	8.92	4505	0.017
贵州	48.80	5.67	1776	0.027
云南	43.80	5.09	2376	0.018
西藏	2.50	0.29	111	0.023
陕西	21.60	2.51	2304	0.009
甘肃	39.70	4.61	1284	0.031
青海	6.50	0.75	337	0.019
宁夏	9.30	1.08	416	0.022
新疆	30.50	3.54	1309	0.023

注：除香港特别行政区、澳门特别行政区、台湾省外，另外31个省级行政区可按地区再划分为华北地区（北京、天津、河北、山西、内蒙古）、东北地区（辽宁、吉林、黑龙江）、华东地区（上海、江苏、浙江、安徽、福建、江西、山东）、中南地区（河南、湖北、湖南、广东、广西、海南）、西南地区（重庆、四川、贵州、云南、西藏）、西北地区（陕西、甘肃、青海、宁夏、新疆）。
资料来源：国家统计局2019年分省统计数据（不包括港澳台地区）.

4.5.2 城市贫困的形成原因

1. 城市贫困是转型的副产品

（1）经济体制和政府职能双重转变

转型一词带有浓重的社会主义色彩，其广义含义描述的是近几十年来社会主义国家在经济、政治、文化等方面发生的一系列变化。这些变化主要反映在以下两个方面。

1）经济体制方面，从计划经济体制向社会主义市场经济转变

这一转变的直接影响在于将原来处于"保险箱"的大中小型国有企业推向了市场，使其参与市场竞争。由于人员的负累以及技术、管理的落后，其往往处于不利的竞争地位，很多企业的经济效益不断下滑，落至濒临倒闭的境地。

2）政府职能方面，从全能型政府向服务型政府转变

国有企业作为政府经济职能的重要载体，正慢慢走出"企业办社会，国企为村庄"的模式。这一转变就将原来处于政府全方位保障下的国企职工推向了社会，使"国家人"的概念成为历史。在这种背景下形成的城市贫困就带有强烈的社会性和复杂性，其不仅是一个经济领域的问题，更是一个内涵丰富、涉及面广的社会问题。

（2）经济体制改革对城市贫困的影响

自1978年以来，我国开始从计划经济向市场经济转变。在这一过程中，涉及众多利益体权益的转变。以国有企业改革为例，其市场化改革分别经过了放权

让利、两权分离以及产权改革三个阶段，在"减员增效、下岗分流"之后基本上改变了"一大、二公、三纯、四统、五空"的局面，使人民生活得到巨大改善。但是改革的同时，国企职工身份、国企分配模式和国企职能都产生了很大的变化。最终，国企往往通过买断工龄和身份置换的方式，将一大批未受过高等教育、生存能力差、年龄偏大且负担较重的职工完全推向了社会。而由于和社会长时间脱节，且掌握的技能单一、年龄偏大的原因，这类员工很难重新找到合适的工作，并逐渐加入城市贫困邻里的行列，成为城市新贫困群体。据世界银行估算，1984年我国城市贫困发生率只占城市人口的不到1%。而按照民政部2009年2月的统计，我国享受城镇最低保障的人数已达到43151481人，占我国人口的比例远远高于1984年的统计数值。这样的结果或许并不是巧合，其内在联系是显而易见的。

（3）政府职能转型对城市贫困的影响

随着我国经济体制改革的不断推进，我国的政府职能也在不断转变，其中，政府职能转型最主要的标志就是实现政企分开。政企分开后，政府不再参与企业的运转和经营，也不再为企业的失败经营买单。这不仅增加了企业的自主性和灵活性，也使企业失去了保护伞，被直接推向市场。其中，一些经营能力较差的企业则直接遭到市场的淘汰，致使大量曾具有稳定工作的劳动者在中年时期变为难以再就业的下岗工人，使我国城市贫困的规模不断上升。

另外，从社会保障产品的提供来看，其主体由政府（主要形式是通过国有企业向其职工提供的福利来实现）变为由"政府、企业、个人"三方共同提供。同时，政府加大了对基础设施建设的投资，增加了对社会保障的法制建设，这就使社会保障产品的社会性加强，政府的社会服务功能更加凸显，从而间接影响到社会保障产品的提供以及对城市贫困人群的保障。

2. 城市贫困是制度安排不合理的结果

（1）社会保障制度的缺陷

社会保障制度是体现一个国家社会福利发展状况的重要标志，是公民基本生存条件和权利的重要保障，是维护社会稳定不可或缺的社会机制。目前，我国的社会保障制度总体可以分为社会保险和社会救济两大类。在社会保障制度方面，我国政府虽然已经作出了很多努力，但仍然存在缺陷，影响了城市反贫困的进程。

首先是社会救助制度的缺陷。作为城市居民社会救济的重要方面，我国的城市居民最低生活保障制度远远不能满足城市低保人群的基本需求，其缺陷主要表现在：首先，最低生活保障制度标准过低且相对固定，不能真实反映物价水平、生活需求的变动情况；其次，我国最低生活保障制度采用了登记制，使其工作长期处于等待阶段，严重影响了其工作的主动性和积极性，且登记在册的低保人数也不能完全反映我国城市贫困人群的真实情况；再次，"输血式"的救助模式仅仅关注城市低保人群维持生活的需要，忽视了培育其自身的"造血功能"的需求，从而容易出现"贫者愈贫"的恶性循环；最后，我国的最低保障制度是以户籍为界办理的，因此不涉及对辖区范围内外地务工人员的保障。

其次是社会保险制度面临的困境。我国社会保险制度主要包括养老保险制度、失业保险制度、医疗保险制度、工伤保险制度、生育保险制度、社会保险费征缴制度、社会保险基金管理制度等。而我国社会保险制度的力不从心则表现在以下几个方面：第一，我国尚未建立全国统一的社会保险法律制度，出现了"法出多门，各行其政"的尴尬局面；第二，社会保险制度覆盖面窄，其并不是真正意义上的社会保险制度，对没有确定雇佣关系的社会人群、农民工等覆盖不足，其参保率不高；第三，从资金筹集来看，由于社会化程度较低，所以社会保险的大头往往由企业承担，致使企业的积极性不高，从保险基金的运营来看，为了保障基金的安全性和稳定性，往往选择国债的形式，影响了保险基金投资的收益率；第四，随着人口老龄化趋势的不断加剧以及失业率的不断上升，社会保险基金的负担也越来越重。

（2）廉租房制度、户籍制度、教育制度的影响

其他制度对城市贫困的影响主要表现在以下方面：

第一，我国现行的廉租房制度始于1998年，由于缺乏实施细则以及相应的配套措施，其长期处于停滞阶段，使城市低收入人群无法享受这一住房保障制度。很多人在住房一项的支出就占到其年支出总额的较大比重，住房上的总开支大成为城市低收入人群致贫的一个重要原因。另外，由于制度的不健全，真正需要享受这一保障政策的人群却由于缺乏必要的社会资源，从而无法获得真正的保障。

第二，现行的户籍制度严重限制了人口的自由迁徙。在就业方面，由于各地区缺少平均分配国家资源、平等交流的机会，影响了城市失业人员的异地就业行为。同时，社会保障制度与户籍制度的联动使得在外就业人员很难享受到原有的社会保障政策，这就导致在户籍所在地无法找到工作的人员也很难实现异地择业，严重影响了下岗失业人员的再就业，阻碍了城市反贫困的进程。

第三，现行的教育制度有两个维度产生作用。一方面，教育资源的集中化与教育收费的高标准使很多低收入家庭难以负荷，且为数不多的贫困家庭教育补助也未能真正解决低收入家庭子女受教育的问题，教育支出成为城市家庭消费支出的重要部分。另一方面，职业技能教育和再就业教育投入力度不够，在目前的学历制度之下，居民很难求得一个相对公平的竞争环境，严重影响了下岗失业人员的再就业。可见，教育制度某些领域的不合理使城市低收入人群很可能进一步陷入教育缺乏一

就业困难—收入低下—贫困发生与加重—再就业职业教育缺乏—再就业困难—教育更加缺乏的恶性循环，从而使贫困的代际传递现象更加严重。

3. 城市贫困是失业与低水平就业的产物

（1）失业与城市贫困

从收入的角度来看，城市人口绝大部分的收入来源于工资性收入，其揭示了就业与收入、失业与贫困之间的因果联系。

由于种种原因，我国失业人口数量较大，严重影响了城市人口的生存和发展。首先，产业结构的调整和技术创新的加快使技术和资本对劳动的替代优势日趋强化。原本立身于传统产业结构下的工人被大量推向社会，一些身无一技之长的劳动者很难在别的行业找到工作，进而产生了结构性失业，且这种失业状况随着产业结构的快速调整出现了加剧的趋势。其次，很多企业都在不断推进改革，特别是国有企业，随着放权让利、两权分离、产权改革的不断推进，将数以万计的国企职工由企业的全方位保障推向了社会。再次，市场竞争环境不断变化，社会竞争也更加激烈和残酷，企业在销售领域互相竞争，劳动者则在各类人才市场努力地争取工作机会。可见，企业的不断裁员、劳动市场的供过于求都使我国的失业问题凸显。而对于城市人口来说，失业就意味着没有了收入来源，生活无法得到保障便很有可能就此加入城市贫困人群的行列。

（2）低水平就业与城市贫困

就业质量同样影响到城市贫困的产生。就业质量最初受到关注始于1999年第87届国际劳工大会中对于体面工作（Decent Work）的定义。体面工作应具备以下几个特征：其必须是生产性的工作，且工人的正当权利和权益应该受到保护，并有足够的工资维持生存和发展的需要，同时要保证工人能够享受到完善的社会保险，劳工、雇主以及政府三方之间就劳动就业问题具有平等对话的机会。

有学者从工资、福利、工作的稳定性、职业发展机会、工作—家庭的平衡、劳资关系、公平和员工进谏行为七个维度对目前我国城镇贫困群体就业质量进行了评价，结果堪忧，问题主要表现在工资收入较低、福利待遇不完善、雇佣关系不稳定、职业发展机会渺茫、因经常加班不能很好地保持工作和家庭的平衡、劳资关系冲突不断（反映为劳动合同签订率低、劳动关系争议较多等），以及参与企业管理方面的权利很少等诸多方面。

4. 城市贫困是人力资本短缺与社会资本短缺并存的结果

发展经济学对贫困的解释和冲突学派的资源结构说都暗含着资本短缺和城市贫困之间的内在联系。随着社会和相关研究的不断发展，学者们从各个方面对城市贫困的资本说进行了深入剖析，认为对城市贫困产生作用的资本因素主要反映在以下两个方面。

（1）人力资本短缺的影响

人力资本是指通过对劳动者教育、培训和保健等方面的投资，使其变为劳动生产率更高的一种新要素，它通过三种形式体现，即受教育程度、工作技能和工作经验。人力资本对劳动者的作用主要表现为能否使劳动者具备较高的劳动效率，能否使其找到合适的就业机会，以及能否使其得到能力的提升和个人的发展。人力资本会对劳动者特别是对城市劳动者产生巨大影响。

相关数据显示，我国城市贫困人群的人力资本短缺现象较为严重。有学者通过对北京市部分享受国家低保待遇的贫困人群、困难家庭以及刚刚"脱离贫困"的低收入者的调查发现，在18岁以上的被访者中，初中及以下文化程度的占73.37%、高中文化程度的占24.08%、大专及以上文化程度的只占到2.55%。根据《中国劳动统计年鉴（2005）》的统计数据，城镇就业人口的受教育程度主要是高中与大专以上，共占到总人数的74%。其受教育程度的人员构成与城市贫困者的受教育结构形成鲜明对比。城市贫困人口十分缺乏人力资本，严重地影响他们在劳动力市场上的竞争能力以及对社会各种结构转变的适应能力，成为使其沦为低收入阶层甚至致贫的重要原因。

（2）社会资本短缺的影响

社会资本的相关研究起步较晚，却引起了各个学科、行业的普遍关注。

洛瑞最早将社会资本这一概念引入经济学分析中，通过论证社会资本对发展人力资本的作用来描述社会资本。而社会关系领域的权威学者詹姆斯·科尔曼则认为社会资本的形式主要表现为信任以及社会通道，人们之间基于网状的信息通道形成一种联系，并基于信任减少了互相猜忌和怀疑，使其更容易达成一种共识，进而减少了交易费用的产生。

从我国的实际情况来看，城市人生活在一个相对内化的社会中。在这种社会中，人们之间很难建立起一个庞大的、多触角的社会关系网。但这个社会关系网对于城市人群来说却是十分重要的，主要表现在两个方面：一是从就业的角度，城市低收入人群由于某些原因，自身人力资本往往并不充足，使其就业长期处于一种波动的不稳定状态，失业时若缺少社会资本的强有力支持，或没有必要的信息通道，便很难重新找到工作，也就很容易沦为城市失业致贫人口；二是从个人发展的角度，社会资本的短缺往往会阻碍个人向上发展的通道，很多人缺少机会展示自己，从而严重影响了个人权利的实现、个人能力的提升。

事实上，社会资本不仅能够降低贫困的发生概率，还能缓解收入差对居民贫困的负面影响。提高居民的就业能力和社会成员的收入水平、增加教育与医疗等领域的公共投资、改善弱势群体的社会经济地位等方法是社会资本缓解贫困的主要途径。相反，社会资本的投入不足、运营不当则难以扭转城市的贫困现状，也起不到反贫困的作用[11]。

5. 其他致贫原因

（1）经济波动的影响

与农村半自给自足的消费模式相比，城市居民的消费支出往往具有不确定性。城市贫困群体对经济波动的适应性差，且在经济波动的影响下易出现贫困规模扩大的趋势。权威调查显示，消费性支出特别是食品类、医疗保障类、居住类、交通通信类的支出占城镇居民家庭总支出的绝大部分，而这部分消费属于自主性消费，具有相对固定性。然而，总体的经济形势不是一成不变的，商品的价格时刻处于波动状态。而这种经济波动直接提高了城镇居民的消费支出，额外的消费致使很多城市低收入者沦为城市贫困人口。

（2）城市化进程的影响

城市化是一个国家经济发展的客观需要和必然趋势，也在我国的经济、社会发展中起着不可磨灭的作用。而伴随着我国城市化进程的加速，很多社会问题也不断凸显。就城市贫困而言，首先，城市化使大批的农村剩余劳动力不断涌入城市，增加了城市劳动供给，这些外来务工者对工资的刚性要求较小，承担了很多城市人口不愿意干的工作，进一步加剧了就业竞争；其次，大量的农民工在城市就业并在贫困邻里或城市边缘聚居生活，而我国现行社会保障制度仍然是以户籍为基础实施的，这些外地农民工并不在社会保障的范围内，其生存状况堪忧。

（3）产业结构调整的影响

随着现代化进程的逐步推进，我国的产业结构经历了一系列的变化。首先，三次产业的比重不断变化，第一、第二产业的比重不断下降，第三产业的比重不断上升；其次，由于技术的更新换代，产业内的结构升级也在有序展开，这些变化使原有产业体系下的劳动者经历了一轮又一轮的考验和冲击，适应能力较弱、技能水平较低的工人被大批淘汰并加入到失业工人的队伍中，出现结构性失业现象；另外，受到产业结构调整的冲击，坚持传统经营方式和产业模式的企业也将面临经济效益的大幅下滑，直接影响其职工的就业和福利待遇。大批职工的下岗、低收入并引发城市贫困的现象日益严重。

（4）家庭成员结构的影响

我国正逐步进入老龄化社会，家庭结构发生了根本性的变化，由原来的两位老人、多个子女，变为经典的"421"（即4个老人、2个年轻人、1个孩子）模式。首先，4位老人的赡养在加重下一代赡养义务的同时无形中也加重了社会保障的压力。其次，对子女的教育投资和长期的抚育投资，成为家庭消费中不可忽视的重要组成部分。再次，年轻人正处于事业发展初期，工作不够稳定、收入相对较低，而年轻人的向上发展要求则需要其投入大量的精力、财力和物力。在这种家庭结构中，一家几口的所有生活来源仅依靠两个成年人的工资性或收益性收入，一旦其就业产生问题，其全家的生活就将陷入一种贫困状态。另外，单亲家庭致贫现象也应该引起人们的重视。

总体而言，我国转型期城市贫困的成因主要分为宏观和微观两类。除了转型背景以外，宏观因素包括制度安排、经济波动、城市化进程、产业结构调整等，而微观因素则包括失业与低水平就业、人力资本短缺与社会资本短缺、传统就业观念，以及家庭成员结构共四个方面。这些宏观因素和微观因素的划分也可大致等同于外因和内因、结构性成因和内在要素性成因。由此可见，我国转型期的城市贫困是一个多层次、多诱因的复杂社会问题。

4.5.3 城市贫困的解决对策

贫困给城市发展带来了一系列负面影响，是亟待解决的重要社会问题。具体的解决对策可以概括为以下几个方面。

1. 建立一套城市贫困标准的监测指标体系及贫困线的测算方法

根据各地的财政实力、实际物价和消费情况，确定合理的贫困标准、贫困线、反贫困措施和扶贫管理体系。监测指标体系需能够及时地反映城市社会经济的发展情况，准确掌握失业率和贫困群体的动态，以确保贫困标准与城市社会经济发展程度相适应。反贫困措施也应与社会发展情况相匹配，并根据实际情况逐年进行调整，以适应城市的发展。同时，还要在此基础上构建统一的城市扶贫管理体系，使扶贫工作制度化、社会化[12]。

2. 大力发展经济，合理推动城镇化进程

贫困问题的最终解决要依靠经济的极大发展，虽然目前世界上任何国家都不可能完全解决贫困问题，但是发展经济是世界各国消除贫困的努力方向。只有经济的总体发展水平提高，城市贫困问题的改善才有坚实的基础。

另外，经济的增长和城镇化密切相关，城镇化是一个国家现代化的必由之路，但没有经济体系支撑的城镇化恰是贫困产生的主要原因。因此，必须大力发展城市经济，一方面促进产业集聚，鼓励中小企业发展，创造就业机会，促进城市贫困人口就业，缓解贫困问题；另一方面，充实用于贫困救助的社会保障资金，有助于解决城市贫困人口和其他劳动者的社会保障问题。特别是对于中国欠发达的地区，以发展消除贫困更具现实意义。此外，由于城镇化进程涉及大量的城乡人口流动，因此还需采取措施促使流动人口享受城市福利政策，推动城乡一体化的社会福利体制和公共服务设施建设，实现城乡平等[12]。

3. 促进就业，完善就业服务体系

城市贫困家庭之所以贫困，最主要的原因在于下岗和失业使其失去了收入来源。因此，可以说解决城市贫困问题的根本之策就在于促进再就业，完善就业服务体系[13]。具体则涉及以下四个方面：

1）增加就业机会。把就业问题列入国家宏观调控的战略目标之一，通过宏观政策的调整来增加就业机会。如通过积极发展第三产业，发展劳动密集型产业，增加就业岗位。

2）提高就业能力。将下岗和失业人员组织起来，进行文化知识培训和职业技术培训，使他们能够掌握实用技术，以提高城市贫困群体的就业能力。

3）完善劳动力市场。做好就业信息的收集与扩散工作，帮助下岗和失业人员联系就业岗位。

4）引导就业观念的改变。传统的就业观念使部分城市贫困人口的就业"高不成，低不就"，从而失去了很多就业机会。政府作为城市贫困人口再就业的引导者，应该积极引导下岗职工和失业者摒弃行业偏见，自主择业，改变传统的就业观念。

4. 完善收入分配机制，增加城市贫困人口的收入

改革开放以来，效益问题已经引起人们的高度重视，一部分人率先致富的同时也出现了另一部分人较为严重的贫困问题，收入分配不均和两极分化不仅使一些人陷入极度贫困之中，而且也给社会的稳定与发展带来了诸多隐患。为了解决由于收入分配不均所带来的城市贫困问题，需要完善收入分配机制，控制收入差距过分扩大，防止出现两极分化，保证社会公平。第一，需要提高弱势群体的收入，切实做到多劳多得，完善最低工资制；第二，需要改革中国的税收制度，使其课税方式更合理，并减少中低收入群体的税赋，扩展和加强高等收入群体的征管力度；第三，要通过税收及其他转移支付手段调整不同阶层、区域、城乡之间的收入分配，使收入分配适度向贫困人口倾斜；第四，要尽可能地消除非市场因素导致的行业、部门收入差距，加大再分配力度，缩小行业、部门间的收入差距[12]。

5. 建立完善的社会保障体系，扩大低保覆盖面

我国现阶段出现的城市贫困问题，与社会保障制度不完善和功能不健全的情况有很大关系。因此，应把健全社会保障制度视作解决城市贫困问题的重要途径。

（1）加大"三条保障线"的保障力度

市场经济注重效率，社会保障注重公平。三条保障线是中国特色的社会保障制度的重要组成部分，也是城市贫困群体的"安全网"和"生命线"。中国应借鉴国外经验，进一步加大基本生活保障、失业保险、最低生活保障构成的"三条保障线"的扶持力度，扩大贫困扶持项目，形成多方面的综合救助体系。一方面，要加快建设城市居民最低生活保障体系的步伐和进度，使之尽快覆盖符合条件的全体城市贫困群体；另一方面，要确保符合条件的城市贫困人口保障金的及时、足额发放。

（2）健全社会保障体系

调整现有社会福利政策，在住房补贴、退休金、医疗保险、义务教育等方面适度向低收入者倾斜。建立和健全覆盖全社会劳动者的社会保障体系，使各种经济类型的劳动者覆盖在安全网内，从而增强劳动者的安全感，促进劳动者的合理流动。做到应保尽保，把失地农民、农民工及尚未就业的大学毕业生也纳入覆盖范围，统筹城乡社会保障制度。并针对特殊贫困家庭，实施医疗救助、教育救助或廉租屋制度等，以减缓贫困压力。还要注意加快社会保障的立法进程，完善有关社会保险的法律法规，明确国家、企业和职工的权利和义务，使社会保障制度有法可依，使城市贫困邻里问题的解决最终走上法治轨道[12]。

（3）多渠道、多途径筹集社会保障资金

多渠道、多途径地筹集资金有助于缓解保障资金的供给不足。除了大力发展经济，为社会保障制度的实施提供经济后盾之外，还应该积极动员政府、企业、民间团体、个人等共同解决社会保障资金严重不足的问题[1]。

4.6 城乡差距问题

4.6.1 概念

所谓城乡差距，就是指农村在社会、经济、文化诸方面落后于城市的情况，也是指农村居民在社会、经济、文化地位上相对于城市居民低下的情况。城乡差距的本质是资源配置扭曲、收入分配倾斜、部门间技术进步不平衡共同作用的结果。它是一个总括性的概念，既指城乡总体上的差距，也包含了城乡在各方面的差距，如收入差距、消费差距、要素禀赋差距、社会福利差距等[14]。

学者们普遍认为城市和乡村之间存在差别具有必然性，这种差别是随着社会分工、阶级分化和城市的形成而产生的，这种差别也促进了社会生产力的发展。由于经济发展规律、经济发展战略的选择、制度等原因，城乡之间的差别逐渐演变并导致城乡差距扩大。从发达国家的发展历程来看，在不同经济社会发展阶段的城乡差距大小是不同的，城乡发展差距的变动轨迹在总体上呈现出倒"U"形的特征，即随着现代化的进程，城乡发展差距开始逐步扩大，到一定程度后转而逐渐缩小[15]。

4.6.2 城乡差距的表现与测度

1. 城乡收入差距

城乡收入差距是城乡差距研究的中心话题，城乡其他方面的差距归根结底都与收入差距有直接或间接的关系。至于如何衡量城乡居民之间的收入差距，目前学术

界还没有统一的指标标准，目前而言，城乡收入差距指数和基尼系数被使用的频率较高。

(1) 城乡收入差距指数

城乡收入差距指数指城市居民人均可支配收入与农村居民人均纯收入之间的比例。比例越高表明城乡差距越大，反之，则意味着城乡差距越小。国际上，学术界一般使用人均纯收入或可支配收入作为衡量居民收入差距的主要指标；我国学者则多借助城镇居民可支配收入和农村居民纯收入来衡量城乡居民之间的收入差距。然而，人均可支配收入与人均纯收入在比较时常面临口径和范围不一致的问题，使得城乡差距的衡量存在弊端，往往低估了实际的差距水平。因此，农业农村部产业政策与法规司课题组主张采纳《联合国收入指南》中使用的标准，即用城乡居民的可支配收入进行比较。然而，这种比较不仅存在数据采集的困难，而且由于城市居民工资外隐性收入的存在，也有对城乡差距低估的倾向。因此，部分学者更加倾向从城乡居民的流量差距（消费）和存量差距（储蓄）两方面来估算城乡差距。

(2) 基尼系数

基尼系数是意大利经济学家基尼于1922年提出的，用于定量测量收入分配差异程度的指标。它是介于0~1之间的一组数据，其数值越小则说明收入分配越平均，数值越大则说明贫富差距越大。国际上通常认为基尼系数在0.2以下表示收入高度平均，0.2~0.3表示收入差距比较平均，0.3~0.4为收入差距相对合理，0.4~0.5为收入差距较大，0.5以上表示收入差距悬殊。一般来说，当基尼系数超过0.3就表明该国的贫富差距问题已经比较严重了。作为一种国际上公认的全面而准确的测量收入差距的手段，基尼系数一直备受学者们的青睐，成为衡量收入差距的基本工具。

2. 城乡居民消费差距

城乡居民消费差距同样是颇受关注的问题，学者们从不同的角度对消费差距的衡量进行了定性分析和定量描述，其中最常用的是恩格尔系数。恩格尔是19世纪的统计学家，他根据统计资料于1857年对消费结构的变化作出了一个规律性的总结：一个家庭收入越少，家庭收入中（或总支出中）用来购买食物的支出所占比例就越大，随着家庭收入的增加，家庭收入中（或总支出中）用来购买食物的支出则会下降。恩格尔系数具体指食品支出总额占家庭或个人消费支出总额的百分比例，并根据恩格尔定律得出的一个比例数，其计算公式如下：

恩格尔系数 = 食物支出金额 / 总支出金额

恩格尔系数越高说明生活越贫困，越低则说明生活越富裕。在恩格尔系数的一般分类中，恩格尔系数58%以上视为赤贫，51%~58%视为温饱或勉强度日，41%~50%视为小康，31%~40%视为富裕，30%以下视为极富裕[1]。恩格尔系数是衡量居民生活水平高低和消费结构合理程度的一个重要指标，研究城乡居民的消费差距必然要对城乡居民的恩格尔系数进行比较分析。

3. 城乡居民财产差距

关于城乡差距中的财产差距，通常从城乡居民的储蓄存款和财产性收入差距以及城乡居民每百户占有耐用品的数量差距来测度。当前，我国城乡居民财产差距悬殊。有大量学者对城乡居民储蓄差距进行了估算和分析：

1995年，农村居民占有城乡居民储蓄存款总额的20.8%；2000年、2001年分别下降到19.2%和18.7%；人均储蓄存款则不到城镇居民的1/10。梁运文对城乡的基尼系数、变异系数、扭曲系数，以及财产的分布结构、收入曲线、分布和密度进行分析，指出城乡间有显著且较大的差距，而金融性资产和住房估价值差是造成此类现象的根本原因[16]；温涛从家庭经营性收入差距和转移性收入差距扩大的特征着手，分析得出城乡居民收入差距依旧在显著扩大的结论[17]；朱琛基于城乡居民的财产性收入、工资性收入等几个显著指标的分析，总结出城乡居民财产性差距依旧在不断扩大的特点[18]。无论是从城乡居民的储蓄存款和财产性收入方面，还是从城乡居民住房估价值差方面来考察城乡之间的差距，都具有合理性和可行性。

还有学者采用洛伦茨曲线、十等分组法、结构相对系数、泰尔指数等，对城乡差距进行测算，或者从城乡居民之间的社会保障差距、就业差距、公共服务差距、科教文化卫生差距、基础设施差距等方面来描述和分析我国城乡差距的现状。虽然采用的研究指标和方法不一样，且学者们对城乡差距程度的判断有所差别，但几乎一致认同：我国现阶段城乡差距过大，必须采取有效的措施进行控制。不同的研究方法和视角丰富了城乡差距的研究方法和内容，也为城乡差距研究提供了有力的工具。

4.6.3 城乡差距的形成原因

1. 经济发展的原因

许多学者从城乡经济社会发展的非均衡角度解释了城乡差距的原因，其普遍认为城乡差距是经济社会发展的必然现象和结果。我国目前处在库茨涅茨所说的高速增长的经济起飞时期，农业依旧处于半自给自足的阶段和"小而全"的状态，其所能提供的市场狭小而零碎。这使我国城乡交易效率存在明显的差异：一方面，农村人们居住分散，相互距离远，因而使农村的交易效率低；另一方面，城市居民的居住集中，相互之间距离近，因此交易效率高。这种交易效率的差异使城市劳动分工程度、生产力和商业化水平呈现出较高的结果，而农村则正好相反，城乡差距也应运而生。可见，"三农问题"所引发的社会问题其实是内在于现代市场经济发展的逻辑之中，农民的破产、农业的凋敝、农村的衰落则是市场经济在中国展开的必然结果。这一论断能够在一定程度上解释中国,甚至是多数发展中国家的城乡差距现象。

2. 经济体制改革的原因

我国体制变迁对城乡差距也有较大的影响。体制变迁的因素可以划分为有序变化和无序变化,其中,有序变化包括农村价格改革、家庭联产承包责任制改革、农村劳动力的流动和城市住房制度改革等,无序变化则包括寻租活动、内部人控制、垄断行为(部门垄断、行业垄断)和腐败等。无序变化的因素扩大了收入差距,有序变化则既可能拉大城乡差距,也可能对城乡差距起到缩小的作用,因此,需要尽可能地减少体制变迁中无序因素的影响。

3. 城乡二元结构的原因

基于城乡二元结构的视角寻找城乡差距的根源,有助于对城乡差距形成侧重点有所差异的现实解读。学者通过历史考察认为,计划经济时期政府选择和推行工业与城市优先发展的国民经济战略是城乡差距形成的根源,其制度设计是通过"三套马车"(农产品的统购统销制度、人民公社制度和户籍制度)吸收剩余的农业、农村、农民,为工业、城市和市民提供资本积累和进行各种补贴,并形成"剪刀差"。其结果是产品和要素市场的严重扭曲,并形成对城市市民的倾斜,这一战略的影响一直持续到今天。

现行户籍制度也被认为是城乡差距加重的主要原因之一。城乡的不平等虽然是每个国家发展的初期都难以避免的社会现象,但这种不平等不同于现行户籍制度加重了城乡不平等程度的问题。我国1958年建立的户籍制度人为地把国民分为农业户口和城市户口,并使其与粮油供应、劳动就业、福利保障、义务教育等具体社会制度紧密地结合在一起,从而使户籍制度衍生出固化公民先天身份、控制人口自由迁移等附属职能。

此外,在价格剪刀差、劳动生产率、资源禀赋、税收和社会福利水平等方面的差异化影响下,价格变化总体趋势和农村人力资本上升趋势对缩小城乡差距发挥着正向的作用,而农业相对劳动生产率下降和城乡人均物质资本存量差距扩大则对城乡差距产生显著的负面影响;城乡有别、城市倾向的二元财税金融政策的客观存在对工业、市民的保护和城乡差距拉大的作用,已经成为统筹城乡经济社会发展的最大障碍之一;农业税收比重上升对农村居民福利有一定的负面影响,而农村社会公共服务发展滞后则进一步扩大了城乡差距。

最后,造成城乡差距的原因也存在其他因素,如城乡居民的文化、思想意识、价值观念的差距,以及城乡居民享有的政治权力不平等。事实上,城乡差距是多种因素相互作用,也是恶性循环的结果,任何单方面的原因都无法完全解释城乡差距不断扩大的现象和趋势。

4.6.4 缩小城乡差距的途径

1. 转变发展战略，大力发展比较优势产业

我国的资源比较优势在于具有丰富的劳动力，因此，优先发展资本密集产业并不完全符合国情。许多学者也指出，在相当长时间内，我国应该充分利用我们的比较优势，重视发展劳动密集型的中小企业，以便尽可能多地创造就业机会，使更多的农村劳动力参与到工业化的进程中，并从中获得相应的收入，从而缩小城乡差距。

2. 深化改革，加快发展

只有经济的发展才能为缩小城乡差距奠定坚实基础。因此，必须改革影响城乡差距的无序因素，尤其是那些对城乡二元结构起强化作用的政策和体制。需要抓住深化改革和发展的环节、改善政策措施，并有效发挥政府在收入分配上的功能。同时，还应该推进要素市场的发育、改变城市偏向政策和制度，以缩小城乡之间的差距，实现资源配置效率最大化。除了坚定地推行比较优势发展战略外，还要进一步深化改革，消除市场扭曲和城市利益集团对改革政策形成的影响，并通过调整国民经济分配格局来矫正城市利益偏向政策，充分发挥市场配置资源的作用。

3. 改革城乡二元体制，统筹城乡经济社会发展

缩小城乡差距就必须改革户籍制度，不仅要把附着在户籍上不合理的身份等级和福利性成分全部剥离，而且要逐步取消对城市的户籍管制，让农民自由选择户籍登记地，并赋予其自由迁徙的权利，彻底取消农业户口与非农业户口等划分方法，按常住人口和暂住人口进行户籍登记。义务教育方面，国家在农村须尽到应有的责任，承担起农村义务教育相关的经费，公平、合理地配置教育资源；财政方面，协调城乡发展必须从财政收入和财政支出两方面改变城乡二元的财政现状，使之向一元财政转化；在财政收入政策方面，要继续稳步推进农村税费改革；财政支出政策方面，应按公共财政的要求调整政府财政支出结构，加大对农民、农业和农村的财政支持力度。

统筹城乡经济社会协调发展，必须对城市利益导向的国民经济分配格局和城乡关系进行重大调整。实施城乡统筹就业战略要重点推动就业政策和管理体制一体化的创新、劳动力资源配置市场化的创新，以及劳动就业机会均等的制度创新。建立健全社会保障体系是协调城乡发展的应有之义，必须扩大社会保障面，逐步建立农民与市民、各种所有制职工平等一致、覆盖全社会的包括养老保险、失业保险、医疗保险、最低生活保障等在内的社会保障体系，改变过去把农民排除在社会保障体系外的错误做法，使农村居民与城市居民均等地获取和创造财富。

城乡差距的存在是发展中国家经济发展的客观现象。适度的差距有利于提高经济效率，推动经济和社会向前发展，但过大的差距不仅不利于社会公平，而且会损害效率。我国城乡差距较大，采取有效的调控措施势在必行。改革是动力，发展是目标。深化改革，加快发展，逐步走出城乡二元分割的困境，实现城乡一体化协调发展，是我国现代化的必由之路。学者们对城乡差距的多视角研究为进一步剖析城乡差距、揭示城乡差距的实质奠定了坚实的基础[19]。

推荐阅读资料

1. 刘玉亭. 转型期中国城市贫困的社会空间 [M]. 北京：科学出版社，2005.
2. 高云虹. 中国转型时期城市贫困问题研究 [M]. 北京：人民出版社，2009.
3. 向德平. 城市社会学 [M]. 北京：高等教育出版社，2008.
4. 吴晓，魏羽力. 城市规划社会学 [M]. 南京：东南大学出版社，2010.
5. 阎志刚. 社会转型与转型中的社会问题 [J]. 广东社会科学，1996（4）：86-92.
6. 赵旭，王钢. 农民工的城市住房问题研究 [J]. 特区经济，2007（8）：227-228.
7. 潘士远，林毅夫. 中国的就业问题及其对策 [J]. 经济学家，2006（1）：12-18.
8. 崔民初，范先佐. 我国城市化进程中的教育问题及对策研究 [J]. 教育科学，2003（1）：1-4.
9. 闫长远. 二十世纪二十年代广州城市社会治安问题的考察 [D]. 广州：暨南大学，2007.

思考题

1. 阐述当前中国社会问题的总体特征。
2. 结合自身及同学的家庭特点，试分析当代中国家庭结构的特征。
3. 概括中国城市住房的主要特点。
4. 结合本节内容，就当代高校毕业生的就业问题谈谈自己的看法。
5. 结合自身的受教育经历，谈谈对教育不公现象和应试教育的看法。
6. 试分析城镇弱势群体的医疗救助问题。
7. 概述城市贫困问题的特征。
8. 阐述中国城市反贫困的措施。

本章参考文献

[1] 向德平. 城市社会学 [M]. 北京：高等教育出版社，2008.

[2] 邵波. 对城市人口规模问题的再认识 [J]. 城市规划，1995（5）：25-26.

[3] 张海鹰. 城市人口老龄化面临的形势及对策 [J]. 人口学刊，2010（2）：50-53.

[4] 陈彦斌，邱哲圣. 高房价如何影响居民储蓄率和财产不平等 [J]. 经济研究，2011，46（10）：25-38.

[5] 吴晓瑜，王敏，李力行. 中国的高房价是否阻碍了创业？[J]. 经济研究，2014，49（9）：121-134.

[6] 潘士远，林毅夫. 中国的就业问题及其对策 [J]. 经济学家，2006（1）：12-18.

[7] 李敏. 中国就业问题研究 [D]. 武汉：华中科技大学，2005.

[8] 梁汉媚，方创琳. 中国城市贫困人口动态变化与空间分异特征探讨 [J]. 经济地理，2011，31（10）：1610-1617.

[9] 刘玉亭，何深静，顾朝林. 国内城市贫困问题研究 [J]. 城市问题，2002（5）：45-49.

[10] 刘玉亭. 转型期中国城市贫困的社会空间 [M]. 北京：科学出版社，2005.

[11] 刘一伟，汪润泉. 收入差距、社会资本与居民贫困 [J]. 数量经济技术经济研究，2017，34（9）：75-92.

[12] 蒋贵凰，宋迎昌. 中国城市贫困状况分析及反贫困对策 [J]. 现代城市研究，2011（10）：8-13.

[13] 吕红平. 论我国社会转型期的城市贫困问题 [J]. 人口学刊，2005（1）：3-8.

[14] 王德文，何宇鹏. 城乡差距的本质、多面性与政策含义 [J]. 中国农村观察，2005（3）：25-37，80.

[15] 乔海曙，陈力. 金融发展与城乡收入差距"倒 U 型"关系再检验：基于中国县域截面数据的实证分析 [J]. 中国农村经济，2009（7）：68-76，85.

[16] 梁运文，霍震，刘凯. 中国城乡居民财产分布的实证研究 [J]. 经济研究，2010，45（10）：33-47.

[17] 温涛，王小华，宜文. 城乡居民收入差距的时空演化与区域差异：基于收入结构的视角 [J]. 当代经济研究，2012（11）：20-26.

[18] 朱琛，张月朗，王向楠. 中国城乡居民收入差距与消费差距研究：基于经验数据的实证（2002—2009）[J]. 湘潭大学学报（哲学社会科学版），2012，36（5）：30-35.

[19] 吴武英. 城乡差距研究综述 [J]. 湖南省社会主义学院学报，2006（2）：66-69.

第 5 章

分异・隔离・融合

5.1 分异

5.1.1 分异的含义

分异指由一个到许多、由简单到复杂或由同类到异类的发展，而社会分异（Social Differentiation）则是指社会组织、社会文化或其任何部分变得更为复杂的过程[1]。社会分异的含义具体可以从以下三个方面解释。

1. 社会分层

社会分层（Social Stratification/Classification）是社会成员、社会群体对社会资源占有不同而产生的层化和差异现象，一般以职业和收入来划分，是以对财富、权力和声望的获取机会为标准的社会地位的排列模式。社会分层的结构不仅决定了不同社会群体的社会活动范围和所拥有的社会机会，且那些占有优势的群体还能通过各种机制排斥来自其他群体的成员，维持甚至增强其所属群体的优势[2]。因此，社会分层是构成社会不平等、形成社会认同和社会运动、决定社会利益结构和社会矛盾冲突的社会基础。城市这种基于分层所形成的社会结构是城市社会空间结构形成与发展重要、最深层次的因素之一，其社会组织的整体性和分离性是社会空间互动和分离的根本原因[3]。

在当代西方世界的城市中，市场经济规律的作用使得社会阶层发生了分化。目前，随着我国市场经济建设与经济制度的改革，出现农村流动人口的大量迁入、国际化资本的投入和知识经济的崛起，进而产生一定程度的社会极化现象。在城市社会中，各阶层在经济实力、消费倾向、家庭观念、文化修养、生活价值取向等方面的表现不同，这些价值观的物化特征也有较明显的差异。近年来，城市外来人口在城市的边缘区聚居，形成同民族、同乡聚居的倾向。这些聚落的人口虽然居住在城市，但他们并没能真正地融入城市生活中，成为孤立于城市之外的边缘群体，这在一定程度上加剧了城市社会阶层分化。在目前的城市社会中，因具有高收入而拥有强势发言权的精英阶层与低收入的弱势群体阶层已形成了强烈对比，这种社会阶层分化就是城市社会空间分异的结构性体现[4]。

2. 社会极化

极化（Polarization）指事件或事物沿某一方向持续发展并达到顶峰的过程与状态，它既表示其动态过程，也表示其发展结果。而社会极化的普通意义是社会实体内贫富差距的扩大[5]。马尔库塞则把社会极化的分布形象地比喻为鸡蛋和沙漏的形状，认为城市的人口通常都是呈鸡蛋形状分布的，中间最宽，向两端逐渐变小；当收入极化发生时，中间部分变窄，而向两端逐渐扩展，直至发展成为沙漏的形状[6]。社会极化反映在居住、收入、就业机会、生活环境等多个方面。

3. 社会分异

社会分异强调原本同一体中的个体由于不断增长的社会经济属性的差异产生了社会距离，从而从原本的群体中不断分开或异化的过程，它强调的是一种分离的动态过程[6]。社会分异是社会分化和极化现象的深化，社会的极化促使社会的分异；沙漏状的社会结构使贫富阶层分离，社会资源分布极度不均衡，严重的则会形成社会隔离，即阶层间距离扩大、相互排斥的状态。

城市社会分异大致可分为外生分异与内生分异两种类型：①外生分异的实质是由于不同群体之间社会距离的差异而形成不同群体之间的隔离，是社会经济地位、社会文化心理等价值取向分化的结果；②内生分异指同一社会阶层内的人群由于社会经济地位、价值取向相同或其他因素如地缘、亲缘等而形成内部集聚性的特征，这种内部集聚性的特征主要是由于防卫、支持、维护、攻击四个方面的需求而存在[1]。外生分异和内生分异形成的社会分化，是一种自发或自觉的自我强化过程，而随着城市社会经济、权利层次的分化并扩大至社会文化、生活方式、价值观念等方面，社会分异最终成为社会再分化和社会极化的结果。

5.1.2 城市社会分异的空间模式与动力机制

1. 城市社会分异的空间模式

西方城市不断增长的复杂性和社会极化作用，促使其相关研究也关注于其中的差异与不平等的空间模式。这些模式能够展示隔离、交叠和极化作用过程中纷繁复杂的景象。许多西方学者利用因子生态研究的方法，发现发达工业化国家的大部分城市中居住分异是受社会经济状况（Socioeconomic Status）、家庭状况（Family

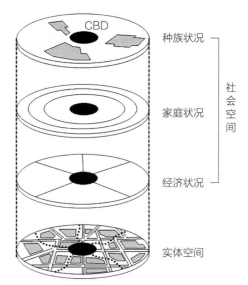

图 5-1 城市生态结构的理想模型

资料来源：保罗·诺克斯，史蒂文·平奇. 城市社会地理学导论[M]. 北京：商务印书馆，2005：105.

Status）/家庭生命周期特征，以及种族状况（Ethnic Status）三个维度所支配的。默迪（Murdie）认为当三者被叠加在城市物质空间之上时，它们应被看作是社会空间的主要维度代表，其扮演了把各社会均质分隔成"用扇形—带状的蛛网格限定的小单元"的角色，并可综合抽象出城市生态结构的理想模型（图 5-1）。这些扇形和带状网格是在城市形态复杂的相互作用下而形成的，例如，放射状的交通线就很可能会控制着扇形分布并使带状区发生变形，而扇形和带状的构造还可能受到特定的土地利用模式和城市扩张模式的影响[7]。

1）从经济状况的特征因素上考虑，高收入家庭有寻求更好住宅及区位的倾向，这种倾向配合其他因素（如地价、交通等）使住宅区位整体上逐渐向外迁移，原有住宅则由较低收入住户移入。城市中社会经济特征相类似的家庭聚集在同一扇形地带，不同社会经济地位的各社会阶层呈扇形分布，并沿交通轴线延伸，高收入家庭选定在最好的放射型通道上[8]（图 5-2）。

2）从家庭状况的特征因素上考察，不同家庭结构的人们的居住分布呈同心圆状，人口多的大家庭一般处在城市外圈，而小家庭、单身家庭则在内圈，因为家庭的生命循环（Life Cycle）对应于不同大小的空间需求。年轻人刚自立时经济拮据、住房小；随着年龄

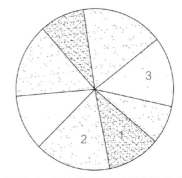

图 5-2 经济状况维度空间分异模式
1—高社会经济地位；2—中社会经济地位；
3—低社会经济地位
资料来源：黄怡. 城市社会分层与居住隔离[M]. 上海：同济大学出版社，2006.

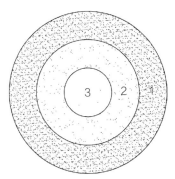

图 5-3 家庭状况维度空间分异模式
1—大型家庭；2—中型家庭；3—小型家庭
资料来源：黄怡．城市社会分层与居住隔离 [M]．
上海：同济大学出版社，2006．

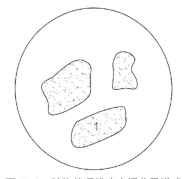

图 5-4 种族状况维度空间分异模式
1—少数民族聚居区
资料来源：黄怡．城市社会分层与居住隔离 [M]．
上海：同济大学出版社，2006．

增长、收入增加，房子越住越大；退休后往往卖掉大房子住进较小的公寓，既节省开支，又免去房屋修缮的麻烦[8]（图 5-3）。

3）从种族状况的特征因素进行划分，在多种族或多民族的城市中，同一种族为了特殊的利益或是习俗偏好，也或因歧视的存在，常在城市中某一区域成团状集聚。例如，19 世纪开始的工业化引起的社会分化，在第二次世界大战后的几十年中，美国众多内城实现人种与种族的大规模转型，造成美国不同种族（主要是黑人种族）的隔离问题，黑人群体与"生活贫困的底层阶级"紧密相连，"种族歧视"和"种族隔离"作为美国历史和现实中最永恒、最敏感的话题，构成了美国社会和政治的焦点问题（图 5-4）。

2. 城市社会空间分异的动力机制

（1）西方国家城市社会空间分异动力机制

在人类社会发展的不同历史阶段，城市的社会体制、经济发展状况、文化意识形态、社会心理及价值体系等方面的变化导致了城市社会等级结构体系的不同，最终反映为城市社会空间结构的差异。当代城市社会空间分异的动力机制包括了个体的居住区位选择和政府的城市空间组织两个方面。例如，人类生态学派认为城市空间分异是基于成本考虑的自由竞争的结果，包括市场经济的干预和个人居住的选择等[9]；而新城市社会学派则认为是人为意志干预的产物，包括资本的作用、国际经济秩序对城市建设的影响、财富的积累和权力的集中、社会阶级关系与国家职能等[10]。学者们也陆续基于工业化的背景，分析当代欧美国家的城市社会结构变化，并总结城市社会空间分异的动力机制[11]。

1）城市交通技术的发展促使了社会空间的极化

城市交通技术的改善为城市空间扩展提供了条件，同时也成为影响城市社会空间分异的重要因素。随着城市中心环境的恶化，高收入人群用城市中心区交换低收入人群的边缘区位，低收入人群则不得不聚居在低质量高密度的中心区域。与此同时，高收入人群渴望拉大与工人阶层之间的社会距离与空间距离，私人小汽车的普及使两者的隔离成为可能。

2）社会心理变化成为城市社会空间分异的重要影响因素

美国人具有向往乡村生活的心结，喜欢西部式的宽敞以及独处，不喜欢受干扰、注重隐私的性格决定了其城市社会生活的区域选择。随着交通效率的提高，中产及富裕阶层的生活及居住空间开始向郊区转移，进而引发了与生活密切相关的教育、医疗、商业及其他服务业空间分布的调整，城市社会空间也随之发生变化。

3）种族和民族的政治"歧视性"成为其城市社会空间分异的主导因素

"贫民窟"是在西方社会经济地位差异的基础上形成的，同时反映出其所蕴含的种族和民族的政治"歧视性"。同时，以种族为基础的城市社会空间分化叠加了家庭结构与家庭生命周期等次一级的因素，如：已经有孩子的双亲家庭趋向于居住在郊区或者更边缘的城乡接合部，而中心城市的单亲家庭，特别是有孩子的女性单亲家庭的比例更高。

4）中产阶级郊区化与社会较低阶层的城市化同时加剧社会空间分异

在广大中产阶级外迁及其居住空间郊区化的同时，黑人与其他少数民族却反向迁移居住在"中心城区"，这种中产阶级的郊区化与社会较低阶层的城市化的现象加剧了城市社会空间的分化与隔离。与此同时，在少数族裔社会内部同样具有社会分化现象。最老、最穷的少数族裔社会区通常最邻近城市中心商业地带，而随着居民经济收入的增加，其社会区距离城市中心就越远。

5）政府规划与政策是城市社会空间分异的助推器

政府决策具有缓和阶级矛盾的作用，但其同时也是一种阶级意志的表达，政府通过住房供给、资本供给的形式控制社会流动和住房市场，再通过城市规划来落实到空间上。例如，美国的"Zoning"（都市区划）主要涉及解决工作地点的矛盾、住房和建筑环境上的阶级矛盾、公共设施的提供和区位的选择、社区与邻里的经济发展、金融组织的行为，以及其他涉及城市空间如何为消费和再生产服务的问题。但是，西方郊区的地方政府出于对住房财产税、住房收入税等税收的经济要求，往往运用区划法制度来实施居住分异政策，进而阻碍低收入住房计划从市中心向郊区发展，并造成低收入阶层和高收入阶层在城市不同区位聚居。

不仅是区划法，美国的住房供应政策也促进了这种聚居，造成居住空间的分异。如1930年代开始的高收入人群居住郊区化现象，一方面是在商品和资本过剩形势下，为适应新兴中产阶级的需求，政府在城市郊区建设大量独户住宅，刺激私人拥有汽车和住房消费的结果；另一方面，郊区地方政府出于对住房财产税、住房收入税等税收的经济要求，运用区划法极力维护郊区高房价以吸引高收入家庭和排斥低收入家庭。地方政府通过大地块区划、禁止建设多户住房、最小建筑面积限制和地块再划分规则等控制郊区用地的措施把面向低收入家庭的公共住房建设排斥在外。同时，于1920年代开始的公共住房建设在经过近十年的发展后，由于住区规模过大、基础设施缺乏和政府管理失效，导致公共住房居民出行、就业和获取机会困难，这些住区逐渐成为新的"贫民窟"。城市政府对公共住房租户的指定政策则强化了郊区的富裕白人与中心区的贫穷黑人和有色人种的居住隔离形态，也使得低收入住区成为"新贫困"空间[12]。

（2）我国城市社会空间分异动力机制

在不同的工业化和城市化阶段背景下，随着中国社会经济转型，城市社会空间分异受到市场经济和政策法规的双重影响，当前主要表现为以下方面。

1）城市社会阶层的分化是社会空间分异的社会基础

改革开放后，影响社会阶层划分的社会环境的因素变得复杂，包括体制变迁的因素和工业化过程所带来的职业结构变迁、市场化因素的介入等，都较大程度地影响着社会分层结构的变迁和形成。经济转型促发中国城市社会大规模的结构变动和社会流动，原有的社会阶层急速分化，新社会阶层不断产生，城市出现了多种经济成分。企业主、个体户、技术精英等阶层的发展壮大以及国企改革引发的下岗工人的大量出现都无疑促进了城市社会阶层的进一步的分化，城市社会的异质性增强。同时，市场经济转型及社会主义福利制度的弱化导致社会贫困发生和加剧[11]。

2）城市土地制度和住房制度的改革是城市社会空间分异的制度基础

随着土地制度的改革和住房商品化，城市土地的经济职能得以发挥，级差地租原理对城市居住空间的影响也越来越明显，从而促进了城市社会空间分异。住宅商品化所导致的城市社会空间分异是基于"同一收入水平"的前提之上的，住房的价格门槛使相同收入水平的社会阶层或群体聚居在一起，居民的经济收入成为城市社会空间分异的主导因素。换言之，住宅的商品化和市场化进一步促进了城市居住空间基于经济和权力地位的分化，使得居住空间成为不同社会阶层的身份和地位象征。

3）人口的自由迁徙、流动加重了城市社会空间分异

随着农村经济体制改革和城市改革的深入，城市户籍制度的松动及城市住房制度的改革使农村大批剩余劳动力流入经济发达的城市。流动人口往往会选择租金较低的区域居住，而这些地区多为设施落后的"灰色区域"，于是在城市区域内出现了棚户区和别墅区共存的居住分异现象。同时，城市内部人口的自由迁徙使具有相似价值取向的人群聚居成为可能[4]。

4）个人居住选择心理的变化使城市社会空间分异复杂化

随着我国居民收入平均水平的提高和住房的商品化，显现出了住房的资产价值、城市拥挤与环境质量低下等问题，促使居民增加对生态环境的重视，我国城市

居民的消费结构和住房选择观念也发生了改变。一方面，高收入阶层的择居能力较强，一部分高收入阶层出现向生态环境良好的郊区定居的态势；另一部分高收入阶层由于市中心生活、生产支撑系统的完善性，仍选择在市中心的大型城市公园、滨水区域周围等环境条件较好的区域聚居，城市环境条件较差的老城区和设施不够完善的近郊则成为城市低收入群体的居住空间。另一方面，低收入阶层的择居能力较弱，居住区位的选择受级差地租的影响较大，他们在通勤成本和住房成本（土地成本）之间获取平衡，使其既聚居在中心区的旧城区，又聚居在城市边缘区。两方面的表现使城市中心和郊区都出现贫富阶层的聚居区，阶层之间的空间距离缩短，加上贫富阶层分化的加剧、城市空间的异质性和区域空间的复杂性不断加大，又进一步促进并加剧了城市社会空间的分异。

5.2 隔离

5.2.1 隔离的含义

1. 隔离的概念与类型

社会分异的极端表现和结果便是隔离。隔离意味着不同阶层社会距离的扩大，处于不同社会地位的阶层彼此分隔的状态，尤其是处于社会两端的团体或集团彼此互不接触，形成交际网络及居住空间断裂的状态。隔离必须满足两个条件，即空间上的隔断和群体间社会交往的消失[12]。

隔离包括心理、行为状态的社会隔离（Social Segregation），以及物质空间的空间隔离（Spatial Segregation）。社会隔离又称社群隔离，即社会群体隔离，是指由于社会群体之间存在社会距离而导致社会群体隔阂和疏离的现象[13]。根据不同的划分标准，社会隔离可以表现为不同的形式。如根据民族进行划分可将群体分为华人、美国人、意大利人等；根据种族进行划分大致可以将群体划分为高加索人、蒙古人和黑人[14]；根据收入和财富拥有程度进行划分可简单地将群体划分为高收入人群和低收入人群等。而社会隔离就是这些群体之间的隔离。

顾朝林认为空间隔离应包括职业场所的分化、公共空间的私人化、旧城的贵族化、居住空间的隔离等，其中，城市社会隔离最具代表性的现象是居住隔离[15]。居住隔离指都市居民由于种族、宗教、职业、生活习惯、文化水准或财富差异等关系，相类似的聚居于一特定地区，不相类似的集团间则彼此分开，产生隔离作用，有的甚至彼此产生敌对的态度。它们的空间形态形成了面积不等、景观相异、相互区隔的同质化居住体系，并在城市空间结构中形成了"马赛克"的分布特征[9]。

社会隔离和居住隔离并不一定是并存的，这也证明了二者的差别。比如在传统的农业社会，社会隔离普遍存在，但并不表现为不同社会阶层的居住隔离；而在现代城市社会，造成社会隔离的人为因素减少了，交往主要受到客观条件的限制，其中空间因素的作用加大了，社会隔离和居住隔离就密切相关，并且相互强化起来。当人们能够脱离土地和宗法制度的羁绊，获得一定程度的迁徙自由时，绵延千年的由亲族血缘关系构成的聚居模式也被打破，人们因政治、经济、文化和心理等方面的社会差异而群分，同质人群主动或有限制地选择聚居并进入居住隔离状态。在城市社会中，被隔离的群体有同质性，同质聚居是城市居住隔离和社会隔离的显著特征[16]。

2. 分异与隔离的辨别

从现象呈现的状态和因果关系上看，分异是强调原本同一体中的个体由于不断增长的社会经济属性的差异产生了社会距离，从而从原本群体中不断分开或异化的过程，其关注的是一种分离的动态过程。隔离是指随着不同阶层社会距离的扩大使得处于不同社会位势的阶层彼此分隔的状态，尤其是指处于社会两端的团体或集团因彼此互不接触而形成交际网络"断裂"[17]。

城市社会分异和社会隔离的空间表现，最主要的就是居住分异与居住隔离。居住分异与居住隔离反映了人口区域化分布和相互的心理、行为排斥的不同程度，其表现就是不同人群的区域化分布，其中，富裕阶层和贫困阶层相对隔离更注重富裕阶层对贫困阶层形成居住隔离的态度和影响，这种现象如果严重发展，就会形成西方发达国家城市化过程中出现过的城市社会极化现象，成为城市社会的隐患。

5.2.2 隔离的生产过程

隔离通常是指相对于其他人群来说少数群体中成员的空间分布没有与居住空间保持绝对一致的一种状态。隔离形成的原因是社会差别，包括经济、政治、制度、文化等维度。从政治上看，城市居民因为政治上的差异而聚居在城市的不同空间位置，因此西方国家中不同选区选民的特点很明显。从经济上看，贫富差别会导致城市居民空间分布上不同的主观选择和客观结果，从而形成富裕阶层居住区、中等收入居住区和贫民居住区，而从事相同经济活动的人群也往往聚居在一起，并形成不同职业人群的隔离分布。从文化角度看，同一文化传统或同一文化层面的人群往往选择居住在相同区域，例如国外的唐人街等。从社会心理角度看，相同社会阶层的人相互更有认同感，更愿意选择居住在同一区域[15]。

隔离在城市生活中最明显的表现就是居住隔离。由于政治、制度等方面的区别，中西方的居住隔离在表现上存在差别，西方国家居住隔离的特征是少数群体的空间隔离，而我国的居住隔离主要是贫富社会分层的空间隔离。其表征的不同，意味着形成的原因和过程也有所区别。西方国家居住隔离形成主要是两个维度的原因：外部因素包括特权群体的态度、制度性歧视和结构性作用等，内部因素则是群体内的凝聚力[7]。而我国居住隔离形成的原因则包括市场因素、政府因素（政策和制度)、个体因素三个维度。

1. 西方国家城市居住隔离的生产过程

(1) 外部因素的推动力

1) 特权群体的态度

在社会分层中,富裕阶层相对于贫困阶层往往扮演着"胜利者"的角色,他们具有对下级运用权力的能力,其借权力将贫困群体排斥在自己想得到的空间和资源之外,形成"排他性封闭"。

另一种区分"胜利者"和"失败者"的方法是通过种族主义的社会建构。种族主义造成了带有蔑视倾向的联合,既针对个人(例如性取向、犯罪行为)又针对社会群体(例如家庭结构、文化反常)。这种由特权群体对弱势群体的排斥态度引起的社会隔离将反映到对弱势群体居住空间的排挤上,从而形成城市居住隔离现象。

2) 制度性歧视

在特权群体成员眼中,少数群体(根据人种、宗教、国籍或文化而定义或以其为特征的任意群体)是不受欢迎的,少数群体会由于各种机制的作用在空间上被孤立。例如,制度性的歧视将种族主义带进整个房屋交易体系之中,这种歧视充斥在法律体制、政府政策(与少数群体、城市更新、公共住房和郊区发展相关的政策)、城市土地利用及开发者、管理者的实际操作中。这种由于制度性歧视所引起的个人的排他行为体系加强了个人的种族主义和种族歧视,以至于形成住房(居住)隔离。在英国,按照种族划分的少数群体会发现自己在公共部门中处于不利地位:第一,他们申请公共住房存在更大的困难,因为他们在一个特定的地方行政区域内居住的时间往往是有限的;第二,他们通常被分配到低质量的住房中,特别是旧的公寓;第三,他们被不均衡地分配到不受欢迎的内城住房中,从而加剧了内城少数群体的居住隔离。

3) 结构性作用

导致特权群体的歧视以及在廉价住房地区的少数群体、弱势群体地区化的根本因素是他们在整个社会和经济结构中所处的位置,群体在社会分层中的经济、文化、种族位置决定了他们在社会空间上的区位。西方国家中,城市弱势群体向低层次职业结构的集中是其廉价住房地区化的根本原因。由于弱势群体成员缺乏技能和受教育的机会,他们通常会集中在难以吸引特权群体成员的职业中,这些职业工资很低,大多数位于 CBD 及其周围地区,而弱势群体对集中的就业机会的依赖性决定了他们居住集群的区位。同时,城市中心也是特权群体的集中地,两种在社会结构上相差甚远的人群比邻而居,引起居住隔离[17]。

(2) 群体内部的凝聚力

社会群体在居住上形成集群的重要原因之一是其成员希望以此来维护该群体的身份认同或生活方式,这体现了群体的防御性和保守性。

对于富裕阶层的人群，他们的聚居体现在对自身利益和生活方式的维护，包括四种功能：扩充、支持、维护和延续。他们居住在通过围墙、保安等杜绝外人自由进入的封闭型社区，也称为防卫型社区，这些区域往往位于市中心或郊区生态环境优美的地方，造成"高尚社区""精英社区"对城市空间的"圈地式"划分。富裕阶层人群的凝聚力来自对自身社会地位的认同和巩固，群体的聚居可扩大他人的崇拜和尊敬，同时保证自己或后代的生活方式、行为习惯和价值观念的统一性以及信息和资金交换的内部性，从而维护自己在社会阶层中的位置。

贫困阶层的聚居体现在对外部压力的反应，包括四种功能：防御、支持、保护和攻击。当富裕阶层/特权群体（统称社会上层）对贫困阶层/少数群体（统称弱势群体）的歧视特别普遍和强烈时，弱势群体通过非自愿的聚居壮大集体力量以体现较强的防御性。与弱势群体的防御功能密切相关的是其聚居区作为避难所的作用，即通过各种方式为自己的成员提供支持，这种支持包括弱势群体服务的正式机构组织和商业贸易，以及非正式的朋友和亲缘关系。第三个主要功能是保护并促成一种独特的文化遗产，每一个群体有持续其独特文化身份的内在渴望而不愿完全被社会上层群体同化，聚居有助于通过种族机构和商业企业以及在婚姻模式上保护文化的传承。另外，聚居能为其成员与大众社会的斗争行为提供一个"基地"，这种"攻击"一般是平静和合法的，群体成员的空间集聚代表了可观的选举力量，并使得少数群体在城市政治制度体系中争取到官方代表的职位。例如，非裔美国人在获得美国的政治力量基础的时候，黑人权利运动在利用城市特殊人群聚居区的选举权方面做得相当成功。

当然，也有些消极因素造成群体内部凝聚和居住隔离。从对曝光于"异己群体"的恐惧开始，这些因素扩展到基于阶级、文化、性别、性取向、种族和人种的个人及制度化的歧视。西方国家城市居住隔离的形成本质上就是外部特权阶层歧视和内部少数群体集聚共同作用的过程（表5-1）。

西方国家城市居住隔离生产过程解析 表5-1

因素	对象		过程
外部：歧视和结构作用	特权阶层（原住民）	封锁战略	特权阶层以各种方式拒绝少数群体成员的侵入
		退出	少数群体成员进入时，特权阶层逐渐外迁，当少数群体大于原住民时，原住民迅速大量离去
		住房市场歧视	特权阶层在城市规划中就划定出特定空间，建造廉价房屋，促使少数群体入住
内部：集聚力	少数群体（外来者）	防御	出于防御目的，少数群体聚居，以抵制特权阶层的歧视攻击
		相互支持	通过少数群体的集聚，形成一个集体，为成员互相提供支持
		文化保护目的	通过集聚，保护族群独特文化，而不被特权阶层同化

2.我国城市居住隔离的生产过程

改革开放后，我国引入市场经济体制，随着经济的发展，人民的物质生活水平大幅提高，同时，市场化的不断深入和住房商品化的推进也使得人民的需求开始多样化，社会阶层分异、居住隔离现象也日渐凸显。出现这类现象的原因主要有以下几个方面。

（1）市场因素：供求关系

改革开放之前，我国实行的是计划经济体制，资源完全由政府统一调配。在资源分配时，政府兼顾多方利益以确保资源分配的合理性。改革开放之后，我国开始逐步实行市场经济体制，资源变成由市场进行调控，市场将资源商品化，商品的价格也受市场的供求关系所影响。由此，那些区位好、设施齐全、环境较好的住房，选择的人自然就多，价格也被推高，导致经济实力较强的人才有能力购买。而经济实力较弱的人只能选择区位较差、设施相对较不完善的地方居住，如郊区经济适用房。而这种市场价值规律也影响房地产开发商进行商品开发，针对不同的目标人群建设档次不同的住宅。

（2）政府因素：政策和制度

如果市场经济体制是社会空间隔离出现的根源，那么政府的政策和制度就是助推器。我国的住房制度和土地供应制度以改革开放为分界，前后政策和制度的转变助推了居住隔离的产生，住房制度和政策对于城市居住空间形态的形成和演化起着决定性作用[18]。改革开放以前，我国实行计划经济体制，城市实行福利分房和公有住房低租金的住房政策，社会各阶层住房由政府、单位统一安排在统一单元内。改革开放以后，我国实行市场经济体制，城市开始实行商品型住房政策，建立以经济适用住宅为主的多层次城市住宅供应体系，将商品房分为高价商品房、经济适用房和廉租房三种。在住宅商品化的过程中，住宅的居住空间和居住者价值利益空间逐渐合一，居住空间的隔离也逐渐形成。中国的房改政策，包括住房公积金制度和住房补贴等的实施都有利于社会上层；而安居工程大多位于设施、服务和交通条件较差地段，没有在本质上改变其以低收入群体集中的趋势，在某种程度上助长了低收入群体的集中，也引发了住房市场的严重分割，群体间的住房差异性加大，以及居住空间隔离加强。这种隔离一方面是由于居民的经济支付能力的差异所致，另一方面是由于"单位制"制度惯性的结果。其加速了中国的贫富分化，强化了社会的贫富分隔，并体现在贫富阶层居住空间上的隔离。

城市土地是城市一切社会经济活动的物质基础和保障，城市土地供应制度和土地开发利用形式在很大程度上塑造和影响了城市的社会、经济、空间结构，对居住隔离的产生、模式和进程的形成有直接的影响[18]。改革开放前，我国实行行政划拨、无偿使用并禁止土地使用者转让的土地制度；改革开放后，土地制度改革，实行土地使用权有偿、有限期使用的新机制。同时，由于市场的竞争机制和"暗箱操作"的行为，城市土地价格的攀升，市中心等区位好的土地价格飙升，导致住房价格也一路飙升。房价飙升对城市中低收入居民产生了较大的冲击，政府为缓解压力应建设对应的经济适用房和廉租房；然而，出于经济利益的考虑，这些住房往往位于城市边缘地区，这也间接导致城市居住空间的隔离。

（3）个体因素：居民自我选择

城市社会空间的隔离一定程度上是人们自我选择的结果。住房政策的改革使房地产异军突起，人们对住房购买选择的机会增多。由于居民购买住房首要考虑房价，房价也因此成为制约居民居住区位选择的客观因素，而住宅的价格又使得具有同等或类似收入的家庭在选择住房时表现出趋同性，富裕人群集中于花园别墅区和中高档公寓区，中低收入人群集中于普通住房或经济适用房中。各个城市也因此逐步建立起多层次的住房供应体系，为市场经济条件下住户的自由择居，为居住隔离创造了物质前提和可能（表5-2）[19]。

我国居住隔离生产过程解析　　　　　　　　　表5-2

因素	对象	过程
市场	市场供求关系	经济体制改革，实行市场经济体制，供求关系成为价格调节机制；土地和住房因为区位等因素形成的不同供求状态影响其各自的价格
政府	住房制度	福利型住房制度到商品型住房制度，住房商品化，在市场经济之下，不同价格导致居住者阶层的分化，居住隔离产生
政府	土地制度	土地制度改变，形成土地使用权有偿、有限期使用的新机制，土地使用权可进行买卖交易，在市场经济和"暗箱操作"之下，地价飙升，不同区位地价不同，进而住宅价格的不同导致居住隔离的产生
政府	保障房政策	为缓解中低收入者的住房压力，建设经适房、廉租房等保障性住房，但出于经济利益，该类住房普遍位于城市边缘地区，间接导致居住隔离
居民	自我选择	住房政策改革，居民选择性增多，住房通过价格影响居民的选择，相似收入者选择相似的住房，进而出现相同阶层居住在相同住区，居住隔离产生

总体而言，市场经济体制与政府的政策和制度影响土地价格，进而影响住房价格，住房价格又影响到居民购房选择，相似收入者购房的趋同性则导致居住隔离的产生。同时，当前我国城市新移民空间——农民工聚居区的形成，部分原因类似于西方国家少数群体的群体内部凝聚力，农民工因为地缘、血缘等方面的原因聚居；聚居可以为其提供安全保障，使自身与群体能更为有效地抵抗来自未知外界的各种风险，如失业、贫困、侵害等。

5.2.3 隔离的影响与治理

1. 隔离的影响

社群隔离导致了空间隔离，空间隔离又加剧了社群隔离。不同空间的群体由于空间阻隔减少了彼此之间的接触交流，从而加剧了社会隔离，使得社群之间缺乏亲密的、长期的互动，群体之间的接触倾向于正式的互动并被限制于交易市场和工作场所，隔离影响了人与人之间的关系模式，并产生积极或消极的影响。

（1）积极影响

城市的人们有选择与社会地位、收入、语音、种族、宗教等方面与自己相同或相似的人生活在一起的自然倾向，进而形成自愿性隔离。自愿性隔离的社会群体内部，由于具有相似背景，因此彼此相处比较愉快，也容易产生一种归属感或安全感，进而更可能引起一些积极行为，如友爱互助或目标一致的政治行动。这些基本群体的产生有助于满足居民心理上、生活上、经济上和政治上的需要，也有助于维护群体的共同利益[13]。群体意识、群体需要和群体利益的产生有助于群体产生社会平等感和社会安全感。

（2）消极影响

非自愿性因素导致的社群隔离对于减少社会不平等、缓解社会群体间的冲突非常不利。我国正处于社会转型期，农民工和城市居民是我国城市主要存在并长期存在的两大社会群体。由于历史和现实等多方面的原因，两大群体之间存在很深的隔阂，这种隔阂使得外来人口难以形成正常市民应有的规范和法制观，同时也使农民工在城市生活中经常受挫，产生被歧视感和被剥夺感，进而诱发不同程度的认同危机和心理危机，从而形成一种强烈的反社会情绪和失范行为取向，当这种危机达到一定程度时便会导致极端的反社会行为[20]。

社群隔离会产生由单一群体组成的社区，这种社区一旦产生就会成为限制该社区居民生活机遇的障碍。居民的人际互动限于狭小的区域内且缺乏与外界的信息沟通，最后便逐渐形成相对封闭的社区。而封闭社区的形成既产生空间隔离，又会进一步阻碍空间内群体与外界群体的交流，从而阻碍少数群体融入大部分群体中，如社群隔离制约农民工群体融入城市。当被隔离社区的居民是由社会底层群体组成时，有可能导致长期的或永久性的社会不平等，甚至产生对抗社会的群体亚文化，因此而成为骚乱和其他形式的集合行为的发源地[13]。例如，黑人是美国社会里最受隔离的群体，他们中的大多数生活在城市里环境恶劣的区域，那里的房屋破旧、公共服务设施缺乏，孩子们不得不在城里最糟糕的学校里上学。当前中国城市的农民工聚居区居住环境相对较差，且公共服务设施不完善，农民工子女相对城市子女获得教育的机会和资源都较差。

2. 隔离的治理

社会隔离、种族隔离，尤其是低收入家庭集中居住所带来的贫民窟、社会贫困、暴力犯罪等一系列社会问题使欧美国家面临艰巨的社会融合任务。消除隔离、促进融合是绝大多数民众的基本愿望，这些国家也正普遍地探索着混合居住模式，希望通过住房混合实现社会融合，然而混合居住却并不能完全解决居住隔离问题。在国内，大部分学者认为当前国情适合"大混居、小聚居"的模式，既可以促进阶层之间的交流、防止资源过分不合理分布，又可以使阶层之间保持一定的社会距离。总之，混居模式推行不能一概而行，混合居住不等于社会融合，居住融合的可能性以及实现程度还取决于人群之间差异的程度和社区发展的程度，也要考虑群体的愿望和能力。消除隔离，需要综合考虑多方面因素来制定相关的治理措施。

（1）缩小贫富差距，促进社会阶层流动，形成合理的社会阶层结构

英国社会学家阿道格拉斯指出，"在工业化的发生过程中，没有哪一个亚洲国家能够扭转人口与经济发展的空间极化"。这一看法揭示了转型国家经济社会发展中的普遍困扰，也点明了可以通过缩小贫富差距以缓解空间隔离问题。社会阶层极化是导致居住空间隔离的根本原因，而城市空间隔离的出现又意味着阶层极化结构的固化，合理的中产阶层占主体的社会阶层结构将大大缓解城市空间隔离现象。中产阶层介于上层社会和下层社会，中产阶层的壮大可以规范上层社会的行为，同时对下层社会起带头示范作用，让下层社会群体看到通过职业等途径向上一层级流动的可能性，进而从根本上解决贫富差距问题。

同样，也可以通过多种途径缩小贫富差距、大力发展经济，并依靠科技进步大力发展生产力，不断提高生产效率、经济效率，并完成财富的积累，为缩小贫富差距奠定物质基础；政府还应完善税收制度，充分发挥税收的调节作用；完善社会福利保障制度；铲除腐败，健全制度体制，维护社会公平；增加教育投入，提高人口素质；大力发展慈善事业，通过大规模、系统的社会慈善事业帮助低收入和无劳动力者；建立工会，发挥工会在制约贫富差距方面的作用[21]。

（2）促进阶层间的混居，建立高—中、中—低的新型混合居住模式

城市社会的整合机制一般包括制度性整合、功能性整合和认同性整合，这三个部分既相互联系又独立存在，它们分别从社会的制度化、专业化和社会化三个方面对城市社会进行整合。一个国家在宏观的制度性整合上具有了一定的规模后，微观的社会整合往往从社区开始。而居住融合就是将城市社区作为城市社会整合的微观切入点，其目的是通过不同社会等级阶层的人们之间广泛的群际交往，让不同社会阶层的人们混合居住，实现各尽所能、和谐相处的社会融合目标。

然而，通过完全一体化的混居模式，硬性地将亿万富翁与赤贫者混合居住往往很难实现。因此，可以通过构建高收入阶层—中等收入阶层、中等收入阶层—低收

入阶层混合居住社区，同时在两种不同类型的居住区之间建设公共空间作为缓冲地带，提供社会交往场所，创造交往计划，同时加强对中——低收入住宅区的投入，并提高公共物品的供给、缩小住区之间的绝对差异，从而形成一种整体异质居住区与局部同质居住小区相融合，在大范围形成小规模的不同阶层居住的同质小区，各个阶层混居于一个大的公共空间之中的模式[22]。

当前我国正实行着商品化住房政策，并尊重市场化的竞争，然而，在土地级差价格的推动下，要实现混合居住是较为困难的。为缓解居住空间隔离，应该适当发挥政府的空间调控作用，通过城市更新、建设保障性住房、制定合理的城市住房供应体系改善城市居住贫富隔离的状况，如在城市更新改造的过程中选择就地安置，较大程度上保证原住民的回迁，维护原住民的切身利益。

（3）制定切实可行的住房政策体系，促进混居模式的形成

我国实行的是社会主义市场经济体制，政府调控政策的制定必须以尊重市场规律为前提。而中国城市空间隔离的形成部分起因于现行的住房政策，因此，消除隔离可以从住房政策改革入手。

首先，政府可以在尊重市场规律的前提下采取税收、金融、地价控制等经济政策手段对住房市场进行调控，以防止住房过度市场化。如通过税收调控城市空间资源配置，推进民间资本与政府合作建设政策性住房，完善公共住房建设机制；通过金融手段，鼓励低收入阶层购买住房；以一定的政策优惠，要求开发商在房地产开发时配建部分经济适用房、廉租房，公共住宅和商品住宅同时开发，促使社区混居模式的形成。

其次，政府要建立健全完善的住房保障体系，制定多层次的住房供应制度。应充分考虑保障对象收入水平不断变化的实际情况，建立新的住房保障体系，取消经济适用房、限价房政策，合并廉租房和公共租赁房政策，在政府主导的保障房建设环节建立以单一的公共租赁房为主的新的廉租房保障体系，并加大公共廉租房供给力度。同时，还要建立一套以家庭总收入、家庭资产、家庭人均住房面积等指标作为保障房分配标准的体系，确定不同的租金补贴或减免政策标准；同时，需要扩大保障范围，加大政府投入力度，提高廉租房房源，并设定合理的租金标准；也要为社会多渠道提供房源，鼓励居民出租闲置住房，引导社会单位建设租赁用房；同时，加强对保障系统的监管也十分重要，其是确保住房政策体系有效运行的关键。

最后，政府运用规划审批权，宏观调控各类型住区的空间分布，通过规划手段实现居住的混合，引导高档住宅和一般住宅在同一社区开发，通过混合用地的规划提升居住的异质性。改变经济适用房、廉租房被集中安排在城市边缘地区的布局方式，避免因配套不完善成为低收入者集聚的问题社区。政府通过政策手段调控保障性住房的空间布局，使之更为均质地分布在城市各个区域，与普通住宅区相邻，促进混合居住模式的形成。

（4）加强社区建设，促进不同阶层群体间的互动交流，消减社群心理隔离

加强不同社会阶层群体间的沟通交流和相互理解。在城市中营造一种平等融洽的社会氛围，为各阶层群体提供互动交流的机会，加强群体间的互动和彼此尊重，增强彼此的了解、理解、沟通与包容，消除彼此的误解、隔阂与歧视，尽量避免社会冲突的发生。在城市更新的过程中，不能简单地拆除重建，要注重保留原有的文化氛围；在新建社区内，建设公共空间，加强邻里互动，增进不同社会阶层的沟通和理解。

优化社区的规划设计，美化社区环境，完善社区公共服务配套设施建设，在公共物品供给上注意对中低收入居民的倾斜，让其有能力享受社区的公共物品。同时，在社区内规划设置多样化的公共交往空间，在提升社区品质的同时为阶层交流创造机会，模糊社区异质空间的界限，吸引各阶层群体入住。在社区内创造公共、半公共、半私密的多样化、多层次交往空间，吸引各阶层居民参与社区活动，增强社区的归属感，促使各阶层之间形成地缘上的心理认同。打破现有社区惯常的"封闭式"建设模式，推行"街区制"社区发展模式，促进开放与交流。

5.3 融合

5.3.1 社会融合

作为一个社会政策概念，社会融合（Social Inclusion）与社会排斥相伴而生。社会融合可视作削弱社会分层不良后果的终极改良目标。社会融合作为反社会排斥的重要手段，其目的是确保任何人都能享受到居住在一个组织良好的现代社会，即建立一个人人共建、人人共享的强大且有凝聚力的社区。社会融合是消除"二元城市"、构建和谐社会的重要途径。

2003年，欧盟在关于社会融合的联合报告中对社会融合作出了如下定义：社会融合确保具有风险和社会排斥的群体能够获得必要的机会和资源，让其通过这些资源和机会能够全面参与经济、社会、文化生活和享受正常的生活，以及在他们居住的社会享受正常的社会福利。社会融合涉及宏观、中观和微观三个层面，其中，宏观层面是融合的整体驱动力量和状态，中观层面是指城市层级的反映，微观层面指的则是个体生活在社会整合中的效率和效果[23]。社会融合具体则包括经济平等、政治平等、社会关系融合、文化融合和福利制度平等方面的内容。

当下，我国社会正处于社会经济结构的深刻变革时期，社会各阶层、各团体的根本利益出现了多元化格局，经济的快速发展严重冲击着社会公平和正义。因此，建立社会各阶层利益的整合机制以化解冲突、促进融合，成为执政的当务之急。我

国现阶段提出的和谐社会的理念被赋予了民主法治、公平正义、诚信友爱、充满活力、安定有序、人与自然和谐相处的内涵。作为一个政治语言符号，"和谐社会"在社会学上的实质就是社会融合[24]。

5.3.2 包容性增长

1. 包容性增长的含义

作为发展经济学的一个新概念，包容性增长最基本的含义是公平合理地分享经济增长，它包括三方面维度：机会平等的增长、共享式增长与可持续发展的平衡增长。实现包容性增长，在国际上是为了消除分歧、达到合作共赢，在国内是为了消除贫穷，以寻求经济与社会的协调发展。其主要功能在于实现执政的合法性、社会稳定、生态环保以及合作共赢，当下倡导包容性增长的意义就在于此。可见，包容性增长强调的平等、共享、可持续、消除贫穷与社会融合的目标一致，是社会融合在城市发展上的体现和重要途径[25]。

2. 包容性增长与社会融合

包容性增长理念的形成是人们对贫困认识深化的必然结果，贫困是造成社会分异、隔离和排斥的核心原因。国家的贫困往往是因为权力贫困而造成的，包括教育、医疗、社会保障等方面的作用。包容性增长理念的核心要义正是要消除贫困者的权利贫困和所面临的社会排斥，以实现机会平等和公平参与，使包括贫困人口在内的所有群体均能参与经济增长、为之作出贡献，并由此合理地分享增长的成果。

贫困人口为经济增长作出贡献，是衡量其在城市中的作用、提升自身阶层、实现向上层次阶层流动，从而实现不同阶层融合的重要标准和途径。为了实现这一目标，社会和政府应该为贫困人口，尤其是贫困家庭的下一代培育和提升人力资本，为其提供必要的教育、健康等公共服务，创造公平的竞争环境，并为那些因先天条件限制而致贫或确实无法通过自身努力而脱贫的群体提供必要的社会保障[26]。

5.3.3 融合途径

城市的社会融合就是促使城市从趋于严格的、刚性的社会分层结构向松散化、塑性化方向变迁的过程。社会融合的根本目的是让低收入阶层摆脱贫困（社会流动），或通过不同阶层在空间上的聚集增强相互交流（居住融合），或通过提升社会各阶层特别是低收入阶层在社会建设中的参与性与话语权（公共参与），来实现社会和物质空间中各阶层意见的融入和反映，在这一过程中，政策控制且促进着社会融合的顺利进行。

1. 社会流动

社会流动是社会融合的重要途径，是社会分层和社会结构演变的动力。合理的垂直流动能够保证和促进社会正常、高效地运转，并影响到社会的阶级、阶层和产业结构变化，增进各阶层社会成员之间的沟通与了解。低收入阶层通过向上的垂直流动从本质上改善其社会地位，保证其与非原阶层融合的动力。水平流动则可以满足个人的社会需求，有利于个人才能的发挥，也有利于形成自然资源、物质财富和人力资源合理配置的动态平衡机制，从而增加个人获取资源的机会，使个人得以发展，最终实现向上的垂直流动。社会流动的最终目的是机会和资源的再分配，社会流动可以明显地降低资源在社会顶层的集聚，增加社会底层向上层流动的动力，使社会结构合理化，促进社会融合。

2. 居住融合

社会各部分的整合取决于其社会成员之间的实际交往。居住融合是让不同阶层的人群混合居住，各尽所能、各得其所而又和谐相处。居住融合提供了有助于社会交往的物质空间环境，低收入阶层与贫困阶层因而获利，既可享受良好的生活环境，又可避免信息上的隔绝。

居住融合的形式主要是将中高收入阶层与低收入阶层居民、家庭混合居住在一个住宅区内，包括在社会阶层差别不大的住宅区之间设立过渡地带。例如，中等收入住宅区与中低收入住宅区临近布置，充分提供面对面的社会交往场所，创造社会交往的机会；另外，通过对低收入住宅区增加投资，以提高物质设施和公共物品的供给水平，尤其是教育设施、就业服务机会，以缩小住宅区之间的绝对差异。居住融合是一个渐进地不断缩小差距的过程，快速的经济发展和收入悬殊的减少不易实现，其只是起到缓冲居住隔离的作用，在一个两极分化的城市空间中居住融合是无法实现的[8]。

居住融合的探索[27]

1. 美国的混合居住实践

美国私人房地产市场的繁荣使中产阶层逐渐从城市的中心搬出，低收入阶层居民则开始占据城市中心，同时，郊区不同阶层的隔离也日益严重，于是出现了两种不同住区的分割：郊外的住区和城市内部的住区。为了缓解低收入者的住房负担和大型公共房屋住区对住区隔离的加剧，政府采取了两种住房政策：一是为低收入阶层居民提供私有房屋的租金担保，让他们从大都市中迁移出去；二是将低收入者和高收入者置于同一住区，发展混合居住模式。

美国住房与城市发展部（HUD）在推动公共住宅项目中，主要采用两种方法：一种是分散的方法，把将要开发的公共住宅单元分散到中高阶层邻里中；另一种方法是将公共住房和商品化住房结合开发。一般而言，HUD控制公共住房的比例在20%~60%。混合居住家庭的收入水平在平均水平的50%~200%。

大溪城（Grand Rapids）的混合住区实践

大溪城位于密歇根州西部，是密歇根州的第二大城市。市内约有200万人口，有超过一半的人口居住在都市区。2000年的大溪城中，白人占62.46%，黑人占19.92%，亚裔人口占1.59%。大溪城贫困线以下的家庭占11.9%，而在都市区，贫困线以下的家庭占5.9%（密歇根州平均水平为7.4%）。

大溪城混合住区的研究经验有：

1）宗教团体对于社区稳定具有显著作用。

2）人们提到的社区稳定因素可能是社会网络以及与邻居交流，同时社区内的情感交流也很重要。

3）多代混居的房屋也是保证社区稳定的重要因素。

4）要保证学校的教育质量。如果学校的教育质量下降，住区内中产阶层居民大多会迁出住区。

5）当邻居的种族发生变化时，有些居民仍然会对新的其他种族邻居产生分隔，这就要求一些社会团体的介入。

6）政府在整个过程中都应承担相应的义务和责任。除了帮助贫困者提高生活品质外，也要帮助贫困者提高自身的生活和工作的能力。

2. 英国的混合居住实践

近年来，英国城市经济隔离和贫困聚集等问题突显。英国政府出台了一系列住房政策，包括：①保证新建的住区内有经济适用房，防止单纯的高收入住区和低收入住区的建设；②吸引各种不同收入的居民入住那些已经建成的住区，尤其是贫困者高度聚集的地区；③保证现有的混合住区不向单一收入住区方向发展。

英国的混合居住的实践可以总结为以下经验：

1）混合住区需要同时发展公共住房和商品化住房，为此，房屋的价格需要考虑不同类型的居民需求，这样就不会导致单一的高收入人群社区或低收入人群社区的形成。同时，在社区建设上，缩短贫富之间的差距不仅需要将不同收入的人引入同一住区，还要增加面向居民的公共服务，只有良好的公共服务才能保证混合居住项目的成功。

2）因地制宜，确定混合居住的发展策略。相对贫困的住区需要以地域的优势吸引更多的高收入阶层住户。公共房屋占主导地位的住区则需要适当降低公共住房比率并通过多样化的住房设计推动社区的混合发展。更贫穷的住区需要在物质上和社会上进行较大干预，以促进其向混合住区发展。

3）混合住区建设是一个长期的过程。混合住区的目的是采用不同的方法消解贫困聚集。其中，最重要的是实现并保持不同阶层居民混合居住和共同发展。为了达到这一目的，需要持续性的国家、地区住房政策和更新计划的支持。

3. 公共参与

哈贝马斯在《交往活动理论》中提出了一种交往理论，主张在生活世界中通过对话交流、相互沟通，使人们思想上达到一致。公共参与使每一个共同体成员都能自由表达自己的真实意见，杜绝某一意见凌驾于其他意见之上的可能，使不同意见都能汇总成整个共同体所接受的"一致性"意见，最终实现各团体利益的协调和社会影响[28]。公共参与理论经常被用在城市规划中，将城市政治、经济、社会、文化等各方面体现在社会和物质空间上，各阶层都参与到其中，是实现社会融合的关键。

例如，英国在城市规划相关法规中采取公众参与的形式，包括公众咨询、听证会和规划公示等环节；美国采取公众参与问题研究会、情况通报会和邻里规划会议、公众听证会等形式；法国则通过公众咨询和民意调查来实现公众参与；中国大陆地区自2008年的《城乡规划法》起便确立了城乡规划公开的原则，强调城乡规划制定、实施全过程的公众参与；中国台湾地区的社区营造以"社区规划师"制度和"青年小区规划师培养计划"等方法在培养各社区的规划师，强调社区规划师在社区居民和政府之间的协调联络作用，具有自主性、专业价值观以及"地方化"特点。

各地的公众参与为化解社会疏离起到了不可替代的作用，从生态保护、文化认同、地方再造、公共环境营造等方面融入不同阶层的意见，只有从不同阶层的真实意见出发，才能创造能真正吸引各阶层人群交流、互动的空间，而在此过程中，也促进了各个阶层的相互了解[9]。

4. 政策和制度控制

社会制度和政策控制是落实和管控社会融合的措施，是解决社会排斥的根本方法。

一些西方国家率先采取政策措施以抵制由社会发展不均衡造成的负面效应。1990年代以后，关于社会排斥的理论研究与反社会排斥的社会政策实践在欧洲表现出很强的对应性。欧盟主要成员国开始采取一系列反排斥社会政策来控制和化解社会排斥问题，尤其是劳动力市场的失业方面的努力，以期促进社会融合，防止社会分裂和动荡。例如，1997年英国工党在内阁中成立了社会排斥办公室（the Social Exclusion Unit），负责向首相报告如何解决犯罪、毒品、失业、社区分裂和不良教育等方面的问题，以解决社会排斥问题。法国1998年通过的反排斥法规定了关于工作和培训权利、居住权利、反对驱逐房客和居住隔离、存款法和担保规则、处理过度负债、获得文化和教育、扫盲等方面的措施。1990年代中期以来，丹麦针对劳动力市场和社会排斥问题所制定的政策不仅仅限于失业者，也包括对重病者的积极治疗、少数民族融合和在特殊条件下给予残疾人工作等。与此同时，爱尔兰通过国家反贫穷战略调动了社会其他力量，如社区、工会、雇主和志愿者，以促进社会融合，对克服社会排斥起到了很好的作用[29]。

在中国，反社会排斥政策主要针对快速城镇化过程中涌入城市的农民工人群和产业转型、企业升级过程中的下岗职工。1980年代以来，我国相继推出户籍改革、住房改革、就业保障、残疾人保障和发展、少数民族权益保障等政策，从而保障了几类弱势群体能得到城市的服务和公平的发展机会，使他们能实现阶层向上流动，以促进社会融合。通过户籍制度改革使农民工在劳动就业、子女教育、社会保障等方面赋予居住证持有人较多的市民权利，在很多方面缩小了流动人口与户籍居民的"市民待遇"差距；通过住房改革政策，提升国家在房地产市场的宏观调控能力，通过补贴和实物供给的形式为城市低收入阶层提供住房保障；通过在城市和农村制定并实施就业、子女就学、医疗、住房、物价补贴、失业保险、养老保障等方面的社会保障政策，以追求资源的再分配和均等化，促进弱势群体发展；通过少数民族优惠政策促进民族流动和融合，并增强社会对少数民族的尊重；通过残疾人保障政策保障残疾人平等和充分参与社会生活等合法权益，增强残疾人的社会关怀和生活保障。以上政策和制度融入了"平等、参与、分享"的社会融合理念，对促进社会流动和融合，实现社会快速、和谐发展起到了很好的推进作用。

思考题

1. 社会分异的含义。
2. 社会分异的空间模式。
3. 社会分异与社会隔离的关系。
4. 社会隔离的模式。
5. 社会隔离的生产过程。
6. 社会融合的途径。

本章参考文献

[1] 吴启焰. 大城市居住空间分异研究的理论与实践[M]. 北京：科学出版社，2001.
[2] 马尔科姆·沃特斯. 现代社会学理论[M]. 北京：华夏出版社，2000.
[3] 段进. 城市空间发展论[M]. 南京：江苏科学技术出版社，2006.
[4] 杨新刚，叶小群. 城市空间分异探讨[J]. 规划师，2005（3）：68–71.
[5] 顾朝林，C.克斯特洛德. 北京社会极化与空间分异研究[J]. 地理学报，1997，52（5）：17–22.
[6] 杨上广. 中国大城市社会空间的演化[M]. 上海：华东理工大学出版社，2006.
[7] 保罗·诺克斯，史蒂文·平奇. 城市社会地理学导论[M]. 北京：商务印书馆，2005：105.
[8] 黄怡. 城市社会分层与居住隔离[M]. 上海：同济大学出版社，2006.

[9] 吴晓，魏羽力. 城市规划社会学 [M]. 南京：东南大学出版社，2010.

[10] 夏建中. 新城市社会学的主要理论 [J]. 社会学研究，1998（4）：49-55.

[11] 庞瑞秋. 中国大城市社会空间分异研究：以长春市为例 [D]. 长春：东北师范大学，2009.

[12] 杨上广. 大城市社会空间结构演变的动力机制研究 [J]. 社会科学，2005（10）：65-72.

[13] 郭星华. 社群隔离及其测量 [J]. 广西民族学院学报（哲学社会科学版），2000（10）：23-25.

[14] 戴维·波普诺. 社会学 [M]. 李强，等译. 北京：中国人民大学出版社，1999.

[15] 吕露光. 从分异隔离走向和谐交往：城市社会交往研究 [J]. 学术界，2005（3）：106-114.

[16] 吕露光. 城市社会交往的特征与障碍问题分析 [J]. 城市发展研究，2006（4）：30-33.

[17] 杨上广. 大城市社会极化的空间响应研究：以上海为例 [D]. 上海：华东师范大学，2005.

[18] 黄怡. 城市居住隔离与社会分层 [M]. 上海：同济大学出版社，2006.

[19] 吴庆华. 转型期我国城市空间隔离探析 [J]. 齐鲁学刊，2008（6）：93-96.

[20] 郑传贵，卢晓慧. 当前我国城市社群隔离产生的原因、危害及对策 [J]. 城市问题，2003（6）：72-75.

[21] 郑轶. 缩小贫富差距的措施 [J]. 新学术，2009（1）：165-168.

[22] 吴庆华. 城市空间类隔离 [D]. 长春：吉林大学，2011.

[23] 嘎日达，黄匡时. 西方社会融合概念探析及其启发 [J]. 国外社会科学，2009（2）：20-25.

[24] 李志刚，顾朝林. 中国城市社会空间结构转型 [M]. 南京：东南大学出版社，2011：292.

[25] 汝绪华. 包容性增长：内涵、结构及功能 [J]. 学术界，2011（1）：13-20.

[26] 蔡荣鑫. "包容性增长"理念的形成及其政策内涵 [J]. 经济学家，2009（1）：102-104.

[27] 田野. 转型期中国城市不同阶层混合居住研究 [M]. 北京：中国建筑工业出版社，2008.

[28] 哈贝马斯. 交往与社会进化 [M]. 张博树，译. 重庆：重庆出版社，1993.

[29] 熊光清. 欧洲的社会排斥理论与反社会排斥实践 [J]. 国际论坛，2008（1）：14-18，79.

第 6 章

城市社会空间结构

6.1 基本概念

6.1.1 社会空间

社会空间（Social Space）最早由法国社会学家涂尔干于19世纪末创造并应用，1950年代之后，社会空间概念的使用逐渐趋于广泛化。不同学科、不同时代背景下，社会空间有着不同的含义。社会学视角，社会学家洛韦（P.– H. Chombart de Lauwe）从主观与客观两方面对社会空间进行界定，客观部分指社会群体居住在其中的空间范围；主观方面则指特定社会群体成员共有的与成员有深刻联系的感知到的空间[1]。哲学视角，强调社会空间的本质是人的社会关系、人的活动的社会结构，社会的空间是社会的产物，社会建构空间，空间诠释社会，是一种综合的社会空间系统[2]。地理学视角，美国地理学家莫迪（R. A. Murdie）在1971年提出城市社会空间模型，实质是城市物质实体空间之上叠加经济、家庭与民族状况三种社会类型的空间[3]。总的来说，目前学术界普遍认可把社会空间看作是人类实践活动的产物，即社会空间既具有空间的物质属性，也具有社会建构的意义，既关注开展实践活动的实体空间，也关注其中的社会关系、社会过程以及社会生产，（社会的）空间是（社会的）产物，社会与空间辩证统一，核心是强调空间与其内在机制的社会过程之间的关系。

对城市社会空间的研究，英美社会学界关注的是基层社会，指的是社会分化，包括社会地位、宗教和种族的变化；法国社会学界则侧重有关邻里和人与人交往的研究[4]；欧美地理学界往往将城市社会空间分为不同的空间等级，如邻里、社区、社会区三个层次[3]。

国内学者对城市社会空间的概念也进行了辨析。王均等认为，城市社会空间是由于不同的社会集团占据了不同的区位，将社会差异附加于物质空间而形成的[5]。周尚意等则认为城市社会空间是指社会现象所占据的城市空间，如一个社会群体占据的空间，或一种社会思潮影响的空间[4]。这一观点可以认为是对城市社会空间的宽泛理解。

综上，城市社会空间是由社会分化所形成的经济社会现象占据的城市空间及其特征，具有一定的地域性；其最小单位为家庭，其次为邻里、社区，最大的是区域甚至国家。考虑到城市本身的地域及社会分异特点，城市社会空间常以社会区为主（详见 6.2.2 节）。

6.1.2 城市社会空间结构

城市社会空间结构，是构建在物质空间基础上的，不同社会群体在社会空间上的分布格局、相互作用及形成机制，是城市空间社会属性的体现，是社会分化在城市地域空间上的反映。与社会空间不同的是，城市社会空间结构并非单一层次，而是由不同层次的社会地域单位所构建和体现出来的；它主要分析城市中的社会问题和空间行动，揭示城市中社会组织和社会运行的时空过程和时空特征[6]。

城市社会空间结构从根本上讲是由城市社会分化所形成的，这种社会分化是在工业化和现代化的大背景下产生的，包括人们在社会地位、经济收入、生活方式、消费类型以及居住条件等方面的分化，其在城市地域空间上最直接的体现是居住空间分异。由于居住地在城市的社会生活中所起的作用极为重要，居住的地域分异直接促成了城市社会空间的分异，而居住的地域分异格局则反映了城市社会空间的结构特征。故可认为，居住空间分异特征及导致其分异的因素是研究城市社会空间结构的核心。

6.2 研究理论与方法

6.2.1 理论学派

关于城市社会空间研究，无论在城市社会学领域，还是城市地理学以及城市规划学领域，已形成多种学派。

1. 景观学派

景观学派（Landscape School）是从城市实体景观的外部观察来认识城市地域的土地利用结构，这集中表现在建筑物、广场、道路、河流等空间配置类型，已成为理解城市地域的首要问题。城市的形成基础和发展阶段不同，其形态与土地利用结构也不同，通过比较研究可以认识不同城市之间的异同。另外，建筑高度和建筑材料、城市色彩、城市道路网形态也是分析城市景观的一些重要指标。

2. 社会生态学派

社会生态学派（Socio-Ecological School）与景观学派相对，其代表为芝加哥学派，受达尔文进化论和古典经济理论的影响较大。该学派认为，不同的社会集团在各种人类活动的竞争中逐步出现有空间特色的结构。芝加哥学派针对当时城市两极分化、居住隔离等社会现象，借用了生物界自然竞争的生态学规律来研究城市空间结构及其变化，构建了城市空间结构的三大经典模型及其演变模式。在这些模型中，同类人倾向于空间聚合，不同类的人则在空间上相互分离，各类群体为争夺城市空间而竞争[7]。社会生态学派虽提出了一些对城市理论体系有意义的概念，但却把人看得过于机械化和一般化，忽视了人类活动背后的文化及传统的影响。

3. 区位论学派

区位论学派（Location School）的快速发展是在1960年代以后，主要是研究人类活动的空间选择以及空间内的人类活动准则。伴随社会的发展，人类活动的领域和空间不断扩张，而这种扩张必然导致区位的发展与变化，正是这种发展与变化催生了相应的区位理论。该学派主要的代表理论有杜能的农业区位论、韦伯的工业区位论、克里斯泰勒的中心地理论、廖什的经济区位论等。杜能的农业区位论是为了寻求农业时代合理的农业生产方式的地域配置原则。韦伯的工业区位论的构建是以运费、劳动力和集聚指向的方式，得出工业布置的区位理论。克里斯泰勒的中心地市场、交通、行政三原则基础上的中心地系统及其空间模型，给出了地理学应用研究的新方向。廖什的经济区位论研究需求圆锥，探讨区位应用。

4. 新古典主义学派

新古典主义学派的理论基础是新古典主义经济学，作为市场经济体系中的主流经济理论，新古典主义经济学是一种规范理论，探讨在自由市场经济的理想竞争状态下资源配置的最优化。该学派注重经济行为的空间特征，从低成本区位的角度引入空间变量（克服空间距离的交通成本），探讨自由市场经济理想竞争状态下的区位均衡过程，从而解析城市空间结构的内在机制。新古典主义学派的主要研究领域是城市土地使用的空间模式，其中阿隆索的研究颇具影响，他以经济收入作为预算的约束条件，运用新古典主义经济理论解析了区位、地租与城市土地利用之间的关系，提出了不同土地使用者的竞租曲线（Bid-Rent Curves），以表示土地成本和区位成本（克服空间距离的交通成本）之间的权衡，对城市土地使用的空间模式、城市内部居住分布的空间分异模式、城市的公共服务设施选址等进行解析[8]。

5. 行为学派

行为学派（Behavioral School）强调对现实状态下空间行为的研究，探讨城市居民的个人行为、感受与空间的关系以及对空间的塑造。同时，它还注重对个体人的研究，认为形成城市社会空间的因素，除了距离以外，人的个体行为也起了很大作用。与城市社会空间有关的研究主要包括居民对空间环境的感知行为研究和城市内部人口迁居行为研究[8]。

在居民对城市空间环境的感知行为研究中，主要运用城市意象空间研究理论。城市意象空间分析重视研究居民个人或群体对城市环境的感应，而感应是人类行为决策的基础。

在市场经济条件下，城市社会空间结构的变化常常是大量的城市内部迁居的结果。关于迁居行为的理论以家庭生命周期说和生活方式说最具代表性。生命周期循环会造成家庭结构变化，进而造成住房需求的变化，而迁居的主要功能是通过调整家庭住房来满足这种需求。

6. 结构主义学派

结构主义学派（Structuralism Approach）是由马克思主义的政治经济学发展而来的，着重关注空间现象背后所隐含的政治、经济体制，并针对新古典主义学派和行为学派中的不足提出了自己的见解。

在城市研究中开始引入社会的变量，运用结构主义和马克思主义的哲学基础和方法论去分析西方城市社会的空间问题。其主要的论点是：社会应作为一个整体，即结构，而结构包括经济、政治和意识形态三个层次，其经济层次表现为生产方式[9]。结构学派强调资本主义的城市问题是资本主义引发的社会矛盾的空间体现。因此，城市研究理论必须把城市发展过程与资本主义的社会结构联系起来，其核心是资本主义的生产方式和资本主义生产中的阶级关系。而城市物质环境的形成过程受到各种资本的影响，来获取剩余价值和实现资本积累，以满足资本再生产的要求。

结构学派认为，城市居住空间分异不仅反映了劳动力在生产领域中的地位差异，而且成为维持这种差异作为资本主义社会结构体系的组成部分的延续，因为公共设施的空间分布差异对于劳动力的再生产（特别是受教育的程度）具有重要影响。

在产业区位研究中，结构学派强调资本主义生产中社会关系的空间构成。在经济结构重组的过程中，资本的每一次流动（部类的和空间的），都会带来新一轮的劳动力地域分工，从而在各个地域形成特定的社会（劳资）关系构成，是城市演化的一个重要的机制[10]。

7. 时间地理学派

20世纪60年代后期瑞典地理学家哈格斯特朗（Torsten Hägerstrand）提出时间地理学，其通过批判计量革命时期区域科学研究对"人"的差异性的忽视，从人本主义思想和微观视角出发，将时间和空间在微观个体层面上结合，通过时空路径、时空棱柱等概念及符号系统构建时间地理学理论框架[11]，并由以他为首的伦德学派发展而成时间地理学派（Time-Geography Approach），创立了城市生活的空间模式与时间模式。该学派注重围绕人们活动的各种制约条件进行分析，在时间、空间轴上动态地、连续地研究人类活动对城市空间结构的影响[12]，同时提出了城市日常活动空间理论，对个人日常生活和社会条件之间的关系进行了研究[13]。相关研究认为社会在制约人们日常时间、空间利用的同时，又由人们的日常生活来构成，并指出时间地理学不能把人的行为过于描绘成社会条件制约下的被动反应。在关于资本主义生产方式对个人及家庭时间利用影响的研究中，普雷德不仅运用时间地理学方法分析日常生活方式的短期变化过程，而且涉及社会整体的变化以及生产方式的长期变化过程，在不同时间尺度上把社会经济制度与个人的日常生活结合起来，揭示了城市居民各种类型的日常生活活动，在时间上具有周期性，在空间上具有重叠性[14]。近年来，随着与 GIS 移动技术的不断结合，时间地理学在潜在活动空间与时空可达性测度方面取得了新的突破[15]。

6.2.2 主要研究方法

1. 社会区研究方法

美国社会学家史域奇（E. Shevky）和威廉斯（M. Williams）于 1949 年在《洛杉矶的社会区》一书中提出社会区研究，该研究是城市内部人口统计小区的一种类型化方法。1955 年史域奇和贝尔（W. Bell）共著《社会区分析》，在方法论上更加精确化。社会区分析是从整个城市的社会变动中演绎推导出城市的地域分化，具体步骤如下：

第一步，确定分析维度。选取反映现代产业社会变化的三种尺度，即各种关系深度和广度的变化、功能的分化、组织的复杂化；伴随现代产业社会变化存在三个发展趋向，即职业构成的变化、生活方式的变化和人口空间再分布的变化；进而通过分析形成三个复合概念：社会阶层、城市化和社会隔离。

第二步，对上述复合概念以人口统计小区为单位，选取能用数字表示的指标。比如社会状况用白领工人比率，家庭状况用女性就业比率和家庭人数，社会隔离用人种、出身地等。

第三步，分区计算上述三项指标的得分。

第四步，以这三项指标的组合情况决定各区的特性。

社会区分析的特点在于，不是从单方面而是从三方面对城市进行比较研究。例如，家况和社会地位是欧美和日本城市的普遍因子；民族状况为北美特有，西欧和日本不明显；印度的加尔各答和埃及的开罗则是其他影响因子，如土地利用、家庭、宗教、文盲比率等。

2. 因子生态分析方法

因子生态分析是在社会区分析方法的基础上发展起来的，现在已成为识别城市社会空间形成因子和空间类型的主要方法。所谓"因子生态分析"（Factorial Ecology）方法是因子分析和聚类分析方法的结合，它首先通过因子分析从大量的人口普查或其他社会经济变量中提取形成城市社会空间的主要"生态因子"并得到各因子得分，然后以因子得分为变量聚类分析，进而划分城市社会空间类型[8]，计算软件采用社会分析软件 SPSS。

因子生态分析和社会区分析的不同点在于，后者事先设定城市内部居住分化的主要因素，而前者则通过变量群的统计分析抽出主要因子。较有影响的研究有：美国学者瑞斯（P. H. Ress）于 1960 年代在研究芝加哥城市社会空间结构的形成和制约因素时，选取了 1324 个统计区作为研究单元，最后筛选出 12 项变量（文化程度、收入水平、年龄规模、种族状况、住房质量和住房新旧程度等）进行研究，经过数据处理得出芝加哥城市的社会空间结构；保罗·诺克斯（Paul Knox）于 1980 年代对美国马里兰州和巴尔的摩的研究，从现存的几个社会问题（下层阶级的标志、社会经济地位的支撑、移民结构、社会区贫困状况等）出发，从影响因素中最终选出 21 个变量，经过数据统计分析处理后，推断巴尔的摩的城市生态[16]。

6.3 模式与演变趋势

6.3.1 经典模式

在理论研究的基础上，城市社会空间结构形成若干经典的划分模式，主要包括同心圆模式、扇形模式和多核心模式。同心圆模式注重城市化，其基本原理是流入城市的移民集团的同化过程；扇形模式注重经济地位，焦点是不同地价住宅区的发展；多核心模式强调各种不同人口集团经济活动投影在城市地域上的不同地区[17]。这三者的关系并不对立，扇形和多核心均以同心圆为基础。另外，这三者又分别是社会分析和因子生态研究中的一个方面，城市因子生态结构分解后即是同心圆、扇形和局部集中的三种成分，所以说，这三种成分是城市地域结构组合的基本因素。

1. 同心圆模式

美国芝加哥大学社会学教授欧内斯特·伯吉斯（Emest Burgess）于 1925 年最早提出同心圆城市地域结构模型。这一模式显示，城市以不同功能的用地围绕单一的核心，有规律地向外扩展形成同心圆结构，并将它分为五个同心圆区域[18]（图 6-1）。

第一环是中央商务区。该区交通便利、用地紧张，是城市布局的中心。只有利润率较高、用地较少且具有较强竞争力的行业才能占据这一区域。在大城市的中心区域，人们一般可以看到大百货公司、摩天办公楼、大饭店、大剧院、博物馆以及市政厅等行业或设施。这些竞争力强的行业具有自我扩张、向边缘地带入侵的趋势。

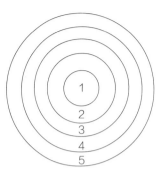

图 6-1 伯吉斯的同心圆模式
1—中央商务区（Central Business District）；
2—过渡区（Zone in Transition）；
3—工人住宅区（Zone of Working Men's Homes）；
4—高级住宅区（Residential Zone）；
5—通勤居住区（Commuting Zone）
资料来源：BURGESS E W.The city[M]. Chicago：University of Chicago Press，1925：47-62.

第二环是一个过渡区，聚集了贫民窟、单身公寓、移民区、仓库、工厂、赌场等低级机构。伯吉斯认为，该地带既是贫困、堕落、疾病集中的"退化地区"，又是一个新生的地区、一个产生激进思想的中心和一个艺术家聚居的地方；这种新的郊区和居住区中的居民在憧憬着一个新的、更美好的世界。

第三环为工人住宅区。这里的设施条件好于海外移民和贫民居住带，居民大多从第二环迁来，他们因顾及上班距离而聚居于此，实际上都希望继续沿离心的方向迁移。

第四环为高级住宅区。这一环由一些独门独院的住宅、高级公寓和一些大旅店组成，白领工人、职员和小商人等中产阶级住在这里。

第五环为通勤居住区，即经常持月票往返者（Commuter）的居住地带。这里分布着一些中上阶层的郊区住宅和小卫星城。这一区域远离工厂，环境优美，与市中心之间的距离大约在三四十分钟的车程。住在这里的居民大多在市中心工作，他们使用月票，往返于两地之间。

伯吉斯的同心圆区域模型反映出以下三个趋势：第一，随着城市的发展，存在着一种从城市中心向外扩散的趋势。当某个区域扩张时，它就侵入下一环，它的职能机构和居民也随之接替了原先的机构和居民。第二，从中心到边缘，各区域的居住密度依次递减，而交通费用依次递增。离市中心越远，土地价格越低，因而远离市中心可以拥有更大的居住面积和更好的居住环境，但也因此花费更多的时间和金钱在上下班往返上。这实际上也反映了居住在不同区域的人们在时间和金钱两方面的不同偿付能力。第三，竞争是调节城市布局的主要因素，是竞争导致了城市居民和城市职能机构在空间上的变动[19]。

2. 扇形模式

霍伊特（H. Hoyt）运用美国促进管理会 1934 年调查的 64 个中小城市的房租资料，按照房租高低分段统计提出扇形模式[20]（图 6-2）。

霍伊特认为，工厂往往位于水源附近并沿铁路线分布，而且近年来有建在城外的趋势。因此，工厂区的分布就呈现出从城市中心向外辐射的一种扇形结构；低收

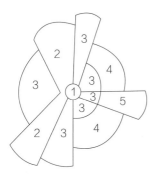

图6-2 霍伊特的扇形模式
1—中央商务区（Central Business District）；
2—批发商业区、轻工业区（Wholesale, Light Manufacturing）；
3—低级住宅区（Low-Class Residential）；
4—中等住宅区（Medium-Class Residential）；
5—高级住宅区（High-Class Residential）
资料来源：HOYT H. The structure and growth of residential neighborhoods in American cities[M]. Washington DC.: Federal Housing Administration, 1939.

入阶层往往居住在工厂附近的贫民窟、城市边缘的棚户区和高收入人群搬走后留下的旧城区；中产阶级和富裕的上层人士则会选择离工业区较远、治安和环境较好的地区居住，这些地区往往位于城市的边缘。

霍伊特的扇形模式包含着四个假设：第一，高租金地区大多沿着建设完善的交通线路发展；第二，高租金住宅区扩张的地区通常并没有形成人为的障碍，倾向于向高地与河边发展；第三，高租金出租公寓通常出现在商业区附近；第四，高租金地区位置紧挨中等租金地区。

与伯吉斯的同心圆模式相比，霍伊特的扇形模式是在对众多城市进行比较研究的基础上抽象出来的，因而在研究方法上比前者科学。此外，霍伊特的扇形模式考虑到的生态因素（如水源）和城市功能（如工业扇、教育扇、娱乐扇等）更多，因而能够更加灵活地解释城市空间的结构。而该模式的缺点则在于，只凭借房租这一个指标来概括和区分城市的地域特点而具有一定的片面性；而且该模式只是在伯吉斯的同心圆区域说的基础上强调了交通线路的作用，因此可以说扇形模式仍然是同心圆学说的一个变种。

3. 多核心模式

哈里斯和乌尔曼于1945年提出了多核心模式（图6-3）。他们认为，城市是由若干不连续的地域所组成的，这些地域分别围绕不同的核心而形成和发展。中央商务区不一定位于城市几何中心，但却是市区交通的焦点；批发和轻工业区虽靠近市中心，但又位于对外交通联系方便的地方；居住区仍分为三类，低级住宅区靠近中央商务区和批发、轻工业区，中级住宅区和高级住宅区为了寻求好的居住环境常常偏向城市一侧发展，而且它们具有相应的城市次中心；重工业区和卫星城镇则布置在城市的郊区[21]。

与同心圆模式和扇形模式相比，多核心模式主要具有以下四个优点：第一，多核心模式不但指出在城市中起中心作用的商业区不止一个，而且指出城市的生长是围绕多个中心进行的（如商业中心、工业中心、各种住宅中心等）；第二，该模式强调了在当时尚属发育不足的郊区的存在；第三，它强调了生态环境对城市地域分布

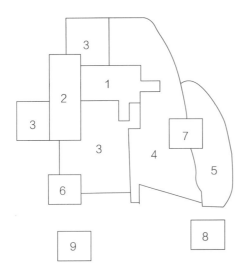

图6-3 哈里斯—乌尔曼的多核心模式
1—中央商务区（Central Business District）；
2—批发商业区、轻工业区（Wholesale，Light Manufacturing）；
3—低级住宅区（Low-class Residential）；
4—中等住宅区（Medium-class Residential）；
5—高级住宅区（High-class Residential）；
6—重工业区（Heavy Manufacturing）；
7—外围商业区（Outer Business District）；
8—近郊住宅区（Residential Suburbs）；
9—近郊工业区（Industrial Suburbs）
资料来源：HARRIS C D，ULLMAN E L.The nature of cities[J]. Annals of the American academy of political and social science，1945（242）：7-17.

的影响；第四，强调了交通条件对城市区域的分割和离心化的影响。多核心模式的不足在于，它对城市各核心间的职能联系讨论较少，也没有深入分析不同核心之间的等级差别和它们在城市总体发展中的地位[22]。

6.3.2 现代城市社会空间结构模式

1. 西方发达国家关于社会空间结构模式的研究

三大经典模式都是在对美国特定时段城市分析与归纳的基础上提出的，具有一定的局限性。在"二战"后，出现了许多新的影响城市增长的因素，而这些因素又反映了社会的变化，如城市经济的逆工业化、居民的郊区化趋势、服务经济的出现、商业及工业的离心化发展。此后的研究大部分是对三大经典模式在不同历史传统和文化背景下的城市进行验证和进一步修正，形成了一些新的城市社会空间模式[8]。同时，由于城郊的发展，城市学家们开始了对城区—边缘区—影响区三分法的探索[12]。

其中，比较典型的有迪肯森（R. E. Dikinson）的三地带模式，即城市地域结构从市中心向外发展按中央地带、中间地带和外缘地带或郊区地带依次排列[12]。三地带模式是城市边缘区（即所谓中间地带）研究的先河，随后由此衍生了塔弗的理想城市模式、洛斯乌姆的区域城市结构模式、穆勒的大都市结构模式。

（1）塔弗的理想城市模式

塔弗（E. J. Taaffe）、加纳（B. J. Garner）和蒂托斯（M. H. Teatos）在1963年从城市社会学角度针对城市发展提出了城市地域理想结构模式（图6-4）。

塔弗等的城市地域理想结构模式主要由五个部分组成[12]：

1）中央商务区：由比较集中的摩天大楼、银行、保险公司的总办事机构、股票交易市场、百货商店和文化娱乐场所组成。

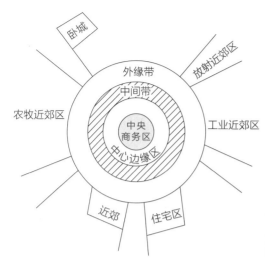

图6-4 塔弗等人的城市地域理想结构模式
资料来源：顾朝林，刘佳燕，等.城市社会学[M].2版.北京：清华大学出版社，2013.

2）中心边缘区：从中央商务区向外围延伸，由商业地段、工业小区和住宅区等若干扇面组成。

3）中间带：具有混合型社会经济活动特征，由高级、中级和低级单元住宅区组成，且高密度住宅区距中央商务区较近，低密度住宅区距其较远。

4）外缘带：该地区为城市新区，逐渐发展起轻工业，尤其是大耗电及需要大量空间的食品、服装、纺织、日用化工产业，拥有独户住宅的中等收入群体最终形成连片住宅区。与此同时，本区域道路交通便利，多拥有区域性干道枢纽和环城道路。中等收入群体聚集与道路交通优势并存，使各种中级旅馆、大型购物中心、大面积停车场均分布于此。

5）近郊区：由于城市对外高速公路向该区辐射，使该区拥有非常便利的交通条件，逐步形成近郊住宅区、近郊工业区和近郊农牧区等。

（2）洛斯乌姆的区域城市结构模式

洛斯乌姆（L. H. Russwurm）于1975年在研究了城市地区和乡村腹地以后发现，在城市地区和乡村腹地之间存在着一个连续的统一体，他在"城市边缘区和城市影响区"一文中描述了现代城市社会空间结构[12]（图6-5）。

洛斯乌姆的区域城市结构模式主要由四个部分组成[12]：

1）城市核心区：该地区主要包含城市建成区和城市新区地带。城市建成区指在行政辖区范围内已完成建设的集中连片的非农业生产地区。城市新区地带有三个特征：一是与城市建成区相连的楔状连片地区；二是包含新建的居住区、工厂、港口码头、休闲公园和娱乐场所等；三是已没有农业用地。

2）城市边缘区：该地区位于城市核心区外围，土地利用已处于乡村转变为城市的高级阶段，是城市向外发展的渗透扩展地带，也是乡村城市化和郊区城市化的

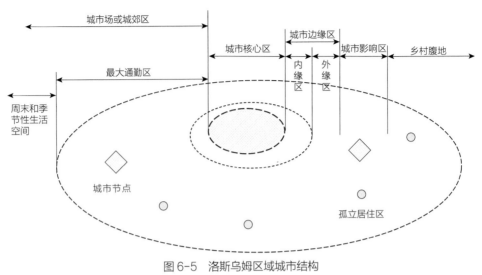

图 6-5 洛斯乌姆区域城市结构

资料来源：顾朝林，刘佳燕，等．城市社会学[M]．2版．北京：清华大学出版社，2013.

重点地区。已发展成为介于城市和乡村间的连续统一体。

3）城市影响区：该地区位于城市边缘区外部，理论层面是城市外围投资区位选择、市场分配、产品流通、技术转让、产业扩散等多种经济活动共同发生与作用所涉及的最大地域范围。该区域由于物资、商品、劳力、金融和信息的向心吸引，显示出距离城市中心愈近，影响力愈大，反之亦然的结果。最终，具有空间往外扩散并逐渐过渡到另一个城市影响区的空间结构特征。

4）乡村腹地：该地区为城市影响区外围的广大区域，由众多乡村组成。周边多个城市中心均影响其发展，没有与单独某一个城市有明显的内在联系。

（3）穆勒的大都市结构模式

穆勒（Muller）于1981年在研究日益郊区化的大都市地区后，运用范斯（Vance）提出的城市地域概念，对多核心模式作进一步的扩展，提出了新的大都市空间结构模式[12]（图6-6）。

该模式与多核心模式相比，可以称为多中心模式，由四部分组成：分别是衰落的中心城市、内郊区、外郊区和城市边缘区；在大都市地区，除正处于衰落阶段的中心城市外，在外郊区正形成若干个小城市，其依据自然生态环境、区域交通网络、经济活动的内部区域化，形成各自特定的城市地域，再由这些特定的城市地域组合成大都市地区[12]。

2. 发展中国家关于社会空间结构模式的研究

以上各种模式的研究大多是针对欧美等发达国家的城市研究，很多学者也对发展中国家展开了研究，主要以麦吉的东南亚殖民化城市模式和南非种族隔离下的城市空间结构模式为典型代表。

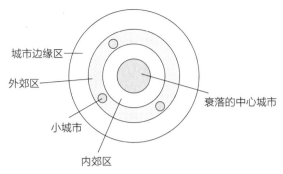

图 6-6　穆勒的大都市地域结构模式

资料来源：顾朝林，刘佳燕，等. 城市社会学 [M]. 2 版. 北京：清华大学出版社，2013.

（1）麦吉的东南亚殖民化城市模式

麦吉（T. G. McGee）通过对大量东南亚殖民地城市空间结构的研究发现，现代城市是由前工业社会城市和工业社会城市两种文化相互作用而发展起来的[12]。他在1967 年提出的东南亚港口城市社会空间结构模式，正是人类生态学派经典模式在殖民地和发展中国家城市的应用[23]（图 6-7）。麦吉认为，由于殖民地城市经济上的二元化，其在城市地域空间上往往也存在着两类不同的商业中心，并且以此为中心形成整个城市空间结构[8]。从图中可以了解到，东南亚城市在已西方化了的中央商务区和外围商业区之间存在明显的差异，边缘地带的工业区和内城的家庭手工业之间也存在明显的差异，即使在拥挤的商店、街道和中产阶级居住区之间也存在乡村空间结构[12]。

（2）南非种族隔离下的城市空间结构模式

1991 年，雷蒙（Lemon）给出了南非种族隔离下的城市空间结构模型，该模型反映了在长期种族隔离状态下的城市社会空间结构格局，城市的中央为分种族的CBD，白人居住区占据着大量的城市空间，高级居住区两旁依次为中等白人居住区、

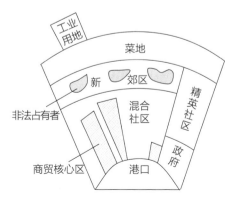

图 6-7　麦吉的东南亚港口城市空间结构模式

资料来源：顾朝林. 人文地理学导论 [M]. 北京：科学出版社，2012：119-120.

低等白人居住区。在低等白人居住区和有色人种居住区之间存在着缓冲带。这种层次分明的居住区结构深受种族隔离政策因素的制约[24]。

(3) 中国的城市社会空间结构模式的研究

城市社会空间结构研究在中国起步相对较晚，并没有涉及很大范围，研究主要集中在比较典型的南京、上海、广州、北京、武汉等一些特大城市。研究者采用分街道数据对社会区进行划分：例如1989年许学强等采用居民出行调查和房屋普查数据，对1985年的广州进行因子生态分析，提炼社会空间结构模式和主导机制[25]；冯建、周一星采用北京1982年和2000年两次人口普查的分街道数据，对北京的社会空间结构进行划分，并从宏观、中观、微观三个层次进行解释。他们的研究表明，转型期北京的社会空间正不断趋向复杂化[26]。冯健、张琦楠进一步以武汉市外环线以内区域为对象，采用武汉2010年六普分街道（乡镇）数据，运用社会区因子生态分析方法，对武汉城市社会空间结构及其分异进行研究，结果表明武汉城市社会空间系统的空间分布相对不均衡，城市空间格局仍处在演化重构的过程之中[27]。下文以南京和上海为例进行分析。

1）南京

通过社会区分析，得出南京城市社会空间分布呈现出明显的"三圈层"结构：城市本地户口居民集中分布的老城区，在老城区渐进蔓延基础上形成的中间圈层，城市远郊区为主的外围圈层；圈层内部的城市社会区空间分布以"圈层+扇形"的复合结构为主[28]。具体又分为高社会经济地位人口聚居区、工薪阶层集中分布的老城区、城市边缘工薪阶层与外来人口混居区、主城边缘外来人口聚居区、城郊工业基础较好的人口聚居区、农业人口分布区[28]（图6-8）。

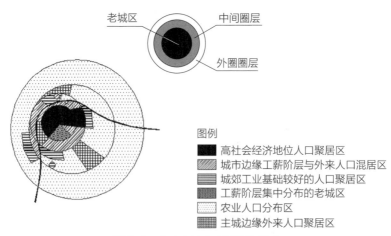

图6-8 南京市社会空间结构模式

资料来源：徐昀，汪珠，朱喜钢，等. 南京城市社会区空间结构：基于第五次人口普查数据的因子生态分析[J]. 地理研究，2009，28（2）：484-498.

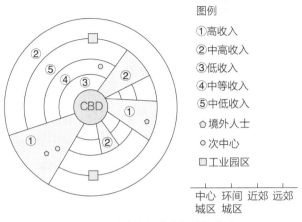

图 6-9 上海市社会空间结构模式

资料来源：杨上广. 大城市社会极化的空间响应研究 [D]. 上海：华东师范大学，2005.

2）上海

上海的城市社会空间结构模式主要由四大圈层、四大扇区、两个次中心组成，从中可以看出，上海城市社会空间结构模式主要由同心圆、扇形、次中心三个模式叠加而成（图 6-9）[29]。

四大圈层主要是：①围绕 CBD 的内城区。以中高收入为主，还有部分低收入、贫困的本地城市居民和外来流动人口，居住在中心城区未改造过的旧式里弄、简屋中。②中环线附近的环间城区。以中等收入的普通工薪阶层为主，他们主要居住在老公房和新建的中档商品住房中。③近郊区。由于地处城乡接合部，交通便利，是外来流动人口的主要聚居带，此外，由于这里有大量的拆迁商品安置房，因此也是中低收入人群的聚居区。④远郊区。这里是上海独立型、经济型等中高档别墅的分布区，部分中高收入阶层从中心城区外迁[29]。

四大扇区包括：①浦西高收入扇区，是上海最早的公共租界区和传统高档住宅区；②浦东新区高收入扇区；③沿黄浦江向北向南两个扇区，这里以中高收入阶层为主[29]。

两大次中心是：北区的五角场、南区的徐家汇商圈[29]。

6.3.3 变化因素与趋势

城市的经济、社会、政治、文化等方面的变化，对城市地域结构的变化产生很大影响，由此可判断未来城市发展的趋势和可能方向。

1. 经济因素

经济因素是城市空间演变的主要影响因素。经济市场化使得城市空间结构的形成更加多元化和复杂化。世界经济变化的主要空间结果表现为：①西欧、北美工业中心地带的许多城市的去工业化，呈现制造业空洞化；②大城市圈内部制造业和服务业离心化；③一些大城市成为专门的生产、处理信息和知识的世界城市化[12]。

2. 社会因素

首先是家庭结构的变化。随着社会的进步与发展，人们越来越倾向于选择适合自我发展的生活状态。单亲、单身等非传统家庭剧增，非传统住宅和非传统的城市服务逐渐增多，并且由于母子单亲家庭增多和劳动力市场的压力使女性在城市社会空间结构中地位突显出来，也进一步产生了新的城市贫困。

其次是城市人口负增长。首先是家庭主义向消费主义转变，女性就业率提高，独立收入增加，结婚意愿降低；其次，社会压力不断加大，过高的房价、稀缺的教育资源、不断增加的养老压力等，导致女性的生育意愿降低，或者生育推迟，进一步加剧了人口的负增长。

再次是老龄化社会。据第七次全国人口普查数据显示，2020年，我国60岁及以上人口占18.70%，其中65岁及以上人口占13.50%，我国已经全面进入老龄化社会。老年人需要特殊的健康设施、家庭看护和特殊的交通及环境。

最后是生活意识的变化。随着生活水平的不断提高和价值观的变化，人们逐渐厌倦大都市的喧闹而越来越向往田园生活，居住的郊区化发展以及近年来出现的绅士化现象等对城市的居住空间产生了深刻的影响。

这些新社会空间现象的出现并不意味着给城市带来全新的空间结构，但无疑社会和空间的不平等在各个层面的城市尺度均加剧了城市的分化格局[30]。

3. 政治因素

政治因素主要体现在国家层面的宏观政策影响和城市层面的微观政策影响。在强政府的社会中，不同的层面分别通过土地、金融、房地产等政策与法律，对城市社会空间的演变起着强烈影响，而在城市的功能分区、房地产的金融政策、动拆迁户、中低收入人群的安置等方面也无不体现政策的影响[29]。具体体现在三个方面：①各国采用公共住房与城市更新相结合的政策，旨在针对低收入群体，但在某些程度上却使得弱势群体居住空间边缘化，成为工人阶级、农民、单亲家庭、移民及其后裔的聚居地，而内城更新则推动了绅士化和郊区化的浪潮。②税收制度区别化。城市政府的规划管治对于城市不同阶层的居住分异也起着"看门人"作用。如郊区地方政府出于对住房财产税、住房收入税等税收的经济要求，运用区划法极力维护郊区高房价以吸引高收入家庭并排斥低收入家庭，从而保持其辖区的高财产税和收入税，而这实际上是地方政府运用区划法实施居住隔离政策，阻碍低收入者从市中心向郊区迁移[29]。③城市政策的引导促使城市集聚扩大。如今单核城市的向心化与离心化理论不再适合，政府已积极引导城市的扩张，使之成为多核心的大都市区、巨型城市等。

这些城市政策成为社会破碎化、社会隔离、社会分化的重要因素，贫富差距越来越大，人们生活方式的差异逐渐拉大，人们由于共同的价值及认同形成小团体并分散在城市当中。同时，由于城市群空间结构内部高度统一化和集中化，经济结构的重组、产业结构的调整，很容易拉开人群在收入水平上的差距，促使社会分异现象越来越明显。

4. 文化因素

社会文化中，对城市社会空间结构的影响表现在种族文化、地域文化、民族文化等方面，并由于某些因素而形成特定的空间聚落。

种族文化中最突出的是白种人、黄种人和黑种人各自拥有完全不同的文化背景，现实中也具有各异的文化习惯。例如美国的唐人街、广州的黑人区等，他们由于生活方式、文化传统与当地文化的差别，为了生活的方便、相互关心与支持而聚集在一起，形成了一个自己的族裔聚集区。

在地域文化中，以亲情、血缘和地域为特征的文化在城市中表现得尤为明显，乡村人口进入城市的主体是农民工，而大多数的农民工是依靠先期进城的同乡、同学以及亲戚、朋友的引荐、介绍而进入城市[31]。乡村人口进入城市之后，具有大分散、小聚居的特点。在我国许多城市的城乡接合部，小聚居的特点尤为明显，比如北京的"浙江村"、广州沙河的"潮汕村"、广州的"湖北村"等。在这些聚居区中，地域和血缘关系得以强化，地方语言与独特的地域乡土文化得以保持，因而内聚性强。流动人口通过积极主动的日常生活实践，推动了独特的乡缘聚居空间的成形[32]。这些地方往往被称为城市里的村庄，即"城中村"，进入城市的乡村人口行为方式仍然具有乡村的特点。

在民族文化中，强烈的民族认同感、民族意识使少数民族相对聚集在一起。当进入城市的少数民族及外来民族成员强烈地感受到了我族与他族的不同，这种强烈的"非我族类"的民族认同使少数民族及外来民族成员常常聚族而居、聚族为业，具有"生业聚合"的特点。例如，广州三元里的"新疆街"等维吾尔族聚居区、武汉的马家庄和起义街等回族聚居区就是这种少数民族聚落；武汉市维吾尔族农民工居住格局也呈现"大分散、小聚居"的特点[33]。

6.3.4 全球化下城市社会空间转型

随着通信交流、交通通勤技术等的飞速发展，全球化已将世界连成紧密联系的一个整体，人们仿佛置身于不断缩小的"地球村"之中，时间距离和空间距离均被急剧压缩。大卫·哈维（David Harvey）著名的"时空压缩"（Tempo-Spatial Compression）概念描述道：当今世界的时间和空间均被压缩，以至于距离开始变得不那么重要[34]。近年来，无论是对全球城市体系的顶端城市"全球城市""世界城市"的研究，还是对其他处于"全球化"进程中的城市的研究,均表明了社会空间不平等的加剧趋势。

1. "全球城市"的社会空间分异

通过对全球城市纽约、伦敦和东京的研究,社会学家萨斯基娅·萨森(Saskia Sassen)指出,全球化影响最甚的此类城市表现出明显的社会空间分异特征,"总的结果,是收入差距变得更大了"。城市几乎成为名副其实的"双城",富与穷、白与黑、天堂与地狱,差别迥异的两类群体在经济、社会和文化全球化最为密集的地区相遇,进而塑造出极为不平等的社会空间格局[35]。

全球化表现为明显带动或推动不平等趋势的力量,与全球化联系甚为紧密的地区,其社会空间的分化与分异的强度也更为剧烈。一方面,尽管经济联系的全球化带来经济活动的地理分散乃至跨国经营,然而这一边界扩张也带来了对于中心控制功能的更大依赖与更高要求,进而使得特定精英群体的城市聚集成为必需,典型的如纽约、东京等地。另一方面,全球化下人口的自由流动使得大量跨国移民在此类城市聚集,而他们所填补的则是低端劳动力市场与服务业,以此维系整个城市的运行与再生产。例如,在纽约中央公园,每天都可以看到诸多带着白人小孩游憩的黑人保姆;多数纽约的售货员、服务员均为拉美裔移民;每到周末,在香港的各个街角公园,都挤满了休憩的菲佣和印佣。

事实上,城市社会空间分异是当代城市研究的核心议题之一。经济国际化和信息技术的成熟发展以及资本流与劳动流变动的加剧等原因,促成全球生产活动的分散化重组。在产业结构上,一方面是工业、制造业等劳动密集型产业向发展中国家转移,造成西方城市普遍"去工业化";另一方面是"生产者服务业(生产性服务业)"(商业、银行、传媒、金融等)在"全球城市"集聚以发挥全球性的管理控制功能。萨斯基娅·萨森指出,"全球城市"纽约、伦敦和东京正出现社会空间结构分异。跨国公司总部和国际精英人才聚集,工业、制造业紧缩,服务业增长;日益增加的国际移民为城市低技术、低工资的服务业发展提供劳动力。两头小、中间大的梭形社会结构转变为中间小、两头大的沙漏钟形社会结构。而与之对应的社会空间特征表现为以不同收入水平为基础而形成的居住空间分异、郊区化、底层阶级聚居等形态。

2. 全球化下的城市社会空间重构

冯·科姆本(Van Kempen)和皮特·马库斯(Marcuse)指出,全球化中的城市也正面临剧烈的社会空间重构,具体表现在四个方面:高收入人群的堡垒社区(Citadels)、绅士化的社区(Gentrified Neighbourhoods)、排外的聚居区(Exclusionary Enclaves)和被主流社会排斥的种族"隔陀"(Excluded "Racial" Ghettos)。空间资源分配的不平等正在加剧,这一进程与由宏观到微观的全球化、新自由主义、城市管治的重构以及种族和历史等因素交织在一起[36]。

尽管这些新社会空间现象的出现并不意味着全球化正给城市带来全新的空间结构，但无疑社会和空间的不平等在各层面的城市尺度均有所加剧，富者更富、穷者更穷的"马太效用"极为明显[37]。无论是在信奉自由市场经济的国家、福利国家，还是转型经济国家，居住分化格局的加剧尤其是少数种族居住隔离正成为当代城市普遍面临的问题。从1930年代美国政府设立"住房贷款公司"到1950—1960年代福利国家提供公屋，均加剧了少数种族尤其是黑人的聚居[38]。例如，波士顿、底特律和宾州等地的公屋区成为贫困黑人聚居地。特别是在瑞典、荷兰、英国等福利国家，贫困阶层在公屋区聚居明显；"客工"（Guestworkers）政策带来大量外国移民，公屋为外国移民或有色人种所租用，造成所谓残余化租赁（Tenure Residualization）[39]。而在发展中国家，类似的转型也在发生。很多城市原有的阶层高度混杂的共生居住区逐渐消失，在住宅商品化过程中，不同收入阶层的家庭通过"房价"等过滤作用，在居住模式和居住区位上形成了明显的分化。不同阶层的人口，开始有规律地居住在城市中的不同区位[29]。

6.4 中国城市社会空间结构特征及其演变趋势

6.4.1 结构特征

结合中国城市的实际，主要从基本框架、现象表征等内容分析总结中国城市社会空间结构的基本特征为以下几个方面。

1. 以城市功能区布局为基础的城市社会空间分异的基本构架

在很多大城市，工业区形成工人居住区，行政区形成公务员居住区，科研文教区形成知识分子居住区，大型港口、枢纽车站附近形成交通业从业者居住区，部分城市的新开发区则形成以移民为主的居住区。各种类型的居住区也是不同类型的社会区，生活在不同社会区中的人们具有不同的职业特征、生活方式、文化理念等[27]。当然，城市中的各种功能区只是反映其最主要的功能，同时还包括其他一些次要的附属配套的功能，如工业区中仍然有行政机构、中小学、商业服务设施等。因此，一个社会区中的人口并不完全是同质的，如一个以工人为主的社会区中仍然可能有少部分知识分子、公务员等，但这种少量的异质人口占比较低，难以影响总体特征。

除了在大城市普遍性形成了以城市功能区布局为基础的城市社会空间分异的基本构架，在一些功能混合的旧城区或规模较小的城市则形成了各种功能混合在一起的混合社会空间结构。譬如，在多数大城市中，同样存在一些未经改造或微改造的旧城区，功能混合是其最大特点，商业、工业、行政、文教等各种功能混合在一起，不能突显某主体功能。功能的混合往往产生居住的混合，各种职业和文化背景的人们混居，社会空间分异不明显，形成一种混合的社会空间结构。此外，一些规模较小的城市由于不足以产生功能的地域分异，也形成一种混合社会空间结构。

2. 国内外移民的涌入形成了复杂的社会空间

伴随全球化的进程，一类新的社会空间（跨国、跨地区社会空间）在发展中国家不断出现，其特征与形成机制具有一定的独特性。全球城市和外籍人口聚居区都是紧随旧城改造而形成的，政府为解决旧城改造问题，积极吸引私人资本，使国外和国内的地产开发商介入旧城改造，外资地产公司凭借资本优势，在商务区或历史风貌区周边开发国际住宅区，吸引外籍人口入住，从而形成外籍人口聚居区[40]。除此之外，由于社会环境、宗教历史、跨国投资、移民投资、旧城改造等的兴起，中国的居住空间分异出现了新的维度——种族，即族裔聚居区，如广州远景路韩国人聚居区，是白云区政府与韩国投资开发商共同推动下的产物，政府利用部分韩商居住该地的契机，提出打造韩国人街的计划，并联合投资开发商对远景路进行空间升级改造，在此背景下韩商积极融入，形成业缘网络构筑的族裔经济体系，固化其在远景路的生活和生产空间，该聚居区是由基层政府（权力）、开发商（资本）、社会力量共同构建的空间生产过程与结果[41]。此外，还有上海龙柏韩国人聚居区、上海碧云欧美人口聚居区、上海古北地区日本人聚居区，其经济形态已经逐渐形成"聚居区族裔经济"，其中古北地区日本人族裔经济形成了以日本人聚居区为依托、以日本人为主要服务对象、中国人和日本人共同经营的特色[42]。据2019年上海市统计年鉴数据显示，2018年在沪外籍常住人口已达17.2万（表6-1），主要来自日本、美国、韩国、法国、德国、加拿大、澳大利亚、英国以及新加坡等（图6-10）；在沪外籍常住人口中，从事工作、学习、团聚、私人事务的人口分别占总数的53%、13.2%、15.7%、18.1%（图6-11）。

2004—2018年在沪外籍常住人口　　　　　表6-1

年份	2004年	2005年	2006年	2007年	2008年	2010年	2011年	2015年	2017年	2018年
人口（万人）	9	10	12	13.3	15.2	16.2	16.4	17.8	16.3	17.2

资料来源：2005—2019年上海统计年鉴.

这一新社会区的出现表明全球化正为中国城市创造源自"草根"力量的空间重构。一种"自下而上"的全球化进程正在中国出现，成为对城市产业重构和社会空间重组的最大外力因素[30]，同时这一现象的出现也加剧了中国中心城区的绅士化、城市的边缘化以及空间的分异化。

近年来，国内移民的趋势也呈现多元化现象。随着经济收入的提高与思想观念的转变，人们倾向于追求更高质量的生活水平，对居住环境、教育设施、文化设施、休闲娱乐设施的高质量需求日益增加。具体来看，国内移民聚居可总结为

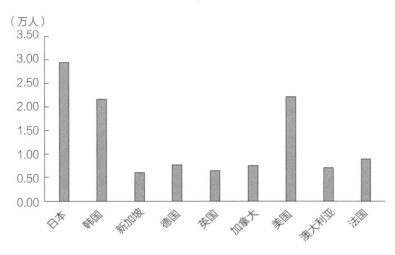

图 6-10 2018 年在沪外籍常住人口主要来源地
资料来源：2019 年上海统计年鉴.

三大类：①一类是乡—城人口迁移，乡村人口在城市出于安全、互助、文化认同等原因而形成同乡聚居区，也即"乡缘社区"，如广州的"湖北村"——一个制衣厂林立且以湖北籍流动人口为主体的城中村，乡缘社区为流动人口在大都市发展、扎根提供了一个"落脚点"，也为其实现市民化、向上流动和融入城市社会提供了一条快速通道[32]。②第二类是部分老年人为

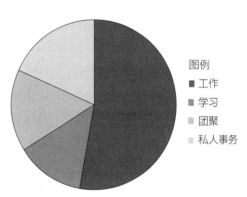

图 6-11 2018 年在沪外籍常住人口构成
资料来源：2019 年上海统计年鉴.

了躲避寒冷冬季，追求安全、舒适、温暖的居住环境，而成为候鸟旅游移民，也称"候鸟老人"。海南三亚、广西北海、云南西双版纳等地逐渐成为候鸟旅游移民的主要聚居地。海南省政协发布的数据显示，2017 年 10 月—2018 年 5 月，海南省"候鸟"数为 164.77 万人，其中，三亚达 41 万人，占全省总数的 24.9%，占三亚户籍人口总数的 70%；另外，据三亚市民政局统计，"候鸟老人"主要来自东北三省、西北地区及长三角一带，其中大多数为东北人，分布在三亚主城区及城郊[43]。③近年来逐渐兴起一类舒适性迁移行为，即城市居民基于对乡村生活的喜爱和对城市生活的反思和厌恶，为了享受乡村的自然环境、美学、游憩、休闲价值、生活方式而选择迁移到环境优美、设施齐全的乡村聚落居住，此类居民被称为"舒适性移民"，由此引发舒适移民型乡村绅士化现象，驱动乡村社会空间的变迁[44]。

3. 城市人口呈现显著的分异格局

（1）城市人口分布由同心圆模式趋向于多样化

我国城市发展的中心集聚特征仍然显著，每年都有大量的外来人口进入城区寻求就业，导致城市人口规模不断膨胀。市中心和旧城区由于形成历史长，购物和服务配套设施齐全，生活方便，形成人口的高密集区；越向边缘，形成历史越短，各种设施不齐全，人口密度也越低。因此，这些城市中心区表现为人口密度很高，文化职业构成复杂，年龄构成偏老，家庭规模较大，住房质量不高，人口的聚集大致呈现同心圆分布模式[45]。

而近年来，由于城市建成区的不断扩展、城市内部空间的不断重组，城市社会空间结构模式也趋于复杂化，同时也在整体同心圆结构基础上呈现出扇形结构、多核心结构等[8]。

在上海城市社会空间中居住空间总体呈现为同心圆、扇形和多中心三种模式的合成特征，可抽象概况为"两中心、三扇形、多圈层"模型：长宁古北和世纪公园两个高值中心；东西向沿着长宁区—徐汇区—静安区—卢湾区—黄浦区—浦东陆家嘴以及花木—世纪公园形成两个住宅租赁价格高值扇形区，轨道交通1号、3号与8号线沿线区域形成一个中等收入群体居住扇形区；围绕两个高值中心往城市边缘形成类同心圆圈层。

（2）以收入差距为主引起的显著居住分异格局

随着市场经济的发展，城市居民之间的职业、收入差距开始显现并逐渐拉大，住房商品化和市场化也成为不同阶层居住空间分异的助推器[7]，原来以职业差别为主要特征的城市居民之间出现以收入差异为基础的社会经济地位分化，并充分体现在居住方面。居住区在空间上呈现不均衡的分布态势，较高经济收入的人员往往会选择居住条件和居住环境较好的高级住宅区，而较低收入的人员则只能选择居住条件较差的廉价住房。在区位分布上则表现为较低收入的城市居民居住在旧城区未经改造的旧住宅或郊区廉价的新建住宅，高收入者则开始向城市周围地带的高级住宅区或别墅区集聚。随着城市经济的发展和城市化速度的加快，这些高收入阶层的居住区位的郊区化倾向将越来越明显，比如绅士化居住社区、郊区居住社区、租地居住社区、遗弃居住社区等。以长春市为例，长春市作为东北老工业基地的区域中心性城市，其居住空间演变经历了老城区形成时期混合居住、"满铁"附属地时期居住空间分异现象初显、"伪满"时期居住空间"两极"分化、计划经济时期居住空间均质布局、并轨时期居住空间分异现象凸显、市场经济时期居住空间分异现象的形成时期。不同类型居住区居住分异现象明显，高收入阶层居住的别墅区主要分布在生态环境优越、基础设施完善的城市开发区或城市公园周边，中收入阶层居住的普通住宅区集中分布在城市中心区和西北区域；低收入者居住的经济适用房小区则多分布在工业集中区和中心城市边缘区；棚户区分布在环境质量差、基础设施落后的旧城区和城市边缘区；不同收入阶层之间存在居住隔离现象，高收入与中低收入阶层严重居住隔离，中低收入阶层之间居住隔离现象不明显[46]。

除了职业、收入差距引起明显的居住分异格局外，还存在由于外来人口、家庭规模、老年人口、学历人口、少数民族人口等产生一定的空间聚集效应。如不断增加的老年人口出于对就医、服务等设施便利性的考虑而决定其居住区位；农业就业人口可能会偏好某些空间，因为要尽可能地节约土地成本，将价格昂贵的土地置换给用地更加集约的第三产业等。

6.4.2 形成机制

中国城市社会空间结构是在经济体制由计划经济向市场经济转变过程中形成的，同时受到经济、社会、政治、文化等多重因素的影响。在新的发展背景下，经济因素主要体现在交通条件的改善，社会因素主要体现在城市社会阶层分化，政治因素主要体现在城市规划、土地使用制度、住房制度、户籍制度等方面，文化因素主要体现在城市发展的历史继承性等方面。城市居民的收入差距逐步拉大，城市社会阶层分化日益显现，为城市社会空间的分化与重构提供了社会经济基础。城市的土地使用制度、住房分配制度、户籍制度等方面的制度改革，使得市场机制在城市空间资源配置过程中的作用日益增强，市场因素的影响逐步得以体现[8]。城市发展的历史继承性，使得不同历史时期的城市发展都在社会空间上留下痕迹并产生深刻影响。而交通条件的改善，无疑推动并加速了城市社会空间格局的变化。

以上海城市社会空间结构为例，从交通因素、城市社会阶层分化、城市规划因素、土地使用制度与住房福利分配制度、户籍制度、城市发展历史因素等方面解析城市社会空间的形成机制。

1. 交通条件的改善

高密度的居住环境和发达的城市交通体系是城市物质景观形态的两个重要特征。交通条件的改善主要影响着城市发展的空间格局，进而影响到土地利用的效率，从而加速或者衰减社会区分化的过程。综合交通系统通常被作为城市空间规划实现的重要手段和工具，随着交通技术的变革，上海市城市空间格局与交通系统的互生影响关系可分为道路雏形期、公路和道路模式下的城市空间演化、高速公路带动下的城市空间演化和轨道交通（涵盖高铁、城际铁路等）带动下的城市空间演化等阶段。总体上看，交通系统变革对城市空间的影响巨大，特别是在现代化、快速化交通服务工具的支撑下，上海市城市空间衍化呈现加速趋势[47]，见表6-2。

上海不同时期城市空间格局与交通变化关系　　　　　表6-2

交通发展阶段	时间阶段	城市发展特征	交通服务变革	对城市空间格局的影响
道路雏形期	新中国成立前	上海维持着单核推进的形态	城市道路发展缓慢，交通可达性弱	城市空间尺度小，中心城区突出紧凑、界限明显，郊区城镇规模小
以道路和公路交通体系为主导	1950至1990年代		公路、传统铁路，出行模式相对单一	快速干道引导中心城区呈现近距离蔓延格局，部分干线沿线市郊城镇节点能级得到提升
以高速公路体系为主导	1990年代至21世纪初（2005年）	工业区外扩和浦东开发促成上海都市区的成形	以高速公路体系建设和完善为标志，实现互通互联，加速中心城的联系、产业互动和就业及居住人口的流动	使得中心市区的经济腹地范围沿高速公路传导、蔓延、发散。强化新城、中心镇、新市镇与中心城的联系，产业互动和就业及居住人口的流动，郊区制造业空间布局体系基本形成，新城功能增强。新城连成一体，高速公路实现了互联互通，洋山深水港和国际航空港的功能得到一定释放
以轨道交通体系为主导	2005年以后	逐步融入全球生产体系；大型产业基地和新城在郊区布局	市郊铁路、高速铁路、城际轨道及城市轨道的建设，彻底改变传统的时空关系，区域交通体系发生重大变革	近期拓展中心城区空间范围，带动和支撑城市节点发展；未来落实新城副中心，强化反磁力作用，实现疏解与引导产业、人口，以大区域为单位，大尺度为核心的聚集，形成多核心、多轴带的复杂网络集聚体系

资料来源：马士江，周文娜，周翔，等.总规视角下上海城市空间与交通发展战略思考[C]//中国城市规划学会.多元与包容：2012中国城市规划年会论文集（05城市道路与交通规划）.昆明：云南科技出版社，2012：1-10.

2. 城市社会阶层分化

社会阶层分化是城市社会空间分异形成的社会经济基础。在计划经济时期，城市居民收入差距较小，城市社会空间也表现出相对均质的特征。改革开放以后，产业结构的调整、外来流动人口的大量涌入、所有制结构的变化、经济的全球化等因素使得城市居民收入差距拉大，城市社会结构发生转型，社会阶层分化日益显现。

在经济全球化的影响下，中国沿海地区一些城市呈现一定的全球城市特征，就业结构表现出两极趋势：一是具有熟练的、高工资水平的工作岗位的增长；一是非正式的、低工资岗位的增长。而随着产业结构的调整，大量的下岗职工产生，城市内部低收入群体规模扩大。在所有制结构变化方面，原来单一的公有制经济结构被以公有制为主体的多元经济结构替代，出现了个体私营企业主和个体工商户等新的社会阶层。而外来流动人口的大量涌入，使得城市社会阶层分化进一步加剧。总之，在上述因素的影响下，社会阶层分化现象逐步显现，成为中国城市社会空间结构演变的社会经济基础。

上海作为中国大都市的典型代表，其社会阶层分化特征逐步显现。从居民家庭

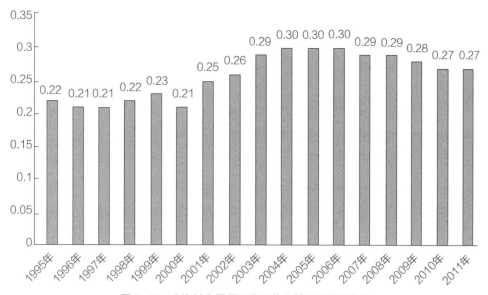

图 6-12 上海城市居民可支配收入基尼系数的变化

资料来源：江红，陈鹏. 城镇居民收入差距影响因素的回归分析：以 1995—2011 年上海市的数据为例 [J]. 中国集体经济，2013（25）：11-12.

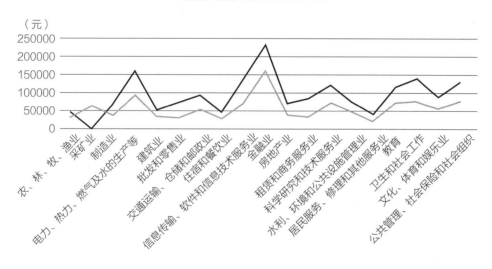

图例 —— 2017年 —— 2010年

图 6-13 上海市不同行业职工平均工资

资料来源：2011、2018 年上海统计年鉴.

人均可支配收入的基尼系数变化过程来看（图 6-12），2000—2004 年呈较快上升趋势，2004 年达到了 0.3，2004—2006 年保持平稳，2006 年以后逐步下降，表明居民之间的收入依然存在较大差距[48]。从不同行业的工资收入变化上也可看出居民收入差距拉大的情况（图 6-13），城市社会阶层分化日益显现。上海出现界限较为分明的五大社会阶层：即以领导干部为主，包括私人企业主、外商代理人在内的职业群体；以办事人员或职员为主的职业群体；以各类专业技术人员为主的职业群体；以商业从业人员为主的职业群体；以工人、农民、居民生活服务业人员为主的职业群体[29]。这五大职业群体层次十分明显，依次为上上阶层、中上阶层、中间阶层、中下阶层和下下阶层，在财富拥有水平上存在较大差异，社会阶层越高，其所拥有的财富值基本越多。

不同社会阶层由于其经济能力、价值观念及偏好的不同，对其居住区位、居住类型、居住环境的需求存在较为显著的差异，而社会经济地位的高低决定了其在城市空间资源竞争过程中所处的"生态位势"。高、低收入者在进行城市空间资源竞争时，低收入者明显处于劣势地位。城市内部优质的公共服务设施和生态环境的区位往往被高收入阶层所占据，低收入阶层则被迫不断边缘化。例如，上海市中心城区西南部分布了上海动物园、虹桥高尔夫球场、西郊宾馆等大型开敞空间，形成生活环境质量较高的居住区，这一区域交通发达、生活设施齐全，住房多以高档别墅和公寓为主，地价和房价都很高，形成上海高社会经济地位群体集聚的地区；而很多城市内部旧城改造的居民，由于无力支付城市中心地区的高房价，而被迫迁移到城市外围的新建住宅区，从而从"社会边缘化"群体转变为"空间边缘化"群体。

3. 城市规划因素

城市规划的基本任务是对城市空间进行安排和引导，不同历史时期的规划都在城市空间上留下了印记，对城市社会空间结构具有重要影响。例如，城市新区建设、旧城改造、大学城、开发区等，会在瞬间改变一个地方的城市空间属性。其中，居住空间的调整和布局对城市社会空间结构的影响最为深刻。

在新中国成立初期，我国借鉴苏联模式走快速工业化道路。城市成为工业生产中心，大部分城市形成了工业与居住相比邻的工业—居住综合体，城市社会空间结构与苏联规划模式高度相关。在1980年代，根据工业分布状况，按照就近工作、就地生活的原则在工业区附近规划了一系列住宅区。

上海的住宅区基本上是围绕现在的内环线呈环状分布的，形成了延续至今的公房居住带。为解决上海核心地区人口密度过高等问题，上海城市规划于1980年代确定了将城区人口向外围地区疏散的策略。为此，在1990年代以后，市政府在内外环线之间规划建设了众多大型居住区，并且其中有相当一部分为动迁安置房或经济适用房，因而内外环线之间成为住宅建设和接纳旧城区疏散人口的主要区域，形成人口导入的新建住宅区。

虹桥经济技术开发区和古北新区的规划建设，对虹桥地区成为上海沿虹桥路向西扩展的高社会经济地位居住区具有重要作用。虹桥经济技术开发区是上海市政府为安排外商投资建设旅游宾馆、贸易中心基地及驻沪领事馆基地而规划建设的涉外经济贸易区，古北新区则是配套开发的涉外高标准商品住宅区。虹桥地区邻近虹桥国际机场，对外交通方便，在此集中了近三分之一的驻沪领事馆，拥有上海动物园等大型绿地，居住环境优良，成为高社会经济地位人士青睐的居住区，其居民主要为外籍、港台地区人士及高收入阶层，从而形成了高社会经济地位居住区。

4. 土地使用制度改革

1950年代至改革开放前，我国城市长期实行国家所有、行政划拨、无偿无限期使用、禁止土地使用权转让的土地制度。这种传统的土地使用制度强调政府的行政指令而忽视市场机制的调节作用，土地级差地租效益难以发挥，形成了独特的单位大院式土地利用景观，造成土地资源的浪费，土地使用效益低下。

改革开放后，我国城市土地使用制度逐步实行了由无偿使用向有偿使用的改革。城市土地有偿使用制度的确立，使得土地的经济职能得以发挥，城市空间"商品化"[7]，直接推动了城市空间结构的演化，如城市中心高地租、高地价的推力使大量城区工业企业通过用地置换而更换至外围地区，城市旧城区则开始大规模改造，使城市空间发展遵循级差地租—空间竞争理论，形成城市地价和房价的分布呈现环状的空间格局，也进一步加快了城市郊区化的进程[17]。同时，也一定程度上提升了城市土地利用的社会经济效益，推动了城市土地利用结构的合理化和空间结构的优化，以及地域扩展在土地资源配置中市场机制的引入，由此引发城市空间按照市场原则进行重构，对城市社会空间格局产生了重要影响[8]。

1988年，上海市第一幅国有土地使用权出让成功，拉开了土地使用权有偿转让的序幕。随后土地作为市场化要素逐渐进入市场机制配置的过程中，巨大的土地经济潜能释放，使得城市中心低租金的使用功能纷纷通过土地置换的方式向城市中心外围的低租金区位转移，尤其是原有的大量位于城市中心的老旧住宅，往往在旧城改造的过程中选择郊区的土地进行搬迁安置，而城市中心的土地则用于土地收益率更高的第三产业[40]，工业用地和居住用地不断由市中心地区向外围地区迁移；同时，大量的土地批租为城市建设积累了资金，加快了市政工程建设和旧城改造步伐。进入1990年代，上海市政府加大对城市基础设施建设的投资，先后完成了内环高架、南北高架等大型市政工程建设，大量住房被拆除，导致大量居民外迁、城市不断扩张和郊区化。

综上所述，土地使用制度改革、工厂外迁和大量市政工程建设都产生了大量的动迁人口，拆迁搬家成为当期上海居民迁居的主要原因。而这些动迁人口的社会经济地位很低，难以承受市中心地区的高房价，大部分无法回迁，不得不选择城市边缘地区价格较低的住房，从而被动地"边缘化"，人口由内环线以内大量迁入内外环线之间的新建住宅，从而形成了大量人口导入的新建住宅区。

5. 住房福利分配制度及市场化改革

新中国成立后实行的住房实物福利分配制度以及改革开放后逐步实行的市场化

改革，都对城市社会空间结构产生了重要作用，体现出计划与市场的双重影响。

一方面，新中国成立后我国长期实行住房实物福利分配制度和以单位为基础的住房分配体制，将住房视为城市福利的一部分，城市住房绝大部分由政府投资建造，产权归国家所有，按单位分配，直接导致了以单位为基础的公房居住区形成。如前所述，1950年代末至1980年代初，上海市政府在当时的城市边缘地区规划兴建了大量住宅新村，并以单位为基础分配给职工，从而形成呈环状分布的单位公房居住带。尽管这些公房后来通过按成本价出售给职工实现了私有化，但其住房来源仍是福利分房时期建成的公房，居民从属于某个单位的状况变化不大，并且单位公房的数量巨大，在短时间内难以改变，单位公房居住区在住房分配市场化时期得以延续。

另一方面，随着1980年代后住房分配制度改革的开展和不断深入，特别是1998年年底取消住房实物分配、实行住房货币化分配以来，住房成为消费产品进入中国市场，重新分割以单位为基础的生产空间与社会空间[49]，居民可以根据自己的偏好选择购房，同时房地产开发商为了满足不同社会阶层的住房需求开发出不同档次的住宅，城市社会空间开始在市场机制的作用下按照居民收入的高低发生分化与重构[8]。住宅商品化使得住房的价格门槛成为同类收入水平的社会阶层和群体聚居在一起的主导因素[7]，普通市民和拆迁户由于经济条件的限制，难以承受市中心的高房价，大多选择位于城市外围地区价格相对低廉的新建住房，从而形成了以低收入阶层为主的新建住宅区。而商品住房价格较高的地区，购买对象则以高收入阶层居民为主。

6. 户籍制度的松动

早在1950年代，为了统筹安排城市食品供应和就业，限制农村人口盲目流入城市，中国开始实行户籍管理制度，开始筑起农村居民向城市迁移的壁垒[50]。改革开放以后，由严格的户籍管理制度所形成的城乡壁垒开始松动，市民所享有的特权也开始弱化，推动了城市化进程，大城市人口急剧膨胀。户口对从农村流入人口的限制作用也随之减少，导致城市中长期暂住人口的大量增加。据有关部门统计，目前中国大陆城市暂住人口和流动人口中80%属于农民工，他们形成一种特殊的暂住人口群体。根据上海市第七次全国人口普查主要数据公报，2020年，上海全市常住人口总数为2487.09万人。其中，全市常住人口中，外省市来沪常住人口为1047.97万人，占比42.1%，与2010年第六次全国人口普查相比，十年共增加1502.65万人，增长16.7%，年平均增长率为1.6%。

大量流动人口的涌入，使得在城市内部圈层地域之间经历了一个重新分配的过程，1980年代初期集中在中心区及其周围的近郊区，1990年代末已经发展到近郊区的边缘，而中心区的流动人口大幅减少[51]。进入21世纪，外来人口分异度相比其他社会群体是最高的，城市社会空间结构更趋极化，城中村和外来人口聚居区普遍形成，并在城市特定区域形成"移民村"这种城市新的空间形态。一方面，流动人口作为一种新生种群，其对城市空间的不断侵入，推动着城市空间的演替，使城市空间居住者发生更替。另一方面，流动人口自身的分层性也加剧了城市空间的分异和社会空间的极化现象，主要表现在从事小商贩、普通服务业、建筑行业的低收入流动人口居住的棚户、简屋区和以私人企业主、供职于外企等的高收入流动人口居住的高级公寓、别墅区两极。

7. 城市发展的历史因素

城市发展具有历史惯性，每个时期的城市发展基本上都建立在对前一时期城市空间结构继承的基础上，各阶段的城市发展特征都对现在和未来的城市社会空间结构产生重要影响。

以上海为例，1843年英、法、美等帝国入侵中国之时，将其变为租界城市，使得新中国成立前整个城市空间基本上是由法租界、公共租界和华界拼贴而成。租界的建立对上海城市社会空间格局产生了深远的影响，在居住空间环境上形成了以花园洋房为主的高级居住区和以棚户简屋为主的低级居住区之间的强烈反差。花园洋房住宅主要由当时的上层统治阶层居住，人口的社会经济地位较高，居住环境质量较好，主要分布在原法租界地区，集中在衡山路、虹桥路、愚园路、华山路、淮海西路一带；棚户、简屋区主要由城市产业工人和苏北等地来沪谋生的乡村人口居住，人口的社会经济地位较低，居住环境质量较差，主要散落在闸北、普陀、长宁、徐汇、杨浦和浦东等地区，在城市外围呈椭圆环带状缠绕分布。花园洋房高级住宅区和棚户、简屋居住区的空间分布格局，构成了上海城市社会空间的历史基础，并在上海形成呈扇形分化的"上只角"与"下只角"的社会空间意象，从而影响不同社会经济地位居民的择居行为，对城市社会空间的发展产生深远影响[52]。今天，上海西南扇面的高社会经济地位居住区就是对"上只角"区域的继承，并沿虹桥路向西和地铁一号线向西南扩展而形成；老城厢地区的小东门、豫园等街区则至今仍然是较低社会经济地位人口集中的区域[8]。

城市空间扩展过程也对上海城市社会空间产生了显著影响。上海城市空间的发展基本是以旧城区为中心呈"摊大饼"式向外扩展，住房的建成时间由里向外表现出明显的圈层式"年轮"特征，从而形成老年人集中的旧城区、高社会经济地位居住区、单位公房居住带、人口导入的新建住宅区、外来人口聚居区、农业人口散居区等呈圈层状分布的城市社会空间格局[8]。而上海现状的城市社会空间格局则表现为：市中心为中高收入阶层生活空间，市中心区周围为中等收入阶层生活空间，城市边缘区的中低价配套商品房为工业区配套的居住区生活空间及外来人口极差的棚户区生活空间，远郊区为中高收入阶层居住的双排、联排、叠加经济型别墅和独立型高档别墅[17]。

6.4.3 演变趋势

随着改革开放的逐渐深入，我国城市社会经济生活的各个方面都在发生着巨大的变化，城市社会空间形成的外部作用条件也发生了变化，从而使我国城市社会空间结构出现了一些新趋势。

1. 内城更新和绅士化进程加速

内城作为历史老城区往往住宅陈旧，基础设施差，人口密度居高不下。城市土地有偿使用制度和人居环境改善需求促使内城在政府主导下，由开发商介入进行改造更新，但造成的社会空间结果却是原有社区的破坏和绅士化。周尚意等运用景观生态学理论，分析北京市西城区德外大街改造工程对城市社会空间的侵入影响，发现德外大街"侵入"原为低密度的机关住宅区，并将其肢解，导致 7000 户居民搬迁，原社区破碎化，近于瓦解[4]。

鉴于我国旧城区临近 CBD，区位优越，政府主导、开发商参与的旧城改造往往导致原住居民异地搬迁，旧址兴建高尚住宅，发生绅士化。如上海著名的旧城改造项目"新天地"，将原来低收入阶层的聚居区转换为上海著名的"SOHO"区，成为高收入白领阶层的休闲娱乐场所。在广州，"三旧"改造政策的出台与亚运会的举办把旧城改造进程推向高潮，市政府还确定在亚运会前清拆其中 9 个"城中村"，加快六区零散危破房改造及三大旧城更新示范工程，即南华西、恩宁路、东濠涌及越秀南等连片危破房改造，这一规模浩大而快速的旧城改造运动全面推进了广州的绅士化进程[53]。广州市恩宁路改造，大量原住民被迫迁到较偏远城区，社区结构发生了重大变化，大量本地居民外迁引发的绅士化现象带来更多社会问题，如贫富差异加剧、部分搬离意愿低的原住民被迫迁离原社区等[54]。目前，广州呈现出以新建绅士化为主导，传统绅士化、学生绅士化与乡村绅士化相伴的绅士化进程[55]。

2. 内部因素日渐成为城市社会空间结构变化的重要因素

内部因素主要表现为社会经济地位和家庭结构。经济体制改革和对外开放使得城市中私有经济成分和外资经济成分大力发展，并与国有经济成分并存。人们之间的收入差距开始显现且逐渐拉大，原来以职业差别为主要特征的城市居民间出现了以收入差异为基础的社会经济地位分化。较高社会阶层的人多选择居住区位、条件和环境较好的高级住宅区和别墅区，而较低社会阶层的人们则多为旧住宅和新建的经济适用住房。从长远来看，低收入阶层的集聚和边缘化，造成了弱势群体的贫困化和居住空间边缘化[7]。

家庭结构是指居民家庭的人口规模、代宗数、婚姻状况、性别和年龄构成等。不同结构的家庭在住宅需求的类型和区位选择上有明显差别，住房制度的改革和房地产业的发展使得这种差别得以体现。例如，人口多的大家庭由于需要居室多、面积大的住房，多选择房价相对较低的城市边缘区，但随着我国家庭小型化趋势的出现，这种情况并不多见，实际上选择此区位的多为经济能力有限的较低收入者；中年有子女家庭由于考虑到子女就学和娱乐等因素，倾向于选择学校、游乐设施配套较完整的地段居住[17]；老年家庭由于子女成家迁居，对住宅面积需求减小，而考虑生活方便和避免孤独，多选择闹市区附近居住。随着家庭生命周期的更替而出现的家庭结构变化，会引起居民家庭对住宅类型和居住区位的调整，从而影响到城市社会空间结构。

3. 移民聚居区在城市中将大量涌现

我国农村经济体制改革、城市户籍管理制度的变化为城乡人口流动提供了条件，大量农业人口涌入城市。这些来自不同民族和籍贯地的城市外来移民出于安全、互助、文化认同等原因，产生同族、同乡聚居的倾向，从而在城市中形成民族聚居区和籍贯聚居区，如北京的"浙江村"（温州人聚居区）、"新疆村"（维吾尔族聚居区），广州的"湖北村"，其在区位上多位于城郊接合部。

同时，由于经济全球化的影响，大量的国外移民涌入中国，城市人口在不同城市间也有流动，形成了比较典型的族裔聚居区，如广州黑人聚居区。

4. 城市社会空间结构重构与分异现象日益显现

随着社会经济的发展，社会阶层分化越来越严重，各种内部、外部因素的影响使得城市社会空间结构趋向于重构化与分异化，主要反映在以下方面。

（1）城市社会空间的重构化

城市社会空间的重构表现在城市内部人口、经济、社会与文化等多方面的空间重构。在中国沿海地区许多特大城市，正同时经历城市化和城市现代化两个不同的历史阶段并进的复合过程。一些西方国家在经历了工业革命至第二次世界大战一百多年的"充分城市化"以后，才开始向城市现代化转换。而在中国大城市，西方经历过的两个不同历史阶段的历史任务，被压缩到同一个时代来完成，这种城市社会结构和城市社会空间的同时重构，使得城市许多社会问题在城市空间集聚。由于城市人口往郊区化扩散，郊区乡村人口城市化集聚，以及外来人口不断流入郊区新建工业区或城乡结合部，导致郊区以及城乡结合部原本的社区结构被打破，社会成员关系出现断裂，引发许多社会问题，社会重构任重道远。

（2）城市社会空间分异化与两极化

住宅的商品化和市场化为不同阶层根据其社会地位和收入提供了居住区位选择权。因此，随着城市的扩张和成熟，人口居住安排会趋于一个稳定结构，即依据不同的土地价值（地租），相同经济、收入阶层的社会群体会选择有相同价值取向和居住水平的住区，呈现居住空间分异现象。与此同时，这种空间分异现象进而演变成城市社会空间高贵化与贫困化并置，以此形成极端的社会空间两极化，成为当今中国城市转型的主要趋势之一。

中心城区由于旧城改造和房地产机构的推波助澜，大面积的旧城区被改造成高层公寓、高档商务写字楼，城市白领和城市富裕阶层大量侵入这一原本以低收入人群为主的市民居住区，形成以高收入阶层居住为主的新建高档居住区与原住贫困阶层居住的旧城区并置的城市社会空间形态。史密斯的地租差理论从住房的生命周期以及潜在地租出发，指出地租差的存在是内城社区出现高贵化的根本原因，而城市土地利用由计划的行政划拨走向市场是地租差在我国城市土地利用发挥作用的前提。城市中心区的高地租与高房价使城市中心的原中低收入居民很少能够返回原拆迁地，而高房价产生的"过滤"作用使城市其他地区的一批高收入者迅速在新建高档住宅区内集聚，未改造的旧城区则集中着贫困的底层阶层[56]。

以上海静安区大宁街道为例，大宁街道位于上海市内外环之间，居住空间主要分为单位公房社区、中低收入商品房社区和高收入商品房社区。单位公房社区主要集中分布在大宁街道的南部，多建于20世纪90年代之前，如建于改革开放之前的上工新村、宁馨小区，建筑以3~6层为主；中低收入商品房社区主要分布在大宁街道的东南和西南部，以平型关路615弄小区、建银曙光小区等为代表；高收入商品房社区主要集中在大宁街道中部和北部，中部主要是2000年以后开发建设的小区，如慧芝湖花园、宝华现代城和森林都市等，建设初期定位为高级居住社区。由于大宁街道所处的区域优势，目前，住区建设趋势基本以高档国际型社区为定位，如在建的静安府、金茂雅苑三期等小区更是预售价超过 10 万元 $/m^2$，形成高档国际型社区和周边中低收入社区高贵化和平民化并置的居住分布格局[57]。

随着社会极化和居住分异的加深，各种相互排斥的"双城""碎城""多极城市"的城市社会空间形态正在逐步形成。例如在上海，许多高档住宅区已形成防卫森严的"城市堡垒"，这些社区一般配套先进的防卫设备和24小时的保安人员，一般人无法接近。此外，随着境外人士的大量涌入，许多国际社区形成，产生新的居住"租界区"。由于国际社区硬件设施、物业管理和社区服务非常到位，而且物业公司一般只对业主负责，从而形成了相对封闭、与外界隔绝的独立空间。而在社会发展进程中掉队的居民区，则不幸成为低收入者和外来移民的聚居区，这两种类型的区域形成了城市中的"双城"现象。

（3）城乡接合部居住形态多元化、人口复杂化

城乡接合部作为城市区域与乡村区域的结合地，由于地理位置的特殊性，其居住形态呈现多元化态势。这里既有文化素质普遍较低，在城市中只能从事简单、不稳定、临时性、无保障和非熟练的低收入工作的进城农民工居住的棚户区，也有从事高新技术产业和现代服务业的私营企业主、高级管理人员等精英阶层居住的高雅别致、价格不菲的别墅区、高档社区。此外，城市近郊作为城市最为主要的居住地，还是中档商品房、动拆迁房、征地农民工安置房等的主要分布地。这里既形成高收入阶层的高档社区与城市社会最低阶层农民工居住的棚户区并置的空间格局，也形成城市多种社区并置而存的态势。

推荐阅读资料

1. 顾朝林，刘佳燕，等.城市社会学[M].2版.北京：清华大学出版社，2013.
2. 杨上广.中国大城市社会空间的演化[M].上海：华东理工大学出版社，2006：196.
3. 顾朝林.人文地理学导论[M].北京：科学出版社，2012.
4. 冯建.转型期中国城市内部空间重构[M].北京：科学出版社，2004：203-204.
5. 李志刚，顾朝林.中国城市社会空间结构转型[M].南京：东南大学出版社，2011：9-10.
6. 宣国富.转型期中国大城市社会空间结构研究[M].南京：东南大学出版社，2010：20-21.
7. 吴缚龙，马润潮，张京祥.转型与重构：中国城市发展多维透视[M].南京：东南大学出版社，2007.
8. 许学强，胡华颖，叶嘉安，等.广州市社会空间结构的因子生态分析[J].地理学报，1989，44（4）：385-399.
9. 易峥，阎小培，周春山.中国城市社会空间结构研究的回顾与展望[J].城市规划学刊，2003（1）：21-22.
10. 何深静，钱俊希，邓尚昆.转型期大城市多类绅士化现象探讨：基于广州市六个社区的案例分析[J].人文地理，2011，26（1）：44-49.
11. 刘云刚，周雯婷，黄徐璐，等.全球化背景下在华跨国移民社区的空间生产：广州远景路韩国人聚居区的案例研究[J].地理科学，2017，37（7）：976-986.

思考题

1. 谈谈对社会空间结构的理解。
2. 简述城市社会空间研究理论。
3. 简述城市社会空间结构研究方法。
4. 论述城市社会空间结构三大经典模型。
5. 论述城市社会空间结构的变化因素与趋势。
6. 论述社会主义城市社会空间结构的影响因素。
7. 结合你所生活的城市，分析城市社会空间结构未来的发展趋势。

本章参考文献

[1] BUTTIMER A. Social space in interdisciplinary perspective[J].Geographical Review，1969，59（3）：417-426.

[2] LEFEBVRE H. The production of space[M].Oxford：Blackwell，1991.

[3] 许学强，周一星，宁越敏．城市地理学 [M]．北京：高等教育出版社，2001.

[4] 周尚意，王海宁，范砾瑶．交通廊道对城市社会空间的侵入作用：以北京市德外大街改造工程为例 [J]．地理研究，2003（1）：96-104.

[5] 王均，孙冬虎，岳升阳，等．从人口分布看近代北京城市社会空间特征 [J]．城市史研究，2000（Z1）：1-17.

[6] 易峥，阎小培，周春山．中国城市社会空间结构研究的回顾与展望 [J]．城市规划学刊，2003（1）：21-22.

[7] 庞瑞秋．中国大城市社会空间分异研究 [D]．长春：东北师范大学，2009：31-32.

[8] 宣国富．转型期中国大城市社会空间结构研究 [M]．南京：东南大学出版社，2010：20-21.

[9] 黄亚平．城市空间理论与空间分析 [M]．南京：东南大学出版社，2002.

[10] 唐子来．西方城市空间结构研究的理论与方法 [J]．城市规划汇刊，1997（6）：2-9.

[11] HÄGERSTRAND T.What about people in regional science?[J]．Papers in Regional Science，1970，24（1）：7-24.

[12] 顾朝林，刘佳燕，等．城市社会学 [M]．2 版．北京：清华大学出版社，2013.

[13] PRED A. Production，family，and free time projects：a time geographic perspective on the individual and societal change in nineteenth century U.S. cities[J]. Journal of Historical Geography，1981（7）：3-36.

[14] 柴彦威．时间地理学的起源、主要概念及其应用 [J]．地理科学，1998（2）：67-69.

[15] 柴彦威，谭一洺，申悦，等．空间—行为互动理论构建的基本思路 [J]．地理研究，2017，36（10）：1959-1970.

[16] 谭日辉．一个南方城市的空间社会学研究 [M]．长沙：湖南人民出版社，2012：49-50.

[17] 杨广上．中国大城市社会空间的演化 [M]．上海：华东理工大学出版社，2006：196.

[18] BURGESS E W. The city[M].Chicago：University of Chicago Press，1925：47-62.

[19] 许英．城市社会学 [M]．济南：齐鲁书社，2002.

[20] HOYT H. The structure and growth of residential neighborhoods in American cities[M]. Washington DC.：Federal Housing Administration，1939.

[21] HARRIS C D，ULLMAN E L. The nature of cities[J]. Annals of the American academy of political and social science，1945（242）：7-17.

[22] 向德平．城市社会学 [M]．武汉：武汉大学出版社，2002：69-70.

[23] 顾朝林．人文地理学导论 [M]．北京：科学出版社，2012：119-120.

[24] LEMON A．Homes apart：South Africa's segregated cities[M].London：Paul Chapman，1991.

[25] 许学强，胡华颖，叶嘉安，等.广州市社会空间结构的因子生态分析[J].地理学报，1989，44（4）：385-399.

[26] 冯建，周一星.北京都市区社会空间结构及其演化（1982-2000）[J].地理研究，2003，22（4）：465-483.

[27] 冯健，张琦楠.城市社会空间结构及分异：基于武汉的实证研究[J].城市发展研究，2021，28（9）：49，66-78，86.

[28] 徐旳，汪珠，朱喜钢，等.南京城市社会区空间结构：基于第五次人口普查数据的因子生态分析[J].地理研究，2009，28（2）：484-498.

[29] 杨上广.大城市社会极化的空间响应研究[D].上海：华东师范大学，2005.

[30] 李志刚，顾朝林.中国城市社会空间结构转型[M].南京：东南大学出版社，2011：9-10.

[31] 杨侯第.中国城市文化与城市生态[M].呼和浩特：远方出版社，1998.

[32] 刘晔，李志刚，刘于琪，等.中国大城市流动人口聚居区的形成机制与社会影响：以广州"湖北村"为例[J].城市与区域规划研究，2020，12（2）：231-233，234-250.

[33] 哈尼克孜·吐拉克.维吾尔族流动人口内地城市融入研究：基于武汉市的调查[J].中南民族大学学报（人文社会科学版），2014，34（4）：63-69.

[34] HARVEY D. Spaces of hope[M]. Berkeley：University of California Press，2000.

[35] SASSEN S. The global city：New York，London，Tokyo[M]. Princeton：Princeton University Press，2001.

[36] MARCUSE P，KEMPEN van R. Globalizing cities：a new spatiyioning order？[M]. Oxford：Blackwell，2000.

[37] MARCUSE P. KEMPEN van R. Of States and Cities：the partitioning of urban space[M]. Oxford：Oxford University Press，2002.

[38] Kaplan and Woodhouse.Research in ethnic segregation I：causal factors[J]. Urban Geography，2004，25（6）：579-585.

[39] FORREST R，MURIE A. Residualisation and council housing：aspects of changing social relations of tenure[J]. Journal of Social Policy，1983（12）：453-468.

[40] 王丹.制度变迁背景下上海居住空间结构演化研究[D].上海：华东师范大学，2010：102-109.

[41] 刘云刚，周雯婷，黄徐璐，等.全球化背景下在华跨国移民社区的空间生产：广州远景路韩国人聚居区的案例研究[J].地理科学，2017，37（7）：976-986.

[42] 周雯婷，刘云刚.上海古北地区日本人聚居区族裔经济的形成特征[J].地理研究，2015，34（11）：2179-2194.

[43] 段圣奎，苏勤.老龄化背景下候鸟旅游移民迁移驱动力：以三亚为例[J].热带地理，2021，41（2）：441-448.

[44] 谭华云，许春晓.舒适移民型乡村绅士化空间格局及其形成机制：以广西巴马盘阳河流域为例[J].旅游学刊，2021，36（2）：40-53.

[45] 谢守红, 罗志刚. 新时期中国城市社会空间结构演变初探 [J]. 生产力研究, 2005（11）: 64-65.

[46] 郑艳玲, 王荣成, 甘静. 长春市居住空间分异特征与动力机制研究 [J]. 资源开发与市场, 2016, 32（3）: 327-332.

[47] 马士江, 周文娜, 周翔, 等. 总规视角下上海城市空间与交通发展战略思考 [C]// 中国城市规划学会. 多元与包容: 2012 中国城市规划年会论文集（05 城市道路与交通规划）. 昆明: 云南科技出版社, 2012: 1-10.

[48] 江红, 陈鹏. 城镇居民收入差距影响因素的回归分析: 以 1995—2011 年上海市的数据为例 [J]. 中国集体经济, 2013（25）: 11-12.

[49] 吴缚龙, 马润潮, 张京祥. 转型与重构: 中国城市发展多维透视 [M]. 南京: 东南大学出版社, 2007.

[50] 刘传江. 当代中国乡城人口流动的中间障碍因素分析 [M]. 北京: 人民出版社, 2002: 32-49.

[51] 冯建. 转型期中国城市内部空间重构 [M]. 北京: 科学出版社, 2004: 203-204.

[52] 黄怡. 住宅产业化进程中的居住隔离: 以上海为例 [J]. 现代城市研究, 2001（4）: 40-43.

[53] 陈嘉平, 何深静. 广州旧城区传统绅士化现象及其机制研究: 以荔湾区逢源街道耀华社区为例 [J]. 人文地理, 2012（4）: 38-39.

[54] 谭肖红, 谢涤湘, 吕斌, 等. 微更新转型语境下我国城市更新治理困境与实施反思: 以广州市恩宁路街区更新为例 [J]. 城市发展研究, 2020, 27（1）: 22-28.

[55] 何深静, 钱俊希, 邓尚昆. 转型期大城市多类绅士化现象探讨: 基于广州市六个社区的案例分析 [J]. 人文地理, 2011, 26（1）: 44-49.

[56] 吕露光. 城市居住空间分异及贫困人口分布状况研究: 以合肥市为例 [J]. 城市规划, 2004（3）: 74-77.

[57] 王慧莹. 上海静安区大宁街道社区公共服务设施规划实施策略 [J]. 规划师, 2019, 35（S1）: 76-80.

# 第 7 章

社区与社区规划

7.1 社区

7.1.1 概念与分类

1. 社区概念溯源

社区是社会学的一个基本概念，最早由德国社会学家滕尼斯（Tonnies）提出，并在其1887年的著作《社区与社会》（*Gemeinscharft und Gesellschaft*）中首次进行明确表述。他所指的社区（源自德语"Gemeinschaft"）主要是在以乡村和小城镇为主的前工业社会背景下，以血缘、情感、传统与共同纽带等作为整合力量，由具有共同价值取向的同质人口组成的关系密切、守望相助、富有人情味的社会关系和社会利益共同体[1]。

美国社会学家查尔斯·罗密斯（Charles Loomis）在英译滕尼斯的著作时，将社区的德文翻译为"Community"，并在原有社会整体关联意义的基础上赋予其实体意义，也即从"社区—社会"连续统概念扩展至社群、团体等具体的地域性生活"共同体"内涵[2, 3]。第二次世界大战后，受到芝加哥城市社会学派和英国社会人类学派的影响，社区概念更加强调其地域性[4]，从原先的社会"共同体"概念逐渐明确为具有地域空间意义的"社区"概念。以帕克为代表的美国社会学界更多地从功能主义出发，在制度、要素、结构与地域等角度进一步定义社区概念，例如，美国芝加哥学派代表帕克教授认为社区是"占据在一块被明确限定了的地域上的人群与组织制度的汇集"[5]。由于不同领域下对于社区概念的理解不同（表7-1），在社会学相关文献中针对"社区"的定义有多达140余种，其中存在一定的共识：①以定居为基础；②有一定的地域范围，但没有明确的、指定的地域边界或政治边界；③以日

早期关于"社区"的定义描述　　　　　表 7-1

人物	年份	书籍	对于社区的定义
滕尼斯（F. Tönnies）	1887 年	《礼俗社会与法理社会》	由同质人口组成的价值观念一致、关系密切、出入相友、守望互助的富有人情味的社会群体
帕克（R. E. Park）	1921 年	《社会学引论》	占据在一块被或多或少明确限定了的地域上的人群与制度的汇集
波普诺（D. Popenoe）	1974 年	《社会学》	一个地理区域内围绕着日常交往组织起来的群体
费孝通	1984 年	《社会学概论》	社区是若干社会群体（家庭、民族）或社会组织（机关、团体）聚集在同一地域里，形成一个在生活上相互关联的大集体

资料来源：根据本章参考文献 [1][5][7] 整理．

常生活为纽带发生联系，为了某些共同利益和共同目标而自发形成集体行动，基于共同利益、社会互动和集体行动而形成社会认同；④社区内部具有自发形成的权力结构，居民对社区事务拥有发言权[6]。

在我国，对于社区的概念理解与相关研究具有独特的社会经济体制背景。我国城市发展初期并没有明确的社区概念，直到 20 世纪 30 年代，包括费孝通在内的我国青年学者在翻译帕克的著作时，将其翻译为"社区"一词，进而引入这一社会学概念[7]。同时期，燕京学派著名社会学家吴文藻将社区研究进一步推广，并强调在中国特色语境下开展现代范畴的"社区研究"[8]。总体上，尽管国内外学者对社区的本质有着不同的理解，却对于社区的基本特征和要素方面具有普遍认同，即社区是由居住在一定地域内的人们组成的各种社会关系，及其从事的多种社会活动所构成的社会区域生活共同体[9~11]。

2. 社区相关概念辨析

1）社区与社会。基于社会学范畴，社区（Association）与社会（Society）这两个概念间存在差异。前者基于情感、传统和共同联系的自然意愿而自发形成社会关系；后者则基于人与人之间的理性意愿，先于或外于国家而结成社会关系。但现实中两者并不存在绝对的理想类型，因此没有绝对的区分。

2）社区与住区。住区包括居住区和住宅区，其中住宅区依据居住区用地构成中的住宅用地，因此住宅区可视为居住区的其中一个构成部分。根据《城市居住区规划设计标准》GB 50180—2018 中的定义，居住区是城市中住宅建筑相对集中布局的地区，并设有一定数量及规模的公共服务设施和公用配套设施，为居民提供居住、游憩和日常生活服务功能。社区与住区概念最大的分别在于，住区往往存在一定的实体边界，而社区更多指代从乡村到都市连续系统中的众多具有"共同体"意义下的场域性研究对象，在一定情况下并无明确的特定实体边界[12]。在社会学的早期研究中，往往用邻里、住区、街区来代替这种"场域"性的研究对象[4]，随着人本思想的不断深化，当前研究中更多地使用社区作为相对独立的社会单元加以研究。

3）城市行政社区。我国社区建设与社会经济背景息息相关，城市中的居住社区带有较强的行政色彩，通常指代由民政部门划定的、以街道为单位的居住社区，在部分地区则以街道办事处所管辖的范围作为社区发展单元（如上海等）[11]。2001年国务院发布《民政部关于在全国推进城市社区建设的意见》，将城市社区界定为"经过社区体制改革后作了规模调整的居民委员会辖区"，但现实中，城市社区通常以行政组织单位的管辖范围或居住小区的管理边界作为划分依据[13]。

3. 社区的分类

在国外社会学界，滕尼斯曾依据社会属性的不同，将社区分为三种类型：地区社区（以共同的地理空间为划分依据，包括邻里、村庄、城镇等）、非地区社区（以共同的精神意识为划分依据，包括宗教团体及某种职业群体）、亲属社区（以共同血缘关系为划分依据）。在我国，由于社会经济背景的独特性，社区类型的划分较为复杂，其中，对于城市社区的细分方面，我国研究学界已有大量文献积累，例如，早在1992年，吴缚龙便将中国城市社区分为四种类型：传统式街坊社区、单一式单位社区、混合式综合社区及演替式边缘社区[14]；在此基础上，2001年王颖提出类似的类型划分：传统街坊社区、单位公房社区、商品房社区和社会边缘化社区[15]；2013年，余颖等人从社会人口流动的角度提出了城市社区的六种类型："农转非"社区、"城中村"社区、外来人口集聚社区、旧城改造社区、单位制改造的生活社区及新建住宅社区[13]。总体而言，根据不同学科的侧重点不同，社区类型划分具有不同标准，以上列出的几类是根据社区空间形态和功能组织而划分的，目前在城市规划领域中应用较广，其余还有依据经济结构、人口密度、社会关系、区位分布等多种因素进行的划分（表7-2）[16]。

我国部分文献中关于社区的分类　　　　表7-2

分类依据	社区类型
区位分布	中心区居住社区、中心外围居住社区、边缘居住社区[17]； 旧城社区、单位社区、城中村、城乡接合部的边缘社区[18]
人口属性	法定社区、自然社区、专业性社区[19]； 血缘型社区、地缘型社区、业缘型社区[19]
历史发展	传统社区、发展中社区、发达社区、现代化社区[19]
经济结构	城市社区、小城镇社区、农村社区[19]； 新城市贫困社区、城市新富贵人社区、城市新移民社区、非正规社区、"全球化"城市社区[20]； 边缘社区、商品化社区、公房社区、传统社区[9]
社会形态	传统式街坊社区、单一式单位社区、混合式综合社区及演替式边缘社区[14]； 传统式街坊社区、单一式单位社区、混合式综合社区、演替式边缘社区、以房地产开发为主导的物业管理型社区、城市社会变迁中形成的流动人口聚居社区[17]； 传统街坊社区、单位公房社区、商品房社区和社会边缘化社区[15]； "农转非"社区、"城中村"社区、外来人口集聚社区、旧城改造社区、单位制改造的生活社区及新建住宅社区[13]

资料来源：根据本章参考文献[9][13]~[15][17]~[20]整理．

7.1.2 中国的城市社区

1980年代以来,随着我国经济体制和政治体制改革的不断深入,经济发展与工业化进程的加快,以及城市化水平的提高,我国很多大城市掀起了社区建设的热潮。但由于理论尚不成熟,实践缺乏经验,因而城市社区建设出现一些问题和矛盾。

1. 中国城市社区建设与发展

我国当代的社区建设兴起于民政部在1980年代中期所倡导的城市社区服务。1986年,民政部首次提出社区概念,随着住房体制的改革,在全国26个城市地区开展了社区建设试验,而后又逐步拓展为全方位的社区建设[21]。在城市社区建设的过程中,许多地方着眼于基层政权建设、社区服务、社区参与、社区环境、社区安全等目标,且积累了许多有效经验,如上海模式、沈阳模式、北京模式、江汉模式等。总体而言,我国的社区发展在生活、服务、文化、教育、治安等方面已取得较大进展,并共同促进了社区规划建设阶段的到来。然而,我国的城市社区仍存在诸多问题,具体包括运行机制尚不完善,设施无法满足需求,思想观念陈旧,相关法制不健全,老社区功能混乱,新社区缺乏生活气息,管理模式难以适应发展要求等。

2. 中国城市社区的类型

总体来看,依照社区发展的背景,我国目前的城市社区包括以下五种主要类型:

1)传统社区:这类社区以城市旧城区的老街坊为主,多具有较长的历史。社区建筑形式和社区空间构成比较有地方特色和传统特色,层数一般不超过三层,如上海里弄社区、北京胡同四合院等就是其中的典型。社区内的住宅与商业、服务业、生产用地混合现象明显。

2)公房社区(单位型社区):这是新中国成立以后,特别是1970年代以来,在当时的中心城区外围新建的社区类型。这类社区一般按照"居住区—居住小区—居住组团"的规划理念进行布局,居住功能较为单一,环境尚好,生活设施配套较为齐全,往往有多功能的小型商业中心。但是由于居民多以单位住房分配的形式获得住房使用权,初期的邻里互动性不强,居住用地与生产用地有明显的界限和隔离带。

3)商品化社区:这类社区以房地产开发为主体,多形成于改革开放以后,大部分形成于1990年代以后,至今已成为社区形成的主导方式。根据建设标准的差异,商品化社区可进一步划分为高档社区和低档社区等。

4)边缘社区(城乡接合社区):以城市扩展和乡村向城市渗透为特点,由于城市功能辐射,乡村用地渐渐转化为建成区,社区功能混乱,居民职业构成复杂,服务配套设施不全,具有空间位置和社会上的边缘属性。

5）混合型社区：该类社区同时包含上述几种社区的特征，社区内并存着不同类型的小区，居民是阶层分化的，利益要求多元化且可能存在较多的矛盾和冲突。其组织管理和协调工作具有较大的压力，既要依赖有限的社区资源满足不同阶层的社区需要，又要协调不同阶层之间的关系。

3. 中国城市社区管理体制变革

随着经济体制的变革，我国社区管理体制也相应地发生变化。新中国成立后，单位作为中国特有的一种社会组织单元，在计划经济时期是社区建设与管理的主要载体，形成独特的"单位大院"式居住社区形态[22, 23]。关于中华人民共和国成立后城市社区体制建设的演变过程，一般认为经历了曲折的三个阶段：

一是 1950 年代，随着国家工作重点从农村向城市转移，以街道办和居委会为主要行政组织的社区体制开始创立，法定社区与单位社会双向发展，街道的机构与职能大大强化；

二是 1960—1970 年代，在社会经济动荡环境下，通过社区单位化和单位社区化的双向发展，单位体制占据主导位置；

三是 1980—1990 年代，随着改革开放的不断推进与单位社会的逐渐瓦解，社区组织重新建立，并恢复街道办与居委会的机构设立与职能工作。

1991 年，民政部重新强调"社区建设"的概念，并在 1998 年的政府体制改革中设立社区建设司，这一时期开展了大规模的全国性社区建设运动，成为城市发展的一个重要思路。21 世纪以来，在社会经济体制与城市发展模式改革背景下，原本依托计划经济体制的"单位制"和依赖政府管治模式的"街居制"均已不适用于高速发展的社会背景，因此，以社区基层治理部门为权力转移主体、强调居民全面参与的"社区制"应运而生，并成为当前我国社区管理的主导方向[22, 24]。

在当代中国，根据社区管理体制的不同，城市社区可分为物业管理型社区和非物业管理型社区两种，两者在社区人口构成、服务设施、环境建设、管理方式等方面均有显著不同。物业管理型社区多为近年来由房地产商开发建成的商品化门禁小区，具有设计理念较新、企业化运作、专门化物业管理等特点，但也存在邻里交往淡薄、物业公司与居委会之间矛盾频发等问题。另外，非物业管理型社区由居民自我管理和运营，社区居委会及居民自治小组的作用和角色更为突出。

7.1.3 国外的城市社区

第二次世界大战以后，联合国在全球范围推行"社区发展计划"，社区发展在许多国家和地区得到重视，首先是在西方发达国家，继而在亚洲、非洲和拉丁美洲的发展中国家。

1. 国外城市社区建设与发展

在西方发达国家，美国社会学家 F. 法林顿在 1915 年的著作《社区发展：将小城镇建成更加适宜生活和经营的地方》中首次提出社区发展（Community Development）的概念，随后在 1939 年，美国社会学家 I. T. 桑德斯和波尔斯在其合著的《农村社区组织》一书中，对社区发展的基本理论和方法进一步展开论述 [25, 26]。

总体而言，西方国家的社区发展是建立在社区复兴和社区重建的理念基础上的，产生于工业化进程给西方带来的社会变迁背景下。工业革命以后，19 世纪末的欧美国家面临工业快速发展带来的一系列社会问题，在社会福利制度改革背景下，社区作为开展社会工作的重要载体，其成员参与社区福利的积极性越来越得到重视。第二次世界大战之后，对于各国需要重建与复兴的地区，以及广泛的发展中国家而言，单独的政府或市场角色在面临现实社会问题时难以及时反馈与有效解决，因此，借助社区力量、运用民间资源的社区发展活动应运而生 [11]。例如，20 世纪初在英、美、法等国出现的"睦邻行动"以培育居民自治与互助精神为主要目的，开展了一系列包含居民参与在内的社区生活环境改善活动，有效推进民间力量与民间资源在城市发展中发挥积极作用 [11]。1958 年，英国官方指出"社区发展是通过社区各方集体行动的过程，确立社区需求，并采取符合需求的行动，以达成社会公正和符合特定目标的变迁"，并提出社区发展的目标"是为了唤起并激励大众参与的热情和积极性" [27]。

国外社区发展的理念在许多西方学者看来具有两重含义，既可视为一种促进并培育社区资本的过程，也可视为一种通过成功营造社区资本实现社区发展的目标 [21]。例如，华伦（Warren）认为，社区发展是一种为加强社区内在关系而进行的有计划的与持续性的努力 [28]。1970 年，由美国几位社会学家合著的《社区发展工作过程说》，将社区发展视为一种工作过程，这一观点逐渐为后续研究者所接纳 [29]。美国社会学家菲利普斯（Phillips）等人延续了这一过程说的看法，在此基础上，认为社区发展的概念一方面可理解为发展并强化集体行动能力的过程，另一方面可理解为在社区内进行集体行动带来的改善结果，包括物质、环境、文化、社会、政治与经济等方面 [30]。

2. 国外城市社区发展特点

初期在欧美地区进行的社区发展活动具有一定的计划性，同时带有一定的社会福利色彩，即在社会变迁过程中，从住房建设、缓解贫困、控制犯罪及社区服务等方面进行社区贫困改善，随后，这类社区发展思想逐渐延伸为联合国的国际社区发展观，即强调经济与社会的协调发展，注重社区参与和社区管理水平的提高 [18]。1960 年，联合国在《社区发展和经济发展》一书中指出："社区发展用以指依靠人民自己的努力和政府当局的努力，改善社区的经济、社会和文化状况，并把这些社区整合进国家生活，使其全力以赴地对全国进步作出贡献的过程"[31]。具体而言，西方国家较为典型的城市社区发展一般具备以下几方面特征[9]：

1）社区组织体系的层次性特征明显。西方国家中的社区组织体系主要可分为两个层次：第一个层次负责对社区的管理工作进行指导，提出社区建设的方针、原则，派出专家对工作方向进行指导；第二个层次负责社区各方面的建设工作，设立各组织机构。

2）重视社区配套设施的供应和维护。西方国家中，对于生活服务、医疗教育、公共活动等社区基础设施的供应和长期维护，是衡量一个社区发展水平的重要维度。

3）公众参与社区管理的积极性较高。在发达国家，社区居民参与社区管理和社区公共事务的积极性较高，居民对于履行自己的权利和责任具有较强的意识。

4）社区管理的法律法规体系较为完善。西方国家社区管理体系中，主要通过较为完备的各项法律法规和专项条文，来协调社区中各单位、集团、家庭以及个人之间的矛盾与冲突，严格依照法律法规和具体条文来进行社区管理工作。

5）社区活动经费来源渠道多元。由于各国的历史、经济和文化不同，社区活动经费来源也有所差异，大致可以分为三类：政府拨款，主要用于社区内部的公共设施经费；个人和组织捐款；组织自筹经费。

6）重视社区发展规划。良好的社区规划是社区有效管理的基础，也是社区发展的基础。经过长期的实践探索，越来越多的政策制定者认识到，真正有效的社区发展必须有一个立意长远、综合协调的规划来指导，因此社区建设和发展须以社区规划先行。

7）社区功能及活动开展较为多样。国外社区组织和协会通过自发组织的活动，除了负责社区的一些基本服务功能外，还对老年人、残疾人、青少年等提供特殊服务。

8）社区管理体现政府意志和价值观。在不同管理模式、制度建设或治理体系情况下，社区管理都与政府紧密联系，在一定程度上体现地方政府的意志和价值取向。

3. 国外城市社区管理的主要模式

由于各个国家的基本国情、历史背景不同，国外的城市社区管理模式也大相径庭。在众多管理模式中，较为突出的有以美国为代表的社区自治模式（自治型）、以新加坡为代表的政府主导模式（行政型）和以日本为代表的混合模式（混合型）（表7-3）。

国外城市社区主要管理模式比较　　　　　表 7-3

模式		自治型	混合型（过渡型）	行政型
产生背景		具有法制和民主传统，市场经济较为健全，经济社会发展水平较高	受新自由主义综合影响，民主化进程加快	政府力量较强，复合市场经济体制，民众对政府信任较强
代表地区		美国	日本	新加坡
政府与社区的关系		完全分离	部分分离	政社不分
社区管理主体		社区及其自治机构	社区和政府各自的管理机构	政府各部门及其社区管理机构
角色定位	政府	间接管理或无社区政府，地方政府用法律或经济手段来调节	指导和支持	领导地位，直接负责社区管理
	社区组织	以社区发展为导向	承担行政职能和社区发展管理职能	社区组织行政化
	居民	主动、积极、多途径参与社区公共事务	积极参与社区部分领域的管理	较少主动参加社区管理
运行机制		中介组织、市场运作、居民志愿服务	政府支持、社区组织和居民参与、共建共管	政府引领
表现形式		完全自治管理	政府指导和监督下的班子制管理	行政管理代替社区管理
产生结果		完全社区自治	培育社区自治	政府主导，统一管理

资料来源：谢守红. 城市社区发展与社区规划 [M]. 北京：中国物资出版社，2008.

7.2　社区研究的理论方法

7.2.1　社区邻里关系与社会网络

邻里关系是城市精神文明的重要组成部分，属于城市社区建设的重要内容。在传统社会中，邻里关系曾是社会关系网络中不可或缺的部分。在社区中，邻里关系是所有社区成员共有的特征和最基本的社区社会关系。如同韦尔曼和雷顿指出的，"社区生活和人际关系研究一直关注同一地域的邻里关系，邻里之间因物理或空间上的接近而形成的群体关系纽带曾经长期以来成为社区讨论的唯一基础"。邻里关系之所以被看作是社区凝聚力最主要的标志，是因为良好的邻里关系意味着社区居民之间的熟悉、信任、互助和团结[32]。社会网络也可以称之为社交网络，是由许多节点构成的一种社会结构，其中，节点通常是指个人或组织。概括而言，社会网络代表了各种社会关系，是人们或组织通过各类活动或居住行为而联结起来的一种社会空间的物化形态，社会网络的紧密度体现了从偶然相识的泛泛之交到紧密结合的家庭关系的不同组织关系[33]。

在城市社会学领域，已有大量学者从居民归属感、成员共同情感着手，针对城市社区邻里关系与社会网络展开研究，形成社区消亡论、社区继存论和社区解放论三种不同的理论，体现了邻里关系和社会网络的不同形态和变化过程。尤其在信息技术快速发展与社区混居形态影响下，城市社区中功能组织和社会网络均发生重构，社区内部的参与主体与社会网络趋向多元化[34]。

7.2.2 社区权力

1953年，美国社会学家弗洛伊德·亨特（Floyd Hunter）出版了《社区权力结构》一书，标志着社区权力研究的开始和这一流派的形成。亨特认为，亚特兰大市的社区权力呈现出金字塔式的精英管理模式，普通大众在这种权力结构中处于影响极小的位置[35]。亨特的研究成果发表之后引起很大的争论，一些学者质疑了他的结论及其方法论（仅与社区内部处在重要位置的人进行面谈）。例如，美国著名政治学家罗伯特·达尔（Robert Dahl）通过对纽黑文社区进行研究，于1961年出版《谁统治：美国城市中的民主与权力》（*Who Governs*: *Democracy and Power in an American City*）一书，指出公众在社区权力中的重要地位，例如在社区决策中起核心作用的市长是由全体民众选举产生的。

概括而言，关于社区权力的研究围绕着社会精英论和多元政治论两种观点展开（表7-4）。时至今日，两者的争论仍在继续[36, 37]。

社区权力结构两种模式中的领导特质　　　　　　　表7-4

权力项目	社会精英论	多元政治论
合法性	不任公职，不属于任何组织	有公职或属于某一组织
可见性	不为公众所熟识	多为社区居民所熟识
决策范围	广泛参与决策事宜	仅参加社区公共决策
团体关系	形成一个团体而非独立行动	代表社区各种不同的团体利益

资料来源：夏建中. 现代西方城市社区研究的主要理论与方法[J]. 燕山大学学报（哲学社会科学版），2000，1（2）：1-6.

社会精英论以亨特为代表，该理论认为社区政治权力掌握在少数社会名流手中，地方重大的政治方案通常是由这些精英起决定作用，而地方各级官员予以配合来实现少数人的意志。具体而言，精英论的观点包括：①上层少数人构成单一的"权力精英"；②该"权力精英"阶层统治地方社区的生活；③政治与民间领导人物是该阶层的执行者；④该阶层与下层人民存在社会冲突；⑤地方精英与国家精英存在千丝万缕的联系。

多元政治论以达尔为代表，认为社区政治权力分散在多个团体或个人的集合体中，这也与达尔所贯彻的多元政治（Polyarchy）理论一脉相承。在达尔的理论中，各个群体都有自己的权力中心，地方官员也有自己的独立地位，官员要向选民负责，所以选民也有权力，他们以投票来控制政治家。具体观点包括：①权力本身一定要与权力资源分开；②社会冲突建筑在有组织的社会团体上，而不是社会阶层上；③权力资源不平等地分布于各团体中，故有些团体拥有的权力资源比其他团体多；④尽管各团体权力资源不同，但是每个团体都可设法争取某些权力资源；⑤选举出来的官员在政治上有其独立性；⑥选民通过投票来间接影响地方政策，从政者不得不尊重选民的意志。

然而，尽管社会精英论受到许多学者的挑战和质疑，但多元政治论的理念也被批评为只关注政府的正式决策过程，仅关注社会部分的权力运作和权力集团，而对于非政府领袖、社会精英的影响仍然重视不足。例如，多元政治论者认为，具有不同资源和利益的各种群体可以在同一个政治舞台（Arena）进行竞争，但是事实上，相对弱势的低收入群体往往分散在内城和周围的一些飞地内，很难形成具有强大社会网络和内在权力结构的完整社区，因此难以在城市公共事务中获得表达其公众利益的话语权，这也是多元主义理论的现实局限性。

7.2.3 社会区分析与社区发展理论

城市社会区分析是城市社会地理学的一种基本分析方法。在西方国家，城市社会区（Social Areas）的概念源自赛克和威廉姆在1949年出版的《洛杉矶的社会区》一书，从经济状况（社会地位）、家庭状况（城市化）、种族状况（社会分隔）三个方面对城市社区内部结构进行分析和归类。在近代西方学界，城市社会区分析已有大量实证研究，形成了以因子生态分析为代表的比较成熟的综合分析方法。主要观点认为，通过种族隔离状况、家庭状况和社会经济状况表现出的城市社会空间分别呈斑块状、环形和扇形。在我国，城市社会区的概念由虞蔚在1986年引入，随后由许学强、叶嘉安等学者进行实证推广[38]。

对于中国城市，形成不同社会区的影响因素通常可归结为人口密集程度和社会经济地位两个方面。其中，人口密集程度在我国城市内部从市中心到边缘地区差异极大，是社会区存在的最重要表现，与西方情况有所区别；而社会经济地位包括了人口的科技文化水平、职业构成、居住条件、收入情况，特别是外来暂住人口的比重。在空间形式上，人口密集程度表现为明显的同心圆状分布，而社会经济地位则不明显。另外，对于一些城市，其社会区的形成因素也包括民族与籍贯隔离，分布呈群组状。

在社区寻求可持续发展的背景下，生态社区应运而生并得到快速发展。总体来说，生态社区（Ecological Community，或称为"绿色社区""可持续社区""健康社区""可居性社区"等）是"以生态功能为主旨，以整体的环境观来组合相关的建设和管理要素，建设成为具有现代化环境水准和生活水准，且持续发展的人类居住地"，包含环境生态化、社会生态化和经济生态化三层含义。生态社区都强调人与自然和谐以及可持续发展的理念，注重环境保护，提倡自然、经济、社会复合系统的统一，重视开放的参与机制。

与其他社区相比，生态社区主要有以下特点[39]：①以营建现代化简朴生活方式作为生活模式；②以"绿色消费观"确定功能定位，以适应消费观指导各项经济技术指标的确定及各种先进技术设备的应用，以高科技含量的产品作为主导产品及努力方向，侧重精神文化生活消费；③以"绿色空间"构筑社区空间网络，创造亲绿、亲地、亲水亲合空间。目前，生态社区的概念已应用于广州科学城、杭州生态园、上海及西安老城改造等大型项目。

与此同时，伴随着"低碳经济"与"低碳城市"等概念的发展，作为构建低碳城市中城市空间结构具体领域的延伸概念，也作为城市社区发展的新理念，"低碳城市社区"概念逐步兴起。与生态社区相似，"低碳城市社区"的具体措施包括：强调混合使用和适度高密度社区开发的策略，打破传统方式上的功能分区，不同的社区组团作为城市最小功能体，依靠公共交通联系，减少小汽车使用，发挥城市地缘性作用[40]。

7.3 新城市主义以及新城市主义社区

7.3.1 新城市主义

新城市主义（New Urbanism）是1990年代在美国最先出现的促进邻里和地区健康发展、提高生活质量的一项城市发展策略和行动。"二战"以后，西方城市出现市郊不断蔓延、社区日趋瓦解等城市病，为改变这种现状，安德雷斯·杜安尼（Andreas Duany）与伊丽莎白·普拉特—兹伊贝克夫妇提出传统邻里社区开发，彼得·卡尔索普倡导公共交通主导的邻里社区开发，内利森斯提出"小庄"，麦克波恩提出"都市小村"等思想。这些城市理想和规划理论有很多相似之处，统称为"新城市主义"。概括而言，新都市主义试图重新认识与梳理美国20世纪近一百年内的都市主义发展，通过营造活力、优美、公正与环境友好的人类居住环境，来重新定义美国的城市生活方式[41]。尽管新都市主义在物质决定论与郊区化发展方面受到了一定的批判，但是不可否认的是新都市主义成功地引起了规划设计与城市研究领域对传统都市主义的批判，为都市主义实践策略提供了重要的理论基础。

在城市社区的规划、设计方面，新城市主义的主要法则有：设定界限，防止规模过大，并保证内部多样性，以具有可持久性；创造开放式结构，保留可拓展性；生态优化；人文关怀；文化传承；重视步行与居民的易交流性；人与建筑的融合；社区个性等。与之相似的，还有精明增长（Smart Growth）理论和适宜居住性（Livability）理论，这些理论在绝大多数领域是相互重合的，都试图提供更舒适、更温馨、更节约的美好社区以取代无序蔓延。

新城市主义以克服"二战"以来城市发展的病态倾向为出发点，主张借鉴"二战"前美国小城镇和城镇规划优秀传统，其目标是塑造具有城镇生活氛围、紧凑的社区，以取代郊区蔓延的发展模式。新城市主义的主要理论框架分为两部分，即传统邻里社区开发（Traditional Neighborhood Development，简称 TND）和公共交通为导向的邻里社区开发（Transit Oriented Development，简称 TOD）。其中，TND 模式的重点在于城市设计，采取紧凑城市（Compact City）形态，建设适宜行走的、公共交通有效的、鼓励人们相互交往的、高密度的簇状社区。TOD 理论则强调土地混合利用，提出"公共交通主导的发展单元"的发展模式：以区域性交通站点为中心，以不规则的格网式道路为骨架，构建社区及居民的生活环境。

新城市主义的常用策略

①建筑尽量靠近街道；②建筑高度至少 2 层，2~5 层的建筑物是高密度的步行城市的重要组成部分；③停车场位于建筑的后面或侧面而不是前面；④隐藏垃圾箱和货物装载站台；⑤人行道相互衔接并具有足够宽度以方便使用；⑥建筑朝向街道，而不是背离街道；⑦立面处理利用窗户创造有趣步行环境；⑧隐藏室外机房设备；⑨整齐的绿化；⑩适宜尺度的照明；⑪禁止机动车为导向的活动；⑫街后小路；⑬前门廊；⑭窄街道；⑮混合多种住宅类型；⑯公共交通畅通；⑰街道停车；⑱混合的土地使用；⑲后置的车库；⑳狭长的建筑；㉑四通八达的网状街道；㉒街景终点；㉓有活力的高密度；㉔直线的街道和人行道，而不是曲线；㉕1/4mi（约 0.4km）的步行距离；㉖适宜步行的短街区；㉗底层商业；㉘居民监视街道；㉙在步行范围内的社区中央布置学校、公园、广场和市政建筑；㉚适中的交叉口路牙拐弯半径。

阿瓦尼原则（Ahwahnee Principles）

新城市主义的理论体系由阿瓦尼原则和新城市主义宪章组成。其中，阿瓦尼原则可能引起：增加的机动车依赖性造成更加堵塞和空气污染，宝贵的开放空间的丧失，改进道路和公共服务代价昂贵，经济资源的不公平分配，社区意识的丢失。通过汲取从过去到现在的精华，我们可以规划社区以便更成功地服务于居住和工作于其中人们的需要。这样的规划应该遵从某些基本的原则。

社区原则

（1）所有规划都应该形成完整和融合的社区，包括对居民每天生活至关重要的住宅、商店、工作场所、学校、公园和市政设施。

（2）社区的规模应该控制在一个范围，这样住宅、工作、日常生活所需和其他活动都在轻松的步行范围之内。

（3）在公共交通站点周围步行范围内尽可能多地布置各种活动设施。

（4）一个社区应包括多样的住宅类型，使来自广泛经济阶层和年龄段的居民能够生活在其区域内。

（5）社区内的商业应该提供给社区居民广泛类型的工作岗位。

（6）社区的位置和特点应该与更大范围的公共交通网络相一致。

（7）社区应该有一个包括商业、市政、文化和休闲娱乐活动的中央聚集区域。

（8）社区应该包括众多的开敞空间，如广场、绿化带和公园，并通过规划和设计来鼓励人们经常使用这些开敞空间。

（9）公共空间的设计要鼓励和吸引人们白天和夜晚所有时间前来。

（10）一个社区或一组社区应该有一个明确定义的边界，像农业绿化带或野生生物走廊要永久性地保护，使之不受发展所干扰。

（11）街道、人行道和自行车道应该促成这样一个系统，使前往所有目的地的路线充分连接并有吸引力。它们的设计应该保持小尺度，并通过建筑、树和照明的空间组织和小尺度，以及限制高速交通流来鼓励步行和使用自行车。

（12）不管哪里，只要有可能，社区的自然地形、流水和植被应该采取与公园和绿化带中一样的标准予以保护。

（13）社区规划设计应该帮助保护资源和减少废物产生。

（14）社区应该通过使用自然排水、抗旱绿化和重复利用来有效地利用水资源。

（15）利用街道的走向、建筑的布置以及遮阳来提高社区的能源利用率。

地区性原则

（1）地区的土地利用规划结构应该融入一个更大范围的以公共交通而不是以高速公路为主的交通网络。

（2）地区应该根据自然条件提供一个连续的绿化带或自然生态走廊，或以其作为边界。

（3）地区性的机构和服务场所如政府、体育馆、博物馆等应该坐落于城市中心。

（4）建筑的材料和建造方法应该具有地区特点，以展现历史和文化的连续性并与当地气候相适应，以鼓励发展地方特性和社区特点。

实施原则

（1）总体规划应该更新以包括以上原则。

（2）地方政府应该负责规划过程，而不是让开发商开始一小块土地的开发。总体规划应该表明哪里的土地允许新开发、填充式开发和再开发。

（3）任何开发之前，根据这些规划原则应准备一个明确的规划。

（4）规划应通过一个公开的过程产生，并应提供给参加者规划方案的视觉模型。

7.3.2 新城市主义社区

1920—1930年代以后,小汽车的迅速发展以及大规模的郊区化为"邻里单位"理论的诞生及应用准备了条件。1990年代,伴随着新城市主义、精明增长和适宜居住性等理论趋于完善,新社区形式开始大量出现,主要有TND、TOD、步行导向开发(Pedestrian-Oriented Development,简称POD)、新城(New Town)、都市村(Urban Village)等,其中市镇中心(Town Center)和主街道是社区发展最重要的部分[42]。同时,在全球面临环境危机、资源枯竭的背景下,社会大众对生存环境的关注与日俱增,生态社区理论应运而生。

1. 邻里单位(Neighborhood Unit)

"邻里单位"概念首先由美国社会学家克拉伦斯·佩里(Clarence Perry)提出,并将其定义为"一个组织家庭生活的社区计划"[43]。佩里指出,邻里单位设计要考虑规模(Size)、边界(Boundaries)、开敞空间(Open Spaces)、公共设施区位(Institution Site)、地方商店(Local Shops)和内部街道系统(Internal Street System)六个要素,并对应提出六个原则;其内部交通应采用环绕模式(Re-Routing Through-Traffic)以削弱穿越交通。根据这些原则,佩里建立了一个整体的邻里单位概念,并且给出了图解(图7-1)。

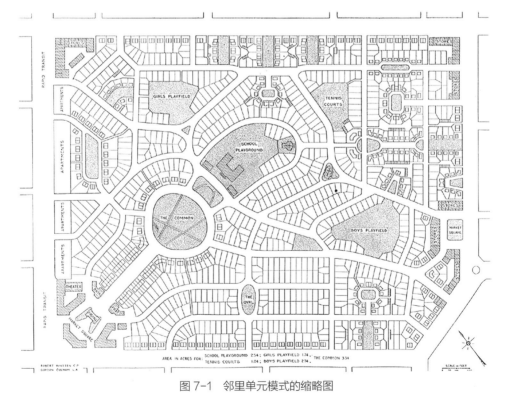

图7-1 邻里单元模式的缩略图

资料来源:PERRY C A. The neighborhood unit: a scheme of arrangement for the family-life community regional plan of New York and its environs[M]. New York: Arno Press, 1929: 36.

2. 传统邻里社区开发模式（TND）

传统邻里开发模式由安德雷斯·杜安尼和伊丽莎白·普拉特-兹伊贝克夫妇提出，认为社区的基本单元是邻里，每个邻里的规模大概有 5min 的步行距离，因此单个社区的最大规模为半径 400m 左右，这也是近期生活圈规划的一个理念溯源。传统邻里开发模式下的规划布置方式、规划理念和社区构成，可以推广到一个城市范围来实施，包括网状道路结构、社区中心、系列公共空间和步行友善的环境等，即城市按照网状道路结构、城市中心和一系列城市公共空间等来组织[44]（图7-2）。

按照新城市主义的说法，当一个传统邻里开发单元独立存在时，它就是一个村庄；当几个传统邻里开发单元聚集在一起时，便形成一个小城镇；当有众多的传统邻里开发单元时，则形成一个城市。不论是村庄、小城镇或是城市，都应该有一个中心、网络状的城市街道和系统的公共空间等。

传统邻里开发单元的倡导者和带头人安德雷斯·杜安尼总结出 13 个规划要点：

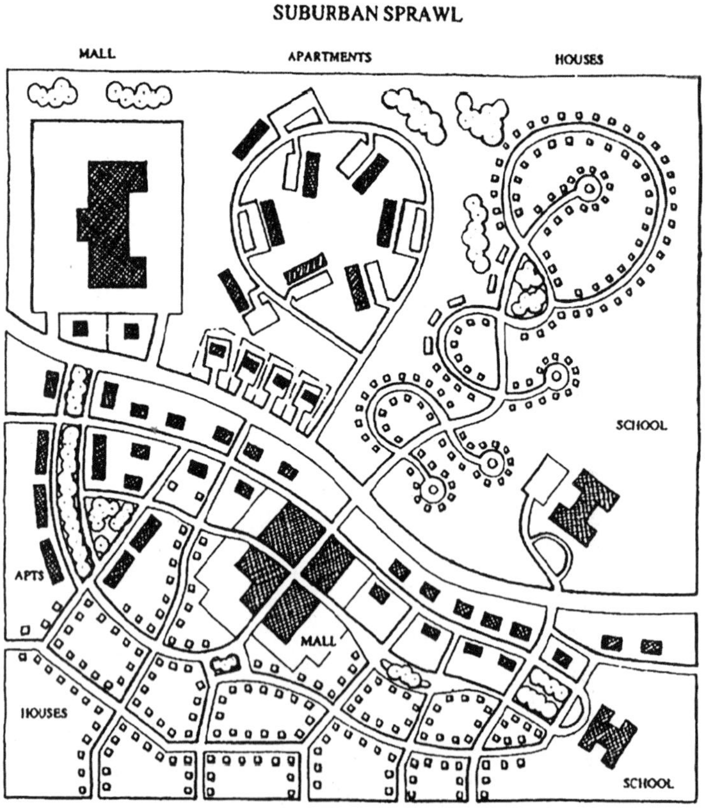

图 7-2 传统邻里社区开发（TND）模式示意图

资料来源：SAELENS B E，SALLIS J F，FRANK L D. Environmental correlates of walking and cycling: findings from the transportation, urban design, and planning literatures[J]. Annals of behavioral medicine，2003，25（2）：80–91.

1）必须有一个可识别的副中心，这个中心常常是一个广场或绿地，或是一个重要的可识别的交叉路口，并应设有一个公共交通站。

2）主要的住宅应在距中心5min的步行范围内，平均距离是1/4mi（约0.4km）。

3）社区必须有多种类型的住宅，包括单一家庭住宅（别墅）、联排住宅、公寓等。

4）商店和办公空间布置在社区边缘，商业应多样化，能满足社区内居民一周的需求。

5）一个辅助性的用房可以设在住宅建筑的后面，它可以出租，或成为一个工作室。

6）在一个步行距离内设有一间小学，距离不应超过1mi（约1.6km）。

7）活动场所公共空间应尽量靠近住宅，距离不应超过1/8mi（约0.2km）。

8）社区内的道路应该是相互联结的网络，这样可以提供更多出行路线的选择，从而疏散交通流量。

9）街道要狭窄并被行道树覆盖，交叉路口的路牙转弯半径小于15ft（约4.5m），以减缓车行速度，创造更利于步行和自行车同行的环境，沿街建筑形成一道街墙，并不能被停车场等打断。

10）社区中心的建筑要尽量靠近街道，这样可以创造一种强烈的地点感。

11）停车场和车库门应尽量不设在街面上，停车最好放在住宅建筑后面，从小路进出。

12）某些最重要的地段要留给市政文化建筑，教育、宗教和文化建筑要位于街道视觉端点或社区中心。

13）社区应以自我管理的形式进行组织，设立委员会来讨论和决定如何落实维护、安全和改造等事务。

此外，建筑在功能上应保持多样性，但在体量和位置上应保持一致。其中，市政建筑（学校、会议堂、剧场、教堂、俱乐部、博物馆等）宜布置在广场或街道尽端，作为地标性节点建筑。

3. 公共交通为导向的邻里社区开发模式（TOD）

公共交通为导向的邻里社区开发模式由新城市主义代表人物彼得·卡尔索普（Peter Calthorpe）提出，是指围绕着公共交通车站或公共枢纽建设的高密度多功能混合社区。其中，公共交通指大容量的高速公共交通工具，如轻轨或大容量的公共汽车交通枢纽。该种模式下的邻里社区需要采用高密度的网络状街道作为道路结构，并且在街道和建筑间的空间内创造出舒适的步行环境[45]。此外，社区内部的公共空间应与公共交通结合布置，并与公共、商业和办公建筑等联系，共同创造社区中心（图7-3）。

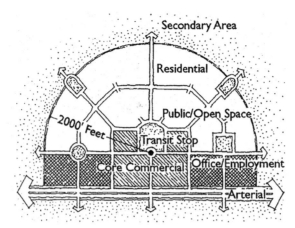

图 7-3　公共交通为导向的邻里社区开发（TOD）模式示意图

资料来源：CALTHORPE P. The next American metropolis: ecology, community, and the American dream[M]. New York: Princeton Architectural Press, 1993.

7.4 社区规划

7.4.1 概念界定与分类

社区规划产生的理论基础之一是社会行动论，该理论学派通过对社区的领导层、决策、过程、社会参与的分析，得出社会组织需要具有目的性的行动理论，并将其实践应用到社区工作，因此，社区规划的本质是一种社区动员和行动的模式[46]。美国学者 F. H. 塞西特在归纳众多社区规划概念以后，提出社区规划是一种以研究、训练、教育、规划、组织与行动为手段，以期达成社区目标的过程。本书将社区规划界定为一种综合型规划，既是一种成果，更是一个过程，并强调规划中的互动；也就是说，社区规划是为了地区可持续发展、居民生活不断改善，关于一定时期内社区发展的目标、框架、主要项目等总体性计划及其决策过程，表现出强烈的自下而上和居民切实参与的特点，是一种"需要—满足"模式[15]。

1960 年代以来，各国根据自身不同的国情对社区规划（Community Planning）的概念进行了界定，并不断丰富其内涵。社区规划自产生以来就带有多学科交叉的属性，国内外对其概念也仍未形成明确共识，现有社区发展规划（Community Development Planning）、社区规划设计（Community Planning and Design）、社区建设规划、社区营造、住区规划等相似概念[22]。总的来说，目前国内外的"社区规划"可归纳为三种类型。

1. 以欧美发达国家为代表的综合型规划

西方国家大多是基于广义社区概念的社区规划，并将其看作一种综合型规划体系。以英美为代表，西方的社区规划是一种规划的理念和方法，更像是一个行动战略，可应用在任何类型；通过政府组织、公共部门、各种社会组织、社区及居民的共同行动来创建社区或改善地区服务,并使地区的发展更具可持续性,使人们的生活不断得到改善。这些地区的社区规划综合社会、经济和空间要素,理念上尊重和吸纳民间发展意愿,方法上高度重视公众参与[47]。在西方国家,早期的社区发展规划更多地从社会学背景出发,独立于现有城市规划体系之外,主要涉及社区成员的发展、社区共同意识的培育、社区组织机制的完善以及物质空间的改善四个方面,其中物质空间环境是城市规划领域中社区规划的主要侧重方面[11]。随着社会经济的发展,社区发展理念逐渐延伸至城市规划领域,成为现代社区规划的雏形[48]。例如,芝加哥市通过部门合作、公众参与和法规政策等手段,将社区发展规划融入城市规划体系中,内容扩展至物质、社会、家庭、政府和经济等领域,设立芝加哥社区发展局(Department of Community Development)以专门负责协调市内近80个社区的相关规划事务。

2. 以亚洲国家或地区为代表的物质型规划

亚洲国家或地区的社区规划主要着眼于居民的生活环境,偏重物质型规划。根据规划关注点的差异,又可细分为以日本和中国台湾地区为代表的"社区营造"和以中国大陆规划体系为代表的空间规划。

日本和中国台湾地区的社区营造(日本称为Machitsukuri)是指,立足于地区特点和传统,地区居民以安全安心、福利健康、景观魅力为目标,自律、持续不断地改善人居环境的运动;其目标和作用在于促进社区团结,提高社区的凝聚力和竞争力,推动社区可持续发展。社区营造内容涵盖社区文化、产业、环保、医疗、教育、治安和社区服务流程再造等多方面,其特征为"针对某一个区域(社区)"和"居民为行动的主体"[49],强调内发性,注重公众参与和可持续的经营式的建造,我国台湾地区为此专门建立社区规划师制度,以推动参与式社区营造[50]。

在我国,依据城市规划编制体系相关内容,在法定层面的只有居住区规划,因此在早期较长时间内,国内社区规划主要以城市居住区为规划对象,以物质空间规划为工作重点。随着城市社区的发展成熟,各大城市社区中开展的实践探索进一步推动社区综合发展导向的社区规划,在社会、经济等学科共融的基础上,目前的社区规划开始出现更多社区发展导向的内涵与关注点。近二十年来,我国社区规划的研究热潮主要源于对建筑师理念下社区建设的学科反思,希望从城市问题和社会本质出发去理解城市空间布局问题,但仍注重土地利用和功能分区、景观设计、建筑等物质形态方面的内容,侧重技术层面的区域功能优化[11]。

3. 以大陆民政体系为代表的社会型规划

大陆民政部门制定的社区发展规划基本上属于社会规划(Social Planning)和社会工作(Social Work)的范畴,着重将其作为解决社会问题、进行社会改良以至社会开发的一种手段和途径。其内容主要包括社区建设政策的拟定,社区服务体系

（劳动就业、公共卫生、住房保障、社会保障、计划生育、社区矫正、安置帮教、法律援助、优抚救济、社区教育、社会救助、文化体育等）建设的指导等。

目前，我国正处于经济社会双转型时期，传统上只注重物质层面的规划已无法应对解决社会发展过程中的问题或引导其发展，同时，社会层面的规划最终表现为将具体的项目在空间落实，需要物质空间的支持。"真正意义上的社区规划"应该是基于自下而上的理念，综合考虑社区各方面发展需求的综合发展规划，且有明确的空间范围[50]。社区规划是城市社区在一定时期内的建设依据，它全面覆盖城市社区在经济、社会、文化、管理等各项事业上的发展原则与措施，并对辖区内的用地、人口、交通、公共设施、工程管线、绿化环卫进行合理安排与控制，包括城市社区范围内的用地与设施等硬件规划和各项事业的软件规划。

综合国内外相关理论研究来看，社区规划应定义为既包括物质空间结构规划，同时也强调规范社区管理体制、培育社区组织与社会资本、促进社区良好自治等非物质性综合规划[51]。目前，尽管社区规划尚未列入法定规划体系，但其物质空间部分在一定程度上通过设施体系规划与地块形态设计体现在控制性详细规划法定图则中[52]，其综合性部分通过公众参与和社区治理体现在规划管理与实施过程中，共同成为城市有机发展的基本单元。

7.4.2 基本理念与内容

1. 社区规划理念

社区规划是城市化和逆城市化的一个折中，实质上是一种微观城市主义（Micro-Urbanism）或是小城镇模式（Small Town Paradigm），包括田园城市、邻里单位、新城运动、新城市主义等理念和模式。这些理论实际上是某个历史时期人类所面临的主要问题在设计理念和目标上的反映（表7-5）。

社区规划指导思想和设计理念的演进　　　表 7-5

社区规划阶段	对社区的认识	解决社区问题和规划社区的具体方案	
		原则	方法
空想主义时期（19世纪）	人与人之间的经济阶层关系，是城市二元社会区域，存在居住隔离	"独立社区"思想：公有制为基础的人——阶层平等；"分散主义"城镇模式，人与物在地域上的平均	新协和村（Village of New Harmony）、田园城市
重技派时期（20世纪初）	人的地位、阶层多样发展，是城市多重区域，存在形态与文化特征区别	"现代城市"理论：用技术手段将人与物进行聚集的集中主义模式，建设单体高层建筑社区	明日城市（City of Tomorrow）

续表

社区规划阶段	对社区的认识	解决社区问题和规划社区的具体方案	
		原则	方法
有机主义时期 （1920—1930年代）	人群社区的交往关系与建筑空间有机结合	有机分散主义理论：人群的工作交往与自然相融合，城乡并蓄的居住环境；将邻里单元内的社区交往用建筑空间有机地承载；更适于生活的邻里空间	将人口与工作单位分散到城市周围地域；邻里单元规划；街坊规划；人车分流的交通体系
社会生态主义时期 （1930—1940年代）	将生态学原理运用到社群在城市之间的产生、渗入、过滤过程	创立城市土地利用模型与社区空间分异规律	城市土地利用规划与城市功能区规划；城市社区与管理分区规划
社会工程时期 （1950—1970年代）	依据行为学原理划分城市社会空间的序列	利用社区自身力量更新、保护、改善居住环境；动用政府的力量加强社区间的联系，解决区位冲突	城市新辟区域居住区规划中的社会场所的建构；社区更新与"保健区"规划
全面建设时期 （1970年代以后）	以城市日常生活地域系统理论对城市的社会区域"多区块"结构进行保护更新与建设，以人群的有机序列系统，用互动机制进行调节	城市建设的重点在建成区，以城市社会区域协调建设为中心，促进城市持续发展；全社会力量联合起来消除阶层隔离，维护社会稳定，消除社群贫穷	提高社区生活质量的城市社会区域形态、社会、生态环境与管理的综合规划；邻里复兴规划、居住社区空间更新与社会机能保健规划

资料来源：根据本章参考文献 [48][53] 整理．

联合国提出的10条社区规划基本原理

1955年联合国在《通过社区发展促进社会进步》的文件中，提出10条社区规划的基本原理：

（1）社区各种活动必须符合社区基本需要，并以居民的愿望为根据制定首要的工作方案；

（2）社区各个方面的活动可局部地改进社区，全面的社区发展规划需要建立多目标的行动计划和各方面的协调活动；

（3）推动社区发展之初，改变居民的态度与改善物质环境同等重要；

（4）社区发展要促使居民积极参与社区事务，提高地方行政的效能；

（5）选拔、鼓励和训练地方领导人才，是社区发展中的主要工作；

（6）社区发展工作特别重视妇女和青年的参与，扩大参与基础，求得社区的长期发展；

（7）社区自助计划的有效发展有赖于政府积极的、广泛的协助；

（8）实施全国性的社区发展规划，须有完整的政策，建立专门行政机构，选拔与训练工作人员，运用地方和国家资源，并进行研究、实验和评估；

（9）在社区发展规划中应注意充分运用地方、全国和国际民间组织的资源；

（10）地方的社会经济进步，须与国家全面的进步相互配合。

2. 社区规划内容

总结国内外综合型的社区规划，其内容主要包括社区现状及发展条件解析、社会发展规划、社区形态规划和近期实施策略，此外还可制定旧街区改造规划、住宅规划和就业规划等专项规划，以及特殊地理区域的规划等。

（1）社区现状及发展条件解析

在机场或步行街上，大部分人打开地图总是先找一个写着"你在这儿"的标志。在地图上找地方的有效办法是，先确定我们所在建筑物与那个要找的地方的联系，知道出发点和目的地，然后选择到达那里的路径。社区规划类似于这种方式。即使你知道你要到哪里去，还是需要知道现在的位置，然后决定如何到达。通过了解现状，不仅会知道社区的实际情况，还可以对社区过去的情形、现在的标准和其他社区的情况进行比较。

根据社区的现状调查资料，解析并评估社区的整体社会、组织管理、空间环境的现状结构等，是社区规划中战略和政策推荐意见的基础，对规划过程十分重要。社区规划所需要的资料必须保持一致性，使用同一个基础上的资料、相同比例的测量图，以及确保现状分析资料的一致性。在此基础上，再分析社区未来发展的趋势，提出规划的理念和原则。

分析主要从社区人口及就业、土地使用、道路交通、社区环境、公园及开放空间、社区服务与社会保障、社区教育与文化、社区公共安全和社区组织管理等方面综合展开，还可增加社区形象、历史遗产保护等内容。

（2）社会发展规划

根据对社区现状和发展条件的综合分析，解答"我们能去哪儿"的可行性问题，预测社区可能的未来。从区域协调发展、社区自身完善的角度出发，确定社区性质，并对社区的各项社会要素（社区人口、文化与教育、服务与保障、社区就业及社区凝聚力等）提出发展策略与措施，落实运行机制。

最好的规划是能够代表社区集体愿望的规划。规划的目标是多数人能够支持一个规划，而不是人们在每个所提出的问题上都能获得完全的一致，这一点很重要。

（3）社区形态规划

社区形态规划，或称社区物质环境规划，需要对社区的物质环境及各项服务设施（功能布局、土地使用、道路交通、绿地系统、服务设施、公共环境及市政设施等）提出建设或整治框架、控制准则和规划导引。其中，土地使用规划是社区规划中最具空间特征的部分。

（4）近期实施策略

上述规划内容及目标均针对社区发展的长远目标，为使规划更具有可操作性，根据社区目前发展状况及可能条件，提出社区近期工作的实施策略。

7.4.3 主要方法

杰拉尔德·A.波特菲尔德认为，"好的社区规划只能通过集体合作才能实现，只有明白每个成员及其角色的重要性并尊重其在过程中的工作才能实现集体合作。"

1. 分析方法

有研究者认为，社区分为静态系统和动态系统的双重结构。社区分析往往以社区静态结构为研究基准，通过追溯其成因，了解社区各组成部分的相互作用，进而预测社区未来的发展动向。社区规划中所采用的社区研究分析一般建立在较深度的社区介入基础之上。

社区分析所运用的素材从社区调查中获得，社区调查与观察的方法和内容与社区分析的目的有着直接的关系。因此，在研究设计中，社区分析和研究的框架和大致内容应已具备，这样才能使社区实地调查阶段采集的数据与分析研究相契合。综合社区发展的各方面因素，社区的四项基本组成内容可分别通过社区中人群的自然层面、社会层面和生活方式，社区精神凝聚力与人群互动，社区政府组织的管理和非政府组织的治理，社区空间环境及设施层面得以表现（表7-6）。因此，社区分析可以从这几个组成部分和层面介入，以便分别反映社区主体、隐体、连体和载体的特征属性。

社区分析层面　　　　　　　　　　　表7-6

社区组成	介入层面	反映特征
主体：社区人群特征	自然人层面 社会人层面 行为层面	人群自然结构属性 人群社会阶层属性 人群生活方式
隐体：社区意识互动	精神层面 互动层面	社区精神凝聚 社区人群互动
连体：社区组织管理	政府层面 非政府层面	政府管理、服务及保障 非政府管理、服务
载体：社区物质空间	空间布局 设施层面	社区空间环境 社区设施

需要注意的是，在研究策划阶段，对目标社区是否存在特殊因素必须加以关注，以确保在社区调查阶段不会将社区特有的重要信息遗漏[11]。

> **时间地理学的应用**
>
> 　　社区规划的调查阶段需要以整个社区为基本单元,全面调查和评价社区各基本要素的现状。而社区居民作为社区的核心要素,应是社区规划调查的重点。人本导向的社区规划需要以社区居民的利益作为规划策略制定的基本出发点,全面衡量居民与社区的相互关系。时间地理学正好满足了社区规划的这一新要求。运用日志调查、GPS 跟踪调查等方法,时间地理学收集大量微观个体的活动——移动数据,调查居民的社会经济属性、出行与活动的时空间属性特征等信息,将居民看作是具有工作、购物、休闲等多种需求和家庭、社会等多种属性的不可分割的整体,能够全面地了解居民的日常行为及其空间意义,有助于分析社区空间、社会互动等对居民及其利益的影响[54]。

2. 编制方法

适应或针对不同的社区状况,社区发展在实践中有许多方法类型。各国的规划师们已在不同时间、地点尝试了许多不同的方法,并在实践中不断演进。以下是对常用基本方法的归纳,在实际的规划工作中,这些方法往往被综合运用[11]。

（1）目标驱动型

目标驱动型（Goal-Driven）是一种最经典的规划方法。它为社区建立长期的目标,以此来引导随后的规划过程。确立长期目标常常是一个复杂的过程,有时候需要成熟的管理技巧。在此过程中,公众参与虽然有时显得很复杂,但却是不可或缺的部分,而最终的目标框架需要由一个更小的群体诸如规划主体或管理部门来引导制定。下述的趋势分析与问题界定经常被加入该类规划过程之中。

（2）趋势驱动型

趋势驱动型（Trends-Driven）即为一种根据现阶段社区内人口与土地利用情况对未来作出判断,并据此制定规划的方法。这种方法相对而言属于技术性而非特定的参与式方法。由于未来的趋势随时都会变化,因此这并不是理想的规划方法,然而它可为其他规划方法提供有用的参考。

（3）机会驱动型

在机会驱动型（Opportunity-Driven）的规划过程中,一个社区并非简单地预测自身的发展趋势,而是基于对自身未来发展机遇与限制的分析来评估自己的未来。而由于居民参与规划,经常会使社区拥有的优势及面临的机遇更为清晰。

（4）问题驱动型

在问题驱动型（Issue-Driven）的规划过程中,社区界定出自身所面临的最棘手问题并集中规划力量以试图解决它。这对规划而言是一种可被广泛借鉴的简单而实用的方法。这种方法有以下两种形式：有时可提出具有挑战性的综合性问题，有时又可从正面直接提出极具针对性的专项问题。

（5）愿景驱动型

虽然愿景这个词现在有时会在"目标设定"这个过程中引用到，但愿景驱动型（Vision-Driven）规划方法更准确地讲，是被运用于控制目标形成的整个过程之中。真正的愿景一般由社区中强大的领导阶层所提出（多数是非正式的领导层）。一个按照愿景发展的规划可以成为令人振奋的规划，但是当抽象的愿景被证明很难成立时，以愿景来驱动规划过程就会不具备可行性。

总的来说，社区规划应基于问题的重要程度和紧迫程度决定问题的优先顺序（Priority Management）。在确定问题优先程度的前提下，可以借鉴目标管理中的 OST 模式——O［Objectives，目标（使命）］、S［Strategies，战略（突破方向）］、T［Tactics，战术（方案）］，依据前文所述的分析方法，找出问题的相关层面和相关因子，依据其相关程度确定策略的切入口，制定有针对性的规划方案。

7.4.4 社区规划实践

1. 国外的社区规划实践

1952 年联合国正式成立"联合国社区组织与社会发展小组"，具体负责推动全球特别是落后地区的社区发展运动，在亚洲、非洲、中东、南美等地区大力推行社区发展运动，并获得显著成效。1957 年联合国开始研究将社区发展计划运用到发达国家，此后还在世界各地举行多次关于社区发展理论和方法的研讨会。自此，社区发展作为一个重要的理论要领在全球迅速推广和施行。目前，在社区规划方面的实践，国际上已逐渐发展形成一套较为成熟的、适合一定国家和地区的具体工作方法。由于地区及各国之间的差异，社区发展的重点和社区发展研究的侧重点各不相同，发达国家与发展中国家的社区规划更有所不同。

（1）发达国家的社区规划

在一些发达国家，面对城市失业、贫困和社会秩序恶化，政府和社会工作者提出用社区规划、社区发展的思路去应对。随着社区发展运动的推进，发达国家的社区发展在具体工作方法上越来越多地采取与政府"讨价还价"的冲突策略和"社区行动"（Community Action）。

美国在 1950 年代开始推行社区发展，1960 年代制定了一个"反贫困作战计划"，其中包括"社区行动方案"，采用了社区发展的基本原则和方法，旨在通过实行外援和社区自助相结合的"社区行动规划"（Community Action Plan）来解决贫困问题。1980 年以后，美国等一些发达国家又兴起社群主义（Communitarianism），其目标在于加强社区居民之间的交往以实现互相关怀。近年来，美国的社区规划更注重公众参与,强调基层社区居民的具体利益[9]。

发达国家着重把社区发展作为解决社会问题、进行社会改良以至社会开发的一种手段和途径。随着城市社会生活功能的加强,欧美国家的社区规划更趋向于对社区的社会规划,通过社会分析日益偏重内在社会机能的构建,如社区的成长与更新、社区情感与精神的培育等。其推行社区规划的组织是分散的,通常由地方政府自行制定发展规划,非政府团体也可参与其中,而公众参与社区建设的程度也正逐步加强。

(2) 发展中国家的社区规划

在城市社区发展和建设方面,由于许多发展中国家的突出问题是城市化与工业化进程不相协调,导致与城市经济社会发展的极端不协调,社会问题日益增多。面对这种情况,加强城市的社区建设显得非常必要。从1990年代开始,在亚洲有组织地实施城市"社区发展"计划的有西贡(现胡志明市)、德里、卡利、达卡等城市,其中以印度德里市较为有效。

在发展中国家,社区规划分为两种类型。第一种是地方性计划,如泰国等改造旧的公共设施,缅甸将筑路和公共工程作为计划的重点,菲律宾将学校教育作为社区发展的重点,印度、巴基斯坦以农业技术推广为核心内容,南美和非洲一些国家以土地经营、水利灌溉为重点项目;第二种则是全国性社区发展方式,如埃及在全国进行土地改革与垦殖计划以推行社区发展,波多黎各、缅甸、印度尼西亚、加纳等国配合国家教育计划通过学校建设来推进社区发展。

总的来说,国外发展中国家的城市社区规划大多强调自助、合作、参与和专家援助等,较多地带有"服务取向"和"问题解决取向",其主要目标集中于社区情感、凝聚力、责任感和归属感的培养以及社区居民的组织及人际关系的协调;侧重于各种服务机构的建立和协调,以及社会保障和福利服务的改善[55]。

2. 我国的社区规划实践

社区规划工作在我国开展较晚。同国外相比,我国的社区规划呈现出不同的演化轨迹与阶段特征。

1950—1970年代,在原有计划经济体制下,市场与民间力量几乎没有发挥作用,社区在社会发展中的作用受到忽视,社区功能实质上就是所属单位高度行政化功能的延伸。该阶段的社区规划带有明显的单位属性和体制色彩,是一种面向"亚社区"的非完整意义上的社区规划,属于住区规划的范畴。

1970年代末至1990年代初,我国步入经济体制转轨和社会结构转型的过渡时期,社区规划开始在理论研究上有所发展,但在实践上仍未突破住区规划的固有范畴,仍然不能算是完整意义上的社区规划。

1990年代中期开始,我国的社区规划实践起步。民政部于1991年首次提出社区建设的概念，并在 1996 年被正式纳入民政部的工作范畴。在全国进一步推动社区建设的背景下，至 2000 年我国城市社区规划已形成以街道（镇）为地域单元的综合性行政社区规划、以城区为地域单元的综合性行政社区规划、以创建文明城区（社区）为重点目标的行政社区规划、全市性的社区发展规划等主要类型[11]。

21 世纪以来，在我国城市的转型过程中，社区发展的理念及方法逐步被明确，由最初的社区服务为主，转向适应城市企业改制和社会管理体制改革的需要，保证社会稳定并促进城市社会发展。在这个转变过程中同时伴随着另一层重要的变革，即社会体制改革，以及相应的城市社会组织方式、社会管理方式的转换。随着"市民社会""和谐社会"等理念的提出，民生问题和社区民主自治得到高度重视，与之紧密相关的真正意义上的社区规划也开始逐步开展。目前，我国的社区规划实践主要包括居住社区规划、街道社区规划、城区社区规划和社区规划指标体系研究等[11]。

3. 案例

（1）区域尺度：美国科尔地区

科尔（CORE）是"区域企业中心"（Center of the Region Enterprise）的缩写，该地区接近北卡罗来纳州的地理中心，面积为 155km^2，包括 12 个不同的地方政府和私营公用事业当局。其更大范围的区域通常被称为"研究三角地区"（Research Triangle Park，RTP）。该区域被 40 号州际公路以及规划中的区域铁路系统由东向西分成两块，且跨越了北卡罗来纳州的两条主要河流——纽斯河与开普菲尔（Cape Fear）河，而这两个流域地区的生态环境已相当脆弱，该区域却又是该州最著名的绿色空间——州立 Umstead 公园的所在地。

科尔地区的规划分为三个阶段：

1）初步阶段，召开居民会议，确定关键议题；

2）重点集团会谈、市场研究以及为期 4 天的专家研讨会；

3）出台研究成果《规划和设计专家研讨会报告》。

在专家研讨会中，设计团队面临的主要议题可概括如下：

1）在科尔地区的工作、居住和服务设施之间存在不平衡；

2）在 RTP 园区几乎没有建造住宅的可能性；

3）干道交通系统严重拥塞；

4）几乎没有小汽车交通的替代方式；

5）现有的开发模式严重各自为政；

6）为了满足经济发展带来的未来挑战，科尔地区需要更有力的物质空间可识别性以及场所感；

7）针对共同关注的问题和开发影响，该区域需要一个更强大的合作规划框架。

这些议题依次引出针对整体项目的两个主要目标：

1）短期目标。论证地方政府、区域机构和私营部门如何协作，以便让新的开发模式更有效地配合公共基础设施和规划的扩展。

2）长期目标。在地方政府、区域机构和土地开发利益集团之间播下承诺的种子，以产生新的更均衡、更可持续的开发模式。

大多数与会者显然意识到常规的用地规划战略应对该区域所面临的挑战是无效的。因此，他们摒弃了常规的土地利用范畴，在这一场争论中引入四种新的开发类型：邻里、混合利用中心、行政区和走廊。专家研讨会将众多与会者共同磋商产生的规划战略和解决方案以完全数字化的表达方式总结出来，形成4个主要图解部分组成的总体规划方案——绿地基础设施、交通基础设施、街道基础设施和混合利用中心——表达了该地区的主要环境模式、人群流动模式和开发模式，此外还有邻里和行政区的城市设计主要开发模式。

作为针对总体规划的实施建议的一部分，研讨会推出了一个依紧急程度排列优先次序的所有建议的矩阵图，并明确了负责采取行动的部门（表7-7）。排序的考虑因素包括：问题的相对严重程度；实施详细提案所必需的人力资源和财力资源的可行性；不同实施任务之间的相互依存，尤其是执行一个项目对于另一个项目的成功实施的依赖程度。由于以上这些因素难以针对每一个提案列出精确的时间表，因此只能列出如下的优先次序级别：

实施模板（摘要） 表7-7

研究和计划			
	提议和实施的任务	优先次序	责任部门
R11	调查研究RTP园区及周边就业地区的交通系统的需求回应/点状偏差（Point-Deviation）的可行性；推出一个提供科尔地区区域范围交通服务的计划，利用一个高频次循环式公共汽车系统将RTP、TTA通勤轨道系统和机场连接起来	中	TTA、RTP
R12	评估达勒姆高速公路在I-540的终端，以及与戴维斯快车道所有连通的道路；与NCDOT、MPO以及RTP合作探究达勒姆高速公路延伸线的可选择方案	高	CAMPO、DCHC、MPO、NC BOT、莫里斯维尔市
R13	将机场大道延伸至戴维斯快车道；论证和选定机场大道向戴维斯快车道的延伸线的线形和横断面，在TTA走廊处采用立体交叉	中	CAMPO、DCHC、MPO、NC DOT、卡利市、莫里斯维尔市
R14	将McCrimmon林荫公路延伸跨越轨道线，通往机场；论证和选定与邻里中心相协调的线形和横断面	中	CAMPO、DCHC、MPO、NC DOT、卡利市、莫里斯维尔市

续表

	研究和计划		
	提议和实施的任务	优先次序	责任部门
R15	延伸埃文斯公路并使之平行于 NC54 号公路，在越过 I-540 后再与 NC54 连接； 论证和选定埃文斯公路向 NC54 号公路延伸段的线形和横断面	中	CAMPO、DCHC、MPO、NC DOT、卡利市、莫里斯维尔市
R17	完成科尔地区联络道路的规划； 在科尔地区 I-54 号公路以南部分地区论证和选定联络道路的规划，在 I-54 号公路以北地区采用早先提议的联络道路的规划	高	CAMPO、DCHC、MPO、NC DOT、达勒姆、罗利市、卡利市、莫里斯维尔市、TJCOG
R29	研究在北莫里斯维尔/夏洛特地区创建联合运输的中转车站和邻里中心的可行性； 为这一地区推出示意性发展规划，包括为城镇综合规划的修订而选用的街道细部、街区、开敞空间以及建筑类型； 完成这一地区所必需的交通运作和运输改造的初步工程	中	莫里斯维尔市、CAMPO、TTA

资料来源：埃里克·达米安·凯利，芭芭拉·贝克尔.社区规划：综合规划导论[M].叶齐茂，吴宇江，译.北京：中国建筑工业出版社，2009.

1）高：短期框架（6个月至1年），必须立刻分配资源执行这些任务；

2）中：资源许可时，必须在 1~5 年的时间框架内完成任务；

3）低：没有紧急的时间需求，当资源可及、时机适当时可以完成任务。

实施战略的另一个主要组成部分包含一份详细的文件，设立了科尔地区所有部门都可以运用的《综合开发导则》，这些部门可以围绕着总体规划的基本议题改写各自的规则[56]。

（2）城市尺度：罗利市竞技场小区域规划

这一"小区域规划"的场地正好位于上一节所述的科尔地区的东面几英里处，覆盖大约 10.36km² 的土地，在场地的西、北和东部边界由高速公路环绕，而南边是直接通往 6.4km 以外的市中心的局部城市干道，南部边缘包括规划中的三角地区高速交通管理局（TTA）未来的通勤轨道线。

本案研究区包括多种类型用地，有大型休闲设施、企业办公园区、大型教育机构以及小型居住邻里和少数当地企业等。区域内还有大片未开发土地，如今已时机成熟，正待开发，同时也有已经被先期城市建设破坏的景观和环境系统急需保护。

这个小区域规划的主要目标是为达成以下三个任务的开发区提供一个一致的框架：

1）解决大规模用地和小规模用地的二元对立；

2）避免不协调的零星开发，这是迄今为止所采用的开发类型；

3）建立发展和环境保护之间的平衡。

还有一个平衡的需要是，起草一整套的城市设计导则，协调规划设计中提出的未来混合利用中心的开发，并扩展到罗利市所有类似的村庄中心和邻里中心的开发。

在这一跨越性的目标内，设立由规划方案来检验的四个主要议题：

1）达到发展和环境保护之间的平衡；

2）改善穿越场地的交通基础设施，利用新规划的通勤轨道服务系统；

3）在轨道车站周边地区创建交通导向性开发的新类型，展现优秀的城市设计和经济发展的原则；

4）解决存在于重要州立和市立机构以及与附近新建和现存邻里之间的棘手的规模关系问题。

本案规划是在为期4天的专家研讨会期间，由深入的公众设计发展而来的，多学科的设计团队和感兴趣的利益共享团体一起举行了一系列会议。规划落实了上述科尔地区规划创造的四种场所类型，邻里、中心、行政区和走廊，由一个连贯的、互相连接的多交通模式的网络组织起来，每一处都有意设计一定程度的混合使用。这种交通网络包括用于轨道交通、机动车、自行车和步行的设施。规划将区域分为五个片区，分别确定其土地的最佳利用方式和调查其开发或环境保护的最大潜力。作为规划内容的一部分，只提出都市范围内的"城市设计导则"。导则在随后广泛的争论和几次公示之后，由罗利市采纳，用于指导辖区范围内的所有混合利用中心设计[56]。

（3）邻里尺度：格林维尔Haynie-Sirrine 邻里

Haynie-Sirrine邻里是格林维尔（Greenville）市中心以南的一个低收入美国黑人社区，其社区规划的目的在于改造。房地产代理商和开发商们联合当地业主共同投资的合作企业，举行了一个公共设施的专家研讨会。在六天紧张的会议过程中，居民、业主、商人、政府代表和有兴趣的开发商都发表了意见，且这些意见都被收集起来。专家研讨会对场地进行了"中心、街道和边界""建筑形式和结构"两方面内容的分析，进而总结并提出五个关键目标：

1）利用Ridge大学附近的可用土地的市场价值，进行主要的新开发（可能要对业主的投资提供高回报，来补偿他们在其他邻里投资可负担住宅开发的较低利润）；

2）为现有居民增加可负担住宅的供应量；

3）加强邻里的可识别性和特征；

4）积极推动Sirrine足球场的扩建，但不能破坏邻里的尺度；

5）识别、保护邻里内的历史性地标。

研讨会期间，他们邀请了很多当地媒体宣传人员投入会议，并在邻里中心开设临时设计工作室，让很多居民和其他感兴趣的人献计献策。专家研讨会的议程以徒步参观邻里开始，走遍研究区域的每一条街道，在关键的地方拍照，丈量空间，与路人或门廊里的人交谈。基于大量的宣传活动，大多数居民了解了专家研讨会，经常在饭店或邻里中和规划师交谈。

专家研讨会运用市场评价分析，综合了业主自用/租赁住宅的位置和控制用地的地图，并对邻里每一块土地的再开发潜力进行全面评估，由此将所有土地分为三类：主要再开发街区、一般再开发街区和最小再开发街区，进而提出相应的建议。

作为专家研讨会后续行为的一部分，制定现实的实施策略至关重要。该社区规划的实施战略包括四部分：公共财政、可负担住宅策略、详细的实施工程实践表以及适应总体规划的基于设计的区划条例[56]。

（4）城中村类型：深圳市龙岗区五联社区规划试点

五联社区是位于深圳龙岗中心城边缘的"城中村"，总用地 32.6km^2，北部和中部地区位于城市基本生态控制线内，且大多属于水源保护区。与深圳大多数城中村一样，五联社区完成了称谓上和主观意义上的城市化。但是，通过现状的综合研究发现，五联社区当前最需要解决的问题包括产业升级、集体经济发展、服务体系、社区治理等城市转型问题，以及城市化后返还用地落实、对外交通条件改善等方面的基本建设问题。

该社区规划工作的重点是通过对社区构成要素关系的研究，搭建一个既符合现状资源特征，又满足社区综合发展需要的空间平台。社区规划分阶段进行广泛的公众参与活动，采集信息，讲解方案，征求意见，以充分反映社区居民的意愿，编制社区空间建设蓝图和制定社区近期建设行动计划，形成规划成果[52]（图7-4）。

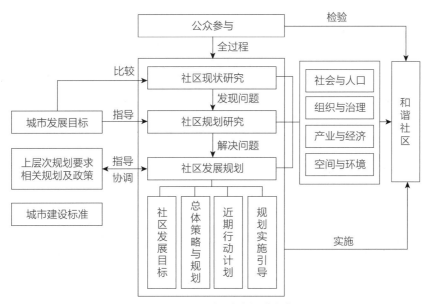

图 7-4 五联社区规划工作框架

资料来源：王瑛，蒋丕彦，夏天. 不能再被忽视的社区规划：深圳市龙岗区五联社区规划试点工作的启示 [J]. 城市规划，2009，33（4）：54-56.

然而，该社区规划的公众参与仍为"被动式"，并非真正意义上的社区规划，但却是我国社区规划的一个重要的新尝试。

推荐阅读资料

1. 徐晓燕. 社区与城市：城市社区支持功能的空间组织模式研究 [M]. 北京：中国建筑工业出版社，2011.
2. 谢守红. 城市社区发展与社区规划 [M]. 北京：中国物资出版社，2008.
3. 赵民，赵蔚. 社区发展规划：理论与实践 [M]. 北京：中国建筑工业出版社，2003.
4. 李会欣，刘庆龙. 中国城市社区 [M]. 郑州：河南人民出版社，2002.
5. 张俊芳. 中国城市社区的组织与管理 [M]. 南京：东南大学出版社，2004.
6. YANITSKY O N. Cities and human ecology，social problems of man's environment：where we live and work[M]. Moscow：Progress Publishers，1981.
7. 杨德昭. 新社区与新城市：住宅小区的消逝与新社区的崛起 [M]. 北京：中国电力出版社，2006.
8. 埃里克·达米安·凯利，芭芭拉·贝克尔. 社区规划：综合规划导论[M]. 叶齐茂，吴宇江，译. 北京：中国建筑工业出版社，2009.

思考题

1. 如何理解社区的概念和含义。
2. 国内外社区发展的特点。
3. 新都市主义社区的产生背景、特征和意义。
4. 结合案例阐述 TND 社区开发模式的特征和效果影响。
5. 结合案例阐述 TOD 社区开发模式的特征。
6. 概述社区规划发展理念演进的阶段与特征。
7. 结合身边的案例和本章的知识要点，分析国内社区规划所面临的问题及发展方向。

本章参考文献

[1] TÖNNIES F. Community and civil society[M]. London：Cambridge University Press，2001.
[2] 陈美萍. 共同体（Community）：一个社会学话语的演变 [J]. 南通大学学报（社会科学版），2009（1）：118-123.

[3] 郑杭生，黄家亮.论我国社区治理的双重困境与创新之维：基于北京市社区管理体制改革实践的分析[J].东岳论丛，2012（1）：23-29.

[4] 肖林."'社区'研究"与"社区研究"：近年来我国城市社区研究述评[J].社会学研究，2011（4）：185-208.

[5] PARK R E, BURGESS E W. Introduction to the science of sociology [M]. Chicago: University of Chicago Press，1921.

[6] 徐晓燕.社区与城市：城市社区支持功能的空间组织模式研究[M].北京：中国建筑工业出版社，2011.

[7] 费孝通.学术自述与反思[M].北京：生活·读书·新知三联书店，1996.

[8] 齐群.社区与文化：吴文藻"社区研究"的再回顾[J].浙江社会科学，2014（3）：13-18.

[9] 谢守红.城市社区发展与社区规划[M].北京：中国物资出版社，2008.

[10] 胡敏捷.社区定义辨析[J].安庆师范学院学报（社会科学版），2010（2）：40-44.

[11] 赵民，赵蔚.社区发展规划：理论与实践[M].北京：中国建筑工业出版社，2003.

[12] 刘达，郭炎，等.集体行动视角下的社区规划辨析与实践[J].规划师，2018（2）：42-47.

[13] 余颖，曹春霞.城市社区规划和管理创新[J].规划师，2013（3）：5-10.

[14] 吴缚龙.中国城市社区的类型及其特质[J].城市问题，1992（5）：24-27.

[15] 王颖.上海城市社区实证研究：社区类型、区位结构及变化趋势[J].城市规划汇刊，2002（6）：33-40.

[16] 秦瑞英，周锐波.国内外城市社区分异及类型研究综述[J].规划师，2011（S1）：216-221.

[17] 王彦辉.走向新社区：城市居住社区整体营造理论与方法[M].南京：东南大学出版社，2003.

[18] 李东泉，蓝志勇.中国城市化进程中社区发展的思考[J].公共管理学报，2012（1）：104-110.

[19] 蔡禾.社区概论[M].北京：高等教育出版社，2005.

[20] 李志刚，顾朝林.中国城市社会空间结构转型[M].南京：东南大学出版社，2011.

[21] 洪亮平，赵茜.从物质更新走向社区发展：旧城社区更新中城市规划方法创新[M].北京：中国建筑工业出版社，2016.

[22] 何海兵.我国城市基层社会管理体制的变迁：从单位制、街居制到社区制[J].管理世界，2003（6）：52-62.

[23] 何重达，吕斌.中国单位制度社会功能的变迁[J].城市问题，2007（11）：48-56.

[24] 李嘉靖，刘玉亭.城市社区管理模式评析及中国社区管理机制初探[J].现代城市研究，2013（12）：5-12.

[25] FARRINGTON F. Community development: making the small town a better place to live in and a better place in which to do business[M]. New York: Ronald Press Company，1915.

[26] SANDERSON D，POLSON R A. Rural community organization[M]. New York: J. Wiley，1939.

[27] Colonial-Office. Community development: a handbook[M]. London: Colonial Office，1958.

[28] WARREN R. The community in America[M]. Chicago: Rand McNally，1963.

[29] CARY L J. Community development as a process[M]. Columbia: University of Missouri Press, 1970.

[30] PHILLIPS R, PITTMAN R H. An introduction to community development[M]. London: Routledge, 2009.

[31] United Nation Economic Commission for Asia and the Far East. Community development and economic development[M]. Bankok: Economic Commission for Asia and the Far East, 1960.

[32] 蔡禾. 城市社区异质性与社区凝聚力 [J]. 中山大学学报, 2014, 2（52）: 133-151.

[33] 应艺青. 社区社会网络: 社区民主与社会资本关系研究 [D]. 广州: 华南理工大学, 2012.

[34] 张纯, 柴彦威, 等. 从单位社区到城市社区的演替: 北京同仁堂的案例 [J]. 国际城市规划, 2009（5）: 33-36.

[35] HUNTER F. Community power structure[M]. UNC Press Books, 1969.

[36] 张俊芳. 中国城市社区的组织与管理 [M]. 南京: 东南大学出版社, 2004.

[37] 夏建中. 现代西方城市社区研究的主要理论与方法 [J]. 燕山大学学报（哲学社会科学版）, 2000, 1（2）: 1-6.

[38] 许学强, 胡华颖, 叶嘉安. 广州市社会空间的因子生态分析 [J]. 地理学报, 1989, 44（4）: 385-397.

[39] 洪鉴, 贾秀兰. 坚持科学发展观建设绿色生态社区 [J]. 西南民族大学学报（人文社科版）, 2004（12）: 16-18.

[40] 陈飞, 褚大建. 低碳城市研究的理论方法与上海实证分析 [J]. 城市发展研究, 2009（10）: 71-79.

[41] TALEN E. New urbanism and American planning: the conflict of cultures[M]. New York: Routledge, 2005.

[42] 杨德昭. 新社区与新城市: 住宅小区的消逝与新社区的崛起 [M]. 北京: 中国电力出版社, 2006.

[43] PERRY C A. The neighborhood unit: a scheme of arrangement for the family-life community regional plan of New York and its environs[M]. New York: Arno Press, 1929.

[44] SAELENS B E, SALLIS J F, FRANK L D. Environmental correlates of walking and cycling: findings from the transportation, urban design, and planning literatures[J]. Annals of Behavioral Medicine, 2003, 25（2）: 80-91.

[45] CALTHORPE P. The next American metropolis: ecology, community, and the American dream[M]. New York: Princeton Architectural Press, 1993.

[46] 徐一大, 吴明伟. 从住区规划到社区规划 [J]. 城市规划汇刊, 2002（4）: 54-55, 59.

[47] 刘玉亭, 何深静, 魏立华. 英国的社区规划及其对中国的启示 [J]. 规划师, 2009, 25（3）: 85-89.

[48] 叶南客. 现代社区规划的历史衍变与多元进程 [J]. 东南大学学报（哲学社会科学版）, 2003, 5（6）: 69-75.

[49] 邓奕.灾后区域复兴的一种途径："社区营造"：访规划师小林郁雄[J].国际城市规划,2008,23(4):53-56.

[50] 钱征寒,牛慧恩.社区规划：理论、实践及其在我国的推广建议[J].城市规划学刊,2007(5):74-78.

[51] 陈眉舞,张京祥,等.我国城市社区规划的理论构架及其实践机制研究[J].南京工业大学学报(社会科学版),2004(4):45-48.

[52] 王瑛,蒋丕彦,夏天.不能再被忽视的社区规划：深圳市龙岗区五联社区规划试点工作的启示[J].城市规划,2009,33(4):54-56.

[53] 赵楠楠,刘玉亭,刘铮.新时期"共智共策共享"社区更新与治理模式：基于广州社区微更新实证[J].城市发展研究,2019,26(4):117-124.

[54] 塔娜.时间地理学及其对人本导向社区规划的启示[J].国际城市规划,2010,25(6):36-39.

[55] 爱德基金会传一慈善文化基金.朱传一文集[M].北京：社会科学文献出版社,2019.

[56] 埃里克·达米安·凯利,芭芭拉·贝克尔.社区规划：综合规划导论[M].叶齐茂,吴宇江,译.北京：中国建筑工业出版社,2009.

第 8 章

城市贫困与低收入邻里

8.1 城市贫困

8.1.1 内涵与标准

1. 基本内涵

（1）基本概念

贫困（Poverty）是指在物质资源方面处于匮乏或遭受剥夺的一种状态，其典型特征是不能满足基本生活需要[1]，而城市贫困（Urban Poverty）是指城市社会的贫困问题。城市贫困概念随时间推移而不断拓展，从单一的对物质资源短缺状态的理解，逐步拓展到不仅仅是经济学概念的物质短缺，更包括文化、精神的匮乏和部分权利的剥夺。前者是表现形式，后者才是实质所在。且不同层面、不同时期的内涵不同，表现为兼具综合性、具体性、相对性、动态性的概念[2]。

综合国内外有关城市贫困概念的理解，基本上都表达了一个共同内涵，即贫困是一种因缺乏一定资源（包括社会的、物质的、文化的和精神的）而处于特定社会、特定时期的基本生活水准之下的状况，而城市贫困即城市社会的贫困状况[3]。

（2）含义类型

1）绝对贫困与相对贫困

从资源匮乏程度来看，城市贫困包含绝对贫困和相对贫困两层含义。其中，绝对贫困（Absolute Poverty）是指不能满足人体最基本生活需求的一种生活状况，表现为个人或家庭缺乏能够维持最低生活需求的基本资源[4]，是一种温饱问题尚未解决的生存性贫困[5]。相对贫困（Relative Poverty）则是指在一定的社会经济发展水平之下，个人或家庭所拥有的资源虽然可以达到或维持基本的生存需要，但是不足以使其达到社会平均生活水平，因此相对而言仍处于较低生活水准的一种状态[6]。

2）偶然贫困与长期贫困

从形成原因来看，城市贫困包含偶然贫困与长期贫困两种类型。偶然性贫困是由某些短期或中期因素造成的，比如离婚、经济萧条时的暂时失业或者是自然灾害造成的家庭成员丧失等。在这些情况下，人们有机会通过改善条件在短期内脱离贫困。而长期贫困是因为低素质、缺乏技能、机能障碍或持续的歧视而陷入的贫困。这种类型的贫困常常涉及底层群体的社会问题，由于其致贫的条件具有长期性，因而很难摆脱[7]。

（3）属性特征

城市贫困概念具有多重属性，主要表现在以下几个方面[8]：

1）动态性——人们的生活标准随着社会发展而不断提高，这就决定了由社会基本生活水准所决定的贫困标准具有动态性。因此，衡量贫困与否的标准也会随着社会经济发展水平而不断变化，是一个动态过程。

2）相对性——贫困是与非贫困相对而言的一个概念，在一个所有社会成员都处于生活资料缺乏的社会里，不会有贫困概念。因为贫困意味着一部分人被剥夺了参与社会经济活动和获得基本生活资料的权利，他们的贫困状态是与另一部分较高生活水准人口的非贫困状态相比而体现出来的。

3）社会客观性——贫困的产生与生产力发展水平低所表现出来的物质匮乏状况有关，也与社会制度和生产关系方面的不公平因素有关。城市贫困是对城市社区范围内生活水平低于社会所认可的基本标准的人群生活状况的客观描述。

4）综合性——城市贫困不仅包含了贫困人口生活资料的短缺，还包含了贫困人口人力资本、社会资本、精神文化的贫乏，是缺乏基本生存条件和发展条件的综合反映。

2. 对城市贫困的解释

对于城市贫困的产生原因，社会学有许多不同的理论解释，基本上可归纳为以下一些观点[9]。

（1）"贫困文化"的存在

奥斯卡·刘易斯（Oscar Lewis）早在 1966 年，对墨西哥和波多黎各贫民窟居民进行一系列研究后指出"贫困文化"（Poverty Culture）的存在。这种贫困文化的特点包括屈从意识、不愿意规划未来、没有实现理想的能力以及怀疑权威，像任何一个文化传统一样，贫困文化能使自身永久存在，从而使贫困者及其家庭陷入贫困的恶性循环之中[10]。

（2）冲突理论对城市贫困的结构性解释

社会冲突学派认为，社会是由代表不同利益的社会群体组成的，在社会群体的利益争夺中，必然产生一些处于相对弱势的群体，资本主义下社会权力机构的不合理，使他们无法脱离社会经济与政治生活的边缘，而长期陷入物质与精神生活的窘迫状态，成为相对稳定的贫困阶层。贫困阶层均处于权力等级的最低级，他们处于有限的社交网络，能够控制或获得的财富也有限，大多从事体力劳动性质的工作。

（3）城市贫困的功能主义解释

以社会学家塔尔科特·帕森斯（Talcott Parsons）为代表的结构功能主义认为，发达的工业社会系统是由各种社会角色构成，这些角色必须有人扮演，而且还要彼此协调一致。因而，社会为了维持有效的均衡，对较为重要的社会角色，往往赋予较丰厚的报酬，以鼓励人们参与竞争；相反，对重要性较低的角色，则提供较少的报酬。一些人由于先天的才能或受教育程度较低，只能从事重要性较低的职位，获取较少的社会报酬，以致成为贫困者或"穷人"。按照这一理论观点，贫困阶层的产生与存在，与富裕阶层的存在一样，是社会均衡发展的功能需要。

（4）贫困的社会经济根源

贫困是社会结构和经济结构的产物，社会和经济结构决定着物质资源和权利的分配。在一个社会里，财富向少数人集中，占有股份和资产的投机者们有主宰金融的能力，雇佣者们有权决定给雇工们的薪金水平，即便他们在恶劣条件下长期工作，因此，贫困对一些人来说是一种长期的生活现实。同时，贫困是社会权利不平等分配的结果，包括各种经济和政治权利的剥夺。贫困者在理论上同其他人一样拥有公民权和政治权利，但贫困的状况使得他们不能有效地行使这些权利。

（5）城市贫困的社会地理学解释

当代社会地理学者也对城市贫困问题给予了关注，他们的解释充分体现了地理学的综合性和区域性特征。他们指出，贫困的影响因素是多方面的，经济损失、社会排斥、制度分割、就业机会缺乏、民族和种族起源、文化特征、异常行为形式和空间聚集等要素都与贫困问题相关[11]。另外，美国后现代地理学家亚帕（L.Yapa）认为当代贫困研究的意义在于与"地方性"结合，即探讨"特定地区的特定人群的贫困原因"。他在对美国费城贫困社区的研究中，具体讨论了费城非均衡的交通体系、地方消费结构的差异，以及独特的社区文化对费城贫困阶层和贫困社区的影响[12]。

3. 贫困的测度方法

贫困的严重程度可以用贫困线来进行度量，目前国际上对于贫困线的制定方法包含绝对贫困线和相对贫困线两个方面，其中，绝对贫困线的测度主要有市场菜篮子法、恩格尔系数法、国际贫困线法、生活形态法、1美元和2美元贫困线法（马丁法）等[6]，主要从人体生理及营养需要的视角出发，认为贫困与人体基本生存状态的资源匮乏相关[13]。而相对贫困线的测度最常用的是比例法，主要从参考其他个体生活水平来确定贫困标准[14]。以下主要介绍绝对贫困线的常用测度方法。

（1）市场菜篮子法

市场菜篮子法又称"标准预算法"，它首先要求确定一张生活必需品清单，内容包括维持社会认定的基本生活水准的必需品种类和数量，然后根据市场价格来计算拥有这些生活必需品需要多少现金，以此确定的现金金额就是贫困线，即最低生活保障线[15]。

（2）恩格尔系数法

恩格尔系数法又称"食物支出份额法"（池振合，杨宜勇，2012）。恩格尔系数是指食品消费支出占总消费支出的比例。根据国际粮食组织规定，恩格尔系数在20%~30%为最富裕，30%~40%为富裕，40%~50%为小康，50%~59%为勉强度日。它是衡量一个国家或地区生活水平高低的综合指标，国际上常以恩格尔系数超过59%作为判断贫困的一条标准[16]。

（3）国际贫困线法

国际贫困线法通常是以一个地区中位家庭月均收入的50%~60%作为该地区的贫困线。也有把家庭抽样调查资料按照收入水平从高到低排序，然后按一定百分比分成若干等，其中收入水平最低等级者为贫困户。例如，我国统计部门公布的五等法，最低收入的10%定义为最低收入户即相对贫困户，最低收入的5%为困难户即绝对贫困户[2]。

（4）生活形态法

生活形态法也称"剥夺指标法"，它首先从人们的生活方式、消费行为等入手，提出一系列有关贫困家庭生活形态的问题，让被调查者回答，然后选择出若干"剥夺指标"，再根据这些剥夺指标和被调查者的实际生活状况计算出贫困"门槛"，从而确定哪些人属于贫困者，然后再来分析他们（被剥夺）的需求以及消费和收入来求出贫困线，即最低生活保障线[15]。

（5）马丁法

马丁法是由世界银行组织贫困问题专家马丁·拉沃林（Martin Ravallion）提出的计算贫困线的方法。他认为贫困线由食品贫困线和非食品贫困线两部分组成。计算时，首先根据维持人体正常生存所需的食品营养量，结合低收入家庭的食品消费价格，计算出贫困人口的食品贫困线。然后在此基础上，利用回归分析方法，找出那些用于食品方面的消费刚好等于食品贫困线的家庭，计算他们的非食品支出，作为贫困户的非食品贫困线。食品贫困线加上非食品贫困线，从而得出贫困线。由此测得的贫困线又分为低贫线和高贫线，世界银行据此得到的国际贫困线标准分别为低贫困线（年收入不超过365美元）每人每天消费1美元和高贫困线（年收入不超过730美元）每人每天消费2美元（按照1985年购买力平价美元计算）[17]。这一贫困线的计算方法也被称为"一天一美元"法，即1990年前后的高贫困线被简化成一天一美元的贫困标准。

8.1.2 新城市贫困

1. 国外新城市贫困现象及原因

1970年代中期以来，西方国家开始关注全球经济重构和社会变迁背景下新的城市贫困问题。经济学家安佐·明乔尼（Enzo Mingione）指出，过去的20年中，在整个工业化社会，尤其是在大城市出现了社会生活条件的严重恶化，具体表现为：乞丐和无家可归者随处可见；高失业率和低收入或无保障的在业状况，尤其集中在社会地位较低的人群；年轻人聚集的团伙街头犯罪和暴力活动，且青少年参与率提高；在内城游荡的社会闲散人员和精神抑郁人员数量增长；大面积的住房老化和街区环境退化。这些现象被赋予各种不同的概念加以讨论，但最后都暗示了"新城市贫困"的范畴。概括而言，新城市贫困人口主要包括：社会孤立的老年人、不具备教育背景的年轻人、长期失业的成年人以及被隔绝在社会网络之外的移民等[18]。

新城市贫困基本上可归结为这样的解释，即由于经济重构、福利制度转型、社会结构变化，所造成的以失业、在业低收入、无保障、种族分异、移民贫困等为主的新的城市贫困问题，表现为一个处于社会底层的新贫困阶层的产生[9]。

2. 我国转型时期的新城市贫困及产生原因

我国的新城市贫困是特指在1990年代以来的经济转型时期，由于下岗、失业以及低收入等致使一些有劳动能力的人陷于贫困状态[19]，它与以往所指的城市"三无"人员有本质的区别。转型期庞大的新城市贫困群体主要包括：国有企业改革和调整导致下岗、失业的群体；退休较早、仅依赖退休金生活的老年人；流入城市、成为城市新贫困阶层的大量农村人口[4]；无力负担学费的贫困大学生，以及部分毕业后待岗的大学生，也成为当今社会新的贫困群体。

我国的新城市贫困是由一系列因素综合作用而形成的，主要表现在以下几个方面。

（1）产业结构与企业经营机制调整导致下岗失业

经济转型期产业结构调整产生大量失业、下岗人群，是产生新城市贫困阶层的根本原因[3]。另外，建立市场经济体制后，国家不再包揽国有企业的经营。一些历史包袱沉重的国有或集体企业越来越不能适应市场竞争的要求，不得不转型、重组或破产，大量职工下岗、失业而陷入贫困，这是致贫的直接原因[2]。

（2）收入分配不公导致贫富差距进一步拉大

转型期经济体制改革带来生产效率的提高和与之挂钩的收入差距增大，但并不是所有的收入分配都是合理的[2]，一方面普遍存在着行业垄断，人为地拉大了垄断行业和竞争行业的收入差别；另一方面税制改革滞后，使本应在强者和弱者之间分配的收入，由于这种不完善的分配制度在很多场合被强者所独占，加剧了弱者的贫困。再加上目前社会再分配能力不足、制度不完善，更加深了贫富差距和生活水平的差异[4]。收入分配不公是导致当前我国社会贫富差距拉大的重要因素，而收入差距的拉大，导致了一部分低收入者陷入贫困[3]。

（3）城市化进程导致外来人口贫困程度加剧

我国的城市化水平在1980年仅为19.39%，到2011年已上升为51.27%，近期根据第七次全国人口普查数据，2020年我国常住人口城镇化率达到63.89%，改革开放后的四十多年间，我国城镇化率高速增长。在快速城市化进程中，大量农村劳动力向城市转移，成为城市的农民工群体。尽管农村劳动力向城市转移是符合客观发展规律的，但迄今为止他们仍然在进城并在城市生活的制度安排上受到很大程度的排斥，客观上造成了农民工群体的困难处境，使得其中相当一部分人沦为新的城市贫困者[3]。

（4）发展机会不均等与政府扶贫政策缺乏

转型期经济体制改革为人们提供了前所未有的创造个人财富的机会，但由于市场发育不完全，信息渠道不通畅，加之贫困人群缺乏得到信息的经济能力，因此，贫困人群获得有效就业信息和经济信息的量较小，出现强势人群更强、弱势人群更弱的现象。而政府再就业培训与指导缺失或不足，城镇下岗职工缺乏充分的培训与再就业指导，致使城镇下岗人员无法就业或无业可就，进而导致他们陷入贫困[20]。

（5）社会保障制度滞后与保障力度不足

转型时期我国社会保障制度滞后主要表现在两个方面：一是社会保障的力度远远不够，难以确保贫困阶层的基本生活需要，而且还不能覆盖所有的贫困人口。二是起始经济条件较好的各个阶层和群体得到的保障也较好，相反，那些起始经济条件较差的阶层和群体却得不到足够的保障。在城市，有工作或工资水平高的人所享受的社会保障比无工作或者工资低的人所享受的好。可见，中国社会保障制度还没有起到很好保护弱势阶层和贫困阶层的作用[21]。

（6）贫困人口自身素质与家庭结构因素

新城市贫困阶层的产生，不仅决定于客观的社会、历史原因，还取决于个人及其家庭的自身因素。就业者受教育程度越低，家庭的就业面越小，家庭人口规模越大，陷入贫困的可能性也越大[3]。

8.1.3 贫困空间的产生

从社会学的视角上看，贫困空间如贫民窟的产生是社会隔离、社会排斥和城市贫困的结果。贫穷和受排斥的人在空间上的集中形成了城市贫困空间——"贫困的口袋"[22]。

1. 贫困空间产生过程

按照城市贫困形成的特征,可分为两种类型的城市贫困空间:①原生型贫困空间。指随着城市贫困群体的增加,新的贫困居民通过私搭乱建形成的非正规住宅区。这类贫困空间一般位于城市的边缘地带或城市内部的危险地段。②演替型贫困空间。原本是一个健康的城市社区,随着住房和基础设施老化,原居民搬出,大量低收入居民入住形成的贫困空间,常见于旧城的传统居住邻里。演替型贫困空间的形成包括三个基本过程,即空间演变过程、社会变迁过程、空间与社会互动的过程,这三个过程同时在贫困空间的内部和外部进行(表8-1)[23]。

演替型贫困空间的产生过程及其表现   表8-1

过程		具体表现
内部过程	演替型贫困空间内部的物理退化	如基础设施老化、环境污染、建筑及景观的退化等
	演替型贫困空间内部的人口结构变化	如人口老龄化、贫困化等
	演替型贫困空间内部的空间与社会互动	如地产的贬值(物质资本减少)导致社会身份、信贷能力和场所情感的下降(社会资本减少),加快人口结构的底层化,人口结构的底层化反过来又减少了设施的维护、组织的运作能力,加快了物质退化的过程
外部过程	演替型贫困空间外部的空间过程	如城市及区域空间结构的调整、企业区位诉求的变化、区域竞争的加剧及区域生态环境的变迁等,均会造成城市和区域空间发展的不平衡
	演替型贫困空间外部的社会过程	如社会经济结构的调整、市场化、社会保障缺失等加快了整个社会的两极分化,城市贫困阶层日趋形成
	演替型贫困空间外部的空间与社会互动	空间与社会互动,如城市建设的市场化,使得大部分建设资金流向具有盈利优势的空间,被遗弃的空间由于失去资金而陷入贫困化,而空间分配的市场化又使得贫困阶层只能接受那些处在劣势的空间资源
内外互动	内部过程和外部过程之间的互动	由于资本的逐利性,演替型贫困空间的内部退化意味着其投资潜力丧失,会促使演替型贫困空间原有的资本向外流失到更有利可图的空间;由于"人往高处走",演替型贫困空间的内部退化同时也会促使优质的人力资源向外流失,而环境中大量的低质人口进入,会加快空间贫困化的过程

资料来源:佘高红. 城市贫困空间形成原因解析 [J]. 城市问题,2010(6):60-64.

2. 我国城市低收入邻里的产生

改革开放以前,城市贫困不是突出的社会问题,而是一个具有普遍意义的发展阶段问题。城市在空间上表现为以工作单位综合体为基本单元组合而成的细胞状结构,城市的空间分异主要是基于土地的利用性质而不是社会层化[24]。城市发展的重点是集中有限的资金发展工业,积极建设产业区。为此,政府导向的城市发展,遵循合理布局生产力和土地利用的原则,集中于建设工厂体系和工作单位综合体。

自 1980 年代早期起,为了改善国有企业职工住房条件,以及为大量的下放回城人员提供住房,城市政府和国有企业合作在城区边缘进行了大规模的工人居住区(工人新村)建设,促使产业工人在居住空间上集聚。然而,为了缩减建设成本,这些居住区建设的原则是最大限度地接近工作地和建设成本的最低化,住房建设的标准较低,建筑密度较高。

1990 年代以来,国家福利住房供应制度逐渐为住房市场化所代替,政府和单位作为住房供应的主体地位逐渐让位于市场。与此同时,中国城市的发展也主要遵循市场原则来安排土地利用和调节相应的功能结构,房地产导向的城市发展主要表现在以追求土地利用效率为主的旧城再开发和城市新区建设。

总体上看,随着住房市场化改革、城市用地规模的大幅扩张,加上城市贫困居民自身社会经济能力的限制,城市贫困者和低收入人群在居住空间上呈现相对集中的现象,产生多种类型的城市低收入邻里(图 8-1)。概括而言,其产生和演化涉及城市规划和发展的两个层面,即"空间的规划"与"规划的空间"。一方面是"空间

图 8-1 低收入邻里
资料来源:作者自摄.

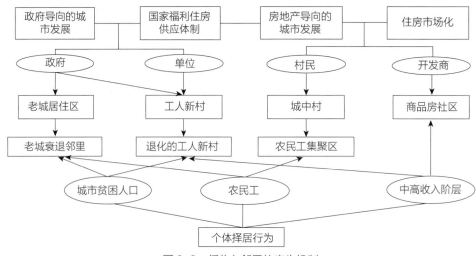

图 8-2 低收入邻里的产生机制

资料来源：刘玉亭，何深静. 城市低收入住区的产生机制及其影响研究 [J]. 南方建筑，2009（6）：79-81.

的规划"，即对已经形成的低收入住区的规划整治。市场条件下，居民对于居住地选择的自由性增加，中等收入阶层可以根据自己的居住偏好向商品房社区或别墅区迁移，而以下岗职工、失业人员和农民工为主体的边缘人群在居住迁移进程中受到排斥（主要是受到自身较低社会经济地位的限制），而不得不滞留在老城衰退邻里或者城区边缘的工人新村内，或者在城郊接合部的城中村聚集。相应地，由于这些低收入人群在居住空间上的相对集中，产生了三种类型的城市低收入邻里，包括老城衰退邻里、退化的工人新村和农民工集聚区（城中村）（图 8-2）。其中，前两类贫困邻里已经退化为老年人、离退休人员、下岗失业人员以及低收入家庭集中居住的典型城市低收入邻里，而城中村则成为农民工聚集的低收入邻里[25]。另一方面是"规划的空间"，即城市规划和住房发展政策的产物。主要表现在对原有低收入居住区进行拆迁改造后，低收入居民集体迁移到城市边缘的新建经济适用住房小区、廉租房社区和解困房住区，从而形成新的低收入群体聚居区，可以统称为保障房住区[26]。

（1）老城衰退邻里

对于老城区，房地产导向的再开发是有选择性的。尽管由政府和房产商共同发起的城市更新使老城区发生了巨大的变化，但许多衰退的老城居住邻里由于分布着高密度的低收入人群，再开发需要付出较高的社会经济成本，所以并没有得到再发展。这些邻里的住房质量很差，居住环境恶劣。

（2）退化的工人新村

由于受到国有企业改革和产业结构调整的巨大冲击，事实上一些工人新村已经成为下岗和失业人员的集中居住区。另外，这些工人新村因缺乏维护，加上当初低水平的建设，住房质量退化，居住环境也逐步恶化。

（3）农民工聚集区（城中村）

城市向郊区的扩展包围了许多城郊接合部的村庄，并导致城中村的产生。由于具有土地承租和农村土地集体所有的双重土地使用制度，城中村的土地利用以及房屋建设十分混乱。对于当地的村民而言，因为缺乏管理，他们倾向于出租住房；而对外来人口而言，在此可以租到相对便宜的住房。村民和农民工双方受益，从而使得大量的农民工在城中村聚集，并使一些城中村成为事实上的农民工集聚区。在利益的驱使下，城中村内不合法建筑的建设和居住拥挤的现象越发严重。还由于缺乏有效的管理和规划控制，一些城中村的建筑景观混乱，基础设施缺乏，居住环境恶劣，成为现代城市景观中极不协调的独特社区。

（4）保障房住区

随着市场在城市住房供给中的作用不断增强，中国城市的保障性住房逐渐由生产导向转为福利导向，政府出于解决住房短缺以及关怀低收入群体的双重考虑，逐步重视保障性住房及其住区建设。在快速城市化以及城市规模大幅扩张背景下，与西方发达国家"二战"后大规模社会住房建设相类似，中国各大中城市以满足居民基本住房需求为导向，相继推行经适房、廉租房、公租房等保障房及其住区的大规模集中建设[27]。与此同时，保障房住区居住环境建设方面的考虑不足，与保障性人群需求不匹配的一系列问题相应衍生，如选址不合理、规模过大、配套不完善、内部环境不合理等[28]。

8.1.4 空间特点及类型

1. 区位分布特征

（1）北美城市的贫困空间大多位于中心区内部或CBD外缘

芝加哥学派最早用社会生态学方法并结合城市土地利用模式，划分出城市贫困空间区位。伯吉斯（Burgees）提出了同心圆理论，提出由中心向外缘五个层次的圈层地域结构，并首次把城市按贫富区域划分开来。其中，紧邻中心商务区的过渡地带，集中了低级破旧的住宅区、贫民窟和少数民族聚居区（例如犹太人区、西西里人区、唐人街等）[29]。霍伊特（Hoyt）通过对住宅租金的研究指出，低级住宅区也能迁入弃置的原高级住宅区，并在地域上形成扇形模式[30]；随后哈里斯（Harris）和乌尔曼（Ulman）的多核心模型指出低收入和贫困阶层可以围绕中心商业区、批发商业区、重/轻工业区形成多个聚居点[31]。后继学者不断修正三大经典模型，指出美国郊区化进程中城市CBD外缘、中心区内部仍然是低收入和贫困阶层的聚居区。

（2）其他一些发达国家和发展中国家贫困空间分布在城市外围边缘区

北美城市贫困空间分布特征并不适用于所有发达和发展中国家。如英国中等城市的贫困人口、低中收入阶层分布在城市外围边缘区,只有部分少数民族聚居区位于中心区附近,紧邻中产阶层区域。随着现代交通工具的相对普及和郊区化的过度蔓延,澳大利亚主要城市贫困阶层由市中心向郊区集聚。在东南亚和拉丁美洲的一些城市,擅自占地非法建设区也分布在城市边缘地区[32]。

（3）中国城市低收入者分布空间呈现大分散、小集中的分布特征

我国的城市低收入者的分布空间,从计划经济时期均衡分散分布转变为改革开放后的大分散、小集中,即在整个城市空间范围上是分散的,但是在邻里或社区层次上是相对集中的[25]。

1）大分散

低收入人口杂居在城市的各个区域,不论是中心区,还是商业区,都有低收入家庭的分布。低收入人口居住的分散性与我国长期以来的住房分配政策是有密切关系的,中国城市近50年的城市住房分配制度造成了以单位制为基础的社会各阶层混居的特点。随着住房制度改革的逐步完成和住房商品化的实行,我国也不能排除出现城市低收入与家庭居住边缘化的趋势,即低收入家庭向价格低廉的城市郊区集中,形成低收入居民集聚区[33]。

2）小集中

低收入人群居住的分散性只是相对而言的。在大分散的格局下,也存在着小集中的特点,体现在城市低收入人口主要滞留在老城衰退地区、工业区配套居住区和近郊区,流动低收入人口则主要分布在老城和边缘区的"城中村"和棚户区内[34]。例如,在一些老企业住宅区和"夕阳产业"职工居住区,低收入人口就相对集中[20]。

2. 内部属性特征

城市贫困空间整体表现为空间内部社会资本、物质资本及人力资本三大资本的贬值或流失。根据2003年全球人类住区报告——《贫民窟的挑战》的研究,城市贫困空间表现出六大特征:缺乏基本的服务设施;缺少合法的、符合标准的、安全的住宅;密度高,过于拥挤;缺少健康的生活条件或处在危险地段;居住流动性高,非法或非正规的聚居;居住者贫困,受社会排斥,这六大特征正是三大资本缺乏的表现[23]。而实际上,不同的城市贫困空间实体也表现出不同的属性特征[32]（表8-2）。

8.2 低收入邻里

低收入邻里即低收入或贫困人口聚居区,国外城市主要表述为贫民窟,在中国则大致概括为几种低收入邻里类型,即老城衰退邻里、退化的工人新村、城中村、保障房社区。

国外不同类型城市贫困空间的属性特征　　　　表 8-2

地域	类型	特征
国外	Ghetto	多指被排斥于社会经济活动之外的城市内部贫困黑人或其他少数民族聚居区，多是外部歧视造成的聚居
	Slum	联合国人类居住规划署将其定义为"以低标准和贫困为基本特征的高密度人口聚居区"，表现为住房建造在合法租赁的土地上，建造标准达不到规范要求的最低标准
	Squatter	擅自占住空房或在无主土地上定居，土地使用和建造标准上都不符合法律和规范要求的聚居区

资料来源：袁媛，许学强. 国外城市贫困阶层聚居区研究述评及借鉴[J]. 城市问题，2007（2）：86-91.

8.2.1 国外的贫民窟

1. 内涵

（1）含义

贫民窟是世界城市演化进程中一个较为严重和普遍的社会问题，是城市社会贫穷与衰败的主要体现，一向被认为是城市灾难的根源，居住者通常被视为"违法者"，那些日益膨胀的简陋居所被称为"城市的毒瘤"。它至少包含两方面的含义：一是居民以低收入阶层为主；二是所居住的环境与条件比较恶劣[35]。

贫民窟是城市贫困居民聚居的区域。联合国人类居住规划署将贫民窟定义为：以低标准和贫困为基本特征的高密度人口聚居区。尽管在不同国家和地区，名称、土地使用权保障和建筑结构各有不同，但人口过密、不安全的居住状态、缺乏干净的水电卫生设施以及低标准的基本生活服务和贫困的生活状态是大多数贫民窟所共有的特征[36]。

（2）关于贫民窟的几种称谓

有关贫民窟的称谓很多，包括 Rookerly（破旧而拥挤的住宅群）、Skid Row（失业者和酒徒聚集的破烂肮脏的地方）、Slum（城市的贫民区、贫民窟、非常肮脏的地方）、Squatter（非法聚落、非法占有区）、Ghetto（犹太人聚居区）等。其中，用来描述贫民窟的最常用称谓是 Squatter 与 Slum。Squatter 与 Slum 存在一定的区别：Squatter 主要指的是非法占有区，在东南亚、拉美等存在过度城市化现象的发展中国家和一些移民管制较为宽松的国家较为多见；Slum 更接近于种族聚居区，主要用来描述欧美等发达国家在大量外来移民涌入的背景下形成的特定种族的聚居区[37]。

2. 形成过程和原因

（1）形成过程

1）欧美国家贫民窟的形成过程

18 世纪中后期的工业革命导致西方国家的劳动力从农业向第二、第三产业转移，突然涌入城市的大量人口使城市住房面临严重短缺，加之种种因素的共同作用，贫民窟在西方国家的城市中迅速蔓延。

19世纪中期的德国，住房是农民进城后的第一大难题，由于租不到房子，出现了大量只能租床轮换休息的"租床人"。为解燃眉之急，大量简易房屋得以兴建并导致了贫民窟的产生。基于同样的原因，19世纪的英国也产生了大量贫民窟。地产商为牟取高额利润，密集地修建大量"背靠背房屋"（Back-to-Back House，两排房屋背向而建，只有前窗而没有后窗）住宅区，这种住房空气不对流、间距小、市政公用设施极度缺乏，平均每间居住7人，条件极为恶劣。法国直到19世纪末还"约有1/3的巴黎人生活在这种既拥挤又肮脏，没有卫生设备，没有照明和没有足够新鲜空气的环境里"[38]。

美国的贫民窟多产生于19世纪末至20世纪初，且与郊区化联系紧密。19世纪中期以前，大量移民同美国本土农民一道忙于开拓西部、建设新城市，因此尽管发生了大规模的农业人口转移，但是城市住房问题尚不突出。1970年代美国政府颁布了一些有利于工人的新法令，且由于多年的政策积弊导致大量农民破产，涌入城市的人口骤增。与此同时，霍华德的"花园城市"理论和以德国为楷模的城市分区法传入美国并催生了卫星城理论，这些理论与现代交通方式结合后产生的郊区化运动使许多城市的中心区衰退为贫民窟[39]。

2）拉美等发展中国家的贫民窟形成过程

1950年以后，拉美等发展中国家城市人口的增长速度十分惊人，远远高于欧美国家在社会经济相似发展时期的城市化速度。与快速城市化相伴而生的是城市人口的绝对膨胀，这些地区城市人口自然增长过速本身导致了大批劳动力失业，而大量农村移民的涌入使这一问题变得更加尖锐和复杂。失业的农民滞留在城市内部却难以生存，成为贫困群体。由于住房供应有限，贫困人口最终在他们可占有的地方建立非法临时住所，形成贫民窟（一般位于城市中心附近，而且没有基础服务设施）和处于山坡、河岸以及其他不适当居住地区的贫民区[40]。

（2）形成原因

1）应对城市贫民需求和城市贫困化综合作用的结果

从主观条件来看，人们选择住在贫民窟是因为在他们可以掌握的有限资源条件下，贫民窟相对较好地满足了贫民的需求。一般城市贫民缺乏资金，没有资产，工资收入极低，而贫民窟给他们提供了一个低成本在城市生活的机会。因此，贫民窟成为部分资源缺乏型贫民选择的"生存战略"。从客观条件来看，城市贫民窟的发展是城市贫困化的产物。由人口的自身素质、社会结构和经济结构、收入分配和再分配制度、社会权利等多种因素导致的城市贫困化，表现为城市贫民缺乏谋生机会、缺乏受教育机会、缺乏社会保障、不得不住在贫民窟里[41]。

2）大量农村人口迅速向城市迁移加速贫民窟的形成

农村人口向城市的迁移虽然推动了城市工业的发展，但城市当中的就业机会远远满足不了不断扩张的城市人口的就业需求，加上进城农民自身的素质和工作技能缺乏，出现进城农民失业、就业不足、就业质量差等问题，使他们由农村的无地农民转而成为城市贫民窟中的贫民。

3）城市规划和公共政策对于低收入人群的忽视加剧贫民窟的产生

城市规划、建房用地审批、基础设施建设和社区发展对低收入人群的长期忽视，使得这些低收入人群很难在城市获得建房用地和住房，居住权没有保障，不得不非法占据城市公有土地，搭建简陋住房，形成贫民窟[42]。

3. 贫民窟的应对措施

（1）欧美发达国家的贫民窟清理运动

19世纪前后的城市化进程中，西方的贫民窟发展迅猛，贫穷问题、卫生问题、污染问题、安全问题等随着贫民窟的蔓延接踵而至。意识到问题的严重性后，西方国家一方面通过政府直接投资建设廉租的公共住房或通过市场运作引导开发商建设廉价住房来满足贫民的住房需求[39]，另一方面采取措施来清理贫民窟、限制新增贫民窟或引导贫民窟升级改造。

1）欧美国家贫民窟的清理

1940年代，西方各国开展的"城市更新运动"，其主要内容包括对城市中心区的改造和对贫民窟的清理。其中，对贫民窟所采用的处理方式是"消灭贫民窟"：将贫民窟全部推倒，并转移其居民；把土地向社会拍卖，使得那些能够提供高额税收的项目取而代之。1970年代初，巴黎城市的安置政策仅限于建造单身公寓，目的是阻止伴随外国移民之后可能发生的全家移民，巴黎只鼓励移民作短暂停留。有的国家为限制贫民窟的发展，甚至采取强制性方法，如有选择地或大规模地驱逐贫民窟居民等[36]。

2）欧美国家贫民窟的整治与优化

与可替代清除与重新安置这两种相对经济的方法相比，贫民窟的升级改造成为另一种有效的贫民窟改善方案，并得到越来越多人的认可。改造的内容包括：吸引中小商家投资，建设好贫民窟周围的公共设施，提供就业机会和基本医疗保险；注重学校教育，提高贫民窟居民素质[43]；利用其自身的劳动和资源，努力保留社区，减少对社区的经济和社会生活的干扰，让居民、社区、非政府组织多主体共同参与贫民窟的改造与发展。

（2）拉美等发展中国家的贫民窟改善行动

从1970年代起，拉美、东南亚的一些发展中国家就开始重视日益严重的贫民窟问题，起初试图采取措施禁止侵占公有或私有土地的行为，以抑制贫民窟增长。1990年代以来，随着联合国和国际社会加大对全球贫民窟问题的关注，巴西等发展中国家开始逐步承认贫民窟的合法性，并以此为基础采取了一系列新措施。

1）将贫民窟纳入城市发展规划并合法化

1987年，巴西的累西腓市在城市社区的参与下，第一次把"非正式的或不合法的贫民窟"正式纳入城市发展规划，并同意提供各种服务和基础设施，设立一个"土地占有合法化委员会"。这种做法在城市规划、住房建设、公共服务、社区管理上关注城市低收入者和外来移民，城市政府把贫民窟人口对公共设施的需求纳入城市建设规划[36]。

2）政府直接或间接引导建房，解决贫民窟居民的住房问题

为了解决贫民窟居民的住房问题，泰国实行通过政府直接建房为贫民窟的拆迁户提供房屋的租住权；1980年起又开始大力发展私营市场，依靠私人市场提供房屋，为贫民提供低成本住房，使"非法房屋"所占比例由1980年的20%下降至2000年的3%。马来西亚解决贫民住房的方法与泰国类似，政府自己建造的房屋占总量的近一半。很多发展中国家的做法与泰国和马来西亚两国大致相同。

3）对贫民窟进行升级改造，改善其居住条件

对贫民窟进行升级改造是巴西各级政府最早采用的治理措施之一，而且至今仍在使用。1989至1992年，圣保罗市政府实施的"贫民居住区城市更新计划"是该市历史上首个针对贫民窟的大规模治理计划。针对贫民窟地区生活基础设施的极度匮乏，该计划试图通过采取一些具体措施，如改善贫民窟居民的居住条件，建设卫生的给水排水系统、垃圾回收和处理系统等，把贫民窟改造成拥有基本基础设施和生活设施的城市社区[44]。

4）非政府组织（NGO）和国际金融机构的支持

1990年代是非政府组织和第三部门蓬勃发展的一个时期。巴西政府主导的很多贫民窟治理项目都有非政府组织的参与，各种非政府组织（妇女联合会、防止种族歧视组织、儿童保护组织、教育协会、环保组织等）负责各自的专业领域，并监督贫民窟治理项目的执行情况，进行项目评估以及贫民窟问题研究。对于拉美的一些发展中国家如巴西，许多贫民窟治理项目都有赖于国际金融机构的资金支持[44]。

8.2.2 中国城市的低收入邻里

1. 老城衰退邻里

老城衰退邻里，是城市中心区衰退、破败的内城邻里。这些地区与改革开放前的住宅布局相对应，主要为棚户区和窝棚住宅。在20世纪50年代社会主义改造中，该地区并没有重新发展起来。这不仅因为限制消费为导向的投资，导致城市重建计划仅限于少数几个模范工人新村。并且，作为国家主导工业化战略的结果，这有利于规模化、资本密集和重型工业的发展。换句话说，虽然城市居民生活水平有所改善，但是

在以就业为基础的国家福利制度中，老城邻里的许多居民仍然处于边缘地位。他们中许多人仍然工作在私人小商店和集体所有的街道工厂；这种工作岗位往往使他们获得很少的利益，并且没有住房和医疗服务的相关福利，而且这些小企业很容易受到经济变化的影响。在市场经济改革初期，放松的经济管制和市场机制引进使这些小企业受益，因为经济改革开始在并不占优势的计划领域启动。但对于萌芽阶段的民营企业，在日趋激烈的商业竞争中，以及在1990年代短缺经济向过度积累经济制度的转变中，已经被挤压到很小的空间。与此同时，有效需求不足制约着经济的发展，而下岗职工和农村移民使得竞争加剧，类似于街头小贩、小店主、低技能的修鞋匠、锁匠和刀工等非正式工人开始被边缘化。在这些内城邻里，大部分居民是城市住房的租户，该地区的养老、退休、下岗和低收入家庭比例较高。在这些最破旧的住宅区里，以市场为导向的房地产再开发效益不高，从而导致这些地区不断衰败下去。

评事街：一个衰退的老城住区

评事街，地处南京市老城南普通的传统住宅区，与南京城的现代商业中心——新街口西南侧相邻。该住区始建于15世纪的明代，在19世纪末晚清时代发展成熟。该居住邻里主要为一到两层的木质建筑，这里的住宅仍然保留着晚清时期五六进穿堂式结构、有院落空间的建筑风格。在封建时代，这个小区是老百姓集中的区域，典型的饮食店和餐馆沿评事街分布。在"二战"中，南京城被入侵并受到严重破坏，随后，评事街昔日的繁荣景象尽失。幸运的是，清朝后期的建筑物仍然存在。在国民党政府执政的最后几年里，作为传统商业街和普通人民的住所，这个邻里开始变为零售商和技工等中低收入集聚的社区。中国共产党掌握政权之后，通过公私合营制度，所有的零售商和匠人被招聘进入集体企业变为产业工人。同时，在南京市近郊集中建设工业区的背景下，由于缺乏资金，评事街被排除在开发建设之外。因为长期的战争和缺乏住房建设，类似于中国其他城市，南京市住房严重紧缺。由于过渡时期公共财产的公有，除了少数私人继承的房子之外（大约有1%的居民保有卖房的权利），评事街房屋被分配到市房管局管理，一些小型企业或集体企业不能给他们的员工提供住房，所以这些员工不得不到这个街区来居住。因此，原来由一户人家居住的住房，现在被很多户人家用隔板隔开来居住。整体来看，随着人口的增多，评事街变成了由老人、无工作者以及一些低层的雇工组成的街区。

20世纪80年代以来，尽管国家鼓励开发南京的老城区，由于这里的人口高度密集，这个地方仍然被忽视。在1990年代住房市场化的大趋势下，这个地方由于人口高度密集，会导致较高的补偿费用，所以这个地方又被市政当局及房地产开发商忽视。事实上，评事街已经变成了一个典型的破旧衰败的城市住区，一个被现代建筑所包围的住区，在8hm²的土地上容纳了4000人口的住区。这里的建筑仍然保留着晚清时期的建筑风格，许多老建筑因为缺乏维修，质量已经变差，并且已经成为危房。此外，由于高的人口自然增长率，以及随之扩大的家庭规模（平均每户3.4人，相比南京市平均每户2.9人），从20世纪50年代到20世纪80年代，人口密度增长100%。当前，几乎每户住宅被多于20户人家共用。许多扩展的大家庭同处在小于25m²的斗室。评事街的总住房面积比实际居住面积更大，但人均住房面积也只有6m²，而南京市人均住房面积为20m²。因此，一些居民选择在他们的住房周边建设棚屋以扩大他们的住房空间。

过度拥挤和恶劣的生活条件已经成为评事街的首要问题。无法忍受的住房条件已经驱使经济条件相对较好的家庭（约占家庭总数的21%，即超过1000人），通过购买商品住房搬迁到其他地区。这些家庭留下的空置房屋并没有被当地的其他居民共享，而是分租给那些农村移民。这些农村移民，约占该街区总人口的8%，因它的中心区位而被吸引，通过私人租赁逐步占领这些住房。现在余下的当地居民主要为老年人、下岗工人、无业者，以及不能支付搬迁费用的低收入家庭。根据居委会的官方数据，60岁以上的老年人约占总人口的1/5，已登记的原来在集体企业工作的下岗工人和失业者（他们中的大部分在市场转型中破产）约占总人口的10%。因此，评事街已经成为一个贫困邻里。根据官方统计数据，这里的收入水平非常低。在2004年，超过70%的家庭月收入低于1000元（约120美元），即人均月收入303元，最高的家庭月收入水平只是在1500~2000元。这些统计数据表明，在城市总人口中绝对贫困的人口比例，即为最低生活保障受助者的比例（南京市最低生活保障每人每月为220元，即26.5美元）为4.5%，远高于南京市1.6%的平均水平。

注：当下的评事街已经被整体改造，不再属于低收入邻里。

2. 退化的工人新村

工人新村，通常位于工业区和国有企业职工聚居区。20世纪80年代初以来，为了改善国有企业职工的住房条件，并提供返城下放人员的住房（在1960年代中后期的城市运动中，大批城镇居民被送到了农村改造，这些下放人员回城后主要受雇于国有企业），城市政府和国有企业合作在城市近郊区建设大规模的工人新村。这种特殊的制度安排，进一步强化了国有企业职工的居住集中。然而，这些国有企业在就业状况上经历了最具戏剧性的改革。随着工业结构调整和国有企业破产，国有制造行业的工作已大幅缩减。虽然不是所有的工人新村都属于低收入社区，但是这些社区是国有企业改革裁员中受冲击最严重的区域。大规模工人新村的建设促成了国家企业职工的集中，但由于缺乏维护，再加上最初建设的低质量，这些工人社区现在已经恶化成破败的居住区。

五佰村：一个退化的工人新村

五佰村，位于南京市北部的工业园区，即南京市中央门以南，总面积为 7.5hm^2，人口约 5000 人。与五佰村相邻的东侧和北侧为工业厂房，其西侧和南侧已经被一些大型企业开发为生活条件良好的居住小区。1979 年之前，这里为蔬菜种植园和南京城北部近郊的一个自然村。1979 年，国家启动了该区工人新村的建设，主要安置下放的返城人员，并提供住房，他们工作在集体企业和小型国有企业。

与此同时，原来的村民转变为城镇居民，并被周边企业聘用。因此，通过国家开发并建设房屋，把 5000 名村民纳入公共（工作单位）住房体系，意味着工人的集中，该邻里的物质特征和社会学特征已改变。该邻里包括 2~6 层不等的 58 栋公寓。公寓中的大多数套房都有一个或两个卧室，三间卧室的比较少。每户的室内居住面积平均为 35m^2，最大为 60m^2，最小为 20m^2。在开始的时候，国家承诺，在 5~8 年内，这些公寓只是返乡工作人员的临时住所。因此，建筑施工质量非常差，而且在建筑物内部没有阳台和厕所。不过，承诺没有兑现。到目前为止，大多数原住民仍住在这些低水平的公寓里。大多数房屋已经恶化到了濒临危险的地步。这是一个建设质量差，并缺乏维护的综合后果。

20 年过去了，原住民的后代已经长大了。因此，最初每户平均 25m^2 的居住面积，对于家庭的扩大，不再是足够的。为了扩大他们的居住空间，居民开始在他们房屋的附近建造棚屋。住区出现了无序的平房和非法简易房，除了一条主要街道（五佰村路），以及沿着街道的一些商店，没有绿地或公共空间。20 世纪 90 年代以来，由于城市的蔓延和扩张，五佰村开始涵盖在城市范围内。因此，这个村成为传统产业工人集中的社区。然而，20 世纪 90 年代末，随着产业结构调整和改革，这些地区的大部分国有和集体单位接二连三地破产。这意味着，在该社区，下岗工人占据非常高的比例，其比例高于更加多元化的区域。

在现代企业或者服务部门，下岗工人很难再就业，因为他们中大多属于低教育水平，并且往往是 45 岁以上。该住区已成为下岗工人和无业者高度集中、典型退化的工人新村。根据官方统计，已登记的下岗职工和失业人员数量约占总人数的 40%。与此同时，60 岁以上的老年人数量占更高比例，约占总人数的 17%。由于大多数老年人主要为下放的返城人员，劳动力素质较低，他们后代的教育也往往被忽视。因此，虽然大多数老人有退休金，但是他们的家庭通常仍然生活在贫困之中，因为他们的后代没有好的工作或者失业。根据我们的采访，成年人的生活依靠他们年老的父母（老养小）是五佰村的普遍现象。这种家庭贫困是退化的工人新村的一个突出问题。据统计，绝对贫困人口占城市总人口的比例高达5%。2004年65%的家庭收入平均每月低于1000元（每人303元/月），月收入低于1500元的家庭约占所有家庭的93%。

3. 农民工聚集区（城中村）

第三种类型的低收入邻里是城市中的农村，即所谓的"城中村"。中国快速的城市扩张和蔓延过程中，在城市郊区发生了大规模的工业区和商品房建设。在政府主导的城市开发中，政府需要征用耕地和村庄用地，并重新安置当地居民。为了支持工业的发展，大量的农田转变为工业用地，但为了避免高额的拆迁补偿费用，许多村庄本身仍交由当地村集体和村民自行管理，成为"城中村"。由于两种土地使用制度（城市土地公有制和农村集体土地所有制）共存，因此，城中村具有混乱的土地利用特征和高密集、混合的住房特征。因为缺乏监管，当地村民比较容易出租这些房屋，而且对于进城务工的农村移民来说，租赁城中村的私人房屋是非常便宜的。

城中村为大部分的农村移民提供了可能的住处，这主要有以下几个原因：首先，城中村主要分布在市区边缘，其经济形式主要是大工业区和大规模的批发市场。增加的就业机会吸引移民在这些地区集中，并在城中村租赁住房。其次，是在这里租赁房屋的可行性，尤其是比内城更低的租金和拥有更大的生存空间，是吸引移民居住在城中村的另一个因素。此外，私人出租房屋给当地城中村的农民带来了稳定收入，这进一步催生了大量非法建设，加剧了住宅拥挤。由于缺乏有效的管理和规划，城中村也呈现出破旧、拥挤、不安全的居住环境和景观。

西云村：处于城市边缘新区的城中村（农村移民聚居区）

西云村位于南京城南的近郊地区，占地面积5.5hm^2。原来，这个邻里是自给自足的、类似于五佰村的自然村，20世纪80年代以来，由于城市规模的扩张和附近工业区的建设，这个村庄逐渐被城市建成区吞噬。历史可追溯至1982年，国有企业南京木材公司征用村里的部分耕地（靠近西云村西部的地区），以建造一家木材场。随后，各种小型的木材零售企业在附近落户。到20世纪80年代末，在西云村的西部和北部，木材市场群，即赛虹桥建材市场（供应建筑材料）开始发展起来。20世纪90年代早期，国家在西云村的近东部和南部开始建设国有企业生活区。因此，类似于银桥批发市场、润泰市场等商业建筑群，在逐步蚕食剩余的农田，西云村已被包围，并已成为一个孤立的城市村庄。1994年，西云村从一个郊区村转变成由赛虹桥街道来管理的一个居委会。为满足城市扩展的需求，以及工业发展的需要，它的农村耕地被征用，而村庄的建成区仍然归村集体所有（划为当地村民所有）。这种做法减少了南京市政当局开发工业用地所面临的赔偿责任。

因此，西云村的人口社会经济状况在发生改变。20世纪80年代末以来，作为失去耕地的补偿（在某些情况下，补偿方案包括一些其他工作），西云村当地村民也逐渐被招进集体企业，如南京裁缝厂和锅炉厂等，并成为工业工人。此外，1994年，全部村民被授予城镇户口，从而转化为城镇居民。近年来，因为这些集体企业接二连三地关闭，这些村民开始失业。幸运的是，他们仍然拥有村庄建成区的住房和土地的使用权，并利用这些权利开发高密度的农民工住房。自20世纪90年代中期以来，随着西云村附近建设了许多大型批发市场，如赛虹桥木材市场、跨世纪装饰城、银桥市场，西云村及附近住宅区作为移民住所开始受欢迎。

该村庄处于城市边缘的区位，意味着拥有比市区相对低廉的租金和更便利的交通路线，而这些因素都增加了对农村移民的吸引力。因此，移民家庭在该城中村集中，在随后几年里，西云村流动人口大大增加。虽然西云村当地村民数量为843人，但是农村移民人数显示了季节性的波动，从4000人到6000人不等。因此，农村移民占西云村总人口的70%以上。他们往往为低薪的体力劳动者，如建筑、维修和投递发送，以及大量的家属。随着村里住房用地的混合供应，这里的生活条件变差。2004年，约82%的移民家庭月收入水平低于1000元（人均295元左右），几乎所有的移民家庭月收入水平在1500元以下。

过度拥挤、混乱的建筑物和落后的基础设施是西云村的突出问题。当地村民已经进行许多大规模的违法建设，主要为2~4层的建筑，以获得更高的租金收入。西云村当地平均每户有20个房间（因为许多住房用于出租）。当地居民住在最大的房间，约15m^2。其他房间出租给移民，平均6~8m^2。在西云村，几乎没有绿地或公共空间，除了一条主要街道以及许多商店和无序的零售摊位。由于在租赁的客房中，缺乏卫生间，对于这么多的移民，两个公共卫生间是不够的。在西云村也没有类似于公共卫生间等城市公共空间的建设。垃圾和废物处理也是一个大问题，西云村各类形式的环境卫生设施也非常差。

注：中国城市邻里的演变剧烈，以上列举的三类低收入邻里今天都发生了很大或一定程度的改变。

4. 保障房住区

保障房住区是我国福利导向的制度环境下建设而成的一种低收入邻里，是指以保障房住宅为主要物质构成的生活居住空间，通常由地方政府统一供应和分配[45,46]。

保障性住房是指政府为中低收入群体及住房困难家庭实行分类保障过程中所提供的社会保障性质的住房，其价格调控不受市场影响。我国保障房体系包含实物配租、实物销售和租金补贴三种方式，其中保障性住房属于实物租售方式。根据保障对象的经济社会属性分类，一般包括廉租住房、经济适用住房（包括困难企业或单位集资合作建房）、政策性租赁住房、定向安置房等类型。

这类住区与其他商品房有较大区别，但也与我国住房商品化改革的不断推进有关，并且在市场化和住房商品化的过程中，我国城镇保障房政策体系也在不断探索和完善。1998年，中央政府建立起以廉租房和经济适用房为主的住房保障体系，根据"十二五"计划，全国城镇计划五年供应3600万套保障房，拉开了我国政府主导的大规模保障房建设的大幕。1998—2002年为我国住房市场化改革的早期，经适房被定位为我国住房供应的主体，意在通过政府的扶持，培育房地产市场。2003年以后，商品房被界定为住房供应的主体，而经适房的定位为面向城市中低收入群体。2010年开始，由住房和城乡建设部牵头与地方政府签订保障房供应目标责任书，督促地方按要求完成保障房供应，成为该时期地方政府保障房供应的主要推动力。随后，以广东省"三旧改造"政策为典型，保障性住房的供应开始转为在（再）开发项目中强制配建的模式，深圳于2006年首次试验在商品房用地出让中配建保障房，为全国首宗通过配建模式建设廉租房的案例。

总体而言，我国的保障性住房主要有五个典型特征[47]：①国家支持与兴建，代表着国家和地方政府对保障房供给的职责，包括保障房制度和政策的制定，也包含保障房建设中政府担负的资金、土地筹措、工程监督和管理责任等；②国家或地方补贴，包含政府财政资金和开发商市场资本两部分；③地方政府或非营利组织管理，由各地住房保障机构统筹，相关部门协调管理；④非市场化租金，由政府严格控制保障房在建设、管理和产权转移方面的福利性、公益性和政策性特征；⑤中低收入家庭居住，保障房作为一类公共产品，其主要配给对象是中低收入的住房困难家庭。

棠德花苑：广州早期规模最大的保障房住区

棠德花苑也称棠下小区，位于广州市天河区棠德南路，属于棠下街道管辖范围，是广州市最早期建成的三个保障房住区之一，也是单个规模最大的住区，为居住区级的住宅区，人口约4万人，有保障房12400余套，包括早期的廉租房、解困房、安居房和后来推出的经济适用房、限价商品房，其中以廉租房（约60%）、解困房（约15%）和安居房（约15%）为主要组成。棠德花苑始建于1980年代，随后在1990年代末，该住区中的解困房和安居房的部分房屋由不同系统的单位统一购买后，再作为房改房进行出售，或者出租给职工，因此原先的社会结构经历了转变。2006年，棠德花苑中新建1300余套限价房，因此现状中该住区的居民多为城市中等收入家庭。总体而言，棠德花苑是一个时至今日仍然在不断完善和建设的典型保障房住区，其发展历程跨越了20余年，多数在1980至1990年代建设完成，现状仍有3628套廉租房正在建设。

该住区的现状公共服务设施配套包含完全中学（现为天河职业高中）、数所小学（其中一所为天河电大）、幼儿园、综合医院、卫生站、文化活动站、社区居委会、物业管理、街道综合服务中心、街道康园公疗中心、邮政所、变电站、生活污水处理站、公交总站、社会停车场、公共厕所、小商店等。周边设施配套较为完善，尤其是市场化运营和活动的设施，例如周边500m范围内分布有棠德农副产品综合市场、东南综合市场、乐天棠德广场、棠汇广场等商业设施，还有乒超俱乐部等收费型体育设施，以及翔龙幼儿园等民办教育设施，但仍然缺少公益性的医疗卫生、文化体育及社会服务类设施。

8.3 中国快速城镇化的特殊产物——城中村

1. 城中村的概念认知

（1）概念界定

"城中村"一词最先出现在杨安（1996）的《"城中村"的防治》一文。此后，其他学者也陆续提出相类似的概念，如"都市里的村庄（或都市村庄、乡村）""城市里的村庄""城市里的乡村""非农化村庄"等。2000年以来，城中村被约定俗成地广泛运用于学术论文、媒体报道、政府文件，研究者们根据自己的研究角度对城中村进行定义[48]。

学术界对于城中村的概念有很多不同见解，但对其内涵的理解已经形成以下共识：①涉及"城"和"村"的概念，体现了"城乡二元结构"的基本特征；②城中村的实质是一种农村社区，实行的是农村典型的集体管理体制；③城中村在物质形态构成和生活结构方面已经明显非农化；④原住民在城中村居住者中占有很小的比例，城中村的居住主体是城市外来流动人口[49]。本书中所理解的城中村，是指本地村民的土地被城市化之后由城市中底层人群自发组织形成的社区，同时也是一个具有大量廉价租房的外来人口聚居地[50]。

（2）城中村作为一种低收入邻里

联合国居住规划署将城市低收入邻里界定为以低标准和贫穷为基本特征的高密度人口聚居区。而在我国几乎与城市流动人员聚居区同义的城中村，就其存在的状态、特点和作为城市低成本居住生活区的功能看，基本上可以理解为现阶段城市的一种特殊类型的低收入邻里。

一方面，从聚落的空间结构状态来看，城中村是在传统村落格局基础上，并受市场利益驱动自发演化而来，不仅单个村落内建筑密度高、容积率高、公共空间与设施匮乏，且放置到城市整体的空间结构状态中，以不协调的"孤岛"型方式而存在；另一方面，从城中村聚落的社会结构特征来看，因主要受城市化农民的自发性利益机制与特殊空间结构状态的约束，社区在自我强化的演化中，形成了非正式廉租屋与外来流动人口集中、以相对低成本与低生活质量为主要特点的城市居住生活区。

我国目前的城中村流动人口聚居区，与国外城市低收入邻里有着相似的属性，既有空间结构上的意涵，即体现为空间结构与景观上的种种问题，也有社会层面的意涵，即城中村还代表了一种不太为城市主流社会所容的经济社会生活方式。也因此，有人认为城中村是"市民社会中的农民村"，是"城市社会中的农村社区"[51]。

2. 城中村的基本特征

城中村是城市中的一种特殊居住社区，与城市其他区域明显不同。概括而言，城中村具有以下几方面特征：空间形态和内部功能与周围城市环境格格不入；人口极为混杂，既居住着大量从事非农职业的农民，又集聚着大量外来流动人口；经济实力主要依靠非正规经济维系，包括村集体和村民违规出租土地及房屋，以及村内各种非正规经营项目；社会特征十分复杂，丰裕的物质生活与落后的价值观念和管理体制形成强烈的反差[49]。具体而言表现在以下几个方面。

（1）空间地域特征

城中村被城市用地包围，城乡用地互相交错，空间形态和内部功能与周围城市环境有极大差异，与城市空间关系不协调，城乡矛盾突出（图 8-3）。社区内缺乏统一规划，用地功能混乱，建筑密度大，容积率高，人口拥挤且环境脏乱。违法、违规建筑大量存在，既有集资房，也有临时搭建的违章建筑。道路不成系统，路网结构布局不合理，道路狭窄，不能满足使用及安全要求，公共配套设施不全。

图 8-3 城中村空间形态（广州的里仁洞村和犀牛角村）

资料来源：作者自摄.

（2）经济特征

城中村是一种特殊类型的社区，产业结构多以第二、三产业为主，村民的主要经济来源是村集体分红、出租屋收入以及小规模的商业和服务业等。出租加分红收入使得城中村内出现了一批"食利阶层"和游手好闲的"二世祖"[52]。

（3）人口特征

城中村是城市化过程的一个阶段，城市化进程中人口结构、职业结构的多元化也必然会反映出来。城中村主体人口以农业人口为主，但从事农业活动的人很少，流动人口集中，甚至超过本村村民，职业构成复杂。居民文化程度低于城市平均水平，小农思想严重，缺乏现代化意识。外地人与本地人由于语言、收入、文化、生活习惯的差异，交往较少，关系淡漠[53]。

（4）体制特征

城市化过程中城乡差异的体制因素表现为以下三个方面：第一是土地制度的差异，城市所有土地的产权归国家所有，而村落土地的产权归村落集体所有；第二是社会管理制度的差异，城市社区由作为基层政府派出机构的街道办事处和居民委员会来管理，管理的一切费用由政府财政负担，而村落社区则由作为自治组织的"村民委员会"管理，管理的一切费用由村集体承担；第三是土地制度和集体经济管理制度相联系的"村籍"分配制度。村民保持村籍使他们拥有参与村集体经济组织受益的分配权、收益权和监督权，城中村的改造也意味着权利与利益的调整，而调整的结果往往是权利与利益被削弱，因此他们宁可做"村民"也不愿意成为"市民"[54]。

（5）生活方式特征

居住在城中村的村民们已经摆脱了"日出而作，日落而息"的生活方式，人们的言行举止、穿着打扮已趋向城市化，过去的那种单一的传统农村生活方式被丰富多彩的现代城市生活方式所取代[52]。

3. 城中村的形成

（1）城中村的形成过程

中国的城中村是从原来的农村聚居点发展而来的，在中国快速城市化进程中发生快速的性质转变。城中村这一名词有"被城市包围的农村之意"。从20世纪90年代开始，快速扩张的中国城市已经逐渐渗透到周边的乡村。从各方面来说，尽管由于土地征用，村民失去了他们世代耕作的土地，但在安置中村民仍然保留了他们所居住的房子以及对应的宅基地。由于他们的权利不可转让，不能从土地或者房屋出让中获得足够收益，因此他们将自己所有的房屋进行高密度的再次改建，形成城中村建筑的标志性特点：低建筑质量、高密度、有许多隔间与包房、层数在2~8层之间。这些房屋用来出租给外来人口以及一些城镇居民。由于缺乏规划开发控制，并且受到赚取更多租金的利益驱使，每一个村民都尝试着把自己的房屋修建得尽可能高、面积尽可能大。房屋的造型早已失去各自美学上的特色，同时中国传统村落的那种宁静和谐的居住氛围也消失殆尽。城中村成为高达 20m 的钢筋混凝土森林，并有着好几公里的辐射范围。这些房屋并不是由开发商或是村集体建的，而是村民个人所有的房产[50]。

有学者将城中村的发展进程总结为四个阶段：①聚落形成阶段：也可称为"前城中村阶段"。这时城市尚未扩展至村镇，城中村还只是单纯的农村居住聚落。②城乡接合部阶段：城乡接触。随着城市间用地的拓展，越来越多的村民转而从事非农活动，农民的生活空间逐渐收缩到狭窄的聚落内部。③城中村阶段：城乡冲突此时只剩下完全被城市建成区包围的村镇居住聚落，这个阶段形成了典型的城中村。④城中村瓦解阶段：完全城市化。城中村社区逐渐瓦解，村民逐渐融入城市社会[55]。

（2）城中村的形成原因

1）城乡二元户籍与土地管理制度是"城中村"形成的制度背景

一方面，迄今为止，中国城乡居民之间的身份壁垒尚未打破，二元社会还没转变为一元社会。随着城市化进程的推进，农村被城市所包围，虽然村民过上了城市居民的生活，但仍无法完成其身份的转变，农民依然只是生活在城市中的农村里。另外，城中村的居民虽享受着市政公益事业的便利条件，在物质形态上实现了城市化，但由于传统二元隔离体制的作用，城中村的村民在就业、子女上学、医疗、养老保险等方面仍与城市居民存在差别，在生活习惯与生活方式上仍无法与城市文明相接轨[56]。

另一方面，城乡对立的二元土地管理制度是历史形成的，为我国所特有。根据我国法律规定，城镇土地的产权归国家所有，而农村土地的产权归村集体所有，在城镇扩张过程中，政府可以征用作为农民生产资料的农用地，但难以征用作为农民生活资料的宅基地。这使得被城镇包围的"城中村"能够保存一定量的村集体用地和村民住宅用地。"城中村"的集体土地和城镇建成区的国有土地差异明显，形成城镇内部土地的二元结构，造成管理监控的困难。在这种二元结构下，城镇选择了试图绕开村落的一种规划思路，结果使"城中村"逐渐成形。因此，很多学者都将这种土地所有制和宅基地政策作为"城中村"形成的最主要原因，甚至将土地制度的二元性视作"城中村"形成的最核心因素[57]。

2）巨大经济利益的驱使是"城中村"产生的直接原因

"城中村"所在的社区一般都是城镇化与市场化的先发地，村落在这种先行的与快速的非农化过程中积聚了厚实的集体财富，而集体财富的使用、分配与增值，又不断强化着村民对村落共同体的依赖与向心力。城镇功能的扩张，使农村土地大幅升值,给当地农村带来了巨大的经济利益——只要拥有农村社区户口,每年就可拥有几千甚至上万元的收入,还享有社会保险和医疗保险,部分地区的村民还享有分红的继承权。从经济学追求收益最大化的个体理性选择原理出发,大部分"城中村"的村民将房屋不断扩建,在由大量外来人口形成的庞大的房屋租赁市场中,靠出租房屋获得相当可观的租金收入,形成了一批不劳动、不经商的"食利"群体。"城中村"村民既有的巨大经济利益、不愿意迁离本土的传统思想,村集体缺乏对城中村基础设施进行改造的动机,以及政府面对城中村改造巨大的经济成本与社会成本而缺乏对其进行治理的动机,使"城中村"问题长期得不到妥善解决[57]。

3)城市规划体制的断层与弱化

现有城市规划主要是以点为对象,而城市与周边县的布局则是通过区域规划的作用表现为面。行政组织机构的设置层次致使规划的侧重点存在差异,不同规划因隶属层次的不同,使得城市与其周边农村规划无法很好衔接,没有将"城中村"规划建设纳入城市总体建设规划,对其定位模糊不清,现有规划无法对"城中村"的管理产生效用,从而产生断层;另外,我国现有规划体系建设在村一级存在弱化现象。大多数城中村根本就没有村镇规划,各自为政,缺乏统一性、完整性、前瞻性,滞后于城市建设发展的需要。这不仅与村一级规划管理体制的弱化有关,规划所需费用的短缺与规划人员空位也是其重要原因[56]。

4. 城中村的影响评价

(1)负面影响

城中村最为显著的特点是狭窄的道路,低间距的握手楼,狭窄的天井,塞满商铺、杂货店与公服设施的小巷。除了少量的敬老院和宗祠外,不存在其他的公共空间。电信管线与排水系统的铺设状况都非常差。污水漫上地面,垃圾随处可见。以上的一切情况造成了居住环境的恶劣。同时,城中村内的居民来自不同的人群,具有不同的社会背景。缺乏有效的管理,使城中村变成了犯罪滋生的温床。正是因为这些负面的影响,城中村在政府、媒体甚至是部分学者眼中,都被视为一个对社会产生负面影响、各方面问题很严重的地区[50]。

(2)积极影响

城中村是中国特色的社会环境产生的一种特殊社会现象,也是一种特殊的社会形态,同时也是快速城市化环境下的一个过渡地区。考虑到地区转型过渡期通常伴有空间上以及社会上的问题,城中村缓解了社会经济发展的压力以及城市中的贫富差距这一观点也得到认可。城中村是一种失去土地的本地农民以及外来人口(大多数来自农村)的主要居住区,他们也是极易受到城市贫富差距影响的两个人群。城市中城中村的存在,一方面,实质上是增加了当地无地可种的农民的经济收入,也就是缓解了他们因为土地征用和失业所产生的经济压力。另一方面，城中村为外来人口及一些城市居民提供廉价租房及廉价的生活消费环境，减少了他们在城市的生活成本。实际上，城中村分担了一部分政府的责任：为外来人口提供住房，同时也使城市能够较容易地得到廉价且吃苦耐劳的劳动力资源。城中村的存在某种程度上缓解了城市的贫富差距[50]。

5. 城中村的改造与利用

在城中村改造问题上，无论在认识或实践中，都不能、也不应该简单化。城中村之所以能够生成、存在并能在城市中发挥它的特有功能，是因为在我国现有制度背景下，政府某些"公共产品"供给的缺位或者不足，使得城市化的农民通过利用自己占用的土地空间，甚至一定程度上根据自身的利益对其进行扩充，建构起一种社区"景观"方式、组织化方式甚至是其自身的生存发展方式。且因这种方式还同时关系到外来流动人口，它可以让外来流动人口更多地节约城市居住及生活成本，并缓解政府因无力及时提供廉租屋及管理方面存在的压力，同时还能创造大量具有浓厚就业保障和社会保障替代功能的经济形式，从而，在另一层面上降低了城市化中的不稳定因素和本需政府承担的公共产品供给成本，以此推动了我国的城市化进程。城中村改造，只有在充分考虑到相关基础性社会因素如城市流动人口的居住及生活问题、城市化农民的利益机制以及城市生存型经济的存在和发展空间问题的条件下，才有可能制定出切实可行的公共政策[58]。

（1）实施城乡户籍管理的统一化，建立城市与城郊土地的统一大市场

首先，当前的城乡二元隔离阻碍了城中村改造的顺利进行，村民一方面在同时享受着城市的基础设施与农村的福利待遇，削弱了其自发进行身份转换的动机；另一方面，正是由于福利与社会保险机制的不健全，使城中村村民仍无法摆脱土地作为其赖以生存的基本生产资料的尴尬处境，而不得不依附于土地。因此，取消现有以世袭身份为准则的户籍制度，实施城乡统一的户籍，完善现有社会保障制度，已成为根治城中村痼疾的根本措施。

其次，农地征用的低成本与城中村改造补偿之间存在的价差，使城市化的推进避开了城中村问题。这在本质上是由于城市土地与城郊土地二元隔离的制度，使得城中村成为城市改造的死角。通过在提高农用地转用成本的前提下，允许城市郊区农村集体经济组织，以土地入股的方式，将建设用地纳入土地市场进行流转，建立城市与城郊土地的统一大市场，以城市边缘农村集体用地的上市流转作为城市化进程地供给的来源，以消除由于农地发展权的弱化所带来的成本价差，成为有效解决城中村问题的途径之一[56]。

（2）实行综合性的全面改造

当前的城中村改造不应当仅停留于拆旧建新或改建、扩建现有的建筑物，停留

于头痛医头、脚痛医脚的局部性改造；而是应当对其整体布局与地域结构进行重新布局与调整，使其整体功能趋于完善，避免重新出现城市病。

城中村的改造与旧城改造的主要区别就在于它不仅是物质形态的改变，还应涵盖经济结构与组织、社区结构与管理、生活方式、人口素质等各个方面，是一个综合的社会转变过程，需要相应综合的、全方位的物质建设、制度建设与社会文化建设。城中村发展的根本取向是走向真正的城市化，即从农村向城市转变、从村民向市民转变、从农村管理向城市管理转变。因此，城中村改造不仅仅指土地的重新开发利用，还应包括环境的整治与保护、村民素质的提高等内容，是一个全方位的改造[56]。

（3）建立市场运作机制，利用经济杠杆推动改造

根据古典经济学派代表人物亚当·斯密"看不见的手"的理论，优胜劣汰应该是市场竞争的基本法则。但在市场竞争不太规范、假货次货充斥市场的地区，有时真货不得不撤出市场、退出竞争，这种极不正常的现象在经济学上被称为"劣币驱逐良币"现象。在"城中村"大行其道的房屋租赁经济（其中大部分是违章建筑）就是一种"劣币驱逐良币"的现象，也是影响"城中村"改造进程的重要经济原因。对解决"城中村"违章建筑问题，不能简单地通过经济、行政、法律的手段打击。在经济学上，打击囤积居奇最好的办法是增加商品供应量。同样，打击"城中村"违章建筑的最好办法是增加质优价平的出租房屋的供应量，使违章建筑无利可图。另外，也可通过启动市场机制，或给予一定的优惠政策，吸引房地产商投资"城中村"改造[57]。

（4）加强城市规划导向作用，引导城中村有序建设

在城中村改造过程中，由于市场机制的引入所导致的利润最大化和所需资金巨大，必将使各开发商加大建筑资本替代土地资本的力度，最终形成高密度开发，恶化居住社区环境，从而不能从根本上实现城中村经济效益、社会效益与生态效益相统一的目标。因此，需要通过城市规划的导向作用，减少城中村改造过程中由于市场失灵所带来的负外部性，最终实现城市空间的可持续利用。另外，城中村规划应当与城市规划相衔接，建立适应城市可持续发展的规划制度。在此基础上，应加强对村一级规划编制与实施的指导，加强对规划专业人员的培训，建设一支高素质的规划队伍，以适应城市建设发展的需要[56]。

（5）改革集体产权制度，建立股份公司

"城中村"改造的过程中可借鉴国有企业改革的做法，按股份制的原则改造村集体经济，对村级集体资产全面清产核资，重新调整政府、集体、个人在集体资产中的份额，分配村级集体资产，组建新的股份经济组织，将集体资产折股量化到人。目前，较为成功的做法是选取某个时点固化产权，实行"生不增、死不减，进不增、

出不减"的原则,个人持有的股份可以转让、继承、赠予。原农村集体经济组织净资产中的闲置资金,应首先用于为原集体经济组织成员办理社会保险,剩余部分可量化到个人,转为股份制企业资产[57]。

(6) 维系城中村社区传统文化

城中村改造过程中由于村民住宅补偿的分散性,导致其所产生的社区文化的割裂性、城中村村民赖以维系的情感的统一性和城中村村民与城市居民生活习惯的不相融合性三者之间存在冲突。而社区作为一种在长时期生活交往过程中所形成的精神与社会空间统一体,对于城市人际间社会文化心理的维系起着凝聚作用,一个好的社区有助于社区成员间情感的交流,并会促进其社区成员产生依赖与归属感,同时促进个人的发展。因此,城中村社区传统文化的可持续性成为城中村改造的一个重要环节。具体在于对城中村的改造应有保留地进行,如珠海吉大村在进行旧村改造时考虑保留祠堂,满足了城中村村民的心理情感依托[56]。

推荐阅读资料

1. 刘玉亭. 转型期中国城市贫困的社会空间 [M]. 北京:科学出版社,2005.
2. 高云虹. 中国转型时期城市贫困问题研究 [M]. 北京:人民出版社,2009.
3. MINGIONE E. Urban poverty and the underclass [M]. Oxford: Blackwell Press, 1996.
4. 刘玉亭,吴缚龙,何深静,等. 转型期城市低收入邻里的类型、特征和产生机制:以南京市为例 [J]. 地理研究,2006,25 (6):1073-1082.
5. 佘高红. 城市贫困空间形成原因解析 [J]. 城市问题,2010 (6):60-64.
6. 联合国人居署. 贫民窟的挑战:全球人类住区报告2003[M]. 北京:中国建筑工业出版社,2006.
7. 董丽晶. 国外城市贫民窟改造及其对我国的启示 [J]. 特区经济,2010 (11):117-118.
8. 李培林. 村落的终结 [M]. 北京:商务印书馆,2004.
9. 李俊夫. 城中村的改造 [M]. 北京:科学出版社,2006.
10. 蓝宇蕴. 都市里的村庄:一个"新村社共同体"的实地研究 [M]. 北京:生活·读书·新知三联书店,2005.
11. 熊光清. 欧洲的社会排斥理论与反社会排斥实践 [J]. 国际论坛,2008,10 (1):14-18.
12. 丁开杰. 西方社会排斥理论:四个基本问题 [J]. 国外理论动态,2009 (10):36-41.

13. 景晓芬，李世平. 城市空间再生产过程中的社会排斥 [J]. 城市问题，2011（10）: 9-14.

思考题

1. 阐述对城市贫困含义的理解。
2. 分析我国的新城市贫困现象及原因。
3. 结合对贫民窟的表述，试对比中国的城中村与贫民窟的异同。
4. 论述城中村在城市发展中的利与弊。
5. 列举身边的社会排斥现象，并用社会排斥理论进行简单的评析。

本章参考文献

[1] 戴维·波谱诺. 社会学 [M]. 李强，等译. 北京：中国人民大学出版社，1999: 275.

[2] 袁媛，薛德升，许学强. 转型期我国城市贫困研究述评 [J]. 人文地理，2006（1）: 93-99.

[3] 刘玉亭. 转型期中国城市贫困的社会空间 [M]. 北京：科学出版社，2005.

[4] 姚雪萍. 转型期我国城市贫困的特点、成因以及反贫困的对策探析 [J]. 改革与战略，2007，23（12）: 109-112.

[5] 蒋贵凰，宋迎昌. 中国城市贫困状况分析及反贫困对策 [J]. 现代城市研究，2011（10）: 8-13.

[6] 李瑞林，李正升. 中国转轨过程中的城市贫困问题研究 [J]. 经济经纬，2006（1）: 108-111.

[7] 格林，皮克. 城市地理学 [M]. 北京：商务印书馆，2011.

[8] 吕红平. 论我国社会转型期的城市贫困问题 [J]. 人口学刊，2005（1）: 3-8.

[9] 刘玉亭，何深静，顾朝林，等. 国外城市贫困问题研究 [J]. 现代城市研究，2003（1）: 78-86.

[10] LEWIS O. The culture of poverty[J]. Scientific American，1996，219: 19-25.

[11] MINGIONE E. The new urban poverty and the underclass: introduction[J]. International Journal of Urban and Region Research，1993（17）: 324-326.

[12] YAPA L. What causes poverty? apostmodern view[J]. Annals of the Association of American Geographers，1996，86（4）: 707-728.

[13] 谢沁怡. 基于贫困线测度的湖北农村贫困进入与退出标准研究 [D]. 武汉：武汉大学，2018.

[14] 池振合，杨宜勇. 贫困线研究综述 [J]. 经济理论与经济管理，2012，259（7）: 56-64.

[15] 梅建明，秦颖. 中国城市贫困与反贫困问题研究综述 [J]. 中国人口科学，2005（1）: 88-94.

[16] 曹扶生，武前波. 国外城市反贫困理论研究综述 [J]. 城市问题，2008（10）: 75-80.

[17] 高云虹. 中国转型时期城市贫困问题研究 [M]. 北京：人民出版社，2009.

[18] MINGIONE E. New urban poverty and the crisis in the citizenship/welfare system: the Italian

experience[J]. Antipode,1993（25）：206-222.

[19] 夏丽萍.对我国新城市贫困现象的思考[J].生产力研究,2005（11）：148-150.

[20] 吕红平.对我国现阶段城市贫困问题的初步探讨[J].河北大学学报,2005,30（3）：72-76.

[21] 陆学艺.当代中国社会阶层研究报告[M].北京：社会科学文献出版社,2002：94.

[22] LEE P, MURIE A. Spatial and social divisions within British cities：beyond residualisation[J]. Housing Studies,1999（14）：625-640.

[23] 佘高红.城市贫困空间形成原因解析[J].城市问题,2010（6）：60-64.

[24] WU F L. Socio-spatial differentiation in urban China：evidence from Shanghai's real estate markets [J]. Environmental and Planning A,2002（34）：1591-1615.

[25] 刘玉亭,吴缚龙,何深静,等.转型期城市低收入邻里的类型、特征和产生机制：以南京市为例[J].地理研究,2006,25（6）：1073-1082.

[26] 刘玉亭,何深静.城市低收入住区的产生机制及其影响研究[J].南方建筑,2009（6）：79-81.

[27] 邱君丽,刘玉亭,黄颖.大城市保障房供应的两种结构：发展阶段转换背景下的广深实践[J].南方建筑,2020（3）：114-119.

[28] 刘玉亭.城市保障房住区建设及其居住环境研究评述[J].现代城市研究,2014（11）：2-6.

[29] PARK R E, BURGESS E W. The city [M]. Chicago：Chicago University Press,1925.

[30] HOYT H. The structure and growth of residential neighborhoods in American cities[M]. Washington D.C.：Federal Housing Administration,1939.

[31] HARRIS C D, ULMAN E. The natures of cities [J]. Annals of the American Academy of Political Science,1945（242）：7-17.

[32] 袁媛,许学强.国外城市贫困阶层聚居区研究述评及借鉴[J].城市问题,2007（2）：86-91.

[33] 陈果,顾朝林,吴缚龙.南京城市贫困空间调查与分析[J].地理科学,2004,24（5）：542-549.

[34] 袁媛,许学强.广州市城市贫困空间分布、演变和规划启示[J].城市规划学刊,2008（4）：87-91.

[35] 吴晓,吴明伟.美国快速城市化背景下的贫民窟整治初探[J].城市规划,2008（2）：78-83.

[36] 董丽晶.国外城市贫民窟改造及其对我国的启示[J].特区经济,2010（11）：117-118.

[37] 施林翊.国外贫民窟改造初探[D].北京：北京林业大学,2006.

[38] 王章辉,黄柯可.欧美农村劳动力的转移与城市化[M].北京：社会科学文献出版社,1999.

[39] 周毅刚.两种"城市病"比较：城中村与百年前的西方贫民窟[J].新建筑,2007（4）：27-31.

[40] 颜俊.巴西人口城市化进程及模式研究[D].上海：华东师范大学,2011.

[41] 漆畅青,何帆.城市化与贫民窟问题[J].开放导报,2005（6）：24-27.

[42] 韩俊,崔传义,赵阳.巴西城市化过程中贫困问题及对我国的启示[J].中国发展观察,2005（6）：4-6.

[43] 陈慧,毛蔚.城市化进程中城市贫民窟的国际经验研究[J].改革与战略,2006（1）：136-139.

[44] 杜悦.巴西治理贫民窟的基本做法[J].拉丁美洲研究,2008（1）：59-62,71.

[45] 刘玉亭, 邱君丽. 从"大众模式"到"剩余模式": 1990年代以来中国城镇保障房政策体系的演变[J]. 现代城市研究, 2018（2）: 108-115.

[46] 刘玉亭, 何微丹. 广州市保障房住区公共服务设施的供需特征及其成因机制[J]. 现代城市研究, 2016（6）: 2-10.

[47] 何微丹. 广州市保障房住区公共服务设施供需特征研究[D]. 广州: 华南理工大学, 2014.

[48] 潘聪林, 韦亚平. "城中村"研究评述及规划政策建议[J]. 城市规划学刊, 2009（2）: 96-101.

[49] 仝德, 冯长春. 国内外城中村研究进展及展望[J]. 人文地理, 2009（6）: 29-35.

[50] LIU Y T, HE S J, WU F, et al. Urban villages under China's rapid urbanization: unregulated assets and transitional neighbourhoods[J]. Habitat International, 2010（34）: 135-144.

[51] 蓝宇蕴. 我国"类贫民窟"的形成逻辑: 关于城中村流动人口聚居区的研究[J]. 吉林大学社会科学学报, 2007（5）: 147-153.

[52] 刘伟文. "城中村"的城市化特征及其问题分析: 以广州为例[J]. 南方人口, 2003, 18（3）: 29-33.

[53] 周新宏. "城中村"研究综述[J]. 开放导报, 2007（1）: 42-44.

[54] 周霖. 城市资源配置: 产权与制度、政府与农民关系研究: 以浙江省台州市"城中村"改造为分析对象[J]. 福建师范大学学报, 2004（3）: 17-22.

[55] 陈双. 中西部大城市城中村空间形态的和谐嬗变[D]. 重庆: 重庆大学博士论文, 2010.

[56] 刘红萍, 杨钢桥. 农村城市化中的城中村形成机制与思考[J]. 农业现代化研究, 2004, 25（4）: 271-274.

[57] 吕宏芬, 王积瑾. 城镇化进程中"城中村"的成因及对策研究[J]. 农村经济, 2005（4）: 104-105.

[58] 蓝宇蕴. 论城中村改造的社会基础: 以广州市城中村为例的研究[J]. 华中师范大学学报, 2007, 46（2）: 55-60.

第 9 章

绅士化与旧城更新

9.1 绅士化

9.1.1 概念源起与演化

"绅士化"（Gentrification）一词由英国社会学家鲁思·格拉斯（Ruth Glass）于1964年最早提出，用于描述当时在经历了郊区化浪潮之后，伦敦内城出现的城市中产阶层（Urban Gentry）重新进入衰败的城市旧居住区，对其按照自己的审美需求进行修缮，并替换取代原有低收入工人阶层居民的城市社区变迁过程[1]。格拉斯的描述演化出绅士化最初的、狭义的定义：中产阶层及其以上高收入阶层入侵工人阶层居住的旧城区中的衰败社区，对已有的房屋进行翻新修缮和升级改造，并且最终导致工人阶层被新进入的中产及其以上阶层所替换，以及房屋价格升高、生活成本升高等给原有低收入邻里带来各种负面影响的现象。这一过程涉及了社会变革，也体现了社区层面上住房市场以及土地与住房市场经济的实质性变革，包括了社会、物质和经济变革等多个层面的内容，这即是传统意义上的绅士化现象。

事实上早在1930年代，美国一些城市如纽约、新奥尔良、华盛顿等就出现了绅士化现象。"二战"后，随着英美国家相对单一的郊区化居住形式和文化氛围被越来越多的中产阶级所厌倦，回归市中心的绅士化现象已在欧美很多城市出现。当时"绅士化"一词尚未开始使用，各地对此现象有着不同的描述，例如"Brownstoning""Homesteading""White Painting""White-Walling""Red-Brick-Chic"[2]等。这些词汇主要描述的是中产阶级对某种风格旧房子的特殊偏好，对其进行翻新修缮并大量取代原有低收入居民的现象。例如，Brownstoning指的就是纽约的中产阶级偏爱棕褐色旧石头住宅，并对其原住居民进行阶级替换的现象。绅士化现象通常从街区中的个别地点开始，并迅速蔓延到整个街区，直到所有低收入阶层全部被替代。

格拉斯的研究则第一次使用了"绅士化"这一术语来描述中产阶级对于内城工人阶级社区的旧房子有着特殊偏好，对其进行翻新修缮并大量取代原有低收入居民的现象。传统绅士化过程中有两大最为突出的特点：一是资本力量对于内城工人阶级社区的修缮与更新；二是中产阶级居民对于社区原居民的置换。总的说来，传统意义上的欧美城市绅士化现象是中产阶级居住空间从郊区化居住区重新转向内城社区的过程，是中产阶级对内城空间重新占领的过程，亦是阶级差异与社会不平等在居住空间上的体现。

伴随全球化进程的推进，绅士化作为城市政府推进城市更新、改善居住环境以及促进社会和谐的重要工具，已经作为一种全球性的城市发展策略在世界各地的主要城市推进[3]。格拉斯原本描述的伦敦内城区现有房屋的自发性、小规模、修缮性的物质更新和阶级演替过程已经被定为绅士化的其中一种形式——传统绅士化（Classical Gentrification），并与其后出现的新建绅士化（Newbuilt Gentrification）、超级绅士化（Super Gentrification）、旅游绅士化（Tourism Gentrification）、乡村绅士化（Rural Gentrification）、学生绅士化（Studentification）等各种绅士化概念一起，为目前在全球各个城市涌现的城市更新与社会重构过程提供解释[2]。虽然目前绅士化拥有如此之多的外延概念，但总的来说其具有四个特征：资本的再投资、土地使用者阶层的向上升级与演替、城市景观的改善以及直接或间接地迫使低收入原住民的动迁，这四个绅士化特征已基本成为学界公认的判断绅士化现象的重要依据[2, 3]。

9.1.2 发生的地点

随着城市发展机制的不断复杂化以及绅士化过程的逐渐演变与深化，绅士化现象本身在分布范围、物质景观改变、社会文化影响等方面均呈现出多元化的特点。绅士化现象本身并不是一个线性的历史延续过程，多类型绅士化的产生与发展并没有一个前后的承接关系，在当今城市空间与社区邻里重构的背景下，绅士化有可能在多样化的区位发生，并且呈现出多样化的表现形式[2]。从当今绅士化的定义可以看出，绅士化已经从简单的一种中产阶层对于城市内城居住社区的修缮现象，转变为资本力量与阶层力量对于城市空间，乃至是乡村空间的再造与重构的过程，当今的绅士化无论从表现形式还是所涵盖的范围都已经远远超越了传统绅士化所涵盖的内容[2]。

绅士化从空间分布、发生场所以及涉及人群都呈现多样化的状态。从空间分布与发生场所上看，绅士化现已经成为一种全球化的现象[4, 5]，甚至已经成了"全球城市"（Global City）的标签[5]，对其研究已经从北美、西欧以及澳大利亚等国家扩展到土耳其和南非等国家[6]，发生场所已经从城市中心蔓延到一些城市的郊区，甚至乡村地区[7]；从涉及人群以及参与主体来看，绅士化已经不单单是中产阶层替换工人阶层的过程，像学生、游客等不同范畴的社会群体都可能成为引发绅士化的主体[8][9]。

9.1.3 表现形式

随着绅士化现象在形式与空间上的不断拓展，绅士化呈现出多种表现形式，主要表现为：新建绅士化、超级绅士化、旅游绅士化、乡村绅士化、学生绅士化。

1. 新建绅士化

新建绅士化是指在推倒拆除原有建筑物的土地上，或棕地（Brown Field）上重新建设能够满足中产阶级消费需求的居住空间的过程。在新建绅士化现象中，资本对于居住空间的投入，社区阶级结构的更新，中产阶级向社区的侵入，以及带有中产阶级文化烙印的建筑形态与生活方式，都使得一些住房新建项目呈现出明显的绅士化特征。

另一方面，由于新建居住区项目很多情况下都建设在原先非居住区的城市棕地上，不存在直接意义上的原居民置换问题，所以新建绅士化的概念受到了质疑[3]。但是，新建内城居住区项目，甚至是商业项目主要是为了满足中产阶层的消费需求，是中产阶层对城市空间的再次占领，这一过程虽然没有造成对于原居民的直接置换，但它导致临近社区房价升高，造成了临近社区低收入居民的置换[3]。同时，由于城市低收入群体无力获得在新建居住区居住的机会，也造成了一种隔离（间接置换）[10]。

这一类型的绅士化的动力机制是资本对于利益的追求。自1990年代以来，中产阶层开始钟情于全新建设的社区，将其作为实现自身城市生活方式的一种重要手段[2]。受到利润驱动，资本开始运作于工业废地之上，进行住房项目的开发，吸引中产阶层进驻，从中获得投资利润。在这一过程中，在工业废地上投资进行住宅建设的开发商成为新建绅士化的主导力量，他们与进驻的钟情于全新建设社区的中产阶层共同构成新建绅士化过程的参与主体。

2. 超级绅士化

超级绅士化最早是由英国地理学者洛雷塔·李斯（Loretta Lees）提出的，是指在已经发生绅士化的社区中由巨富的社会阶层引发的再次绅士化的过程，是绅士化运动不断加强的表现。发生超级绅士化社区的新迁入者主要是金融业的精英，为了能够吸引到这一高收入目标人群并从中获益，大量商业资本、个人资本被投入到了已经发生过绅士化的社区内，产生了比前一轮绅士化更高一层次的经济投资，对社区进行更新改造，并对在前一轮绅士化过程中迁入的中产阶层进行替换。这类绅士化过程中的投资与消费来自新一代超富的金融家，他们的财富来自全球的金融行业和服务性行业，因此超级绅士化在社会上、经济上和文化上具有全球性的联系[11]。

全球金融业和公私服务性行业造就、集聚了一个超富的、新的职业人士群体。这个群体对伦敦、纽约等全球性城市的内城房产市场进行的投资、消费行为导致了原先绅士化社区的再一次绅士化过程。因此，目前超级绅士化通常只发生在伦敦、纽约等集聚了高密度的投资和高消费的全球性城市中。

对已经发生绅士化的社区进行再次投资、改建，并且进驻、挤占先前进入该社区的中产阶层的巨富阶层成为超级绅士化过程的主导力量以及主体。

3. 旅游绅士化

旅游绅士化这一概念最早由戈瑟姆（Gotham）提出，是指因为休闲娱乐以及旅游产业的发展，导致中产阶层所居住的社区转变成为一个相对富裕、专有封闭区域的过程[9]。旅游绅士化概念的提出和研究是对绅士化成因的再探讨，它突出和强调了旅游和休闲产业在绅士化过程中所发挥的驱动作用以及空间效应：大型旅游和娱乐项目的开发引起城市中某些地域的重新建设，促进该区域商业业态的专业化、高档化趋向，从而使其本身以及周边邻里地区房地产升值，发展成为富裕、独立的区域，同时不可避免地排挤出普通的低收入阶层[9]。

对于旅游绅士化的成因，一方面，旅游业及其相关设施的兴建是资本投资的转移、房地产开发方式的转变以及消费空间的创造；另一方面，旅游绅士化也是消费模式变化的产物。在旅游绅士化过程中，进行旅游以及休闲娱乐项目建设的地产开发商成为这一过程的主导力量，他们与寻求另类消费模式的中产阶层共同构成这一过程的参与主体[12]。

4. 乡村绅士化

乡村绅士化现象最早是由英国社会学家帕森斯（Parsons）在其对英国乡村居民阶级组成的研究中观察到的。乡村绅士化现象从其社会表现上看，主要是指城市中产阶级向乡村聚落迁移，寻求居住与休闲空间，从而造成乡村社会阶级结构的改变，以及乡村地区住房紧张与原居民的动迁[2, 7]。

对于乡村绅士化现象的理解，与内城绅士化现象是紧密联系的。乡村社区能够为中产阶层提供一种贴近自然的生活方式与休闲空间，而中产阶层也将自身的文化身份镶嵌在乡村景观之中。在某些情况下，乡村所呈现出的是一种稳定、安全的社会氛围，以及自由、宽容的文化倾向。因此，与内城社区相似，乡村地区亦满足了中产阶层独特的审美倾向和消费需求，同样成为中产阶层所追求的郊区化居住方式之外的一种替代方式，自然环境成为乡村绅士化过程中最主要的商品。乡村绅士化同样对乡村社区的原住居民产生了巨大的负面影响，大量城市中产阶层的涌入以及当地住房市场对中产阶层的供给倾向，造成了本地居民住房困难，甚至发生大规模的人口置换[13]。

在对乡村绅士化现象成因的解释上，很多方面都与解释内城城市绅士化现象的"租差"（Rent Gap）理论有相似之处。尤其是在西方乡村进入后生产主义（Post-Productivist）社会的大背景下，乡村绅士化过程被认为是乡村土地脱离农业生产方式后实现再投资的一个重要途径。由于农业资本的流失，乡村土地亟需其他形式的投资来实现土地潜在的地租价值，而建设满足城市中产阶级需要的休闲与居住空间正是实现土地价值的有效手段。

在乡村绅士化过程中，为寻求符合自己需求的居住与休闲空间而进入乡村聚落，并对乡村聚落按照自身审美进行更新、建设的中产阶层，以及乡村聚落内部为实现乡村土地利益最大化而建设满足中产阶层需要的休闲、居住空间的投资者，共同构成了乡村绅士化过程的主导力量以及参与主体。

5. 学生绅士化

学生绅士化最早由英国城市地理学家达伦·史密斯（Darren Smith）于2002年提出[8]。他将学生绅士化定义为学生大量涌入私人出租的居住社区的过程。在这一过程中，住房的供给以小投资者为主，房屋类型主要是由单个家庭住宅或原有的私人出租房改建而成的由多名学生共享的学生公寓，社区中的娱乐服务设施也伴随着学生的进入而得到相应调整。与1990年代后以大规模资本运作所推动的城市绅士化相比，学生绅士化过程的一大特点是其相对较少的资本投入。

基于对英国学生化现象的分析，史密斯认为，这一现象产生的原因主要包括三个方面：首先，后工业化的英国城市对于职业化人才的需求不断膨胀，由此带来高等教育规模扩大；其次，接受高等教育已逐渐成为中产阶级子女生活方式的一个重要组成部分；最后，由于英国政府对于高校住房建设的支持力度不足，高校学生住房短缺十分严重，不得不依赖私有住房市场提供住房填补空缺。与传统的绅士化过程一样，学生绅士化也会对原社区的社会文化结构产生巨大影响。首先，由于学生的大量进入，社区租金价格必然明显上升，社区服务的价格也会显著上涨，很多工人阶级原居民迫于租金的压力，将被迫搬离。有趣的是，学生绅士化过程中常常也伴随着中产阶级居民的搬离，因此，学生绅士化对社区人口结构的改变比传统绅士化过程更加复杂。与此同时，学生的大量涌入，对于原有社区居民的日常生活也会造成直接的影响，如大量噪声、离经叛道的行为、住房疏于维护、停车设施严重不足、交通阻塞严重等。此外，由于原居民迫于成本压力大量搬离，社区住房的产权拥有率也会下降[14]。

除了对于城市空间与城市社区的直接影响外，学生绅士化的社会影响还有其更加深远的方面。在很大程度上，学生绅士化的主体（高校学生）可以被看作未来绅士化过程中的绅士化群体（Gentrifiers）的前期成长阶段。在现在的学生逐渐成长为未来的城市中产阶层后，学生化过程所积累的文化资本与文化身份对于其居住空间的选择有着深远的影响。学生对于一些文化与娱乐设施有着特殊的偏好，通过特有的消费行为，学生群体实践了其独特的文化身份与生活方式。学生绅士化过程中体现的生活方式对于未来中产阶层对于城市生活、居住方式的解读有着密切的影响，因此可以考虑将学生与中产阶层绅士化群体看作是整个绅士成长轨迹中的两个阶段[14, 15]。

在学生绅士化过程中，大量涌入的学生群体，进行房屋出租的社区居民，以及在社区内投资进行房屋出租、商业的小投资客共同成为这一过程的主导力量与参与主体。

9.2 绅士化的演化过程与动力机制

9.2.1 发展演化过程

1. 绅士化的阶段性特点

绅士化的发生发展过程具有明显的阶段性特点，社区在不同的阶段绅士化呈现出不同的特征。根据绅士化社区所反映出的演进过程，可将绅士化过程划分为初期、中期和晚期三个阶段，分别代表社区绅士化过程的起始、发展和成熟三个过程。

（1）初期（起始阶段）

社区绅士化的迹象开始显现——内城社区的文化氛围以及可获得的住房迎合了中产阶层及以上阶层的审美和文化消费需求。少数高收入阶层的个人和家庭开始迁入，社区内的房价开始升高，并开始了对社区原住居民不明显的替换。

（2）中期（发展阶段）

人口和家庭的迁入速度加快，数量大幅增加，住宅价格开始急剧升高。此时，社区的文化因素也已不再是吸引后续迁入者的重要因素。该阶段绅士化过程发展迅速，人口替换的速度越来越快，社区原住居民开始大部分迁出。

（3）晚期（成熟阶段）

该阶段社区内原住居民中的绝大多数被迁入者所替换，社区内的人口置换作用不再明显。这一阶段的特征是：人口迁入、迁出速度放缓；住宅价格基本达到顶峰，社区内能负担得起的住宅和可供开发的土地所剩无几；新的社区文化氛围形成；出现了部分最早期的迁入者搬出社区的现象。至此，一轮绅士化过程完结，社区很可能出现新一轮绅士化过程。

由于城市、社区存在较大的差异性，位于不同城市的社区之间，或者同一个城市的不同社区之间，其绅士化各阶段的进展、完成程度及其完成速度大不相同。

2. 绅士化的发展演化

自从格拉斯对绅士化进行界定以后，西方学术界对绅士化现象的研究层出不穷，且经久不衰。有部分学者曾断言绅士化不过是一种短暂的无关紧要的现象，但目前它已被许多学者公认为研究当代城市重构的前沿课题之一[2, 4]。随着对绅士化研究的深入，其定义也在不断地发生变化。目前，广义的绅士化不仅限于对旧房屋的修缮和居民替换，还包括居住区的更新重建和随之而来的综合型消费空间的产生[4]。城市中心和滨水空间已经成为城市更新的热点地域，决定其成为绅士化研究的重心[5]。传统的绅士化研究只关注当地甚至局限于单个社区邻里的变化，但越来越多的学者开始倡议，绅士化研究应该关注广泛的城市空间变化，如全球化（Globalization）的影响以及城市空间秩序的重构等问题[4]。自1970年代以来，全世界范围内的城市经历了一系列政治、经济以及地理空间上的重构，绅士化和城市更新之间的界限变得越来越模糊，越来越不重要[12]。因此，绅士化的定义应该与更大范围内的经济和城市重构相联系。换言之，这种广义的绅士化应反映资本积累和城市劳动力市场的重构等更广泛的变化[2]。

当前，对绅士化的研究和讨论已经大大超出传统绅士化的范畴，它不仅包括现存街区、邻里中发生的物质和社会转变，更包括一些新建的高端房地产开发项目，甚至包括对城市原有工业区的棕地改造。当年格拉斯所定义的绅士化在今天看来只是绅士化现象的其中一个方面[16]。实际上，绅士化不仅在定义上得到扩张，它发生的场所也发生了变化。目前，绅士化已经成为一种全球化的现象[5]，在后福特主义（Post-Fordism）和全球化的背景下，绅士化已经成为"全球城市"（Global City）的标签[4]。并且，绅士化已经从城市中心蔓延到一些城市的郊区，甚至乡村地区。于是才有学者们提出了新建绅士化、超级绅士化、旅游绅士化、乡村绅士化、学生绅士化等概念。绅士化的过程和它引起的物质空间的变化在不断衍生和扩张，不同参与者的加入以及新的地点和新的物质景观的出现使得当代绅士化研究变得愈加复杂，也使得绅士化的研究更具理论和现实意义。

作为一个不断发展演进的概念，绅士化在不同时期有着不同的含义和机制。从1960年代发展至今，西方绅士化可以总结为三次浪潮，而政府在其中所扮演了不同的角色[17]。第一次浪潮从1950年代开始，以零星的绅士化和政府主导的绅士化为特征；第二次浪潮发生在1970年代和1980年代，是绅士化不断扩张和对绅士化的抵抗并存的阶段；第三次浪潮开始于1990年代初期，经济衰退之后，绅士化受到强烈的政府干预。政府干预在第三次浪潮中的回归，不仅是绅士化现象从城市中心进一步扩张到存在一定投资风险的边缘居住区的结果，更是凯恩斯福利型政府（Keynesian Welfare State）的衰退和企业化的地方政府（Entrepreneurial Government）兴起的结果[13]。在第三次浪潮中，权力下放促使地方政府积极参与当地经济发展。同时，中央政府对地方补贴的减少也迫使地方政府和私营资本建立合作关系来吸引和留住中产阶层。显然，目前的绅士化现象是和政府，尤其是地方政府的参与密切相关的。随着全球化的加剧，甚至有学者提出绅士化的"第四次浪潮"之说[2]，亦即新的绅士化现象的出现与全球资本流紧密相联，并得到政府政策的明确支持和鼓励。

9.2.2 动力机制

对绅士化的解释，作为自由人文主义和马克思结构主义在理论上和意识形态上争论的关键领域，对绅士化动力机制的研究，分为了强调文化、消费偏好和消费需求的"消费端的解释"[18]和强调资本、阶级、生产和供应的"供应端的解释"[16, 19]。在解释绅士化过程中，自由人文主义者强调选择、文化、消费和消费者需求的作用，而马克思结构主义者强调资本、阶层、生产与利益驱动的作用，学者们从生产、供给及其利益需求，以及消费、选择这两个角度，对绅士化的成因和动力机制进行了深入的研究与激烈的争论[20]。大卫·雷（David Ley）和尼尔·史密斯（Neil Smith）分别从这两个角度讨论绅士化的成因，并形成了两种主流的、也是争论最为激烈的关于绅士化现象的解释。

1. 消费端的解释

大卫·雷将对绅士化的解释放在了后工业社会（Post-Industrial）的时代背景下，强调了中产阶层自身的文化导向、消费与需求的偏好等方面对绅士化产生的重要影响，而将满足中产阶层消费需求的生产和投资行为以及城市土地与房屋市场的操作运营看作是次要的方面，这是从消费方的角度（Consumption-Side Explanation）解释绅士化的典型理论代表（图9-1）。

该解释认为，随着从工业社会到后工业社会的转变，经济结构、产业结构的改变导致劳动力雇佣结构发生转变，城市对专业的、管理型的劳动力需求增多，而对技术型工人的需求减少，使得内城区白领工作岗位增加的同时，白领在市中心逐渐增多。由于白领阶层在内城的集聚，造成大城市的人口结构发生了改变，以及对房屋和生活空间需求的压力，从而产生基于对内城房屋重新投资、更新和改建的需要。

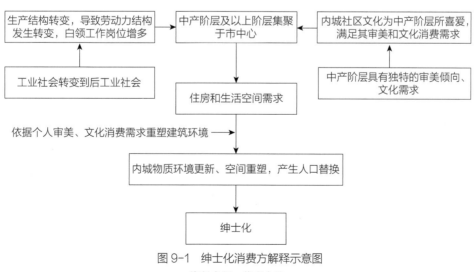

图9-1 绅士化消费方解释示意图
资料来源：作者自绘.

这些出现在内城的新兴的中产阶层有稳定的经济基础，也有自己独特的品位、审美倾向、生活方式和消费需求，对生活空间以及住所有着独特的审美需求，因而他们基于个人喜好，重塑建筑环境，导致并加速了绅士化进程。在文化方面，该解释除了强调中产阶层自身的文化喜好对绅士化的影响作用外，同时也强调了社区文化对绅士化过程的影响。社区本身存在生活方式、文化群体和建筑的多样性特征，这些都是中产阶层所喜爱的，是吸引其回到内城中去的重要因素。这种文化消费的喜好对解释内城复兴以及绅士化起到重要作用[18]。

2. 供应端的解释

尼尔·史密斯基于地租差理论从供应端的角度（Supply-Side Explanation）来解释和理解绅士化，这是在批判和否定雷提出的消费方解释的基础之上所提出[19]。史密斯认为，实证研究已经证明绅士化的过程是由一系列在社区层面上的群体社会活动所引起，而非单独消费者的文化倾向及其选择和消费行为所造成，其特别强调资本的流动在这一过程中所起到的重要作用（图9-2）。

该解释认为，绅士化最主要的还是受到经济利益的驱动，而非文化。对于利润收益的渴望，即对投资稳定的高回报率是对内城进行更新最主要、最基本的出发点，如果在这一过程中有利益的损失，那么绅士化现象将不会发生。城市郊区化过程中，工业、人口郊区化以及资本随之流向郊区而引起的内城资本尤其是土地资本不断贬值，导致内城的土地以及房屋的租金明显低于其潜在的"最能创造价值的使用方式"的租金价格，因此存在一个租金缺口，这种租金缺口称为"地租差"[16]。当这个"地租

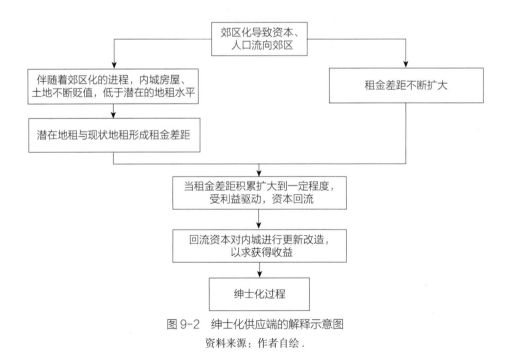

图9-2 绅士化供应端的解释示意图
资料来源：作者自绘.

差"达到一定程度时，在能保证获利的情况下，绅士化或者物质更新才会发生。随着1940—1960年代郊区化的不断拓展，内城土地不断贬值，地租差距也不断增大，巨大的地租差为后续的利益追求者的投资创造了条件，因此绅士化才得以发生。该观点将绅士化看作一个土地和房屋市场的结构性产物，并认为资本在这一过程中发挥了至关重要的作用：资本流向收益率最高的地方，资本向郊区流动伴随着内城资本的贬值，最终造成"地租差"，当"地租差"增长到一定程度的时候，绅士化（或者是内城更新、复兴）就开始在这些有潜在高资本回报率的地方发生，资本也会回流。

这两种对于绅士化解释的视角、理论都是绅士化现象总体解释的一部分，分别关注了绅士化现象的一个方面，而忽视了另一方面。其实这两方面的解释应该互相补充，而不是相互针对或竞争[20]。在意识到生产与消费角度的理论对绅士化的解释都是至关重要的之后，结合两方面对于绅士化的解释开始出现。同时，也有学者开始注意到政府在绅士化过程中的重要驱动作用，把政府公共管理职能中的"公共政策"视为绅士化除文化、资金以外的第三个重要驱动因素[21]。

9.2.3 政府作用

绅士化的解释中涉及了建设者、开发者、房东、抵押贷方、政府机构、房地产机构和房客等不同利益主体。特别是供应端解释中，重点关注了地方政府和公共政策在绅士化过程中所起的重要作用，如调整市场和干涉供应方行为[2, 22]。事实上，政府应当是引起、塑造和指导绅士化的根本。供应端解释认为绅士化过程并非由消费者偏好引起，而是由邻里层面的多种集体社会行动所引起，如大多数的早期计划都是由政府发起的。虽然政府现在起的作用减弱了，但仍然很重要。而在中国，政府在绅士化过程中起的作用尤为突出，具体分析如下。

1. 政府推动绅士化的动机

在中国市场转型的背景下，一系列以市场为导向的改革从根本上改变了城市内部空间重构的动力。换言之，市场改革刺激了政府参与绅士化进程的动机。政府在发起和促进绅士化过程中发挥了积极作用，地方政府参与绅士化过程的动机是双重的。

（1）改革开放后出现的企业化地方政府迫切追求经济快速发展及税收增长

得益于1994年开始的财政和行政权力的下放，地方政府在经济及城市发展中开始发挥显著作用。1978年改革开放政策实施以来，为了实现从计划经济向市场经济的转型，中央实施了一系列的制度改革。财政分权和行政分权政策使中央计划经济逐步解体，同时也赋予了地方政府在经济和城市发展中较大的权力。新的财政体制允许地方政府上缴一定数量的税收给中央政府后，仍保留较大比例的财政收入。权力下放和分税制的实行极大地调动了地方政府的经济发展及城市建设的热情。

同时，为争取市场资源和投资，城市之间产生了激烈竞争。地方政府就像企业一样，致力于实现其利益的最大化，这就导致了所谓的"企业化政府"的出现。地方政府对地方发展的指导和建设具有很大的权力，其角色亦发生了改变，地方政府已经从实现国家项目的支持者转变为制定地方发展策略的主导者。以上海为例，作为四个直辖市之一，上海积极推进市场改革，并动用各种资源支持和促进经济增长和城市发展。以创业精神闻名的上海，成为第一个实行土地和住房改革的城市，土地和住房的开发与再开发成为上海市财政收入的主要来源。因此，上海市政府竭力将投资吸引到内城区，以促进内城区住宅的再开发。由于具有较高价值的房地产发展潜力，绅士化成为强势政府进行住房再开发推崇的首选方式。

（2）地方政府认识到城市更新对于实现城市美化和所谓"城市现代化"的重要性

城市更新也是实现土地高利润收益的重要手段。许多中国的大城市由于长期缺乏投资，面临着旧城区居住条件和环境的恶化。对许多城市政府而言，当务之急是进行城市改造及环境美化。自从1992年土地出让制度首次在旧城改造中实行以后，全国各地的主要城市陆续实施了大规模的改造计划。例如，上海于1992年年底启动的"365成片危棚简屋改造计划"以及2001年提出的新一轮改造计划等。虽然这些改造计划都是由政府提出，但私人房地产开发商才是主要的投资者，这些改造也不可避免地造成了对低收入原居民的置换，导致大量原居民的动迁。虽然大部分项目都是以公共利益的名义施行，但实际上却是以中产阶层为开发目标人群，而并非当地的低收入居民。在地方政府的帮助下，这些改造项目大多开发成了商品房，旧城区房价急剧上涨，一般家庭无法承担，大多数低收入者被安置到了城市边缘。在财政收入提升和城市形象重塑的双重动机下，地方政府积极地参与到住宅再开发之中，这导致了极度的住宅置换。

2. 政府对绅士化的推动作用

政府从供应端和需求端两个方面同时对绅士化进行了推进，其推动作用主要体现在以下三个方面[23, 24]。

（1）政府通过推行一系列的土地和住房改革刺激并引导对中高档住房的需求

改革开放后，大量的住房需求被释放出来，一些具备一定经济能力的人群开始追求更好的居住条件。同时，这些新涌现的中产阶级也希望通过对特定的消费模式和生活方式的追求，如居住在所谓的"高尚社区"、追求高消费、奢侈品等，来实现大众对其社会地位的认同。由此，贫富差异不仅仅出现在社会经济层面，更是在城市空间上体现出来。随着城市改造项目的推进，城市中心区和最适宜居住的地区，如滨水区、景观宜人的地区等，逐渐被中产阶层所占据。在此过程中，政府所充当的角色是通过政策引导和支持使得这些针对中高收入阶层的旧城改造更新项目得以实现，而政府也从中获取高额的土地出让金和来自高档商铺、办公楼的税收。

（2）政府通过改善环境、完善基础设施、提供优惠政策等吸引私营企业对城市改造和房产开发的投资

中国市场经济存在自身特性，私营企业对旧城改造项目投资未免存在诸多风险。为了创造最佳的资本投资环境从而实现对城市中心区的绅士化，政府对环境美化和基础设施建设进行了大量投资，并提供相应优惠政策以吸引更多投资。在一些长期缺乏投资和维护的老城区，基础设施的缺失往往使得投资商望而却步。因此，政府对环境和基础设施的改善将大大减少投资风险。当前，政府整治待开发用地并提供必要设施配套再进行土地出让，即熟地出让，已经是城市更新中的惯用手法。同时，许多城市还推行一系列的招商引资的优惠政策来吸引开发商、地产商对城市改造的投资。这实际上和美国的一些新自由主义的城市政策是相呼应的，即城市政府将住房开发当作经济发展策略，而绅士化则成为最受青睐的城市更新的形式。

（3）政府参与绅士化的重要性还体现在克服产权碎化（Fragmented Property Rights）问题以实现大规模的绅士化

在发达的市场经济下，城市土地和住房的产权相对明晰，从而确保经济生产力和效率。而在中国，尽管个人或工作单位可能拥有土地使用权，但国家仍是城市土地的所有者。同时，还有大量的内城旧房的所有权归当地房管部门，使用者仅拥有使用权。房屋使用权、房屋所有权和土地所有权的分离导致了产权分裂问题的出现，城市旧城区中存在大量非常复杂的产权关系。此外，一些私房的所有权在中华人民共和国成立后和改革开放后多次发生转移和分割，使得房屋产权不明确。这些独特的制度和历史原因使得产权破碎成为一个普遍的问题。这也使得开发商无法实现土地整合和大规模改造。政府的参与则使得这一问题迎刃而解，通过郊区土地征用、拆迁安置房建设等手段，政府对原先占据城市中心旧区的居民进行异地安置或货币安置，从而实现了土地的整合，为随后的大规模的绅士化铺平了道路。

总之，在中国，政府调动了消费端和供应端的驱动力，并在很大程度上解除了制度上的障碍（主要体现在产权的分离），使绅士化得以实现。政府成为绅士化进程中名副其实的首要推动者，因此，中国城市的绅士化也在一定程度上可称为政府推动的绅士化（State-Sponsored Gentrification）。

9.2.4 社会空间影响

在西方，人口的自由流动和土地产权的自由流转促成了绅士化过程中的人口置换与流离失所（Displacement）。从社区的人口结构变化来看，西方绅士化过程中社区的居住人群由原来的多元化向具有单一特征的中产阶层主体转变。绅士化的主体较单一，往往表现为具有相似审美和文化追求的人的聚集，使得社区文化变得较为单一，这一方面不利于文化的多样化发展，但另一方面却有助于形成对社区的文化认同。

除了对社区产生的社会影响外，发达市场经济国家绅士化更重要的社会空间影响在于，在绅士化过程中出现阶层置换且产生大量负面影响，如大量流浪汉、城市贫困、社会冲突的出现[2]。绅士化现象给低收入居民所带来的负面影响是多方面的，包括一些直接和间接的影响。被置换的居民往往无法在原住地及周边地区购买或租赁房屋，因此大部分居民移居到城市边缘区。尽管大部分被迫迁移居民的住房条件得到改善，但他们的生活水平并未因此得到提高，甚至进一步恶化。主要原因在于这些地区往往不具备完善的基础设施，并且就业机会非常少。许多居民因为无法支付较高的通勤费用，而不得不放弃原有的工作，沦为失业人口。此外，低收入居民在世代居住的社区所建立起来的社会网络在绅士化过程中遭到不可逆的破坏。这一变化给居民带来的精神上和物质上的打击是不可估量的。令人担忧的是，将大量的低收入、失业居民集体搬迁至郊区将会造成贫困人口在空间上的进一步集聚，导致"新低收入聚集区"的形成。这样的做法不仅不能解决城市低收入居民的住房问题，反而会给未来城市发展带来新的难题。

在中国，尽管仍有学者认为绅士化的研究不适用于探讨中国现阶段的城市重构现象，但不容置疑的是在中国大城市中，正在如火如荼进行的城市更新项目带来了大规模的阶层替换与演替[25]。而绅士化的研究有利于深刻揭示城市社会空间重构的社会空间效应。阶层替换和低收入人群的边缘化是绅士化带来的普遍负面效应。目前，中国对中产阶层尚未有明确的定义，但不可否认的是中高收入阶层的规模在不断扩大。他们往往占据有价值、宜人的城市空间，从某种程度上，他们也推动了高档商品房的开发。中产阶层为追求优质的居住条件，并体现自身社会地位，普遍倾向于选择地理位置好、环境优美的居住区。因此，高档商品房的需求量急剧增加。从广义上讲，中国的中产阶层是能适应市场转轨需求并在改革中获益较多的人群，如专业技术人员、企业家。相对而言被替代的阶层则是未能适应市场转型并在改革中获益较少的人群，即新的城市贫困阶层，如体力劳动者、下岗失业人员。这些人往往不具备社会、政治、经济资源来维护自身的利益，是城市更新过程中的弱势群体。他们往往被动离开城市中心区，被新兴的中产阶层所替代。尽管少部分低收入群体在某些改造过程中获得了大量的金钱补偿，成为获利的一方，但毕竟这样的案例并不多，况且在这些案例中，政府和开发商的出发点并不是为了保护中低收入者的利益，而是加快项目的进度。总体而言，低收入阶层往往获利不多，成为城市更新中巨大社会成本的承担者[26]。

以上海为例，结合实证案例具体介绍绅士化的社会影响。上海中心区出现了普遍的新建绅士化现象，以上海太平桥项目和中远两湾城项目为例来理解绅士化的社会经济影响，这两个项目代表了当下上海最普遍的城市重建方式：高度依赖私有投资来营造现代城市景观和全球化形象，并将低收入邻里的社会经济利益让位于开发商和富裕阶层的利益。太平桥项目是一个大规模重建工程，新天地是它的旗帜项目。新天地邻近上海中心区的一个商业中心，由香港房地产开发商瑞安集团投资。它因把时尚的消费元素融入上海的石库门建筑中而闻名。新天地配有上海时尚和昂贵的商场和餐馆，吸引了大量的中高收入消费者，并明显地改变了整个太平桥地区的形象，显著提升了该地区的住房价格。它是太平桥项目中一种成功实施的绅士化策略[19]。中远两湾城工程在苏州运河沿岸，该工程由隶属于中国远洋运输有限公司的本地房地产开发商投资，清除了上海最大的破旧住宅区之一。由于位于苏州运河沿岸，地理位置优越，两湾城成为上海住房市场最受欢迎的小区之一。尽管这两个老社区的绅士化方式不同，但都证实了现今绅士化的四个特点：投资规模大，由于高收入者进入而引起的社会阶层提升，城市景观变化显著，以及对大规模原居民的直接置换[3]。它们也都证实了上海中心区发展迅速的绅士化进程，这成为后改革开放时期中国经济和城市调整的重要组成部分（图9-3）。

通过对绅士化地区和拆迁安置地区的比较调查，可以理解绅士化如何影响被置换者的生活，被置换者需要面对的最主要的变化是公共设施使用不便，如医院、学校和娱乐休闲设施；其次是对就业情况的消极影响，如由于通勤时间和交通费用的提高而导致的失业；再次，社会网络的瓦解也是绅士化的消极影响；此外，离中心城区距离加大同样也被认为是安置的重要影响。显然，绅士化对被置换者的生活质量和就业情况产生了至关重要的影响。

图 9-3　上海新天地及周边住宅
资料来源：作者自摄．

绅士化不仅使低收入居民从世代居住的住房搬出,让位给绅士化群体,而且搬到各项设施都不完善的外围区域后,这些低收入居民失去了获得各种生活际遇的机会。除了住房条件有所改善,拆迁户的生活质量和生活前景都变得更加糟糕。在不久的将来,聚居着大量低收入人群的城市社区也有可能衰退为新的城市贫困区。毋庸置疑的是,绅士化从根本上改变了上海中心区的社会空间结构,并强化了大城市区的居住分异和社会隔离。

9.3 绅士化与旧城更新

9.3.1 西方绅士化与中国旧城更新的差异

在市场转轨时期,中国城市的旧城更新与西方绅士化现象近期的演变相对应,可以从绅士化或旧城更新的主要形式、动力和社会影响等方面来比较两者的异同(表9-1)。

发达市场经济国家和市场转型期中国绅士化的比较　　　　表 9-1

	发达市场经济国家	市场转型期中国
绅士化主要形式	自发的、个体导向的住宅翻新/新自由主义城市政策下政府主导和政策主导的住宅更新	政府追求快速的经济增长和城市发展而主导的住宅更新
消费方动力	改变消费偏好的中产阶级	政府刺激和释放了中高收入阶层对更好住房的需求
供应方动力	"地租差"循环：投资缩减(郊区化)↔再投资(获取租金差的利润)	免费土地和公共住房分配+长期投资不足/城市土地价值的重现+地方政府带动的私人投资
产权制度	明晰的城市土地和住房产权	破碎的城市土地和住房产权
置换的社会影响	无家可归、贫困、"复仇之城"	低收入居民的边缘化和贫困化

1. 主要形式

从主要形式来看,西方发达市场经济国家的绅士化,刚开始主要是自发的、个体导向的住宅翻新,后转变为新自由主义城市政策下政府主导和政策主导的住宅更新。而市场转型期的中国,则是政府为了追求快速的经济增长和城市发展而主导推动旧城住宅更新,政府参与了旧城绅士化的整个过程,成为旧城更新的主要推动力。

2. 动力机制

从动力机制来看,西方绅士化的消费端动力主要是中产阶层消费偏好的改变,内城社区本身存在的生活方式、文化群体和建筑的多样性特征受到中产阶层的喜爱。供应端动力来自内城地区的"地租差",即由于郊区化导致内城缺乏投资,内城的土地以及房屋的租金明显低于其潜在的"最能创造价值的使用方式"的租金价格,当"地租差"达到获利的程度,绅士化现象就会发生。而在中国,政府成功结合了消费端和供应端两方面的动力来推动旧城绅士化。消费端动力主要是政府刺激和释放了中高收入阶层对更好住房的需求,政府通过推行一系列的土地和住房改革,刺激并引导了对中高档住房的需求。改革开放后,大量的住房需求被释放出来,一些具备一定经济能力的人群开始追求更好的居住条件。供应端动力则是城市土地价值的重现和地方政府带动的私人投资,土地改革改变了土地无偿使用和分配政策,使城市的土地价值重新显现,同时政府对环境美化和基础设施建设进行了大量投资,并提供相应优惠政策以吸引私人开发商的投资,为城市中心区的绅士化创造最佳的资本投资环境。

3. 社会影响

从社会影响来看,中西方的绅士化并不存在明显差异。在西方绅士化中,无家可归、贫困和社会冲突仍然是伴随绅士化与流离失所产生的固有问题;而在中国,则出现低收入群体的边缘化和贫困化。由于旧城衰败地区得到广泛的更新提升,大量的低收入群体被中高收入人群所替代,被迫搬迁到较远、不便利的城市边缘地区。

总体来看,对比中西方的绅士化现象,其主要差异体现在不同的推动力。在发达国家,尽管政府在绅士化进程中的作用越来越重要,但市场仍起着主导的作用。在中国,政府则试图结合消费端和供应端两方面的驱动力来推动绅士化的发展,成为整个过程的主导力量。尽管如此,中国绅士化现象的社会空间效应和西方并不存在明显差异,亦即:社区的社会经济和景观发生重构,低收入阶层被高收入阶层取代,并日益被边缘化。简而言之,中国旧城绅士化现象的特征主要体现在两点:由政府推动,以及对低收入人群利益的轻视。这种由政府推动的绅士化往往是以追求经济增长和城市的发展为目的,是以对低收入阶层的住房进行大规模的置换为代价的。

9.3.2 绅士化对我国旧城更新的启示

1. 启示

尽管发达市场经济的西方国家和市场转型期的中国在社会经济背景和体制方面存有一定差别,但作为西方旧城更新主要方式之一的绅士化,对我国的旧城更新亦有一定的启示。在市场转型期且经济快速发展的中国,旧城更新中已经出现了显著的绅士化现象。绅士化引发了对旧城更新中人文社会方面问题的思考,特别是旧城更新中的规划、拆迁和补偿等方面对低收入原居民权利和利益的影响。

(1)在旧城更新中需要对绅士化的社会影响引起重视

绅士化作为旧城更新的一种形式,其重大影响在于不仅改变了城市环境与面貌,而且带来了一系列的负面社会效应,以及因拆迁而引发的社会矛盾激化,如原有社区的社会网络和邻里关系的破坏,低收入居民的边缘化和贫困化等。在旧城更新中,开发商以追逐经济利益最大化为目标,主要通过与政府及社区博弈来提高容积率、减少回迁居民安置以达到其经济目标。这种一味追求经济利益的做法，往往会忽视一些重要的社会因素。因此，在旧城更新中，特别是规划阶段，需要政府彻底改变仅仅从物质形态规划设计的角度来编制单纯的物质环境改造规划的做法，在规划研究中应坚持"以人为本"的原则，对更新改造可能造成的社会影响进行全面考虑与评价，以实现旧城更新各方利益的平衡。

（2）要充分保障旧城更新中居民特别是低收入居民的利益

旧城更新中，原社区居民是直接的利益相关者，更新成败以及拆迁补偿将对其产生深远的影响，因而他们非常关心其切身利益能否得到保障。社区居民大多希望通过改造来改善其社区环境，提高居住质量，增加公共绿地，完善基础设施配套，提高其社会经济地位，提高居民就业，并且希望社区改造完成后能够回迁安置，能够维持社区的社会网络和邻里关系。绅士化现象的启示是，其最大的负面影响是中产阶层对原社区低收入居民进行了置换，导致原社区低收入居民被迫搬离原社区，被边缘化。因此，在旧城更新中必须引起对原社区居民特别是低收入居民的重视。低收入居民在旧城更新中往往处于被动参与的地位，为避免更新改造带来的社会空间分异和其他一系列负面效应，在旧城更新中，政府应当更多地考虑城市低收入居民的利益，开展对其影响的专项研究与分析，尤其是对其住房和工作权益的关注，以维护社会公平。

近年来，政府已经采取了一些措施来保障城市更新中拆迁居民的利益。如2007年中央政府颁布并实施了《物权法》，并对拆迁政策进行了大范围修订。这些举措在一定程度上给予了居民捍卫自己权益的武器，并缓解了拆迁的矛盾。但中国特殊的土地所有权制度以及市场转型期新旧体制的交织决定了物权依旧是一个错综复杂的问题。旧城居民尤其是弱势群体的权益仍未得到制度上的充分保障。为消除甚至逆转绅士化所带来的负面效应，政府仍需从住房、就业、福利等多方面着手对现行的社会再分配制度进行综合考量，并加强立法、管理和监督制度建设。

2. 措施建议

在旧城更新中，政府可以采取的具体措施包括以下几点。

（1）结合国内的市场特征，政府需强化其综合协调能力，进一步完善保障性住房政策

在市场环境、土地制度、分税制度的共同作用下，开发商、甚至地方政府的逐利属性推动着旧城更新中的阶层分化，尤其是低收入人群的被边缘化。政府需强化其综合协调能力，确保受益者受益措施的有效性，对保障性住房区位、设施服务、成本、购买能力等问题采取相应的控制监管措施，如采取激励补贴政策，引导开发商选择有利于低收入人群的开发行为，尤其是公共住房的区位控制，以免公共住房的区位边缘化直接导致低收入阶层的边缘化。

（2）应制定有力措施监控房地产开发商的趋利行为

可以参考西方国家，如荷兰、加拿大等国的混居理念和政策。如规定开发商必须提供一定比例的可支付住房以安置原居民，避免社会空间分异进一步加剧。

（3）在旧城更新中应该充分尊重原居民的意愿权益，提倡公共参与

做到规划、拆迁和补偿过程的公开透明化，并为居民的拆迁补偿提供多种选择。应尽量考虑低收入人群的就业需求。

总之，绅士化为中国大城市的旧城更新提供了一个相对和谐的途径启示，在这里，政府不应再是大规模拆迁的主导者，而是商业发展的引导者、环境改善的建设者、历史文化的保护者以及居民利益的保障者，这些都是未来城市政府推进旧城更新时应该扮演的角色。

思考题

1. 绅士化的成因和动力机制。
2. 结合你所在的城市，谈论绅士化的社会空间影响。
3. 中西方绅士化的异同，两者的差异主要体现在哪些方面？
4. 在国内，政府在绅士化过程中的作用和影响。
5. 结合绅士化现象、动力机制和影响，谈论其对我国旧城更新的启示和对策。

本章参考文献

[1] GLASS R.Introduction[M]//Centre for urban studies. London：aspects of change.London：MacKibbon and Kee，1964：xii-xlii.

[2] LEE L，SLATER T，WYLY E. Gentrification [M]. New York：Routledge，2008：3-38.

[3] DAVIDSON M，LEES L. New-build "gentrification" and London's riverside renaissance[J]. Environment and planning A，2005（37）：1165-1190.

[4] SMITH N. New globalism，new urbanism：gentrification as global urban strategy[J]. Antipode，2002，34（3）：427-440.

[5] ATKINSON R，BRIDGE G. Gentrification in a global context：the new urban colonialism[M].London：Routledge，2004.

[6] LEES L. Gentrification in global south?[M]//PARNELL S，OLDFIELD S. The routledge handbook on cities of the global south. New York：Routledge，2014：506-521.

[7] PHILLIPS M. Rural gentrification and the processes of class colonisation[J]. Journal of rural studies，1993（9）：123-140.

[8] SMITH D. Patterns and process of "studentification" in leeds[J]. Regional review，2002，12（1）：15-16.

[9] GOTHAM K. Toursim gentrification: the case of New Orleans, Vieux Carre (French quarter) [J]. Urban studies, 2005 (42): 1099-1121.

[10] 黄幸, 刘玉亭. 消费端视角的中国大城市新建绅士化现象: 以北京宣武门 ZS 小区为例 [J]. 地理科学进展, 2019 (4): 577-587.

[11] LEES L. Super-gentrification: the case of Brooklyn heights, New York city[J]. Urban studies, 2003 (40): 2487-2509.

[12] 徐玉梅, 王朝辉, 张婷婷, 等. 国内外旅游绅士化研究综述与展望[J]. 人文地理, 2019, 34 (2): 14-22, 110.

[13] 何深静, 钱俊希, 徐雨璇, 等. 快速城市化背景下乡村绅士化的时空演变特征[J]. 地理学报, 2012, 67 (8): 1044-1056.

[14] SMITH D. "Studentification": the gentrification factory? [M]//ATKINSON R, BRIDGE G. Gentrification in a global context. London: Routledge, 2005: 72-89.

[15] 何深静, 钱俊希, 吴敏华. "学生化"的城中村社区: 基于广州下渡村的实证分析[J]. 地理研究, 2011, 30 (8): 1508-1519.

[16] SMITH N. The new urban frontier: gentrification and the revanchist city[M]. 2nd ed. London: Routledge, 1996.

[17] HACKWORTH J, SMITH N. The change state of gentrification[J]. Tijdschrift voor economische en sociale geografie, 2001 (22): 464-477.

[18] LEY D. The new middle class and the remaking of the central city[M]. Oxford: Oxford University Press, 1996.

[19] SMITH, N. Toward a theory of gentrification: a back to the city movement by capital, not people[J]. Journal of the American planning association, 1979, 45 (4): 538-548.

[20] HAMNETT C. The blind men and the elephant: the explanation of gentrification [J]. Transactions of the institute of British geographers, 1991, 16 (2): 173-189.

[21] LEES L, LEY D. Introduction to special issue on gentrification and public policy[J]. Urban studies, 2008 (45): 2379-2384.

[22] LEES L, SHIN H B, LOPEZ-MORALES E. Global gentrifications: uneven development and displacement[M]. Bristol: Policy Press, 2015.

[23] HE S. State-sponsored gentrification under market transition: the case of Shanghai[J]. Urban affairs review, 2007 (43): 171-198.

[24] 何深静, 刘玉亭. 市场转轨时期中国城市绅士化现象的机制与效应研究[J]. 地理科学, 2010, 30 (4): 496-502.

[25] 黄幸, 刘玉亭. 中国绅士化研究的本土实践: 特征、议题与展望[J]. 人文地理, 2021, 36 (3): 5-14, 36.

[26] 宋伟轩, 朱喜钢, 吴启焰. 中国中产阶层化过程、特征与评价: 以南京为例[J]. 城市规划, 2010, 34 (4): 14-20.

第 10 章

城市移民社区

什么是移民？全球化和城市化是移民产生的宏观背景，移民现象受到国内外学者越来越多的关注，而学术界和相关的国际组织出于各自的需要从不同的角度对移民进行定义。普遍接受的观点是，移民是指具有迁移行为的人或人群。但同时移民又是个复杂的概念，我们需要将其分解，然后了解各部分所在的历史社会环境及其在这环境中的意义，并结合具体的历史环境下定义。

本章关注城市移民社区，并将移民分为国内移民和跨国移民两大类。国内移民即内部移民，是在一个国家范围内不同地区之间有迁移行为的人或人群[1]，在中国主要指广大进城务工的农民工（乡城移民）以及部分在城市间发生迁移的人员。跨国移民即国外移民，这部分人跨越国境离开出生国或原国籍国，因某种目的前往他国居住。需要说明的是，由于我国具体国情原因，中国大陆（内地）的移民既包括来自其他国籍的人口，也包括来自港澳台的跨境居民。

移民进入陌生的地方，由于地缘、业缘以及生活习惯、环境转换、经济能力的差异，往往会形成聚居的习惯。移民聚居在一定程度上是由于受到主体社会的排斥、歧视，移民为实现自我保护、更快适应当地生活而集中在一起生活的行为。本章将重点针对国内移民社区和跨国移民社区进行分析。

10.1 国内移民社区

本章将按研究的国别地域，主要讨论中国的国内移民社区和拉美及东南亚国家的国内移民社区。

中国国内移民社区是由国内移民聚居形成的社区，也称为流动人口聚居区，它是以自发在社会经济部门从事经济和业务活动的城市暂住人口为居民主体、以房屋租赁为主导建构方式、以城乡接合部为主要区位选择的自发型集中居住区。中国国内移民社区，按照社区构成和组织来看，可以分为两大类：缘聚型聚居区与混居型聚居区。缘聚型聚居区也称同质型聚居区，指以地缘、亲缘、业缘等关系为纽带而自发形成的流动人口聚居区[2]。区内人员多来自同村、同乡、同族。语言相通，习惯相似，从事相同或相关的产业，区内联系、交流广泛，表现出很强的内聚性[3]，如北京的"浙江村""牛街"和西安的"回民街"等。混居型聚居区，也称异质型聚居区，是由来自不同地域，从事不同职业的外来人口自发集聚所组成的聚居区[3]。聚居区内没有形成明确的主导型纽带或是产业体系，区内人员缺乏广泛的联系和必要的交流，环境更为开放。

其他国家的国内移民社区主要讨论拉美和东南亚地区的国内移民社区，其中又以贫民窟或者非法聚居区为主。

10.1.1 类型特征

1. 中国国内移民社区

（1）区位分布：多处在交通便利的城乡接合部

中国国内移民社区一般较为普遍地形成于改革开放之后外来工相对集中的经济发达地区。区位上越远离城市中心区，城市的管制越薄弱，出租屋的房价也越便宜；但移民为了能和城市及外界保持紧密联系，又需要交通方便[4]，所以，出租屋房价相对便宜、交通相对便利的城乡接合部成了移民居住的首选位置；但同时在一些大城市或特大城市，随着城市快速扩张而被城市建成区包围而形成的城中村也成为移民聚居的主要社区。

（2）人员构成：以两类人群为主

中国国内移民社区人员构成主要为两类群体：一类是拥有单一经济要素，即以体力劳动为主的劳动力，多以被雇佣者的身份进入城市劳动力市场的农村劳动力，又称乡城移民，他们基本上属于低收入阶层；一类是携带着资金、技术等综合资源，通过雇佣他人或自我雇佣进入城市，组织生产活动、开拓产品销路的经营者和组织者，以中高收入阶层为主[5, 6]。

（3）分类：按照社区构成和组织来看，可以分为两大类

中国国内移民社区按照社区构成和组织来看，可以分为两大类：缘聚型聚居区与混居型聚居区。

缘聚型聚居区，也称同质型聚居区，表现出一种构成上的"同质性"，还使社区的内聚性和向心力得到了显著的增强。缘聚型聚居区是以地缘、亲缘、业缘等关

图 10-1 被誉为"画家村"的广州小洲村
资料来源:作者自摄.

系为纽带而自发形成的聚居区,它是传统性社区纽带的延续和居民间多重联系的交织[4, 7~9],居民们的文化背景、观念意识、生活习惯等方面得以延续,居民之间的组织机制和社会网络促使聚居区成员具有较强的同质性(图 10-1)。

混居型聚居区,也称异质型聚居区,主要成形于进城农民基于谋生营利目的而作出的共同区位选择。尽管在局部区域内某些居民可能仍会因为传统乡土观念的影响而形成小规模的缘聚型群体组织,但从居民的总体构成上看,它们既不可能像缘聚型聚居区那样建立起自身明确而又普遍的纽带,甚至于是覆盖整个社区的产业体系,也不可能在居民之间建立起必要而又广泛的经济联系和社会交流。可以说,无论是社会文化生活还是经济产业活动,混居区的居民多处于一种各自为政的零散状态,社会资本相当薄弱。这类聚居区的居民多在外就业,因此对于大多数的进城农民来说,混居型聚居区为其提供的实际上仅仅是一片集中的居住场所,而很难为其生存、适应和发展提供更多的庇护和依托。虽然聚居区内的进城农民仍会在一定程度上呈现出以往的观念意识、生活习惯或是文化背景,但无论是社区的内聚性还是聚居的典型性,它们都无法同缘聚型聚居区相比。

2. 拉美地区的国内移民社区

巴西是拉美地区最早城市化的国家,也是拉美地区最为发达的国家之一,但是该国的移民非法聚居区,又称贫民窟,已成为一种社会病,严重影响了巴西经济的正常发展与社会稳定[10]。根据巴西地理统计局的界定,移民非法聚居区(贫民窟)是指 50 户以上的家庭聚居在一起,房屋建筑无序,占用他人或公共土地,缺乏主要卫生等服务设施的生活区。巴西 2012 年人口普查资料显示,巴西有移民非法聚居区

（贫民窟）14000 个，比 1990 年代增加近 2000 个，遍及巴西各个城市，现在甚至已波及 20 万人口左右的小城市。

此类移民非法聚居区在拉美及东南亚国家的许多大城市普遍存在，它们是其国内大量进城移民非法侵占城市周边地区的公共或私人土地，搭建起各种简陋住所，然后通过各种手段获得一些基础设施和服务，并逐步扩建或改善住房而形成。在此居住的居民主要是低收入群体，大多数处于贫困线以下，作为社会公民很难享受社会发展带来的成功，教育、医疗、社会保障等条件极差，严重影响了下一代的发展[11, 12]。其次，贫富的巨大差异造成国民感情的隔阂，加速了社会阶层的分化，影响了社会安定。

在拉美地区的很多城市，贫民窟是犯罪的天堂，也是犯罪分子的窝点。毒品犯罪在拉美地区极为突出，很多贫民窟已被毒贩所控制，居住在贫民窟里的城市贫民为贩毒制毒活动站岗放哨，加之贫民窟地形复杂，给政府扫毒工作带来了很大困难。一些"贫民窟"为黑社会所控制，政府无法进入该区进行正常管理，有些区连水电费也无法收缴，政府公务人员不能进入该区，因而成为城市犯罪的窝点。比如里约热内卢市贫民窟里有 6000 多支枪，其中 1500 多支是先进装备，成为一个不安定因素[13]。最后，贫民窟乱占街道、山头和公共土地，没有合理的卫生设施，给城市生态环境也带来了不良影响。

10.1.2 成因机制

在快速城市化背景下，无论是国内还是国外，流动人口聚居区的形成都少不了两个基本的外在条件：流动人口在流入地区大规模地集结和生活；流入地区能为流动人口提供成片集中的房源。不过在宏观背景和内在机制上，中国国内移民聚居区和其他国家的国内移民聚居区还是存在显著的差异。

1. 中国国内移民社区

（1）宏观层面——城乡之间

1）农村地区大量剩余劳动力溢出的推动效应

我国人口基数大，农村户口人口总量远高于城市户口人口。随着农业技术的发展、应用，我国所需要的农业劳动力大大减少，农村劳动力过剩。剩余的农村劳动力需要寻找新的谋生手段、方式。同时，城市社会经济的发展促使他们把目光转向城市，大量的农村人口流入城市[14]。

2）城市就业机会与比较利益的拉动效应

城市，特别是大城市，与广大农村地区相比，发达的工业和第三产业能够提供更多的就业机会。同时，由于我国长期以来的城乡二元结构，我国城乡差距不仅一直存在而且近年有扩大化趋向。城市更多的就业机会和巨大的比较利益驱动，成为拉动农村剩余劳动力大规模流向城市的决定力量[15]。

3）城市化与工业化互动战略的带动效应

城市化和工业化是现代化建设的两大推进器，城市化伴随着工业化而出现，又反过来推动工业化和现代化的历史进程。由于特殊的历史原因，我国城市化滞后于工业化，大批农村剩余劳动力不能及时转移到非农业岗位[16]。乡镇企业的发展，城市化进程的加速和城市化与工业化的互动发展战略的实施，为大量农村剩余劳动力流入城市提供了巨大的舞台，发挥了强大的支撑与带动效应。

（2）中观层面——城市

1）城市发展格局改变，产业地域转移，近郊区的快速扩张

城市，尤其是大城市为提高城市综合实力，改变原有城市发展格局，不断往外扩张。城市内部地价昂贵，产业发生地域转移，大量企业落户于城市边缘郊区，大城市近郊区快速扩张，从而为流动人口提供了大量的就业机会和生存空间[17]。

2）城市边缘区土地功能与生产方式的转变

城市向近郊区扩张，促使城市边缘区土地功能转变，由以农业用地为主向非农建设用地为主转变，由以往的农村向城市地域转变[18]。同时，城市用地的扩展带来了原有空间景观的变化，传统的农村与农业景观逐渐向现代城市景观转变[19]。随着经济的发展与转型，城市边缘区的生产方式也发生根本性的改变，由原来从事农业为主到从事工业或第三产业为主。随着土地功能的转变，部分村民失去赖以生存的耕地，需要寻找新的收入来源，利用土地优势——远大于城市平均水平的宅基地和住房面积，建设房屋出租，为城乡接合部提供了大量低廉的出租房屋[20, 21]。城市为城市边缘区配套的商业、服务等设施滞后，为聚居区自发市场的形成提供了条件。

3）行政管理的混杂和松懈

以乡城移民为主体的移民聚居区多位于城乡接合部以及被城市建成区包围的城中村，随着城市规模的扩张，这些地区的归属权变动频繁，导致负责管理的部门、单位混杂，造成多头管理的局面。多头管理由于管理层之间在权力、职责和义务上分工不明，反而使聚居区的主体流动人口的管理松懈，这也是乡城流动人口为在制度层面回避城市管理而选择在此聚居的原因之一[3, 7]。

（3）微观层面——移民主观因素

1）经济因素

城市移民群体（流动人口）主要是进城农民工，他们的文化程度普遍较低，缺乏相关的技术技能，社会关系也相对简单，在激烈的市场竞争中他们往往处于不利地位[22]。这部分人群的收入水平普遍较低，支付能力较弱，可供他们生存的空间相对较小，他们只能选择与自身现状相匹配的居住条件与环境进行居住。而城乡接合部和城中村提供大量低廉的出租房源，这与他们的低收入水平是相适应的，出于经

济因素考虑，大部分移民人口选择在此聚居[17]。

2）交通因素

多数流动人口在城市中从事的职业为第二、第三产业，主要是一些商贸、餐饮服务类和小型的加工工业类[23]。职业性质促使其和城市关系密切，因此居住地和就业地距离远近直接影响经济活动的效益。出于经济和交通成本两个方面的考虑，交通便捷的城乡边缘地带以及城市建成区内的城中村较易形成移民社区。

3）心理和生活习俗因素

我国城乡二元结构的长期存在，使得城乡之间的差距较大，来自农村的移民经济能力、文化习俗、生活习惯、思维方式等和当地城市居民有较大的差异。刚进入城市的农村移民，容易出现自卑、孤独、无归属、不安全感等一系列心理问题[24]。城乡接合部和城中村所拥有的生活习惯、风俗等和他们的来源地较为接近，他们在其中能够更容易找到心理认同感，更容易融入新的环境中[3, 25]。同时。作为外来者，他们初来乍到，迫切需要邻近同类群体以获得信息和支持资源，于是便促成了聚居区的形成[26]。

最后需要强调，缘聚型移民聚居区和混居型移民聚居区在形成机制上有一个很大的差别。缘聚型聚居区的形成主要源于传统乡土观念在现代城市条件下的主动性延伸；混居型聚居区的形成则主要源于进城农民基于谋生营利目的而作出共同区位选择的被动性结果。这与城市房源供应状况、"连锁流迁"多源性、流入地的社会结构等因素有着直接或间接的关系。

2. 拉美和东南亚国内移民社区

在拉美和东南亚等发展中国家和地区的城市，形成大面积的移民非法聚居区（贫民窟），主要有以下几点原因：

（1）土地所有权严重不平等，造成大量无地农民[27]。在拉美地区的巴西、阿根廷等国和亚洲的印度、巴基斯坦等国的城市，移民非法聚居区形成的原因主要是这些国家都没有进行过深入的土地改革，大量农民没有土地，或者只有很少的耕地，在与大农场的竞争中，不少人破产。他们是被挤进城市的，而且在农村没有根，不可能回到农村，因而只能非法滞留在城市。

（2）过度城市化导致就业机会严重不足，剩余劳动力就业不充分。研究表明，巴西的城市化进程与工业化发展水平严重脱节，就业结构与产值结构相脱节。1950—1980年的30年间，巴西城市化水平从40%提高到64%，而发达国家比巴西等发展中国家多花了20年才实现同样的增幅。在同样的城市化水平增幅内，发达国家的人均国民生产总值增加了2.5倍，而巴西等拉美国家只增加了60%。过度城市化使流入城市的人口呈爆炸性增长态势。自1960年代以来，巴西城市人口以每年5%以上的速度递增。由于大批农民缺乏知识和技术，很难在现代工业部门中找到工作，而且城市经济发展所创造的就业岗位供不应求，失业率居高不下[28]。

（3）城市规划、建房用地、基础设施、社区发展没有考虑移民等低收入人群的要求。城市移民由于文化水平不高，就业不充分，获得的工资性收入也比较少，很大一部分的工资在最低标准以下。由于收入低，要获得正常的居所十分困难。但是政府在规划住房时，并没有充分考虑低收入人群尤其是移民的住房需求。因而，进城农民为了生存，只能非法强占城市公有土地，如城市的山头、城乡接合部的公地和私人土地，违章建筑，搭建简陋住房，久而安之，形成一个与高收入人群共处的特别景观——"贫民窟"[29]。

10.1.3 应对措施

1. 中国国内移民社区

国内移民聚居区居民主要为农村剩余劳动力，聚居区环境、管理等方面问题严重，要改善当前国内流动人口聚居区的条件，需要采取综合性的措施。

1）经济方面——我国国内移民聚居区内居民收入基本都能保证自身生活、生产和经营的基本需求。因此，对于此类聚居区而言，其整合手段已不再是通过提供投资和就业机会来恢复城区的经济了，而多是对现有的经济发展模式（尤其是创建了自身产业体系的缘聚型聚居区）进行完善和提供必要的改造资金[30]。

2）社会文化方面——国内移民聚居区可以借鉴国外移民聚居区的发展措施，增强聚居区社区凝聚力，促进国内移民在迁入地安居乐业。例如，为居民提供教育和培训项目，完善居民的社会保障体系，通过社会资本的良性培育来加强社区的凝聚力等。在中国的社会文化背景之下，加强民族、乡城居民间的平等和团结是一项不容忽视的内容。

3）治安管理方面——组织机构的组建和政策法规的制定是政府行使职能的两条重要途径。在操作上则需要采取"两手抓"：一方面要借鉴西方的实践经验，比如通过相关的机构和法规加强移民和地方治安的管控，以降低暴力犯罪、聚众赌博等社会问题的发生率；另一方面则需结合我国的具体国情，针对聚居区居民的几大问题作出相应的政策性应对，比如改革进城农民的户籍身份制度和完善现有的住宅租赁市场等。

4）物质形态空间方面——就物质形态空间而言，国内大部分移民聚居区已与周边城市建成区连成一片。因此，在对其进行物质形态改造时需要与周边地区进行统筹考虑，进行整体改造或部分改造。同时，政府还需鼓励公租房的建造，用以安置和分流新增的进城农民和部分聚居区的拆迁居民。

2. 拉美国内移民社区

进城移民强占定居的出现使各国政府陷入两难境地，如果采取强行拆除的措施,将会造成社会混乱和产生社会动荡,从而阻碍经济的发展。因此,部分拉美国家采取改善移民聚居区(贫民窟)居民生活而使之融入城市主流社会的措施。然而,这增加了各国和地区市政当局的负担,使他们不得不把有限的资金全部投入城市人口的衣食住行以及其他有关的福利建设方面。由于等待援助的人太多,资金又不到位,这些发展中国家的大城市的生活环境短期内无法得到明显的改善[31]。

拉美国家在20世纪末开始转向"柔性治理策略"[32]。该模式从贫民生活改善和权益保护的角度出发,涵盖多项柔性措施。一方面,在法律上承认移民非法聚居区(贫民窟)及其居住者的地位,具体通过中央立法、地方实施、综合规划、轮次开发来实现。另一方面,将贫民窟改造为具备必要生活设施的健康社区。政府投资建设和完善社区内的各项公共服务设施。例如,巴西自1993年开始移民非法聚居区改造计划,努力规范或把其纳入城市有机体内,从法律上认可它们。在全国范围内展开新的规划,将其归类为"特殊社会利益居住区"。此计划涉及居住、教育、卫生、就业和娱乐等各方面,同时强制居民参加基本医疗保险[33]。

10.2 跨国移民社区

由于世界政治、社会、经济发展的不平衡,许多人选择移居国外以获得更好的政治权利或经济收入。跨国移民多迁入欧洲和北美洲等发达国家,现以亚洲人、非洲人为主,其中又以中国籍移民最多,约有3500万人;印度和菲律宾分列二、三位,分别有2000万和700万移民[34]。跨国移民因语言、文化背景和生活习惯的不同,在城市中易形成种族聚居区(种族社区)(Ethnic Communities),例如唐人街、墨西哥社区和希腊城等。在种族聚居区内,新移民可以与来自他们祖国的其他人一起生活,并迅速建立起社会网络,这让他们更容易找到住房和就业。这里介绍美国城市、欧洲城市和中国城市的跨国移民社区,如上述介绍,跨国移民社区多以种族聚居区的形式出现。

10.2.1 类型特征

1. 美国城市的种族聚居区

美国城市的种族聚集现象极其普遍。多数城市都有着各个种族形成的聚居区,相互之间极少混居。各个种族聚居区有着自己的生活方式和行为模式,甚至有自己的管理机构。多中心的大都市区域包括了多种多样的定居空间,包括城市中心和郊区,种族聚居区在城市内外划分区域形成自身的社会网络覆盖地带。纽约是美国甚至是世界范围内最有代表性的按种族划分的城市。从19世纪移民来到美国开始,纽约就一直是各个种族分区聚居的城市,虽然历史的发展使得早先的种族聚居区发生了改变和转移,但是仍然改变不了纽约是多个种族分区聚居的基本特点[35]。

(1) 黑人聚居区

非洲裔美国人的祖先在18世纪被迫离开他们的祖国而被作为奴隶带到美国。在20世纪90年代,他们的后裔构成了美国总人口的13.4%。直到20世纪,美国90%以上的黑人生活在南部,并且大多数居住在乡村地区。然而,自1900年以来,非洲裔美国人开始向北方特别是向城市逐步迁移。

在19世纪末的纽约,黑人与其他种族居民的混居现象极为普遍,没有哪个街区住的全部是黑人,只是某些街区很多,有些街区很少。20世纪开端,由于南方黑人的大量涌入,白人对黑人又重新筑起了种族壁垒,三K党首次在北方城市出现,对黑人的种族隔离再次加剧。20世纪后,纽约市大量涌入西印度群岛黑人,他们的行为模式不同于一般的美国黑人,更加节俭、勤劳,更具有创业精神。早在1901年,占纽约曼哈顿地区黑人比例10%的西印度群岛黑人就拥有曼哈顿黑人企业的20%。但是,尽管如此,纽约黑人一直处于社会的底层,黑人聚居区的生活质量都是最差的,著名的黑人居住区——布鲁克林区,已经成为贫困、混乱、暴力、肮脏的代名词。

(2) 犹太人聚居区

19世纪的纽约,犹太人聚居区主要是在曼哈顿东南端,这里居住着相对贫困的东欧犹太人。随着时间的推移,犹太人的经济水平不断提高,犹太人居住区先是在纽约布鲁克林区和布朗克斯区开始发展扩大,随后纽约的各个区都有犹太人居住区。而早先的曼哈顿犹太人区则逐渐衰退,人口大大少于纽约其他犹太人聚居区。凡是犹太人占据的地段,与其他地方相比,不同之处是酒吧较少。犹太人与意大利人、黑人、爱尔兰人、华人等种族相处融洽。当黑人迁入他们的地段时,犹太人向来不十分抵制,哈莱姆一带在20世纪初就曾经是犹太人和黑人的混居区。

(3) 爱尔兰人聚居区

纽约是第一批爱尔兰人移民到美国时的主要登陆地点,于是纽约形成了早先的爱尔兰人聚居区。19世纪时的大批爱尔兰移民到达美国后涌向东北部大城市(主要是波士顿和纽约),投奔那里成形的爱尔兰聚居区。由于住房紧缺以及爱尔兰移民的经济贫困,在19世纪的纽约,爱尔兰聚居区居住条件非常简陋。原来是一户的住宅被分割成为若干极小的公寓,每个小公寓都挤住了一个家庭。到处都是临时搭建的住所,卫生条件差,排水设施简陋,各种传染病肆虐。爱尔兰居住区的传染病发病率明显高于其他种族聚居区。同时,爱尔兰聚居区是城市治安的难点,这在全美都是一样的。纽约爱尔兰人聚居的第六区是大名鼎鼎的"血腥老六区",而另外一个爱尔兰人地段称为"地狱的厨房"。爱尔兰人也经常是反天主教分子袭击的对象。随着爱尔兰人地位的上升,加之日益被社会所接受,爱尔兰人已经摆脱了当初的贫困境地，在收入和教育方面已经超过了美国的平均水平。约翰·F. 肯尼迪成为美国第一个爱尔兰裔总统。2020年新当选的总统拜登，也是爱尔兰裔。现在，大部分爱尔兰人已经被同化，很少能看出种族特征。

（4）意大利人聚居区

由于意大利人在本土就有比较强烈的地区主义，因此在美国的意大利移民按照在意大利的不同来源地而聚居在不同地段。各个意大利聚居区有各自的社区服务机构，但是不会相互合作为整个城市的意大利人服务。甚至如果雇佣不同地区来的意大利人在同一家公司工作，他们相互之间都缺乏认同感，但却能和其他种族和睦相处，和犹太人、爱尔兰人关系一向不错。意大利人在纽约唐人街长期和华人混居，很少发生冲突。早先意大利人和黑人敌意较少，但由于政治主张和生活习惯不同，敌视情绪逐渐增长，互相视对方的语言和身体语言是敌意、侮辱。但是当有黑人进入意大利人居住区时，他们却坚持不肯搬走，哈莱姆至今还有一个意大利社区，于是两个种族的移民相互之间经常发生摩擦。

（5）墨西哥人聚居区

美国西南部，包括加利福尼亚州、亚利桑那州、新墨西哥州和得克萨斯州的部分，曾属于墨西哥，后来被美国接管。几十年来，他们饱受盎格鲁人或非西班牙裔美国人的歧视。他们在西南部的定居被限制在特定的少数民族聚居区或者说西班牙语居民的聚居区里。在西南部，一些说西班牙语居民的聚居区以与帮派集团相关活动和高谋杀率而闻名，主要是由于帮派集团暴力引发。其他的仅仅是墨西哥裔美国家庭能够找到住房的地区。然而近年来，墨西哥裔美国人已经获得了相当程度的社会流动，且已进入从事需要知识修养的专门职业的中产阶层行列。例如，丹佛和洛杉矶选举了它们的第一任墨西哥裔美国人市长，加利福尼亚大学校长为墨西哥裔美国人托马斯·里韦拉（Tomas Rivera）。

（6）波多黎各人聚居区

1898年，美国在一场"指明命运"的战争中打败了西班牙，并获得了以前西班牙的殖民地古巴、波多黎各、夏威夷以及菲律宾，从那时起，波多黎各作为美国的一个托管或者依属的领土被统治。波多黎各人多数是混血人——欧洲人与非洲种族人口的混合，同时也有大量白人和黑人。一开始，波多黎各人主要聚居在迈阿密和纽约，第二次世界大战后，劳动力短缺使芝加哥、费城成为波多黎各人新的定居点。与其他种族群体一样，波多黎各人常常定居在中心城区中较老的邻里。因为大部分是黑人，一些人在就业和住房方面面临歧视；事实上，波多黎各人与非洲裔美国人在贫困、事业和家庭破裂等许多方面的程度上处于并排位次。

（7）华人聚居区

华人在美国集中在大都市地区以及太平洋沿岸的州，其中较著名的聚居区包括纽约皇后区的法拉盛（Flushing）、洛杉矶的蒙特利公园（Monterey Park）、旧金山湾区的奥克兰（Oakland）等。纽约的华人主要居住在唐人街和其他华人社区。由于美国的排华政策以及对华歧视，唐人街和其他的华人社区形成长期由自己的首领管理的模式，使美国的唐人街成为高度自我封闭的社区。以前的唐人区是藏污纳垢的地方，随着不断发展，唐人区改变了以前的面貌，比如纽约的唐人街，逐渐成为旅游观光和餐饮服务聚集的地区。华人在整个美国的收入水平和教育水平总体来说是比较高的，但是唐人街的华人收入与教育水平却较低。

2. 欧洲城市的种族聚居区

（1）英国城市的少数种族聚居

在英国，南亚人和加勒比人是两个少数种族。平奇（C. Peach）研究发现，第二次世界大战后来到英国的各少数种族面对的不都是类似的种族歧视问题，但他们在房屋所有权和居住区位上有显著的分异[36]。"印度人多数是白领，居住在郊区，住房为半独立式的私有住房；巴基斯坦人和孟加拉人则多数是蓝领，居住在内城区，住房为联排式的私有住房；加勒比人同样也以蓝领阶层和总是居住在政府兴建的简易住房中为特征，但是他们比孟加拉人的隔离程度低得多，并且表现出明确的分散趋势"。

虽然种族歧视是造成少数种族隔离而群聚的重要原因，但种族文化价值观念也会对结婚年龄、家庭规模、家庭结构和妇女独立程度等产生强烈影响，这些因素反过来又影响到房屋占有权和居住区位。例如，加勒比黑人社会以母权制、同居和走婚为特征，他们大量集中在社会化住房或不受欢迎的高层公寓中。而印度、巴基斯坦和孟加拉人，以父权制核心家庭为特征，同时有向复合式大家庭发展的强烈趋势，群聚特征更为明显。

（2）欧洲大陆城市的移民聚居区

第二次世界大战后，伴随着欧洲经济的发展，成千上万的移民涌入欧洲城市，移民的群聚现象逐渐显现。在1970年代，这类外籍劳工在联邦德国有近200万人，法国超过150万人，瑞士50万人，比利时和瑞典大约有50万人。在这些国家，由于城市中本土居民向上的社会流动性和地理流动性，造成内城地区劳动力流失，移民正好填补了内城的低报酬、低技术和服务性的工作岗位，许多大城市的内城成为大量移民的聚居地。由于外籍移民在劳动力市场和住房市场上都处于较低的地位，所以他们一般都选择在工厂宿舍、移民旅馆、棚户区以及内城的廉价公寓地区居住。逐渐地，他们也开始迁入本土居民所遗留下来靠近服务业和制造业的内城地区。在某些城市，由于外籍工人参与公共住房项目的分配，在空间上形成外国人集中居住在城市边缘破旧公共住房地区的现象，如法国的里昂和马赛。

3. 中国城市的外国籍移民社区

外国籍移民社区和中国国内移民社区虽然都属于移民聚居区，但是两者存在一定的差别。与中国国内移民社区相比，外籍移民社区由于语言交流障碍、文化差异等原因，具有一定的封闭性。进入新世纪，伴随全球化进程的深入推进，跨国社会、经济与文化交流正以史无前例的幅度推进。而在"跨国商贸主义"推进下，相对应的跨国移民区正大量出现，这类新社会空间具有以下基本特征：它既是一种典型的全球化空间，亦是各类人群尤其是"跨国阶层"反刍和消费自身文化、历史及分享信息的重要场所；同时，因其"底层全球化"特征（相对于跨国公司及其经理人、白领阶层的"正规化"），此类社会空间的生产常常具有非正规性，尤其在发展中国家的"跨国阶层"中体现得最为明显：缺乏稳定性、随机性强、经济效率低等[5, 37]。

具体的外籍移民社区又存在差别，本节仅以北京望京韩国城和广州黑人社区为例，初步分析和总结外国籍移民社区的特征。

（1）北京望京韩国城

1）社区内居民结构复杂，身份各异。

2）具有明显的开放性特征。首先，韩国城内的韩国人认为自己是"在北京发展事业的韩国人，在北京只是暂居"；其次，韩国人通过人际关系网络和互动主体的延伸，扩展其社会空间并来往于其间，使得其社区开放性加强。

3）"韩国城"这一支持移民日常生活及事业发展的社会性空间尚在生成当中。

4）尽管没有明显的地域边界，但这一社会空间却承担着未来应由城市公共空间来满足移民的各种日常生活需要的功能。

（2）广州黑人社区

在黑人聚集社区中，虽然外国人具有紧密的社会支持网络，但是该网络具有规模小、紧密度高、同质性强、网络资源质量和含量不高等特点[5, 6]。黑人聚集社区的个体社会网络特征导致他们与城市中其他人接触困难，难以融入社区和城市社会。黑人聚集社区体现出封闭性、独立性和排外性的特征。以广州小北路黑人聚居区为例，具体说明黑人社区的类型特征。

1）社区内男性居多，比重较大。广州黑人聚居区与西方的同类族裔聚居区存在诸多差异，小北路黑人区因全球化下新的"自下而上"的跨国经济联系而生，因广州城市的商贸文化、宗教历史和贸易网络而兴，其跨国移民多为来自西非地区的族裔散居者（漂泊），以男性居多，以短期停留为主。

2）小北路黑人居民具有流动性和多样性特征。他们来自不同国家和地区，经营商品多种多样，社会构成差别巨大。黑人主要分为"行商"和"坐贾"两类①，在数量上以前者为主；他们通过在专业市场的商品采购行为与本地市场、社会和政府产生联系，且后者联系更为紧密。

---

① 行商、坐贾：行走的商人和坐着的商人，分别指流动的商人和有固定商铺的商人。

3）广州黑人聚居区的形成与社会排斥机制相联系，主要体现为黑人的主动聚居与被动隔离并存。一方面，为强化社会联系，黑人主动选择聚居，方便联系，分享信息；另一方面，本地居民、商人和物业管理者已开始采取措施，或搬离该地、或限制黑人入住，使得黑人被动隔离现象明显。因此，小北路黑人聚居区的出现使得中国城市的社会空间分异增加了一个新的维度：种族。

4）广州黑人聚居区作为一种典型的"族裔经济区"出现，其经济形态已经开始向"聚居区族裔经济"发展。这一新社会区的出现表明全球化正为中国城市创造源自"草根"力量的空间重构，一种"自下而上"的全球化进程正在中国出现。

10.2.2 成因机制

1. 历史原因

跨国人口迁移是一个长期的历史现象，近现代历史上大规模的跨国移民潮大致上可以划分为四个阶段：第一阶段为重商主义时代的跨国移民（1500—1800年），主要标志是欧洲殖民主义主导下的海外移民；第二阶段为工业化时代的跨国移民（1800—1950年），主要标志仍是欧洲主导的海外移民；第三阶段为后工业化时代的移民（1960—1970年代末），标志是发展中国家的人口向发达国家迁移，移民输入国的数量和范围迅速扩大；第四阶段为全球化时代的移民（1980年至今），而且仍在日益蓬勃发展中[4]。同时，跨国移民社区不是短时间内形成的，它是一个历史积累的结果，累积的因果关系使移民的社会结构发生了变迁，即导致了在迁入地某一移民社区的形成，这种移民社区是吸引未来移民的强大磁场，并且为某一"移民种族飞地"的产生播下了种子。

2. 种族关系状况

西方国家移民聚居区多为缘聚型聚居区[38]，但是它们的生成与封闭的二元社会结构无关，而同西方国家普遍存在的少数民族歧视和种族矛盾有着直接的联系。那些流入城市的外来移民和黑人移民，一方面推动了地区的工业化和城市化进程，另一方面却不得不承受当地主流文化固有的歧视和排斥（包括政策、经济、社会和文化等许多方面），而在很大程度上依托于聚居区求得自身的生存和发展，并在空间上逐渐形成了隔离化的居住模式。

如美国的黑人聚居区，种族关系是其跨国移民社区形成的重要影响因素。美国黑人聚居区的形成，既有政治上的种族歧视政策因素，也有白人根深蒂固的传统思想观念影响，还有经济上的原因[39]。

（1）种族歧视

20世纪初至20世纪30年代，由于美国北方的劳动力奇缺，以及南方农业经济的衰弱，大批黑人涌入北方大城市，除了寻求工作外，遇到的首要问题就是居住问题。黑人在城市人口中的数量增加，以及能够接纳黑人的居住区越来越少，导致黑人聚居区的形成；而造成黑人在一般的住区中被驱逐而逐渐形成封闭隔离的黑人居住区的根本原因就是美国的种族歧视。白人对黑人采取暴力手段将他们驱逐出一般的住区，而没有法律保护的黑人只能搬出社区。白人种族主义者采取一些"合法"的隐蔽方法，如：成立社区组织以防止黑人搬入，以维护种族界线；他们用罢买来威胁将房子卖给黑人的房地产商，其最重要的手段就是用"限制住宅契约"来约束房地产商，要求其必须声明，不向黑人出售或租借房产，若房地产商违反该契约，就会被起诉。

（2）种族歧视政策

若说文化和社会关系上的种族歧视是促成黑人聚居区的第一只手，那么美国的种族歧视政策不仅是第二只手，还是更有力的一只手，它使得美国黑人在法律维护、社会保障等基本生活支持上得不到保护。在造成第二次世界大战后黑人聚居区环境恶化的问题上，美国政府的责任不可推卸，主要表现在两个方面：一是政府资助的一些相关住房项目，明显带有种族歧视倾向；二是"城市更新运动"不仅没有解决黑人的居住问题，而且使之更加恶化。

1933年，美国政府成立"房主贷款公司"以保障城市居民得到合理的住房贷款。贷款发放上，联邦住房署和联邦退伍军人署沿袭"房主贷款公司"将住宅区分为四类的做法，根据不同类别的住宅区决定贷款的发放额度。黑人聚居区被划为第四类住宅区，为红色区，是"危险地带"，基本上得不到贷款；由于联邦住房署关于住宅区等级划分的权威性，也影响了私人贷款的流向，使得城市黑人聚居区的房地产市场萧条，促使贫困和犯罪的聚集。

从1940年代末开始，在美国城市中出现了"城市更新运动"。"城市更新运动"就意味着让"黑人搬家"。原因是，由于黑人聚居区大多靠近市中心的商业区，有良好的地理位置，吸引了开发商在这些地区进行商业用途的开发，而不是改造成穷人尤其是黑人贫民能够负担得起的住宅，此举使得大批居民失去住房。由于白人不愿意甚至不准许黑人入住白人社区，黑人只有迁到远离中心商业区的黑人聚居区去。

（3）黑人内部阶层分化

随着美国郊区的不断发展，黑人中产阶级的迁出，也是内城黑人聚居区环境日趋恶化的原因所在。从1970年代开始，黑人中产阶级开始迁往郊区，尽管他们很难迁入白人社区，郊区化率也低于其他少数族裔，但他们中的一部分人还是离开了内城黑人聚居区，使得黑人聚居区内的阶级成分趋于单一化，成为所谓的"社会底层阶级（Underclass）的家园"。由于黑人内部出现阶级分化，居住在郊区的黑人中产阶级开始在自己生活的社区阻挡黑人贫民入住。例如，在亚特兰大市郊区的迪卡尔布县，黑人人口占46%，白人占45%，拉丁裔和亚裔为9%。在这样一个黑人占多数的地区，1999年曾经出现过黑人反对在其社区内修建公共交通设施（地铁），原因是如果通了地铁，没有汽车的穷人就会蜂拥而至；此后还出现过抗议修建低标准住房和汽车旅馆的活动。这个例子说明，阶级因素在黑人聚居区发展中也开始起作用。

3. 经济因素

世界范围内的先进国家主要集中在欧美地区，发达的经济、完备的公共服务体制是吸引跨国移民进入的主要因素。进入新世纪，发展中国家发展迅速，扩大了这类国家在世界范围内的影响力。特别是中国的大城市迅速兴起，随着中国政治、经济、文化全面融入全球化进程，"追寻中国梦"正成为当代国际"移民潮"的一大强音，色彩斑斓的"全球化"城市空间正在中国各大城市出现。如北京望京的"韩国城"、上海浦东的"国际社区"、广州小北路的黑人社区等，全球化正在为中国城市带来新的社会空间。这些全外籍人口聚居区主要出现在北京、上海、广州等大城市，其形成原因具有共同之处。下面以广州为例进行分析。

1）经济较为发达，这是吸引外籍人口的重要动因。改革开放后，中国的经济体制由计划经济转为市场经济，市场经济首先在广州等沿海城市发展起来。市场经济的特点之一就是开放性，开放的市场必然包含技术、人口、生产等各领域在各地区的自由流动。广州自1992年开始，综合经济实力跃居全国第三位，自"九五"以来广州经济发展迅速。广州具有的广阔的市场、政府优惠的对外政策对外籍人口形成了巨大的吸引力。

2）发达的交通网络。如广州的国际机场、港口、高速公路等基础设施使其拥有了较发达的交通网络，这为外籍人口出入广州提供了方便，同时也为外商在广州从商提供了便捷的条件。

3）从广州外籍人口构成来看，广州外籍人口以非洲、中东以及韩国等东亚国家人口为主。非洲等地由于经济比较落后，加之广州在国际上的影响力不断增强，广州和非洲各国在生活水平上形成差距，非洲人士为了获得更好的发展空间，为了追求更好的生活质量，不远千里来到广州，以求达到劳动力价格与国内的最大平衡。而对于欧美、韩日等较为发达国家的人士来说，更多的是来从商。此外，随着发达地区的产业转移，韩国、日本等外向型经济的固有特点都一定程度上促进了这些国家或地区的人口进入广州。

10.2.3 问题与治理对策

目前，由于发达国家的人口出生率低而跨国移民增多，新移民日益成为这些国家人口增长的主要来源。1990年至1995年，发达国家的人口增长有一半来自新移民，2000年至2005年竟然高达3/4。可以说，现在发达国家的几乎所有人口增长都来自新移民。新移民在语言、文化、宗教背景和生活习惯上对国家主体文化形成强大冲击，引发政府和民众的强烈忧虑，特别是移民在空间上的聚居使社会隔离在空间上形成确定的、难以突破的场所（移民社区），使社会融合难度加大。

1.跨国移民社区的主要问题

1）种族隔离和移民社区边缘化。贫困移民聚居区历来多位于城市最为贫穷的区域，以拉美、非洲等国家的底层群体为主的跨国移民，易在城市中心区形成"贫民窟"。这些地方是单一的少数族裔聚居区，比较封闭，高密度的聚居区引发了卫生问题，环境也因此过于拥挤。由于贫困和语言、文化、宗教背景及生活习惯上的差异，移民会由于文化或是信仰上的原因选择把自己封闭起来，贫困移民被所在国家和城市主流群体边缘化，并产生负效应，包括失业和贫困问题严重、居民保障和福利不健全、犯罪率上扬、公共基础设施不足等。

2）城市维护操作主体的多元化。维护操作主体的薄弱和低效导致不同阶层聚居区差距越来越大。西方发达国家在最初的整合实践中，有许多环节（诸如水电气的供应、公共低租住宅的建造、社区的治安和社区文化生活的改良）都是由一些经济利益驱动下的私人公司和效率低下、力量薄弱的民间组织及公益性实体进行操作的，由于私人组织的影响力小，且其力量受当地经济发展水平影响大，导致实际效果并不理想，不同阶层聚居区差距逐渐拉大。

2.西方国家主要的治理对策

为了解决以上问题，自19世纪下半叶起，英、美、德等国均为此制定了一系列的整合措施和改造策略，并先后通过不同阶段的实践取得了不少令人瞩目的成果。从西方社区治理的发展模式上来看，主要包括三种主导类型：政府发起模式、混合治理模式、社区自治模式[40]。

（1）政府发起模式——中心城区复苏计划及社区改造

"二战"之后，伴随着许多国家的城市人口（主要为中高收入以上阶层）纷纷外迁至周边的郊区、小城镇或是远郊农村，中心城区出现了社会和经济严重衰退的迹象。在这种情况下，贫民窟的整合就不再是农民工住宅区或是外来移民社区本身孤立的问题了，而更多的是被各国纳入了范围更广的中心城区（或内城）的复苏计划之中。中心城区复苏计划中，强调对种族社区的综合治理，而不是简单的住房修复，包括从物质形态空间方面对贫民窟进行改造（清理破旧危房、建设廉价公房、改进公共基础设施）、增加投资和创造就业机会、财政补贴、成立合作组织、建立工业改善区和企业区、提供移民教育和培训项目、消除种族歧视、完善居民的社会保障体系、增强社区的凝聚力等。同时，强调政府、开发商和社区组织联手，是社区改造取得成功的重要举措之一；非营利性组织是社区改造的主要力量；倡导居住区内种族和阶级融合，是打破黑人聚居区封闭状况的关键所在。

20世纪60年代开始，美国政府采取一系列政策试图解决城市贫民区问题，但结果是黑人聚居区的"墙"变得越来越厚，情况越来越糟。其原因就是黑人聚居区的成因是多方面的，单靠住房改造不能解决问题。黑人自己也曾试图解决聚居区的问题，但在影响力和资金的制约下，其结果也可想而知。20世纪70年代至90年代，在原有的基础上，一项新的社区改造计划在全美开展，收到了较好的效果，包括芝加哥的北朗代尔社区、纽约的哈莱姆129街区和亚特兰大的东湖社区[39]。以上三个社区成功改造的经验如下。

1）多方合作

政府、开发商和社区组织联手，是以上三个社区改造取得成功的重要原因之一。东湖社区起初的动机是想恢复东湖的高尔夫球场，后来逐步发展到用高尔夫球场的复兴带动周围社区的发展。这个计划得到了地方当局在推倒重建公房上的支持，"公私合营"组织对资金的支持，所以社区改造得以展开。重建后的542套住房，其中一半为公房，提供给低收入者；另一半推向市场，按市场价出售或出租。这种"公私合营"的模式为黑人聚居区尤其是公房的改造提供了范例，使得亚特兰大住房署在美国大城市公房改造中成为典范。哈莱姆129街区的改造方案略有不同。从1994年起，在纽约市长朱利安尼的建议下，开始将"市产"房屋以优惠价卖给私人，或批给开发商修复、管理到最后拥有，这样，市政府卸掉了维修的负担，同时也可使整个街区得到改造。

2）强调社区的综合治理

在社区改造中，单纯强调"地方"（环境）或"人"（个人资助）都是失败的，只有两者的结合才是解决黑人聚居区问题的有效途径。东湖社区改造的全过程中，在社区组织"东湖社区基金会"的具体组织下，开展了三个方面的工作：一是注重教育事业。针对社区儿童的教育需求，开设了一所特许学校，学生中有75%是社区居民的子弟，其中99%为黑人，而且基本上是低收入家庭的孩子。同时，建立东湖少年高尔夫学校，通过培训，培养孩子的刻苦、融合和自律精神。高尔夫俱乐部在社区内招募年轻人做球童，并为他们中的优秀者提供大学奖学金。二是针对社区内成年人失业率高、依靠救济生活的人多的情况，创立了成人教育和工作培训项目，要求社区内无工作的居民参加"自足"项目。该项目着重点在教育、生活技能培养和工作培训上。三是在不同种族和不同收入的家庭之间建立健康的邻里关系。社区内设立"住房奖金"，以吸引按市场价购房的居民，尤其是中产阶级人士，这些家庭有义务发起和参加社区活动。社区内由专职人员督促社区活动，增进不同收入家庭之间的联系。

3）发挥非营利性社区组织（NGO）的重要作用

非营利组织通过与政府和私人基金会等合作，改造内城，为低收入家庭修造房屋、商业用房、写字楼和工业园等，创造就业机会。东湖社区基金会也是类似的组织,是社区改造的主要力量,它的资金来源是高尔夫俱乐部会员单位的捐赠和俱乐部的部分收益。

4)提倡居住区内种族和阶层的融合

东湖社区在改造之前社区居民全部为黑人,改造后黑人占90%,白人占10%,尽管种族构成变化不大,但毕竟向种族融合迈开了第一步。亚特兰大的公房住户中黑人占96%,而东湖社区新舍的50%为公房,其余50%通过市场出售或出租,但由于东湖社区为传统的黑人居住区,造成目前白人居民仅占10%。社区领导人有信心在未来改变社区居民的种族构成,社区居民将变得更具多样性。此外,就是通过各种途径招徕中产阶级住户,在这方面东湖、哈莱姆等社区已经开始行动,收到了一定的成效。中产阶级人士回归城市中心区居住,也有他们的实际考虑,如房价相对便宜、节省交通时间等。

(2)混合治理模式——建设"混居"社区

"混居"在邻里层面可以形成相互补益的居住区,尤其对于低收入居民和移民群体来说,可以在高收入阶层的帮助下,获得就业机会;可以受高收入阶层的榜样作用,改变自身不良的行为。这些将使低收入居民和移民群体不至于被排斥在城市主流社会生活之外,所以这是一种理想化的城市和谐社会。这种从局部地域上封闭到大尺度混合的转换在时间和空间上同时发生着,正是这种转换营造了一个更为和谐而不是加剧分化的移民群体。同时,混居作为居住隔离的重要手段已被议论了多年,"大混居、小聚居"形式基本成为学术界较为公认的形式,同时也认为,差距大的两个阶层或种族在相邻地区聚居会因文化背景、生活习惯的巨大差异而引发更强烈的社会排斥,产生更严重的社会问题。所以,要正确看待混居的规模、形式和阶层,考虑以中产阶层作为阶层混合的黏合剂,使社会流动产生过渡性阶段。

(3)社区自治模式——建设有"自我维持能力"的移民社区

对于在内城居住的移民,传统街巷网格引发的活动集聚和分层,为形成具有很强自我维持能力的移民社区创造了机会,这些移民社区随后便能在城市主要街道上发展,从而开始与本地居民融合。移民聚居区位于城市经济中心的边缘,而不是一个偏远的、空间阻隔严重的区域。相关研究发现,移民在完成聚居初始阶段后,通过成功地与当地经济整合而进入分散的过程(Carter & Lewis,1983)。这说明移民聚居区靠近城市经济中心而与经济中心进行沟通的能力,结合支撑网络,为那些生活在所谓"飞地"的人们从事经济活动,并最终在经济上流动提供了基础[41]。

3. 中国城市的治理对策

随着中国经济的发展,中国国内的外籍人口呈快速增长趋势,外国籍移民社区也在增加。为促进移民的社会融合,使他们融入城市中,相应的措施得到实施。

例如在广州，针对黑人聚集社区，其个体社会网络特征导致他们与城市中其他人接触困难，难以融入社区和城市社会，所以需要多方面的治理对策加以应对。首先在社会层面，一方面尽量避免外国人在某些社区"族群聚居化"，也不要因为某一族群的某些资源的不足而让他们与当地社会割裂。另一方面，帮助增加和提高外国人社会资本的含量和质量，拓展其社会支持网络。外国人融入当地城市生活的过程也是其社会资本重构和社会网络重构的过程，这也不仅仅是外国人主观的单方面问题，而是他们与城市社会、与市民双向互动和接受的过程。因此，在社区层面，鼓励社区内外国人积极参加社区实践，是其建立和增加社会资本和融入主流社会的有效途径。与此同时，鼓励社区居民主动与外国人交往，为有困难的外国人提供帮助，以此改善居民的社会文化生活、为居民提供教育和培训项目、消除种族歧视、完善居民的社会保障体系等，提高移民的社会认同度，促进移民的社会融入。

其次，对移民社区的管理问题，要求管理者超越"属地化管理"思维，积极管控、引导和规划此类新社会空间。第一，在制度方面，非裔商人的流动性极大，因而对其管理无法套用原有外来人口管理体制，须进行体制创新，尤其需要各部门协作管理。第二，对跨国移民进行"围""堵"的旧思路已在各国实践中证明行不通，因势利导才是出路。例如，与非裔社团合作，把握准确信息，推动高效管理。第三，类族裔聚居区完全可以打造为旅游目的地，进而成为城市新的人文名片。第四，在目前中央高层不断到访非洲各国、中非联系的历史意义越来越突出的大背景下，充分利用地方空间，将非裔经济区发展营造为连接中非友谊的重要"桥梁"或示范区，将别具战略意义。总之，大城市跨国移民聚居下的新社会空间的出现，标志着中国"深度全球化"时代的到来，地方政府所面临的机遇与挑战并存。

推荐阅读资料

1. 保罗·诺克斯，史蒂文·平奇. 城市社会地理学导论 [M]. 柴彦威，等，译. 北京：商务印书馆，2005.
2. 顾朝林. 人文地理学导论 [M]. 北京：科学出版社，2012.
3. 理查德·P. 格林，詹姆斯·B. 皮克. 城市地理学 [M]. 中国地理学会城市地理专业委员会，译. 北京：商务印书馆，2011.
4. 李志刚，顾超林. 中国城市社会空间结构转型 [M]. 南京：东南大学出版社，2011.
5. 雷开春. 城市新移民的社会认同 [M]. 上海：上海社会科学院出版社，2011.
6. 黄怡. 城市社会分层与居住隔离 [M]. 上海：同济大学出版社，2006.

7. 马克·戈特迪纳，雷·哈奇森. 新城市社会学 [M]. 黄怡，译. 上海：上海译文出版社，2018.

8. LO L，ZHUANG Z C，严宁. 移民、社区与城市规划 [J]. 国外城市规划，2005（2）：11-15.

9. 吴晓，吴明伟. 国内外流动人口聚居区之比较 [J]. 规划师，2003（12）：96-101.

10. 李志刚 杜枫."跨国商贸主义"下的城市新社会空间生产：对广州非裔经济区的实证 [J]. 城市规划，2012（8）：25-31.

思考题

1. 如何理解移民的含义。
2. 论述移民聚居的空间模式与形成机制。
3. 分析中国国内移民社区和中国范围内的跨国移民社区之间的差别，并论述中国范围内的跨国移民社区改造的经验与借鉴意义。
4. 跨国移民社区的种类及其特征。
5. 跨国移民社区的主要问题。
6. 如何认知移民社区的特征和政策指向，尤其是国内移民，是城镇化的重要部分。

本章参考文献

[1] 毛园芳. 移民社会学研究对象探讨 [J]. 人民论坛，2010（17）：210-211.

[2] 项飚. 跨越边界的社区：北京"浙江村"的生活史 [M]. 北京：生活·读书·新知三联书店，2000.

[3] 千庆兰，陈颖彪. 我国大城市流动人口聚居区初步研究：以北京"浙江村"和广州石牌地区为例 [J]. 城市规划，2003，27（11）：60-64.

[4] 吴晓."边缘社区"探察：我国流动人口聚居区的现状特征透析 [J]. 城市规划，2003，27（7）：40-45.

[5] 李志刚，薛德升，LYONS M，等. 广州小北路黑人聚居区社会空间分析 [J]. 地理学报，2008（63）：207-218.

[6] 李志刚，薛德升，等. 全球化下"跨国移民社会空间"的地方响应：以广州小北黑人区为例 [J]. 地理研究，2009（4）：920-932.

[7] 魏立华，阎小培. 中国经济发达地区城市非正式移民聚居区："城中村"的形成与演进：以珠江三角洲诸城市为例 [J]. 管理世界，2005（8）：48-57.

[8] 罗仁朝，王德. 上海流动人口聚居区类型及其特征研究[J]. 城市规划，2009（2）：31-37.

[9] LIU Y, LI Z, LIU Y, et al. Growth of rural migrant enclaves in Guangzhou, China: agency, everyday practice and social mobility[J]. Urban studies, 2015, 52（16）：3086-3105.

[10] 李凤梅. 拉美贫民窟问题分析及其警示[J]. 人民论坛，2014（11）：244-246.

[11] ARIMAH B C, City Monitoring Branch. Slums as expressions of social exclusion: explaining the prevalence of slums in African countries[M]. Nairobi: UN-Habitat, 2011.

[12] TUROK I, BOREL-SALADIN, J. The theory and reality of urban slums: pathways-out-of-poverty or cul-de-sacs?[J]. Urban studies, 2018（55）：767-789.

[13] 杜悦. 巴西治理贫民窟的基本做法[J]. 拉丁美洲研究，2008（1）：59-62，71.

[14] 顾朝林. 改革开放以来中国城市化与经济社会发展关系研究[J]. 人文地理，2004，19（2）：1-5.

[15] 白南生，李靖. 城市化与中国农村劳动力流动问题研究[J]. 中国人口科学，2008（4）：2-10.

[16] 李郇. 中国城市化滞后的经济因素[J]. 地理研究，2005，24（3）：421-431.

[17] 姚华松，许学强，薛德升. 广州流动人口空间分布变化特征及原因分析[J]. 经济地理，2010，30（1）：40-46.

[18] 曹广忠，刘涛，缪杨兵. 北京城市边缘区非农产业活动特征与形成机制[J]. 地理研究，2009，28（5）：1352-1364.

[19] 祁新华，程煜，陈烈，等. 大城市边缘区人居环境系统演变规律[J]. 地理研究，2008，27（2）：421-430.

[20] 周大鸣，高崇. 城乡结合部社区的研究[J]. 社会学研究，2001（4）：99-108.

[21] 吴维平，王汉生. 寄居大都市：京沪两地流动人口住房现状分析[J]. 社会学研究，2002（3）：92-110.

[22] 李培林，李炜. 农民工在中国转型中的经济地位和社会态度[J]. 社会学研究，2007，3（11）：61-70.

[23] 李强，唐壮. 城市农民工与城市中的非正规就业[J]. 社会学研究，2002（6）：13-25.

[24] LIU Y, ZHANG F, WU F, et al. The subjective wellbeing of migrants in Guangzhou, China: the impacts of the social and physical environment[J]. Cities, 2017（60）：333-342.

[25] 刘梦琴. 石牌流动人口聚居区研究：兼与北京"浙江村"比较[J]. 市场与人口分析，2000（5）：41-46.

[26] LIU Y, LI Z, BREITUNG W. The social networks of new-generation migrants in China's urbanized villages: a case study of Guangzhou[J]. Habitat international, 2012, 36（1）：192-200.

[27] FAY, M. The urban poor in Latin America[M]. Washington D.C.: World Bank Publications, 2005.

[28] 谭炳才. 巴西"贫民窟"现象的启示[J]. 广东经济，2008（2）：41-43.

[29] 韩俊，崔传义，赵阳. 巴西城市化过程中贫民窟问题及对我国的启示[J]. 中国发展观察，2005（6）：4-6.

[30] 黄杉，葛丹东，华晨. 城市移民社区与城市发展的协调：杭州东部城中村规划改造策略[J]. 浙

江大学学报（理学版），2009，36（1）：103-108.

[31] 费昭珣. 东南亚四国城市问题与分析[J]. 城市问题，2000（2）：5，56-58.

[32] 杜凤姣，宁越敏. 拉美地区的城市化、城市问题及治理经验[J]. 中国城市研究，2013（8）：13-21.

[33] 高建. 国外贫民窟改造及其住房保障研究[J]. 华商，2008（4）：46-62.

[34] 高祖贵，姚琨. 国际移民问题概况、影响及管理[J]. 国际资料信息，2007（8）：22-25.

[35] 顾朝林. 人文地理学导论[M]. 北京：科学出版社，2012.

[36] PEACH C. Good segregation, bad segregation[J]. Planning perspectives, 1996, 11（4）：379-398.

[37] 马晓燕. 世界城市建设中移民聚居区的出现及其特征体现：基于北京市望京"韩国城"的调研[J]. 北京工业大学学报（社会科学版），2011，11（6）：8-11.

[38] 刘莹. 移民网络与侨乡跨国移民分析：以青田人移民欧洲为例[J]. 华侨华人历史研究，2009（2）：27-35.

[39] 姬虹. 美国城市黑人聚居区的形成、现状及治理[J]. 世界民族，2001（6）：44-52.

[40] 蔡禾. 城市社会学讲义[M]. 北京：人民出版社，2011.

[41] 劳拉·沃恩，陈宇琳. 城市环境中物质隔离与社会边缘化的关系[J]. 世界建筑，2005（11）：46-50.

第 11 章

城市文化空间

城市不仅是人类文明的物质与社会表现，更是生产文化意义、文化认同与文化实践的"机器"。现代都市生活与文化的关系是什么？自20世纪初以来，许多城市研究的巨擘与大师都对这个问题进行了系统的探讨。在路易斯·芒福德（Lewis Mumford）的笔下，中世纪城市与巴洛克城市是人类文化的自然表达，是文明与创造力的集中体现；而工业革命之后的现代都市，则是一个经济学逻辑与交换价值凌驾于文化与创造力之上，从而令人性疏离的场域[1]。简·雅各布斯（Jane Jacobs）广为流传的《美国大城市的死与生》亦是对现代主义下的都市营造与城市规划的批判，在她看来，理性主义下的城市规划与功能分区缩减了都市居民自发"邂逅"与互动的可能性，扼杀了有机、充满活力的城市空间与社区[2]。

然而，随着后工业化时代的到来以及弹性生产方式的兴起，西方的大都市逐渐步入"后现代"社会，而后现代语境下的都市规划，重新将文化与"都市美学"放置在了城市发展与空间营造的核心位置，文化摇身一变，从现代主义规划中挥之不去的"幽灵"转变为城市发展策略中的一个核心维度。可以说，文化与资本的结合，是后现代都市主义的一个核心特征。都市消费所产生的交换价值，往往高度依赖于城市空间被赋予的符号价值。莎伦·佐京（Sharon Zukin）的《城市文化》（The Cultures of Cities）与德波拉·史蒂芬森（Deborah Stevenson）的《城市与城市文化》（Cities and Urban Cultures），对都市文化研究的这一新范式有细致的讨论[3,4]。当然，尽管城市文化在某种程度上是秩序、理性、资本与审美不断协商博弈的产物，普罗大众通过日常生活实践进行的文化表达，亦不断重构了都市的文化脉络与肌理。

本章从日常生活空间、消费空间、文化创意空间以及性别文化空间四个维度出发，对城市文化空间进行概括梳理与总结。当然，城市文化空间的类型绝不仅仅局限在这四种，本章之所以选择这四个维度进行梳理，仅仅是基于现有文献丰富程度的考量。

11.1　日常生活空间

11.1.1　日常生活世界的回归

我们的生活很大部分是由平庸、琐碎的惯例和地方所构成的。日常生活是个人存在最为原始和基础的领域，是一种非抽象的、"此时此地"的和"真实"的生活[5]。具体而言，既包括有意识的专门性活动，即工作（学习）、居住、休闲和娱乐，也包括附带性的活动，如社交、闲聊、驻足、漫步和邂逅，以及伴随上述活动的思维观念活动[6]。

西方的工业化和现代化进程虽然打破了传统日常生活的封闭和自在结构，但同时也带来了日常生活的异化、消费主义、单向度的人等消极后果；在传统哲学理论之中，日常生活也一直被当作"非哲学的"和"非真理的"存在，沦为周而复始、平庸无常的沉重的日常生计[7]。从 1930 年代开始，对日常生活的反思首先发端于哲学界。为了应对实证主义思潮导致的片面的理性和客观性对人的统治，胡塞尔（Edmund Husserl）开出了"生活世界"（Life-World）的药方，呼吁必须回归日常生活世界[8]。海德格尔（Martin Heidegger）创建了存在论，主张"诗意地栖居"，力图把日常生活从程序化、理性化的世界中摆脱出来，重新赋予意义[9]。赫勒（Heller Ágnes）在《日常生活》一书中提出了系统的日常生活理论范式，认为日常生活是"个体再生产要素的集合"，并构成了社会再生产的基础[10]。列斐伏尔（Henri Lefebvre）认为日常不只是一个"对象"或"地方"，而是各种关系的总体性，在此基础上提出了资本主义条件下日常生活的异化，而要消除这种异化，必须进行日常生活批判[11]。有关城市日常生活空间的讨论，正是置于这种日常生活世界回归的转向的语境之中。

11.1.2　日常生活空间的意义和概念

日常生活空间泛指人们日常生活的各种活动所占据的场所和空间，日常生活的多样性使日常生活空间呈现出丰富多彩的形式：居住空间不限于私人住宅，其范围可以延伸至为市民带来"家"的舒适感和归属感的街区、邻里和社区环境；工作空间是维持个体生存和再生产的劳动活动所占据的各种固定性或流动性职业空间；休闲娱乐空间是满足市民消遣、交往和聚会等特定需求的空间，既包括咖啡馆、酒吧、电影院、游乐场等商业性消费空间，也包括城市街道、广场、公园等开放性空间。可知，日常生活空间是城市公共空间体系的重要组成部分。由于"都市生活最大的特征就是公共空间在生活中的比重增大"[12]。本节将侧重关注作为城市公共空间的日常生活空间，它是都市生活发生的主要场域，构成了城市最大的现象场，生产了丰富多元的社会—空间意义。

在政治方面，古希腊的城市广场（Agora）和古罗马的论坛广场（Forum）上的自由论战孕育了西方民主政治的基因[13]；而在现代主义早期，新兴资产阶级的形成被认为与当时流行于西方的沙龙空间和咖啡馆等密不可分，在共享的日常生活空间中，社会群体通过交往互动与信息交换形成了身份共同体，并以此来协商国家权力[14]；此外，一个公有的社会空间是达成理解和共识的前提，进而产生了公共话语和集体行动[15]。在社会文化方面，日常生活的公共空间中处处都有与"他者"邂逅和碰撞的可能，不同社会群体之间的交流不仅增加了对文化差异的认可和尊重，还蕴含了建构新的社会关系和文化意义的潜力[16]；同时，"他者"的存在也成为重塑"我者"身份和文化认同的重要维度[17]；具有"公开度"和"可见度"的日常生活的公共空间还是社会成员表达和展演其身份认同与文化合法的重要场域[18]。日常生活远非是单调和平庸的，由交往、互动、邂逅、展演等栩栩如生的日常生活实践所构成的日常生活空间是一个充满关系、意义和认同的实实在在的社会–空间体系[19]。

11.1.3　日常生活空间的社会建构

波德莱尔（Charles Baudelaire）和本雅明（Walter Benjamin）的都市研究被认为是日常生活空间研究的起源[20, 21]。他们笔下的"漫游者"（Flaneur）穿越拱廊街，悠然自得地观察着都市现代性，重绘城市的认知地图，他们观察城市空间的方式正是在漫步中通过身体和空间的互动来实现的。芒福德和雅各布斯从人本主义视角来认识城市的日常生活空间。芒福德提出了著名的"城市是社会生活的剧场"的论述，"城市戏剧"（Urban Drama）是由各种群体活动的汇集和强化而产生的[22]。雅各布斯深刻批判了美国二战后大规模城市建设暴露的弊端，她在《美国大城市的死与生》一书中以社会学的视角关注人群对人行道或街区等日常生活空间的多样性使用，提出这些永不停顿且充满即兴创作的"街头芭蕾"是城市活力的源泉[2]。

1970年代以来，西方社会学领域出现了"空间转向"，一种将社会因素和城市空间因素相结合的空间的社会建构理论兴起。列斐伏尔[23]的贡献最为突出，他反对把城市空间视为社会过程僵化的物理"容器"，相反，空间是一系列权力关系、社会关系与社会互动的集合，即空间不仅是社会的产物（Products），更是一种社会的生产（Production），呼吁从关心空间中的生产转向空间的生产，也就是说，将对城市空间的研究转向对城市空间形成过程的研究。空间的社会建构强调了空间与社会之间的辩证关系：社会关系、文化意义和身份认同形塑了社会成员的空间实践（Spatial Practices），但是，关系、意义和认同并不是先验的和固定的，而是通过空间实践不断进行建构和重构[24]。这个过程表明，空间实践是刻写空间意义的关键要素，它涉及特定情境中空间组织和使用的具体方式。正如德赛图（Michel de Certeau）[25]所言，"空间是被实践了的场所"（Space is a Practiced Place），空间实践使得各种情境活起来，让社会主体和城市环境产生紧密联系，由此造就了"城市的真实体系"。

日常生活空间作为城市空间的有机构件，其形成必然也是个由动态变化的权力关系、社会关系以及认同展演所定义的"日常生活实践"（Practice of Everyday Life）所激活的空间-社会互动过程[26]。佐京[3]的《城市文化》以微观的社会群体的日常生活实践和社会交往为切入点，探讨了公园、广场、博物馆、跳蚤市场等现代城市空间的文化意义。由此，日常生活空间成为现实的城市社会生活中充满意义和不可或缺的重要元素。

11.1.4 代表性的日常生活空间

1. 茶馆、戏院和电影院

茶馆、戏院和电影院是在19世纪末、20世纪初兴起于中国城市的休闲空间，它们处于当时草根大众日常生活的中心，是中国城市社会从传统向近现代转型的缩影。以王笛[27]有关成都下层公共空间的研究为例，当地茶馆是社会精英、普通民众、商贩、艺人、苦力等不同群体进行会友、交易、卖艺、协商和议政的重要场所，有助于新兴市民身份的建构；社会精英还通过对茶馆的环境卫生、公共秩序、表演曲目等实施改良和控制，践行了自身对西方文明的想象蓝图。在近现代戏院、电影院中，高度仪式化的观影实践展演了社会大众对新型生活方式和外来流行文化的认同；男女同座、与陌生异性之间的交流一改传统的性别关系，加速了移风易俗；而在沦陷时期，电影院空间通过特定主题影片和时事新闻的放映实践，以及公开演讲、社会动员等政治实践，把个人身份认同上升至国家和民族认同[28]。茶馆、戏院和电影院作为相对成熟的公共领域，为当时公共生活和集体认同的展演提供了社会舞台，是中国城市早期现代性的重要体现。

2. 居住空间

居住空间是每个人的安身立命之所，是最基本的日常生活空间，是与"家"相关的身份和意义生产的重要来源[29]。就传统居住社区而言，认同和意义很大程度上根植于与邻里进行社会互动的日常生活实践。比如，在上海的里弄中，邻里通过洗漱、淘米、修理、劳作、晒太阳、闲聊、守望相助等过程创造亲密联系，营造出人情味浓厚的家庭感和地域感[30]；在计划经济时代的单位制社区中，合作社和数户共用的厨房等生活空间，还有以小组为形式的共同学习、读报和打扫等生活实践都强调了一种集体性，由此凝聚了基于业缘、地缘的共同情感[31]。居住空间不仅是物理空间，也是精神空间，"家"的边界并不总像里弄和单位制社区那般相对固定，而是通过居民的日常生活实践不断进行建构[32]。正如温哥华岛退休社区中的老年人通过日常碰面时的寒暄、遛狗时的问候、购物时与店员的互动等，使"家"的意义超越私人住宅而延伸到整个社区[33]；在中国鄂尔多斯的康巴什新区，居民也通过茶余饭后的日常休闲，在社区周边的游憩空间也营建了一种"家"的熟悉感和轻松感，并且通过"老家"和"新家"之间的日常往返来建构对新区的功能认同[32]。住房商品化改革以后，城市居住空间的分异成为一种普遍的现象。门禁社区的围墙不仅代表物质空间上的隔离，同时也暗示了不同群体之间日常生活的隔离，表达了中产群体对"我者"与"他者"的身份区分[34]。不过，日常生活实践仍然可以为这种社会封闭性提供突破口。小区内部居民通过外出买菜、购物和休闲等与周边居民接触，促进了相互之间的理解和融合[35]。

3. 公园、广场、街道

新中国成立至改革开放前，市民日常生活的休闲和社交大多局限在特定的单位和社区之内，公园、广场等公共空间在苏联模式的影响下更倾向于是一种仪式性、纪念性空间，往往成为由国家权力主导或经过精心安排的大型公共活动或群众集会的载体[36]。改革开放后的中国城市转型以前所未有的广度和深度重塑城市空间，那些曾经被意识形态话语刻写的公园、广场逐渐蜕变为社会大众日常生活的场域，戏曲、艺术、体育、科技、商贸等文化生活内容日渐丰富。不同社会群体通过自发的、即兴的日常生活实践占据空间，在城市高速现代化的背景下，消解传统的生活方式和文化身份，建构新的关系、意义和认同[37]。近年来，最具规模性、社会话题度最高的休闲文化实践要数以中老年人为主体的"广场舞"。面对社会急剧变化带来的身份认同的焦虑和传统休闲方式的式微，处于传统与现代交汇点的中老年人通过"广场舞"及其衍生的日常教学、组团参赛、社会交往、旅游购物等其他活动，实现了生活方式的再造，并将自我重新嵌入社会，分享发展红利；不仅如此，以"广场舞"为代表的日常生活空间中的公共休闲还被看作是草根社会群体的"战术"，用以抵抗那些滋生于资本主义经济和商品逻辑关系下的休闲消费[38~40]。

城市街道不仅是流通与交通的空间，其本质就是日常生活的一种展现。扬·盖尔（Jan Gehl）在《交往与空间》[41]中描绘道："人们在步行道上徜徉，孩子们在街前玩耍，人们在凳子上休息，迎面相遇的人们互打招呼，邮递员在递送邮件，一些人们在看热闹，熟人们在聊天"，这些都是寻常又鲜活的街头生活。在城市文化日益多元化的背景下，各类亚文化群体也通过生动的身体和文化实践，与街道空间进行互动，展演着特定的身份认同。"涂鸦族"以街道等空间为据点，以喷枪为武器，对墙实施"轰炸"和"打击"。国内对涂鸦的关注多侧重其美术价值，在西方，有关其空间社会意义的讨论已相当丰富：涂鸦被认为有份参与空间的重构，因为它很可能会成为某地的场所标志；更重要的是，借助狂欢式的即兴涂鸦，草根群体在日常生活的公共空间中标识了自我的"在场"，重构了身份认同，以无声的方式反击了施加在他们身上的体制[42, 43]。活跃于城市街头的"游唱族"是国内流动人口大军中的一员。有别于传统仪式化的舞台表演，带有随意性、流动性和非约定性的街头演唱和弹奏已然成为该群体日常生活的一部分，该群体通过草根性的音乐创作和公开展演，大多表达了作为流动人口的异乡情结和身份危机[44]。跑酷和轮滑运动是转型期青少年追求自由、展现自我、张扬个性的街头运动[45]，被视为当代城市"漫步主义"（Flâneurism）的新版本[46]。在寻找理想场所、测试环境和器材、彩排特定动作的前期准备中，和正式地从一个地点到另一个地点的快速运动中，"跑酷族"和"轮滑族"都通过创造性地使用街道，与其建立了一种高度具身化的紧密联系，产生了一种"以身体为中心的空间"（Body-Centric Spaces）；他们还对运动实践的环境产生了好奇感和归属感的涉入，由此赋予了日常生活空间以新的意义[47]。

11.1.5　日常生活世界

1. 社会变迁的透镜与转型期的协商

日常生活是当下都市社会最鲜活的体验，与都市整体的发展进程相伴而生，正如吉登斯指出的，"所有社会系统，无论多么宏大，都体现着日常生活的惯例……惯例反过来又体现着社会系统"[48]。前文表明，我们可以通过茶馆、戏院、电影院等日常生活空间中的实践活动捕捉中国人近现代以来社会交往、娱乐休闲和社会文化活动的变化；改革开放后，草根社会主体又通过公园、广场、街道当中自发的集体活动和即兴的身体展演，产生了新的社会关系和文化认同，响应并协商了中国后改革时代的城市转型。因此，日常生活空间充当了将宏观和微观过程联系起来、将顶部和底部力量联系起来的中介，有助于在快速全球化和城市化的进程中更加具体而深刻地把握地方社会文化的根植性与特殊性[49]。

2. 城市"公共人"与公共文化的形成

中国的经济改革为城市社会生活提供了有限的政治自由化，自发组织的基层休闲、娱乐和社会文化活动相继出现，创造了围绕日常生活空间的集体活动的复兴[38]。正如沙朗·佐京[3]所认为的，公共文化建立在微观的城市日常生活空间和社会交往之上。不同社会群体置身于空间中，以某种方式利用它们，形成了有关公共问题的态度、观点和诉求，也参与了集体身份的展演和重构。在个体层面，社会成员获得了作为现代城市"公共人"的身份认同；在都市层面，则产生了一种处于持续建构中的公共文化。

3. 空间的规训与大众日常生活的抵抗

20世纪80年代以来，随着新自由主义城市管制模式的兴起，为了在资本竞争中取得胜利，政府和精英通过转移、驱逐和替代等空间策略来"净化"公共空间。在空间政治之下，弱势群体的日常生活空间难免遭受权力规训和限制。然而，日常生活空间仍然是一个有机会利用可能的资源来进行创造的场所。列斐伏尔[23]提出，"城市环境既是日常生活的异化加剧的空间，又是它可能发生转变的场所"；德赛图（Michel de Certeau）[25]认为，弱者可以灵活运用日常生活的"战术"对"战略"进行诗意的抵抗。最典型的例子就是被城市管理者视为"眼中钉"的街头摊贩，他们通过日常的伺机而动和温顺的不遵守（撤离、观望、隐藏、利用可移动的运输和贩卖设施等）模糊了正规与非正规的界限[50]。类似地，在城市禁摩运动中，广州摩的司机通过调整自己的空间行为逻辑，重构了个体谋生的空间[51]。可见，融入和排斥在日常生活空间的社会建构中并不完全对立，草根社群往往可以通过创造性的日常生活实践，来协商甚至颠覆主流话语对空间的定义。

4. 启示城市空间规划设计的价值重构

传统的城市规划设计更多地关注物质空间的结构和抽象的造型规律，忽略了空间内丰富多彩的日常生活，不利于人与社会的和谐发展。因此，急需从"日常生活空间"的社会建构和价值重建的角度，为城市建设提供理论指导。具体而言，要求思维方式从自上而下转向自下而上，深入城市空间中丰富多彩的日常生活中，理解不同群体的生活方式和社会关系，努力挖掘容易被忽视的社会生活主体、主体间因素。然后，在城市空间布局和环境设计上，注重对空间功能的培育，创造尽可能多的暗示，激发社会性活动，以此缔造城市居民身份认同的融合。

11.2 消费空间

11.2.1 消费现象和产生背景

消费是长期存在的历史现象还是近期出现的现象，本身存在一些争议。一些学者从工业革命的客观结果出发，认为工业革命带来的是生产与消费的分离，人们通过市场购买并消费其他人生产出来的产品，这标志着"现代消费"的诞生。20世纪初，规模化的福特主义生产方式带来产品的极大丰富和工资的大幅增长，创造了"大众消费模式"。大众消费意味着封建特权、经济资本都不再成为限制消费的因素。这一方面标志着消费对经济发展的作用力进一步增强，消费成为再生产的关键条件；另一方面也标志着带有社会和文化象征意义的消费走向平民化。而富勒顿（Ronald Fullerton）等作者在《消费社会的诞生》（The Birth of a Consumer Society）一书中持有不同观点，虽然消费革命发生于18世纪的英国，但是消费的欲望并不是消费革命的附属品，只有消费的能力是新兴的[52]。交换行为早在工业革命之前就已经发展，因而消费是长期存在的历史现象。

1960年代后，西方社会从工业社会向后工业社会转变，以"弹性积累"为特征的后福特主义生产方式取代福特主义。由被动适应消费需求转向积极制造消费需求，消费品的意义不再是本真的，而是被建构的。一方面，消费的内涵不断拓展，具有社会、经济、文化多重内涵；另一方面，消费因素与非消费因素越来越紧密联系，例如消费与文化艺术的产物——文化产业。这两条线索相互联系，构成了现代消费独有的特征[53]。佐京认为，消费一方面它提供自由，而另一方面它又剥夺自由："消费是一种深层的文化体验，而且是个体层面能够感受到创造性的体验……消费是人们实现社会化的手段——把自身置于公共生活中来体验[54]。"但是另一方面，消费及其隐含的文化、意义操控着消费者的意识形态，影响其日常生活实践，进而重塑了城市的物质空间。

如今，许多发达国家的城市已经经历或正在经历长期的去工业化过程[55]，制造业与流通领域等衰退对城市的经济发展产生巨大压力，而以文化旅游消费引导城市复兴的成功案例似乎证实了消费已经成为解决工业化创伤性后果的途径。当城市在去工业化的衰退中努力进行身份建构的时候，消费对于政策制定者、商业开发者和规划者是难以抗拒的，因而越来越多的城市以商品化的形式呈现，从而达到城市复兴的目的。利波维茨基（Gilles Lipovetsky）描述了一个消费越来越多地整合了社会生活的超消费（Hyperconsumption）的国家[56]。这可以看作是现代消费社会的缩影，或许是未来国家的一种社会形态也未可知。超消费的国家鼓励个体为了快乐而不是为了增强社会地位而消费。超现代社会（Hypermodern）是流动的社会，也是紧张的、焦虑的，缺乏传统文化的，尤其是对体验快乐给予特权的社会。正如里夫金（Jeremy Rifkin）所说："改变正在发生于经济结构中，甚至构成了资本主义体系中更大的变革……全球旅行，主题城市和公园，健康、时尚和美食，职业体育和游戏、赌博，音乐、电影、电视、网络虚拟世界以及电子娱乐，这些具有文化体验的贸易迅速成为新的超资本主义（Hyper-Capitalism）的核心[57]。"

总之，消费不仅是一个关于购买的行为，它更是一个全面的文化现象。消费的意识形态稳固地扎根于社会生活中，延续在城市复兴运动中[58]。但是，正如前文所述的消费对城市复兴的积极作用，消费主义的影响也具有两面性。

11.2.2 消费空间的定义与类型

消费空间是以消费为目的而建造，提供与消费相关的服务与产品。消费发生于其中，并受到消费空间的管制。文化资本进而运行在更为广泛的经济范围[59]。从活动角度定义，消费空间是承载消费活动的空间，且消费活动作为空间中最主要的功能活动，强调空间中对消费品的在场性使用和耗费[53]。

消费活动的快速发展使当代消费空间类型不断增加，不同层级、不同类型的消费活动都有典型的承载这一消费活动的消费空间单元。韩晶在《城市消费空间》一书中对消费活动与典型消费空间的分类具有一定的借鉴意义（表11-1）[53]。

消费活动及典型消费空间单元　　　　　　　表 11-1

消费活动类型			消费空间单元
日常生活消费	日常生活购物消费		男装店、女装店、一般运动服店、鞋店、儿童用品店、杂货店、农贸市场、日用食品店、超级市场、百货商店、便利店、杂志报纸店、家用电器店、药店、家具店、眼镜店
	日常生活服务消费		洗衣店、维修店、一般餐饮店、非品牌型的快餐店、一般旅馆、招待所、家庭旅馆、普通理发店、公共浴室
休闲消费	休闲购物消费		专业运动用品店、户外用品店、体育主题零售店、保健品店、花鸟市场、宠物店、玩具店、花店、园艺品店、茶庄、礼品店、糖果店、零食店、巧克力店、西点店、香水和化妆品店、家居饰品店、配饰品店、跳蚤市场、节庆市场、风味食品市场
	休闲服务消费	休闲餐饮消费	风味特色小吃店、海鲜市场、地方风味餐厅、外国风味餐厅、自助餐厅、餐吧、品牌性的连锁快餐店、西餐厅、冰淇淋店、甜品店、果汁吧、咖啡馆
		休闲娱乐消费	电影院、多厅影城、主题乐园、赌场、KTV歌厅、舞厅、高科技游戏中心、网吧、游乐场、录像厅、夜总会、酒吧、水族馆
		休闲康体消费	美发店、美容院、室内溜冰场、保龄球中心、健身中心、瑜伽馆、游泳馆、桑拿中心、按摩中心、SPA馆、运动俱乐部、台球馆、武术馆、攀岩馆
		休闲度假消费	度假村、度假酒店
交往消费			酒吧、茶馆、咖啡厅、正餐厅、主题餐厅（举行公司、学校等团队活动、派对活动、婚礼活动）
时尚、奢侈消费	时尚、奢侈购物消费	时尚与生活方式购物消费	时尚专卖店、生活方式品牌店、时尚家居用品专卖店、新潮商品专卖店、名品二手店、红酒专卖店、雪茄专卖店、创意制品店
		奢侈购物消费	名表行、顶级珠宝首饰店、奢侈品牌服饰专卖店、名车专卖店、高级定制服装店
	时尚、奢侈服务消费		高级会员制俱乐部、高档正餐厅、红酒雪茄俱乐部、高档美容养生堂、游艇俱乐部、高尔夫球场、跑马场
文化消费	文化购物消费	一般文化购物消费	书店、文化用品专卖店、音像制品店
		主题文化购物消费	地方特产店、民间工艺品店、纪念品店、创意集市
		古董消费	古董店、字画店、古书店、古玩市场
	文化服务消费	文化教育消费	各类文化培训中心
	文化体验消费	文化博览消费	主题博物馆、展览馆、科技中心
		主题文化体验消费	地方名人纪念馆、地方文化景点、地方戏剧和音乐剧场、昆曲馆、评弹表演厅、民俗博物馆、地方特色茶馆、民间小吃集市、兼具消费空间角色的寺庙
艺术消费	艺术购物消费		画廊、艺术品专卖店、手工艺品店、艺术书店、乐器店
	艺术服务消费		各类艺术培训中心
	艺术体验消费		商业性演出的剧院、音乐厅、艺术中心、当代艺术馆、美术馆、各类主题艺术俱乐部（爵士、喜剧等）
自我实现消费	自我实现体验消费		极限运动俱乐部、航天体验中心

资料来源：韩晶. 城市消费空间 [M]. 南京：东南大学出版社，2014.

在由西方世界所主导的全球化过程中，通过商业资本在全球范围内的流动和现代传媒的传播作用，资本主义生产体系将消费文化、消费主义根植于人们的思想意识中，控制并创造了跨越文化差别的共性消费需求并不断生产出新的消费需求[59]。随着消费社会的发展，转变发生于消费与城市的关系之中。消费空间影响着城市的物质环境并重新定义了城市。进入消费社会后，城市空间似乎越来越多地被消费空间所替代。城市的几何中心逐渐由政治符号转向商业区。消费逐渐占据了当代城市意识形态的核心地位，消费空间也成为城市实体空间的核心[53]，如同许多欧洲的城市形象被打上消费场所和旅游目的地的烙印。消费空间为这些转变提供了一个实体的焦点，其发展强化了传统的缺失，抛弃了城市的历史文脉并强调市场因素的作用。大型购物中心、主题公园、艺术馆、博物馆、电影院、体育馆等公共消费空间映射出消费社会和身处其中的消费者，同时重新定义了城市。

消费空间不仅改变了城市的物质环境同时也影响着人们的意识形态，反过来人们的消费意识又推动了消费空间的发展。过去，城市的自豪感体现在政治空间和公共空间，例如市政厅、公园、图书馆等。消费空间与城市自豪感之间并没有紧密的联系，但是近年来，政策制定者、城市规划师、建筑师等转向将消费置于核心地位的观念模式。包亚明在《上海酒吧：空间、消费与想象》一书中阐释了新天地的空间生产过程，通过聚集118家来自法国、美国、英国、意大利、日本等地的各种风情、时尚消费空间而形成，新天地的出现是对特定群体消费需求的迎合[60]，这一过程也是双向互动的。

总体上，消费空间重新塑造了人与社会的关系，它提供了重新审视社会内涵的重要途径。消费者一方面被消费空间制造的消费欲望所吸引，另一方面也渴望消费空间所带来的逃避感，但是在这一过程中，消费者不仅是被动的承受者，也是构建消费主义的主体之一[58]。

11.2.3 典型消费活动及空间

1. 购物中心

购物中心是消费对城市结构进行物质支配的典型例证，它为商品交换提供了空间，承担了一种实用功能。作为20世纪最重要的城市消费空间，购物中心对城市的发展产生了深远的影响。1922年美国堪萨斯城的乡村俱乐部广场产生了购物中心的雏形，也奠定了购物中心的基本模式——用标准化的空间结构组合租户，由单独的公司统一规划、经营、管理，并提供便利的停车。消费活动走向复合多样成为早期购物中心发展的主线（城市消费空间）。1970年后，购物中心走向细分和特色化，一方面出现以大量销售、价格低廉为特色的"直销中心"；另一方面出现以体验为特色的"城市娱乐中心"（Urban Entertainment Center）。实际上，消费是一个从体验转变为经验的持续进程[61]。在消费经验中形成的地方体验使旅行比实际的购买行为更为重要，消费空间进而超越了它的实用性用途。

以购物中心为代表的消费空间既是消费的场所也是消费的对象。与此相关的是本雅明对拱廊街（Arcades）的研究[62]。拱廊街是由带有玻璃橱窗的商铺组成的，顶部覆盖着拱形玻璃的购物街道，这一消费空间的虚拟梦幻感为消费者提供了"造梦"的地点。在这里，空间景观本身也成为被消费的对象[63]。隐含在购物中心中的逃避主义为消费者提供了狂欢式消费的幻想[64]。购物中心提供了一个逃避主义和寻找意义的实体空间。消费空间提供了一个介于个体与社会之间，家与工作之间的"第三空间"。沃尔（Alex Wall）[65]认为购物中心不只是消费的机器，而且建构了一个社会和文化的中心，重塑了一种以快乐体验为目的的购物活动，成为培养消费文化的容器。消费者不只为了满足生存需求消费，同时也努力在其中实现价值理想。

2. 博物馆

博物馆是通过文化与经济的结合，进而将公共文化设施转变为文化消费空间的典型案例。博物馆本来的角色是为社会发展服务，向公众提供教育的非营利研究机构。随着文化与经济的紧密结合以及社会公共福利消费的商品化，消费活动逐渐发生于博物馆空间中。1980年以后，国际博物馆协会将博物馆的定义由"不追求盈利"修改为"不以营利为目的"，正式承认消费是博物馆的重要功能之一①。但是这并不意味着博物馆一定会转变为消费空间，仍然存在以考古、教育等公益性功能为主的非营利性博物馆。

从另一个方面来看，历史遗产大众化的趋势也是博物馆发展为消费空间的驱动因素。莱恩（Marc Laenen）等学者认为历史遗址旅游为解决后现代性危机所产生的社会意义缺失提供了一种有效途径[66]。考古遗址对具有历史情怀的游客来说的确产生了刺激，而博物馆向消费者出售的正是对历史文物的丰富体验。通过体验与学习的结合，游客在其中可以找寻日常生活中缺失的意义。

消费转向使得消费者变成了仲裁者，博物馆不得不通过自我调节来适应消费者的需求，空间内的展陈方式采取多媒体、虚拟现实技术使展览更具参与性。其定位已经转变为以游客为导向，将游客作为消费者来考虑，通过提供服务来创造旅游体验。博物馆作为一种消费空间，形成了教育与娱乐、精英艺术与大众艺术的结合。消费社会已经改变了参观者对博物馆的期待，参观者前来寻找的是新的体验、情感和参与。作为上述过程的结果，博物馆与其他文化机构似乎都在以旅游的模式重塑自己。客观上，博物馆通过这种方式脱离了工业时代的形象，重构为具有感性、情感和想象的场所[67]。正如麦卡锡（John Mccarthy）所说，博物馆已不再被与展示对

---

① http://icom.museum/the-vision/museum-definition/.

象的关系来界定,而是被与参观者的关系所界定[68]。

3. 文化旅游

文化旅游是旅游形式的一种。米坦（Kevin Meethan）提出文化旅游的目的是从旅游地和当地人那里获取未知的知识与文化体验,它已经超越了普通意义上的休闲度假,但是并不排除在文化旅游的过程中对旅游地商品化本质的关注[69]。在符号价值盛行的背景下,消费者成为符号化过程中的一个行动主体。消费者对文化旅游过程中服务和体验的消费是具有符号意义的。

贾德（Dennis Judd）通过文化旅游对城市个性的影响,划分出三类文化旅游城市[70]：为了消费者建造的旅游度假城市,为了旅游经济效益而将历史资源最大化的历史城市,以及后工业背景下的旅游复兴城市。在某种意义上,后工业城市的复兴过程就是把城市作为一个充满消费机会的地方来加以展示。旅游复兴城市的共性是具有被保护的旅游娱乐区。在这种情况下,城市不完美的地方被遮掩而通过旅游娱乐区的展示将旅游者置于一种特意打造的美好环境中。这使得消费者产生对城市的旅游体验与城市实际情况的错位,缺乏对城市的全面体验。但是,另一方面消费者也并不是完全被动地消费城市。消费者也在主动地介入城市,即使处于全球化的旅游空间,消费者仍然有能力创造自己的旅游体验。

实际上,文化旅游的核心并不在于展示真实性[71]。由于话语对地方的建构是建立在个体与地方的互动概念基础上的,但是为了尽可能多地吸引消费者,地方必然是被包装的。实质上,地方被去特殊化了,被塑造成具有普适性质的商品。巴尔的摩是文化旅游复兴城市的典型例子[72]。它展现了以休闲娱乐为基础的服务经济如何替代工业性经济,以及如何最佳地利用私人和公共资金以开发文化旅游的过程。巴尔的摩开发项目实际上创造了文化城市主义途径,同时提供了一种可供复制的文化旅游复兴城市的全球性范本。尽管这类地方的再开发依赖于地方的差异性特征,但是这个范本的一般性特征反而证实了这些地方的特殊性正在消弭,取而代之的是普适的地方商品性。

另一方面,在这一过程中,旅游消费者扮演"同谋者"的角色。旅游消费者实际上清楚地知道旅游景点的非真实性,但是他们接受并主动体验"超级拟造"（Super-Simulation）的景观。罗杰克（Chris Rojek）认为旅游本真性是可以协商的,它取决于旅游者的消费目标[73]。尽管这是拟造的消费空间,但是旅游消费者对本真性的包容度是相对宽松的,对拟造景观的消费也构成了旅游体验的一个方面,因为一定程度的拟造和自我欺骗有助于使旅游体验最大化。这就解释了为什么许多国内仿古重建的旅游景点仍然吸引了大量的游客,如西安的华清池。虽然拟造景观的生产过程存在很多偏离史实的问题,但是对于旅游消费者而言,此时旅游本真性已让位于具有文化符号意义的旅游体验。华清池承载了唐代文化符号和人们对历史景观原貌的想象，是西安的地标性景点。旅游消费者在此更多的是借助华清池实现对这种历史文化意义的体验消费。

从社会影响的角度来说，一方面文化商品化可以帮助保护濒临消失的文化传统，促使地方积极挖掘其地方特殊性。旅游消费实际上是关于差异的消费。旅游体验在某种意义上具有地方特殊性[73]。另一方面，旅游商品化已经替代了以寻求本真性为基础的旅游的关系形式。同时，它产生了城市与工业分离的可能性。在旅游商品化急剧增长的背景下，它使城市生活的许多方面重新获得活力[73]。而消费者主动包容地接受了旅游体验的部分非真实性，并逐渐契合了消费社会所赞许的价值观。

4.消费空间的作用

(1) 消费空间对城市具有重要影响

随着消费社会的发展，城市空间的公共领域越来越被私人领域入侵而私有化。购物中心等消费空间在公共领域的外衣下，内核是私有化的消费空间。城市空间由于本身具有的消费性质，实际上充满操控与隔离。城市被各种付费空间进行等级的划分，价格的门槛限制了消费群体，消费在人与城市之间的互动关系中日益充当中介的作用。总的来说，消费空间对人与城市之间的联系方式产生了深远的影响并重新定义了城市。这种关系的重要性质反映了精英群体已经没有能力去控制后工业经济的发展过程。如以星巴克为代表的新兴消费空间的介入，打破并蚕食了城市原有的均质化的本地传统茶文化消费空间，一方面全球消费文化的入侵冲击了本土消费文化；另一方面其本土化策略一定程度上也复兴了传统文化[74]。

(2) 消费空间对消费者具有重要影响

消费空间及其向人们灌输的文化意义让消费不再被限制，让人们理所当然地接受了以快乐为理由的消费思想，享乐成为对付理性压抑的手段。随着时代的发展，消费逐渐从满足生理需求发展为一种自我实现的方式，消费空间作为一个舞台，为消费者提供了满足需求、欲望甚至是自我实现的机会。消费者在这一过程中并不是完全被动的参与者，而是共同建构主体，消费者在接受消费空间所隐含的文化意义与符号的同时也推动了这些观念的普遍化。消费者在对符号的解读中，其意识形态被置换，在消费空间中，消费者具有主动创造体验的能力。正是基于消费者的推动，地方政府创造了一个被市场需求所驱动的城市，将城市作为一个商业实体来振兴，进而造成了城市作为居民体验的地方和游客体验的商品之间的利益冲突。从列斐伏尔的空间生产理论来看，这反映了利用空间以获取利润的资本要求与消费空间的人的社会需求之间的差距[59]。

(3) 消费空间对地方特殊性具有重要影响

城市的地方特殊性被消费空间所带有的消费主义所削弱，城市主要充当了商品、服务和形象的容器。包亚明在《上海酒吧：空间、消费与想象》一书中指出，新天地项目在国内大范围的复制,说明了其全球化商业景观和"无地方性"空间生产模式已经形成了一种强有力的消费文化的空间机制[60]。全球化消费文化的本质特征是,一方面其积极地寻找地方的特殊性并对其加以开发和利用,地方特殊性满足了现代消费对差异化的追求;另一方面,全球化消费产品的生产及其复制、扩散也冲击了地方特殊性,引导地方向同一化的方向发展。

11.2.4 中国消费空间概况

在全球化进程的影响下,由于经济发展水平的逐步提高,中国经济和社会影响受到消费文化的塑造。国内关于消费空间的研究主要分为以下几个方向。

(1)消费空间对社会的影响。中国经济较发达的城市已经出现了"消费社会"的特征,出现了以消费为主的社会转型[59]。大都市附近乡村转化为都市居民消费空间的过程,以及社会空间的重构,揭示了这一新型消费空间中的权利关系和行动者网络[75]。而从文化地理视角出发,关注怀旧消费空间对情感空间的建构和地方的再生产,此类研究也丰富了消费空间的类型研究[76]。

(2)影响消费空间的因素。相关研究探讨了城际高速铁路开通前后对消费空间的重构,研究结果表明高速铁路对城际文化娱乐、休闲消费空间有较大影响,而对实物商品消费空间影响不大[77]。

(3)消费空间的形成、演化和生产过程。学者们通过对网络实体消费空间的研究指出符号是其形成的重要路径,但是消费空间的扩散是基于其内涵的社会关系和运行的内在机制[78]。对网络消费空间的研究认为,其空间实践主要支持并为消费所决定,网络消费空间生产的结构以消费关系、符号操作与文化表达为基础[79]。

(4)对西方消费空间研究的综述和对未来研究的展望。有学者总结了消费空间研究的关注点、研究方法和研究贡献的转变,提出消费空间研究的学科交叉化是未来研究的方向[80]。部分研究结合空间生产理论,建立消费空间的文化研究框架,指出日常惯习、规训与抵抗、诗性构成消费空间生产的核心机制[5]。

11.3 文化创意空间

周期性的金融危机往往会孕育出新的产业革命,追溯世界经济发展过程不难发现,任何异常经济危机的渡过都伴随着创新的突破,依靠新的技术、生产方式等来摆脱经济衰退的阴霾。1857年与1929年的经济危机分别引发了以电气革命以及电子革命为标志的产业型革命。20世纪30年代,美国经济危机促成了好莱坞电影的辉煌,20世纪末亚洲金融危机的出现推动了韩国网游的发展,受近年金融危机的影响,许多国家、地区纷纷把文化创意产业作为产业结构升级、扭转经济局面的重要手段[81]。20世纪后半期以来,西方发达国家纷纷迈入了经济高度发达、物质生活相对富裕的后工业社会,产品和服务的个性和文化需求成为消费的主题。同时,随着后工业社会的到来,依靠自然资源的经济生产模式逐渐向依靠知识信息的时代转变,知识经济和信息经济成为新经济模式的根本动力。文化创意产业以其独特的产业价值取向、较高的关联带动性以及快速的成长方式成为21世纪世界经济最具活力的产业之一[82]。

中国自2004年上海国际创意产业论坛发表宣言以来,创意产业在全国各大城市风起潮涌。2006年,中共中央办公厅、国务院印发了《国家"十一五"时期文化发展纲要》,"文化创意产业"首次出现在政府重要文件之上,并明确提出了国家发展文化创意产业的主要任务,之后全国各大城市也相继推出了相关支持政策,北京、上海、深圳、广州、长沙等成为中国文化创意之城。之后,党的十七大、十八大报告都有强调要大力发展文化创意产业、建设区域特色文化创意产业集群的提议。在当前知识经济与后工业时代现实背景下,文化创意产业是推动经济发展、促进产业结构升级的重要途径。

11.3.1 文化创意产业

尽管文化创意产业的概念被普遍接受,但不同地区对此概念的定义、内涵的诠释与理解却不一样(表11-2)。例如英国采用的是创意产业,而美国类似的产业则被称为版权产业,西班牙是文化休闲产业,日本为感性产业,德国、韩国等国家称之为文化产业[83]。吉布森(Chris Gibson)等学者认为,文化经济的多样性特征决定了其定义的多元化,他们从部门分类法、劳动力市场、生产组织法以及创意指数分类和结构融合分类等方法对文化经济进行了重新定义[84]。而马库森(Ann Markusen)等学者却对此持否定的态度,指出需要清晰地对文化经济概念进行定义才便于政策的制定以及科学研究[85]。

文化创意产业最早可以追溯到法兰克福学派,西奥多·阿多诺(Theodor Adono)、马克斯·霍克海默(Max Horkhemier)在《启蒙的辩证法》中首次提出了"文化产业"(Kulturindustrie)的概念,是指在资本主义技术统治以及工具理性发展的背景下,为迎合大众审美,凭借现代科学技术手段大规模生产、复制文化产品的娱乐产业体系,但阿多诺和霍克海默对此予以批判,认为此过程会妨碍个人自主与独立性的发展[86]。之后马尔库塞(Herbert Marcuse)、本雅明、哈贝马斯(Jürgen Habermas)等学者对"文化产业"理论进行了扩充,但在当时工业经济背景下并没有引起关注。丹尼尔·贝尔(Daniel Bell)在《后工业社会的来临》中提出了"文化产业"概念,将文化生产与消费市场进行了连接,倡导以产业、市场的形式来发展文化,缓解产业机制与文化艺术之间的矛盾。

文化创意产业分类　　　　　　　　　　表 11-2

定义	国家、地区（国际组织）	归类标准	分类
创意产业	英国	起源于个体创意、技能与才干，通过知识产权的开发与利用，具有创造财富和增加就业潜力的产业	13类：广告、建筑、艺术及古董市场、工艺、设计、流行设计与时尚、电影与录像、休闲软件与游戏、音乐、表演艺术、出版、电脑软件、电视与广播
	澳大利亚	以媒体为主的创造性内容产业	7类：电影、电视和广播业，出版业，图书馆、档案馆和博物馆，音乐、表演和视觉艺术，广告和市场营销，建筑和设计，软件和数字业
	新西兰	—	10类：广告、软件与咨询服务业、出版、广播电视、建筑、设计、时尚设计、音乐与表演艺术、视觉艺术、电影与录像制作
	中国香港	—	11类：广告、建筑、设计、出版、数码娱乐、电影、古董与工艺品、音乐、表演艺术、软件与资讯服务业、电视与电台
文化产业	中国	以创新思想、技巧、先进技术为核心，通过一系列创新活动，引起生产和消费环节的价值增值	9类：新闻、出版及版权服务、广播电视及电影、文化艺术、网络文化、文化休闲娱乐、文化产品代理、文化用品、设备及相关产品销售
	联合国教科文组织	创意是人类文化定位的一个重要的部分，可以以不同的形式呈现。文化产业可以视为"创意产业"；经济术语称为"朝阳或者未来取向产业"，科技术语为"内容产业"	6类：印刷、出版、多媒体、视听产品、影视产品、公益设计
	韩国	—	17类：影视、广播、音像、游戏、动画、卡通形象、演出、文物市场、美术、广告、出版印刷、创意性设计、传统工艺品、传统服装、传统食品、多媒体影像软件、网络
	新加坡	—	3类：文化艺术、设计、媒体
	芬兰	—	9类：文学、塑像、建筑、喜剧、舞蹈、影像、电影、工业设计、媒体
文化创意产业	中国台湾	源于创意与文化的积累，通过知识产权的形成与运用，能够促进整体生活环境水平的提升	13类：视觉艺术、音乐与表演艺术、文化展演设施、工艺、电影、广播电视、出版、广告、设计、品牌时尚设计、建筑设计、创意生活、数字休闲娱乐
版权产业	美国	—	4类：核心版权产业、交叉产业、部分版权产业、边缘支撑产业
感性产业	日本	—	3类：内容产业、休闲产业、时尚产业

资料来源：整理自本章参考文献 [91][92].

文化创意产业是文化产业发展的新阶段。随着产业结构的调整，人们开始关注创新因素对经济的影响。文化创意产业概念最早由英国于1998年提出，英国在《创意产业专题报告》中将其定义为起源于个体创意（Individual Creativity）、技能（Skill）与才华（Talent），通过知识产权的开发与利用，具有创造财富和增加就业潜力的产业[87]，涵盖广告、艺术、文物交易、设计、工艺品、时装设计、建筑、电影、互动休闲软件、音乐、表演艺术、出版、软件、电视广播等方面。凯弗斯（Richard Caves）从文化经济学视角出发，将创意产业定义为提供具有广义文化、艺术或娱乐价值的产品和服务产业，包括表演艺术（喜剧、歌剧等）、视觉艺术、书刊出版、时尚、游戏、玩具等[88]。霍金斯（John Howkins）在《创意经济：好点子变成好生意》(*The Creative Economy: How People Make Money from Ideas*)一书中将创意产业定义为是在知识产权保护范围内的经济部门，认为版权、专利、商标和设计四个部门共同构建出了文化创意产业[89]。而联合国教科文组织则将文化创意产业定义为依靠创意者智慧、天赋、技能，依靠科技对文化资源进行创造与提升，生产出附加值、财富值更高产品的产业。克里斯·毕尔顿（Chris Bilton）和鲁斯·利里（Ruth Leary）认为创意产业的兴起与符号产品的生产和消费有关，创意产业生产包括思想、体验等在内的"符号产品"，产品的价值依赖于使用者的解读以及理解[90]。

尽管不同学者对文化创意产业的定义存在不同，但不难看出其内涵的关键在于创意和创新，是由文化产业发展而来的涵括高科技、高文化附加值以及丰富创新度的新兴产业。

11.3.2 文化创意产业的空间集聚

后工业社会来临后，城市土地成本不断提高，一些低附加值的工业、手工业逐渐退出历史舞台。20世纪70年代，纽约、巴黎、伦敦等国际大城市面临着不同程度的经济停滞、城市设施老旧、企业外迁、中产群体放弃城市中心往郊区迁移等问题，中心城区逐渐衰落。直至20世纪80年代，一些全球城市逐渐脱去了工业中心的形象，实现了从生产空间向服务空间的转型。然而，尽管城市功能得到了转换，但传统的城市空间并没有随之转换，中心城区出现衰落现象。在一些艺术家的入驻与带领下开创了"旧区新产业"的发展模式，带动了旧中心城区的发展，此发展模式被冠以"文化创意区"并得到了政府的极力关注，显现出欣欣向荣的活力[93]。近些年来，美国率先完成了从"后工业化"向"创意经济"的转型，创意产业占GDP比重超三分之一，"SoHo"（South of Houston Street）已经成为创意、时尚的代名词。在此借鉴下，为实现世界创意中心的目标，英国政府特别成立了创意产业工作小组，重点发展创意产业，如被改造的泰晤士河畔岸边发电厂现已成为英国著名的现代艺术博物馆——"泰德现代艺术馆"（Tate Modern）。创意产业空间不仅给城市空间带来了创新，在老工业区改造与复兴方面也发挥着重要的作用。不仅如此，日本以及中国的香港、台湾、上海等地也纷纷把文化创意产业确立为经济发展的支柱产业，建立文化创意产业区。

文化创意产业区的形成，不仅仅是因为集群能满足文化创意产业高度集聚、高附加值以及高成长性所需求的资源最优配置、高利用效率、强竞争力，更是因为文化创意产业本身所具有的高知识溢出效应能够带动其他关联产业的协调发展。文化创意产业空间是一个从"文化创意企业空间上的简单集聚"到"企业间建立业务协作关系，打造创意产业链"再到"形成具有创新能力的产业集聚区"的过程[94, 95]。目前，学术界对于文化创意空间形成的探讨主要可以集中在基于地理（区域）环境、网络组织等几个方面。

1. 基于地理（区域）环境的文化创意空间

新经济地理学理论为产业的集聚提供了解释，许多学者也认为文化创意产业集聚空间的选择与地理环境有关。斯科特（Allen Scott）认为，特定的地理区位能够提高文化创意产业集聚创意行为的能力，并指出在全球化背景下，文化创意产业区既表现出集中在洛杉矶、纽约、米兰等国际化城市，又具有全球分散的趋势[96, 97]。还有一些研究认为，文化创意产业区倾向于集中在开放的、多元的、公共服务完善的、包容性高的、具有休闲中心作用的城市地区[91, 92]，莫洛奇（Harvey Molotch）提出文化创意区是由特定的地方文化以及文化产品形象的象征意义交织在一起形成的，例如巴黎时装与伦敦剧院[98]。当然，还有一些学者如康纳（Justin O'Connor）认为城市中特定区域对文化创意产业有吸引力，赫顿（Tom Hutton）从经济地理学视角出发进行了进一步说明，认为以设计和创意服务部门为主的文化创意产业园区多倾向于选择在大城市的内核以及CBD边缘地区，且多选择在历史建筑之中[99]。

2. 基于网络组织关系的文化创意空间

在新经济条件下，网络成为促进新经济发展的动力源，连接、速度、关系成为经济增长的新因素，以大企业为核心、大量中小企业相互依赖形成了新的网络主题与关系，如好莱坞、伦敦中心区的媒体集群、荷兰文化园区等。通过知识的共享提高自身的学习能力以及竞争力，从而激发文化的多样性以及文化民族主义。

3. 文化创意空间的发展模式

怀斯（Patricia Wise）认为当前文化创意空间发展具有两种导向：一是"以社会发展为目的"的市场主导型发展模式，二是"以经济发展为目的"的政府主导型发展模式[100]。

（1）市场主导型

市场主导型模式又可以称为"自发型"创意产业集聚区，主要指由区域内部资源、技术、市场等因素驱动而发展起来的，以英美两国为代表。这一模式的特点在于减少国家干预,保护企业自由竞争,限制垄断,加强宏观指导与公共服务等。英美文化创意产业中尤其是英国文化创意产业中,小企业大部分都是以"自下而上"的模式形成。在中国,北京的中关村创意产业先导产业集聚区、长安街沿线文艺演出集聚区、琉璃厂文化产业集聚区、什刹海文化旅游产业集聚区等都可归于这一类型。

(2)政府主导型

与市场主导思路相反的发展模式是以亚洲国家、地区为代表的政府主导型发展模式。在政府指导与主导作用下,发挥市场的力量同时通过一些宏观的经济计划与产业政策来调节市场[83]。日本、韩国、新加坡、中国等都是以政府为主导来发展文化创意产业,并取得了一定的成效。中国主要有国家新媒体产业集聚区、新国展会展产业集聚区、顺义国展产业园等。

11.3.3 典型文化创意产业空间

1. 国外典型文化创意产业空间

(1)纽约 SoHo 区

SoHo 区是全美最知名的创意园区之一,原本是纽约 19 世纪最集中的工厂与工业仓库区,随着美国进入后工业时代后,旧工厂倒闭,仓库空间被废弃。到 20 世纪 50、60 年代,因为租金极其低廉,一些从欧洲移居纽约以及本地的艺术家以低廉的租金入住该区,并改建成为他们的工作室和画廊。世界现代艺术史大师级人物沃霍、李奇斯坦、劳森柏格、约翰斯等便是这边的第一代居民。如今 SoHo 已经发展成为集商业、居住、艺术为一体的完善的社区[101]。

(2)洛杉矶酿酒厂艺术村

美国洛杉矶酿酒厂艺术村(The Brewery)是完全由民间发展起来的。艺术村前身为 1888 年开业的酿酒厂,由 21 组不同大小、结构的建筑物组成。1980 年被卡尔森(Carlson)家族收购,之后在艺术家租用的契机之中发展成为艺术区。美国艺术设计界出名的亚历克斯(Alex in Welderland)、巴特斯(Denice Bartels)就发家于此。酿酒厂艺术村已经发展成为世界上最大的艺术村,在 300 个单位内聚居了约 500 名艺术工作者和创作人,当中有画家、雕塑家、音乐人,也有摄影师、舞团,甚至网页设计师,他们在这里创作、生活,不仅如此,社区中的建筑、街道装置也是艺术家们的创作,许多艺术家会将新品放在公共区域展示,作为一种区内交流的手段。

(3)伦敦南岸艺术区

泰晤士河南岸艺术区堪称当今伦敦最具有活力的艺术聚集区,由废旧的码头港口以及仓库改造而成,不仅拥有特色的影院、漂亮的餐厅、咖啡厅、酒吧,还有现代化大桥飞架两岸、高速火车穿梭其中。由旧发电厂改造而成的泰特艺术馆是专门展示20世纪艺术品的专题艺术馆，因其独特的建筑风格以及艺术藏品成为艺术区的灵魂。艺术区集现代文化、旅游、休闲、商业于一体。世界三大现代艺术展览馆之一的泰特当代美术馆、英国艺术中心、莎士比亚环球剧场，以及英国最知名的两大剧院新维克和老维克、世界上最负盛名的剧院之一的英国国家剧院都坐落于此。南岸艺术区，经过半个多世纪的不断发展，现已成为欧洲最大的艺术中心。

（4）东京立川公共艺术区

日本是亚洲地区设计领先的城市之一，东京创意产业起步较早。立川公共艺术区是在军事基地立川基地的基础上建造而成的，是全日本公共艺术最密集的区域。街头艺术品由百名艺术家共同参与制作完成，大到饭店门口的艺术造景，小到消防箱、通风口、铺砖、水龙头都是由艺术家们亲自打造。

（5）韩国首尔黑里艺术谷

韩国也在大力发展文化创意产业，在首尔附近出现了一些设计创意区。黑里（Heyri）艺术谷是一座由韩国作家、电影界人士、建筑师、音乐家等多个领域艺术家集聚而成的文化村，面积约49.5m^2。黑里艺术谷包含有艺术家美术馆、工作室、住房等多种类型、功能的建筑，形成了一个集创作、展示和家居于一体的复合型空间。

2. 中国典型文化创意空间

> 增强文化整体实力和竞争力……加强重大公共文化工程和文化项目建设，完善公共文化服务体系，提高服务效能。促进文化和科技融合，发展新型文化业态，提高文化产业规模、集约化、专业化水平。构建和发展现代传播体系，提高传播能力……扩大文化领域对外开放，积极吸收借鉴国外优秀文化成果……我们一定要坚持社会主义先进文化前进方向，树立高度的文化自觉和文化自信，向着建设社会主义文化强国宏伟目标阔步前进。
>
> ——中共十八大报告

在一些艺术家带领以及政府政策的引导下，中国各大城市也出现了文化产业园区。

（1）北京798城市文化产业园区

798城市文化产业园区位于北京东北角朝阳区酒仙桥路。由于部分厂房属于典型的现代主义包豪斯风格，整个厂区规划有序，建筑风格独特，吸引了许多艺术家前来工作、定居，慢慢地形成了今天的798艺术区。在进入798艺术区的103家机构中，主要包含创作展示和交流类、设计类两大类，其中属于艺术创作、展示和交流的有59家（占全部机构的57.3%），设计类（包括空间设计、广告设计、家居家具设计和服装与形象设计）有29家（占全部机构的28%以上）。此外，还有传播发行和书店及餐饮酒吧一类的跟艺术创作沾边的一些小门类。不仅如此，798至少有300位以上的艺术家直接居住在艺术区或者以艺术区为自己的主要艺术创作空间，其中还有一些来自国外的艺术家，他们分别来自法国、美国、比利时、荷兰、澳大利亚、韩国、新加坡等。进驻798艺术区的有大名鼎鼎的艺术家如刘索拉（作家、音乐人）、洪晃（出刊人、出版家）、李宗盛（音乐人）、李象群（雕塑家）等[102]（图11-1）。

图11-1　北京798城市文化产业园区
资料来源：作者自摄.

（2）上海田子坊

上海田子坊是中国著名的文创产业园区。与798相比，田子坊身上的旅游元素更重一些，也因此得到了更广范围内的人气，被称作"文青必逛的小资地之一"。田子坊起始于1998年一路发文化发展公司首先进驻泰康路，不久又有著名画家陈逸飞、尔冬强、王劼音、王家俊、李守白等艺术家和一些工艺品商店先后入驻泰康路，使原来默默无闻的小街渐渐吹起了艺术之风。尔冬强工作室每月一次的歌剧演唱会高朋满座。坐落在泰康路220弄的乐天陶社艺展吸引国际陶艺家前来参展、交流，在全球陶艺界享誉盛名。上海自在工艺品公司的缕青竹刻在沪上的竹刻中独树一帜，畅销港台。田子坊里最有上海味道的里弄，是上海一道特殊的文化符号，这里有着太多的这个城市的印迹，有着别的城市无以替代的海派味道，又融进了新时代的时尚潮流。

（3）深圳大芬油画村

深圳大芬油画村位于深圳深惠公路和布沙公路交会处，是深圳市龙岗区布吉街道下辖的一个村民小组，占地面积 0.4km^2，本村原住居民 300 多人。大芬油画村以原创油画及复制艺术品加工为主，附带有国画、书法、工艺、雕刻及画框、颜料等配套产业的经营，形成了以大芬村为中心，辐射闽、粤、湘、赣及港澳地区的油画产业圈。大芬油画的销售以欧美及非洲为主，市场遍及全球。在大芬，油画从一种仅供少数人欣赏的艺术品变成了大宗可以赚钱的商品，缘于油画的大批量工业化生产，并且形成了"画家+企业"的文化产业群体，同时催生了高度关联的多元化产业形态，形成了集生产、交易、培训、旅游等于一体的文化产业圈。

（4）杭州西溪创意产业园

西溪创意产业园是国内首个湿地原生态文创园，它的成功源于生态和文化的交汇、名人与产业的结合。"名人立园、影视强园"是西溪的发展战略。已形成以剧本创作、影视拍摄、制作、电影发行、院线放映为主要特色的文化产业布局。2009 年，西溪湿地通过电影介绍给了全中国人民认识，此后，西溪成为许多文艺青年向往的地方。

（5）武汉光谷创意产业园

武汉光谷创意产业园是由政府所引导的。目前，基地分光谷软件园与创意产业基地孵化中心两个园区，总建筑面积 5 万 m^2，入驻有以江通动画、数字媒体工程公司、拇指通科技、诺克斯、玛雅动画、银都文化、超级玩家等为代表的 80 多家数字创意类企业，主要涉及动漫游戏、数字媒体、互联网增值服务、图书出版、创意设计等领域。基地初步形成了从项目企划、研发应用、设计开发、增值服务、教育培训、出版发行到项目投融资中介等较完整的数字创意产业链条，是武汉地区文化创意企业聚集最密集、规模最大、平台服务最完善的专业化园区。

11.4 性别空间

11.4.1 性与性别：认识论范式的转变

"性和性别"一直以来都是社会科学研究的重要话题，囊括了女性主义研究、男性气质（Masculinity）研究、酷儿（Queer）研究等多个话题，受到心理学、社会学、人类学以及人文地理学等诸多学科的广泛关注[103]。对"性与性别"的思考在 20 世纪经历了认识论范式的重大转变，即从"生理决定论"逐渐转向"社会建构论"去思考性别问题。

1935年，人类学家玛格丽特·米德（Margaret Mead）所著的《三个原始部落的性别与气质》一书通过对美洲游牧印第安人的性别和气质进行研究，指出男性和女性展演的性别角色往往奠基于文化和社会习俗，而不仅仅由天性或生物学上的理由所决定，关于"不同文化如何赋予男人和女人不同的角色"成为性别研究中的关键命题[104]。1949年，法国学者波伏娃（Simone de Beauvoir）[105]在其著作《第二性》（*The Second Sex*）中指出，女人不是"天生的"，而是后天所造就的，这个观点着重于强调女性气质是社会建构的。在性少数群体（LGBTQ）①研究方面，有学者通过对其学科认识论发展过程的回顾，指出同性恋研究主要经历了三种范式，即"性逆转""性倒错"的医学范式，异性恋框架主导的文化影响模式，以及建构学派的历史、政治、经济视角批判[106]。

随着"性与性别"认识论的转变，大量性别研究的学者开始从社会建构的角度来思考男女差异的成因、过程和影响，将"性别"（Sex）和"社会性别"（Gender）区分开来。社会性别被认为是以生理性别为基础的社会建构，个人并没有天生的性别认同，社会性别认同是社会化的产物[107]。总而言之，关于人类"性与性别"的话语在不同的社会阶段，为特定的知识话语所描绘而呈现出不同的内涵[108]。本节针对"性别空间"这一主题，阐述"性与性别"和"空间"的联系。一方面，需要关注现代性社会主流话语对性别群体施加的规训与影响；另一方面，强调性别群体如何通过使用空间，赋予空间特殊的性别意义挑战主流的话语霸权。以下内容主要围绕"性别空间"文献较为丰富的"女性空间"与"同志空间"展开进一步的论述。

11.4.2　女性空间

女性主义运动思潮推动了性别研究的发展，"性别与空间"成为一个备受女性主义地理学关注的话题[109]。第一次女性主义运动出现在19世纪中期至20世纪初，在多个重要领域提高了女性的社会地位，使得女性逐渐获得教育权、选举权和工作权。20世纪60、70年代，第二次女性主义运动致力于揭示和消除"男造环境"中的性别歧视，尤其是女性在空间和地方使用上面临的种种限制，推动了女性主义地理学的发展[110]。

在性别研究和女权运动的趋势中，伴随着"空间转向"和"文化转向"思潮，性别与空间话题逐渐在不同空间尺度上去讨论"家务劳动""公私领域二分""工作

---

① LGBTQ：女同性恋者（Lesbians）、男同性恋者（Gays）、双性恋者（Bisexuals）与跨性别者（Transgender），字母"Q"代表酷儿（Queer）和/或对其性别认同感到疑惑的人（Questioning），即是"LGBTQ"。

场所的性别歧视""身体政治"等议题，性别隔离和权力则得到主要关注；同时，在建筑、景观、都市与区域规划、人文地理学以及都市社会学等与空间相关领域里，针对既有学术视野的性别盲点，发起女性主义批判[109, 110]。女性主义地理学家麦克道尔（Linda McDowell）关注劳动分工中的性别不平等，认为性别研究的关键目标在于阐明性别分化的建构和意义，并思考和解决社会现实中出现的男女不平等的问题[111, 112]。

1. 家空间、休闲空间、消费空间

女性主义学者关注"家"这一私人空间中的性别化以及女性对公共消费空间的使用。社会文化建构了男女在空间上的性别化意义，强化了男女性别间劳动分工的差异。正如在"家"这个空间尺度上，厨房被高度地性别化，成为实践和定义性别关系的地方，厨房被看作承载性别分工的社会空间，被赋予了女性化的意涵[113]。做饭、清洁以及一般性的照看工作往往与女性有关，而在家庭之外的事情则可能变成管理性的、专业性的以及男性的[114]。这种空间的性别化很大程度上强化了女性与私人空间的联系，女性被视为"私人的"，男性则是"公共的"。有研究分析了北京居民日常休闲行为中的性别差异，指出女性休闲时间显著少于男性，许多工作女性需要同时扮演工作者和家庭女主人的双重角色，社会文化对于性别的社会角色建构，塑造了女性的家庭责任意识[115]。而在消费空间中，为了迎合女性的消费喜好与主流话语所建构的文化意义，使得购物中心（Shopping Mall）、女人街等消费空间被赋予女性化的色彩，营造出符合"女性身份"的消费场所[63]。同时，"绅士化"过程中关注到女性社会空间的建构，比如"女人街""女性咖啡厅"等空间场所与活动的植入与再植入进一步推动了城市空间的重构和社会经济活动的重组[116]。

2. 就业空间的性别化

就业空间中男女性别差异与权力不平等也是女性主义研究中的重要话题，主要关注女性在工作中受到的性别歧视以及所处的相对弱势地位，比如性工作者的身份认同与活动空间、女性就业空间等。对广州的性别与就业空间的实证分析指出，在广东不同性别的就业空间中，整体平等与一定程度的性别隔离是并存的[109]。也有研究放置在改革开放后珠三角快速转型的背景下，关注流动在珠三角地区的"小姐"群体（性工作者），珠三角地区的歌厅、夜总会、按摩店等夜间娱乐场所逐渐成为性工作者聚集的空间，一部分从乡村流向城市的女性人口为了满足自己的各种物质、情感和精神欲望而选择从事性工作，"小姐"是具有主体性的，但同时也折射出中国正在经历剧烈的社会转型[117]。此外，对深圳经济特区电子厂年轻女工生活的民族志考察，发现在后改革时代中国珠三角的快速转型过程中，工厂成为现代资本主义经济运作逻辑下规训女工身体的空间，工厂女工的身份认同在现行体制、全球资本主义和父权制三重压迫下重塑[118]。

11.4.3 "同志"① 空间

英美社会学、人文地理学及城市研究对性少数群体②（Sexual Minority）特别是"同志"群体的城市空间已有较为丰富的研究，同性恋社会空间是城市亚文化空间研究的重要领域[119, 120]。现代同性恋身份认同本质上具有城市属性，"同志"空间往往分布在城市空间中。一方面，城市是一个"陌生人的社会"，对于被"污名化"的同性恋群体具有匿名性和包容性；同时城市中聚集大量人口，包容各种亚文化的发展，使得同性恋者在城市中更容易找到同类和伴侣。另一方面，中国的乡村社会经济发展落后，休闲娱乐设施匮乏，"同志"空间很难找到合适的载体。更重要的是，中国许多乡村家庭仍将传宗接代看作整个家族的核心利益，加之传统的文化观念，对同性恋现象的容忍度极低；传统的中国乡村社会的社会交往模式以血缘关系为基础，以熟人社会为主体，一个成员的同性恋取向被揭露后，将面临毁灭性的打击[120]。

"同志"空间的研究主要集中在"非主流"的社会身份如何通过对特定的社会空间的利用，引发空间意义的生产及社会关系的建构[121]。性少数群体由于受到主流社会规范的约束，在日常的生活与工作空间中很难显露出真实的性取向，其私密的性欲望与情感需求往往需要在公共的城市空间中才能得到实现[122]。另一方面，特定的城市空间会被性少数群体赋予特殊的用途与意义，并形成特定的交往与邂逅的法则与规范[123]，从而使得城市空间中的"同志"聚集空间成为边缘群体反抗主流话语的空间载体，具有独特的政治、经济和社会含义[120]。

1. "同志"空间类型

在西方文献中，"同志"群体对于城市空间的使用大体分为三类。第一类空间包括"同志"自发集聚的居住社区以及相应的消费空间，其主要特点是经济实力较高的同性恋者通过资本的力量，实现性少数群体对城市空间的使用权，比如旧金山卡斯特罗（Castro）同性恋社区的经典案例[124]；第二类空间，在英文中为"巡弋"（Cruising）的空间，主要通过"同志"在空间上暂时的集聚，为其提供短暂的性行为的机会，比如男公共洗手间、郊野公园、天体海滩、浴池等[125, 126]；第三类空间为性少数群体"表演"与"展示"的空间，往往通过刻意的、较为夸张的表演向公众展示性少数群体的文化与身份认同，比如广场与街道[127]。有学者在对北京同性恋场所的研究中，将其归纳为自由发展型、群体推动型、自主经营型三种主要形式[120]。

2. "点儿"

在中国城市的"同志"空间研究中，"点儿"是探讨城市与同性恋两者关系的基本切入点，"点儿"即中国男同性恋群体进行交往与娱乐的公共空间，在我国港台地

---

① 同志：同性恋群体的代称，使用过程中含义已扩展为男同性恋者、女同性恋者、双性恋者与跨性别者等性少数群体的总称。
② 性少数群体：特指在性取向与性认同方面与主流的异性恋文化相异的社会群体。

区称为"鱼场",成都称为"飘场",主要有桑拿房、酒吧和健身房、公园等[128, 129]。有学者对"点儿"的多重要素进行了归纳:①具有可见的物质环境,包括房间、建筑、社区、方位、景观等;②包含嵌入在物质环境中人与人之间以及人与环境之间的互动;③受社会制度、社会经济地位、活动系统和认知图式的影响,进行空间分层;④空间的意义充满不确定性,取决于不同行动主体的建构;⑤社会和文化的变迁带来"点儿"上社会关系和人际网络的变化,这一变化对同性恋群体行为、价值和交往模式产生影响[130]。

11.4.4 全球与本土语境:性别空间研究的思考

性别研究的学术价值在当代社会实践中逐步得到尊重与认可,推动着当代女权运动、性少数群体平权运动的进一步发展,并挑战了现代社会的男权话语以及"异性恋"主导话语。西方语境下的女性主义理论与性少数群体研究对于理解中国的性别空间具有重要批判意义。女权运动与同性恋群体的平权运动在中国大城市中的社会可见度不断提升,在公共空间中积极表达声音与权利诉求,这反映了中国城市和社会发生的积极变化[131]。值得重视的是,在空间尺度上讨论性别空间,需要考虑"本土"与"全球"之间的互动与张力,将其放置到中国社会转型、本土化和全球化剧烈碰撞的语境中去理解与思考,关照中西之间不同社会语境下文化、经济、制度等层面的差异,构建"非西方"语境的性别研究范式,恢复被边缘化的学术话语权和本土能动性[132]。

本章参考文献

[1] MUMFORD L. The culture of cities[M]. New York:Harcourt,1938.

[2] JACOBS J. The death and life of Great American cities[M]. New York:Random House,1961.

[3] ZUKIN S. The cultures of cities[M]. Cambridge:Blackwell,1995.

[4] STEVENSON D. Cities and urban cultures[M]. Maidenhead:Open University Press,2003.

[5] 张敏,熊帼.基于日常生活的消费空间生产:一个消费空间的文化研究框架[J].人文地理,2013(2):38-44.

[6] 衣俊卿.现代化与日常生活批判[M].哈尔滨:黑龙江教育出版社,1994:33.

[7] 李小娟.走向中国的日常生活批判[M].北京:人民出版社,2005:3.

[8] 埃德蒙德·胡塞尔.欧洲科学危机和超验现象学[M].张庆熊,译.上海:上海译文出版社,2002:2-8.

[9] 约瑟夫·科克尔曼斯.海德格尔的《存在与时间》[M].北京:商务印书馆,1996.

[10] 阿格妮丝·赫勒.日常生活[M].衣俊卿,译.重庆:重庆出版社,2010.

[11] LEFEBVRE H. Critique of everyday life: volume I [M]. London: Verso, 1991.

[12] 张娟. 公共空间视野下上海现代市民叙事的空间化特征 [J]. 山东大学学报（哲学社会科学版），2010（3）：115-120.

[13] 宋立新，周春山. 西方城市公共空间价值问题研究进展 [J]. 现代城市研究，2010，25（12）：90-96.

[14] HABERMAS J. The structural transformation of the public space: an enquiry into a category of bourgeois society[M]. Cambridge: MIT Press, 1989.

[15] ENTREVES D. The political philosophy of hannah arendt[M]. London and New York: Routledge, 1994.

[16] SENNETT R. The conscience of the eye: design and social life of cities [M]. London: W.W. Norton & Company, 1992.

[17] BERMAN M. All that is solid melts into air: the experience of modernity [M]. London: Verso, 1983.

[18] AMIN A. Collective culture and urban public space [J]. City, 2008, 12（1）: 5-24.

[19] 王兴中. 中国城市社会空间结构研究：理论、方法与实证 [M]. 北京：科学出版社，2000：80-82.

[20] BAUDELAIRE C. The painter of modern life and other essays [M]. Translated by MAYNE J. New York: Da Capo, 1964.

[21] BENJAMIN W. Charles baudelaire: a lyric poet in the era of high capitalism [M]. Translated by ZOHN H. London: Verso, 1997.

[22] MUMFORD L. The city in history [M]. New York: Harcourt Inc., 1961.

[23] LEFEBVRE H. The production of space [M]. Oxford: Blackwell, 1991.

[24] DOEL M. Poststructuralist geographies: the diabolical art of spatial science [M]. Edinburgh: Edinburgh University Press, 1999.

[25] CERTEAU M. The practice of everyday life [M]. Berkeley: University of California Press, 1984.

[26] IVERSON K. Publics and the city [M]. Oxford: Blackwell, 2007.

[27] 王笛. 街头文化：成都公共空间、下层民众与地方政治 [M]. 北京：中国人民大学出版社，2006.

[28] 张一玮. 空间与记忆：中国影院文化研究 [M]. 北京：中国传媒大学出版社，2015.

[29] MILLER D. Home possessions: material culture behind closed doors [M]. Oxford/New York: Berg, 2001: 23-46.

[30] 何丹，朱小平. 石库门里弄和工人新村的日常生活空间比较研究 [J]. 世界地理研究，2012，21（2）：151-158.

[31] 蔡禾，贺霞旭. 城市社区异质性与社区凝聚力：以社区邻里关系为研究对象 [J]. 中山大学学报（社会科学版），2014，54（2）：133-151.

[32] 尹铎，钱俊希，朱竑. 城市新区作为"家"的表征与实践：以鄂尔多斯康巴什新区为例 [J]. 地理科学进展，2016，35（12）：1517-1527.

[33] CLOUTIER-FISHER D, HARVEY J. Home beyond the house: experiences of place in an evolving retirement community [J]. Journal of environmental psychology, 2009, 29（2）: 246-255.

[34] 王敏，赵美婷，朱竑. 邻里空间演化的个体化现象研究：以广州华侨聚居区为例 [J]. 世界地理研究，2016，25（4）：132-143.

[35] 封丹，BREITUNG W，朱竑. 住宅郊区化背景下门禁社区与周边邻里关系：以广州丽江花园为例 [J]. 地理研究，2011，30（1）：61-70.

[36] HUANG Y. Collectivism, political control and gating in Chinese cities [J]. Urban Geography, 2006, 27（6）: 507-525.

[37] GAUBATZ P. New public space in urban China: fewer walls, more malls in Beijing, Shanghai and Xining [J]. China perspectives, 2008（4）: 72-83.

[38] 童佳丽. 广场舞与城市中老年女性的日常生活 [J]. 老龄科学研究，2016，4（9）：27-35.

[39] QIAN J. Performing the public man: cultures and identities in China's grassroots leisure class [J]. City & community, 2014, 13（1）: 26-48.

[40] CHEN C. Dancing in the streets of Beijing: improvised uses within the urban system[M]//HOU J. Insurgent public space: guerrilla urbanism and the remaking of contemporary cities. London: Routledge, 2010: 21-35.

[41] 扬·盖尔. 交往与空间 [M]. 何人可，译. 北京：中国建筑工业出版社，2002：58-60.

[42] HANAUER D. Silence, voice and erasure: psychological embodiment in graffiti at the site of prime minister rabin's assassination [J]. Arts in psychotherapy, 2004, 31（1）: 29-35.

[43] MACDONALD N. The graffiti subculture: youth, masculinity and identity in London and New York [M]. London: Pal Grave Macmillian, 2001.

[44] 周衍. 亚文化视野：文学"漂泊"母题与流浪歌手风格 [D]. 广西：广西师范大学文学院，2015.

[45] 田鲁丁. 从青少年"酷文化"视角解读跑酷运动 [J]. 当代体育科技，2013，3（36）：98-99.

[46] AMEEL L, TANI S. Everyday aesthetics in action: park our eyes and the beauty of concrete walls [J]. Emotion space & society, 2012, 5（3）: 164-173.

[47] BORDEN I. Skateboarding, space and the city: architecture and the body [M]. Oxford: Berg, 2001.

[48] 吉登斯. 历史唯物主义的当代批判 [M]. 郭忠华，译. 上海：上海译文出版社，2010.

[49] 海默尔. 日常生活与文化理论导论 [M]. 王志宏，译. 北京：商务印书馆，2008：66.

[50] 黄耿志，薛德升. 1990 年以来广州市摊贩空间政治的规训机制 [J]. 地理学报，2011，66（8）：1063-1075.

[51] 姚华松. 空间生产、管制与反管制：基于广州四社区"摩的"司机的实证分析 [J]. 开放时代，2012（8）：118-129.

[52] FULLERTON R A. The birth of a consumer society: the commercialization of eighteenth-century England, by Neil McKendrick; John Brewer; J. H. Plumb[J]. Winterthur portfolio, 1983, 36（18）: 228-229.

[53] 韩晶. 城市消费空间 [M]. 南京：东南大学出版社，2014.

[54] ZUKIN S. Point of purchase: how shopping changed American culture[M]. New York/London: Routledge, 2004.

[55] HANNIGAN J. Symposium on branding, the entertainment economy and urban place building: introduction[J]. International journal of urban & regional research, 2003, 27（2）: 352-360.

[56] LIPOVETSKY G, Charles S, Brown A.Hypermodern times[M]. Cambridge: Polity, 2005.

[57] RIFKIN J. The age of access: the new culture of hypercapitalism[M]. New York: Penguin Putnam, 2001.

[58] MILES S. Spaces for consumption[J]. Journal of cultural geography, 2012, 29（3）: 364-365.

[59] 张京祥, 邓化媛. 解读城市近现代风貌型消费空间的塑造：基于空间生产理论的分析视角[J]. 国际城市规划, 2009, 24（1）: 43-47.

[60] 包亚明. 上海酒吧：空间、消费与想象[M]. 南京：江苏人民出版社，2001.

[61] COLEMAN P. Shopping environments[M].Oxford: Elsevier, 2006.

[62] BENJAMIN W. Illuminations[M].New York: Random House Digital, 1968.

[63] MANSVELT J. Geographies of Consumption[M].London: SAGE, 2005.

[64] DOVEY K. Framing places: mediating power in built form[M]. London/New York: Routledge, 1999.

[65] WALL A. Victor gruen: from urban shop to new city[J]. Journal of the society of architectural historians, 2005, 12（3）: 411-412.

[66] LAENEN M. Looking for the future through the past[J]. Heritage interpretation, 1989, 1（3）: 88-95.

[67] SHERMAN D J. Destination culture: tourism, museums, and heritage[J]. Visual anthropology review, 1998, 14（2）: 104-107.

[68] MCCARTHY J. Regeneration of cultural quarters: public art for place image or place identity?[J]. Journal of urban design, 2006, 11（2）: 243-263.

[69] MEETHAN K. Tourism in global society, place, culture, consumption[J]. Annals of tourism research, 2005, 26（103）: 270-277.

[70] JUDD D R. The infrastructure of play: building the tourist city[M].New York/London: M. E. Sharpe, 2002.

[71] PRENTICE R. Experiential cultural tourism: museums & the marketing of the new romanticism of evoked authenticity[J]. Museum management & curatorship, 2001, 19（1）: 5-26.

[72] WARD S V. "Cities are fun!": inventing and spreading the Baltimore model of cultural urbanism[J]. Culture, urbanism and planning, 2006: 271-285.

[73] ROJEK C. New forms of consumption: consumers, culture, and commodification[M]. Boston: Rowman & Littlefield Publishers, 2000.

[74] 廖开怀, 李立勋, 张虹鸥. 全球化背景下广州城市文化消费空间重构：以星巴克为例[J]. 热带地理, 2012, 32（2）: 160-166.

[75] 陈培培, 张敏. 从美丽乡村到都市居民消费空间：行动者网络理论与大世凹村的社会空间重构[J]. 地理研究, 2015, 34（8）: 1435-1446.

[76] 李凡，杨蓉，黄丽萍．怀旧消费空间地方建构的比较研究：以广州怀旧餐厅为例[J]．地理科学进展，2015，34（4）：505-516.

[77] 张文新，丁楠，吕国玮，等．高速铁路对长三角地区消费空间的影响[J]．经济地理，2012，32（6）：1-6.

[78] 申峻霞，张敏，甄峰．符号化的空间与空间的符号化：网络实体消费空间的建构与扩散[J]．人文地理，2012（1）：29-33.

[79] 张敏，张翔，申峻霞．网络消费空间的性质与生产：以淘宝网原创女装店为例[J]．地理科学，2015，35（8）：960-968.

[80] 陈丽晖．消费空间研究关注点的转变及其意义：兼论西方消费地理研究动态[J]．世界地理研究，2010，19（1）：86-93.

[81] 张振鹏．文化创意产业的中国特性和中国道路[J]．经济问题探索，2011（11）：37-41.

[82] 王庆金，侯英津．文化创意产业集聚演化路径及发展策略[J]．财经问题研究，2015（2）：33-37.

[83] 徐丹丹，孟潇，卫倩倩．文化创意产业发展的文献综述[J]．云南财经大学学报，2011，27（2）：105-113.

[84] GIBSON C，KONG L. Cultural economy: a critical review[J]. Progress in human geography，2005，29（5）：541-561.

[85] MARKUSEN A，WASSALL G H，DENATALE D，et al. Defining the creative economy: industry and occupational approaches[J]. Economic development quarterly: the journal of American economic revitalization，2008，22（1）：24-45.

[86] 霍克海默，阿道尔诺．启蒙辩证法：哲学断片[M]．渠敬东，曹卫东，译．上海：上海人民出版社，2003.

[87] 陈慧颖．文化创意产业发展的经济学研究[M]．北京：经济科学出版社，2012.

[88] CAVES R E. Creative industries: contracts between art and commerce[M]. Harvard: Harvard University Press，2000.

[89] HOWKINS J. The creative economy: how people make money from ideas[M]. London: Penguin UK，2002.

[90] BILTON C，LEARY R. What can managers do for creativity?Brokering creativity in the creative industries[J]. International journal of cultural policy，2002，8（1）：49-64.

[91] FLORIDA R. The rise of the creative class[J]. The Washington monthly，2002，34（5）：15-25.

[92] YUSUF S，NABESHIMA K. Creative industries in east Asia[J]. Cities，2005，22（2）：109-122.

[93] 肖雁飞，廖双红．创意产业区：新经济空间集群创新演进机理研究[M]．北京：中国经济出版社，2011.

[94] 厉无畏，王慧敏．创意产业新论[M]．上海：东方出版中心，2009.

[95] 张京成，李岱松，刘利永．文化创意产业集群发展理论与实践[M]．北京：科学出版社，2011.

[96] SCOTT A J. The cultural economy of cities[J]. International journal of urban and regional research，1997，21（2）：323-339.

[97] SCOTT A J. Creative cities：conceptual issues and policy questions[J].Journal of urban affairs，2006，28（1）：1-17.

[98] MOLOTCH H. LA as design product：how art works in a regional economy[M]//SCOTT A.J.，E.W.SOJA，et al. The city：Los Angeles and urban theory at the end of the twentieth century Berkeley：University of California Press，1996：225-275.

[99] HUTTON T A. The new economy of the inner city[J]. Cities，2004，21（2）：89-108.

[100] WISE P. Cultural policy and multiplicities[J]. International journal of cultural policy，2002，8（2）：221-231.

[101] 搜狐网. 纽约艺术时尚的指标：苏豪区（SoHo）[EB/OL].（2018-10-07）[-11-09]. https：//www.sohu.com/a/256718588_100269542.

[102] 百度百科. 798 工厂 [EB/OL].（2021-01-28）[2021-11-09]. https：//baike.baidu.com/item/798%E5%B7%A5%E5%8E%82/3365268.

[103] 蔡晓梅，何瀚林. 如何成为男人？高星级酒店男性职员的性别气质建构：广州案例 [J]. 旅游学刊，2017，32（1）：42-53.

[104] 玛格丽特·米德. 三个原始部落的性别与气质 [M]. 宋践，等，译. 杭州：浙江人民出版社，1988.

[105] 西蒙娜·德·波伏娃. 第二性：第二册 [M]. 陶铁柱，译. 北京：中国书籍出版社，1998.

[106] 富晓星. 疾病、文化抑或其他？：同性恋研究的人类学视角 [J]. 社会科学，2012（2）：86-95.

[107] 周培勤. 社会性别视角下的人地关系：国外女性主义地理学研究进展和启示 [J]. 人文地理，2014，129（3）：63-68.

[108] 米歇尔·福柯. 性经验史 [M]. 佘碧平，译. 上海：上海世纪出版集团，1984.

[109] 林耿. 广东省就业空间的性别化及权力特征 [J]. 地理学报，2010，65（4）：427-442.

[110] 万蕙，唐雪琼. 新文化地理学视角下的女性主义地理学研究 [J]. 人文地理，2013，28（1）：26-31.

[111] MCDOWELL L. Gender，identity and Place[M]. Polity Press in association with Blackwell Publishers Ltd.，1999.

[112] MCDOWELL L. Space，place and gender relations：part I. Feminist empiricism and the geography of social relations [J]. Progress in human geography，1993，17（2）：157-179.

[113] 刘晨，蔡晓梅，曾国军. 西方厨房研究及其对中国文化地理家庭空间研究之启示 [J]. 热带地理，2014，34（4）：445-453.

[114] 凯·安德森，莫娜·多莫什，等. 文化地理学手册 [M]. 李蕾蕾，等，译. 北京：商务印书馆，2009.

[115] 许晓霞，柴彦威. 北京居民日常休闲行为的性别差异 [J]. 人文地理，2012，27（1）：22-28.

[116] 吴启焰. 中产阶层化过程中的女性社会空间建构研究 [J]. 人文地理, 2013, 28（3）: 74-77.

[117] 丁瑜. 她身之欲: 珠三角流动人口社群特殊职业研究 [M]. 北京: 社会科学文献出版社, 2016.

[118] NGAI P. Made in China: women factory workers in a global workplace[M]. Durham: Duke University Press, 2005.

[119] 钱俊希, 朱竑. "非正常"的文化标签下"同志"社会空间的生产: 以广州市 X 公园"同志渔场"为例 [J]. 人文地理, 2014, 129（3）: 35-43.

[120] 冯健, 赵楠. 后现代地理语境下同性恋社会空间与社交网络: 以北京为例 [J]. 地理学报, 2016, 71（10）: 1815-1832.

[121] 魏伟. "酷儿"视角下的城市性和空间政治 [J]. 人文地理, 2011, 26（1）: 50-55.

[122] HUMPHREY L. Tearoom trade: impersonal sex in public places[M]. Chicago: Aldine, 1970.

[123] CHAUNCEY G. Gay New York: The making of the gay male world, 1890—1940[M]. London: Flamingo, 1995.

[124] CASTELLS M. The city and the grassroots[M]. Berkeley: University of California Press, 1983: 97-172.

[125] HUBBARD P. Sexing the self: geographies of engagement and encounter[J]. Social & cultural geography, 2002, 3（4）: 365-381.

[126] BRICKELL C. Sex, space and scripts: negotiating homoeroticism in history[J]. Social & cultural geography, 2010, 11（6）: 597-613.

[127] VALENTINE G. Creating transgressive space: the music of kd lang[J]. Transactions of the institute of British geographers, NS, 1995, 20（4）: 474-485.

[128] 魏伟. 城里的"飘飘": 成都本地同性恋身份的形成和变迁 [J]. 社会, 2007, 27（1）: 67-88.

[129] 魏伟, 富晓星. 城市、空间和同性恋: 中国本土经验以及区域差异 [J]. 青年研究, 2013（1）: 68-77.

[130] 富晓星. 市场经济、空间演变与性: 东北男同性恋群体的人类学观察（1980~2010）[J]. 开放时代, 2012（4）: 133-149.

[131] 魏伟. 街头·行为·艺术: 性别权利倡导和抗争行动形式库的创新 [J]. 社会, 2014, 34（2）: 94-117.

[132] WRIGHT M W. Gender and geography: knowledge and activism across the intimately global[J]. Progress in human geography, 2008, 33（3）: 379-386.

第 12 章

城市社会调查方法与调查实践

社会调查是社会研究中一种最常见的研究方式。认识了解社会现象及其规律必须掌握一定的方法，社会调查研究方法是关于社会调查研究的理论、原则或方式、方法的科学，或者说是如何进行社会调查研究的一门科学。作为一个体系，它包括选择课题、设计研究方案、收集资料、解释调查结果及检验调查结论等；作为一门科学，它包括三个层次的知识：它是一种专门的科学理论；它是一种哲学观点，表达了一种价值观念；它包括了独特的方法、工具和技巧。

12.1　城市社会学研究

12.1.1　方法论

　　方法论（Methodology）所涉及的是规范一门科学学科的原理、原则和方法的体系。社会研究中的方法论所涉及的主要是社会研究过程的逻辑和研究的哲学基础，包括两种基本的且又相互对立的方法论，即实证主义方法论和人文主义方法论，而实证主义方法论一直占据主流位置[1]。

　　（1）实证主义方法论。实证主义认为社会现象和自然现象本质上是相同的，社会现象有规律可循，社会研究应该向自然科学看齐，将社会现象当作纯粹客观的现象来测量分析，通过对社会现象进行具体客观的观察，对经验事实作出客观的研究结论，主张研究者价值中立。在研究方式上，定量分析是其最典型特征[2]。

　　（2）人文主义方法论。人文主义认为社会现象和自然现象存在本质差别，社会研究的对象具有主观意识和自主性，因此应充分考虑人的特殊性，要发挥研究者在研究过程中的主观性，研究者应深入人的内心世界去理解其行为及其社会后果[1]。主张研究者"将心比心"与"投入理解"。人文主义者结合人类行为主体对社会世界的认识能力和能动特性、思维和意志等，来描述或建构研究对象的经验世界。在研究方式上，定性研究是其典型特征。

12.1.2 资料收集方法

社会调查需要各种多样化的资料，其收集方法主要包括两个方面的内容：一是确定调查对象的方法，诸如全面调查（普遍调查）、典型调查、个案调查、重点调查、抽样调查等；二是收集资料的具体方法，诸如问卷法、访谈法、观察法、文献法、试点法、会议法等。这两方面的内容构成了社会调查研究的方法体系[3]。本节主要介绍确定调查对象的方法，第二方面的内容将在下一节中详细介绍。

1. 全面调查

为了掌握调查对象的总体状况，针对调查对象的全部对象逐个进行的调查，也叫普遍调查或整体调查[4]。全面调查是全面了解社会情况的重要方法，如全国人口普查、经济普查等。它有两种方式来进行，一是填写报表，即由上级根据已经掌握的资料进行填报；另一种是直接登记，即组织专门普查机构，派出调查人员，对调查对象进行直接登记。

2. 典型调查

在对调查对象进行初步分析的基础上，从调查对象中恰当选择具有代表性的对象作为典型，并通过对典型进行周密、系统的社会调查来认识同类社会现象的本质及其发展规律的方法[4]。

3. 个案调查

为了解决某一具体问题，对特定的个别对象所进行的调查[4]。通过详尽地了解个案的特殊情况，以及它与社会其他各方面的错综复杂的影响和关系，进而提出有针对性的解决对策。个案调查所依据的是一般与个别的对立统一原则，即社会事物的一般性寓于特殊性之中，并通过特殊性表达出来。

4. 重点调查

是对某种社会现象比较集中的、对全局具有决定性作用的一个或几个重点对象所进行的调查。这里的重点，主要是指量的方面。重点调查需要调查的对象不多，调查成本不大，却能了解到对全局具有决定性影响的基本情况，因此是一种具有广泛用途的调查类型。

5. 抽样调查

是在现代统计学和概率论的基础上发展起来的一种调查方法，是对全面调查、典型调查等的逻辑补充和发展。所谓抽样调查就是指从全体被研究对象之中，按照一定的方法抽取一部分调查对象作为代表（样本），并以对样本调查的结果来推论全体被研究对象的一种调查方式。抽样类型可分为随机抽样和非随机抽样。其中，随机抽样包括简单随机抽样、等距随机抽样、类型随机抽样、整群随机抽样、多段随机抽样、PPS抽样（Probability Proportional to Size Sampling，按规模大小成比例的概率抽样）等；非随机抽样包括偶遇抽样、判断抽样、配额抽样与滚雪球抽样等。

12.1.3 社会调查方法

城市社会调查活动最终的正确结论来源于社会调查过程中所能够取得的"第一手资料"，而要在社会调查中获取大量真实、可靠、生动、详尽的调查资料，就必须正确掌握并熟练地使用各种社会调查的方法。城市社会调查的主要方法包括文献调查法、实地观察法、访问调查法、集体访谈法、头脑风暴法与反向头脑风暴法、问卷调查法等多种类型。

1. 文献调查法

（1）概念

文献调查法即历史文献法，就是搜集各种文献资料、摘取有用信息、研究有关内容的方法。文献调查法贯穿于社会调查工作的始终，也是一种独立的调查研究方法[5]。

文献调查法有几个显著特点：①历史性。它不是对社会现实情况的调查，而是对人类社会过去发生过的事情、已经获得的知识所进行的调查[4]。②间接性。它的调查对象既不是历史事件的当事人，也不是历史文献的编撰者，而是各种历史文献资料。③非介入性和无反应性。它不介入文献所记载的事件，不接触有关事件的当事人，因此在调查过程中不存在与当事人之间的人际关系问题，不会受到当事人反应性心理或行为的影响。

与其他的社会调查方法相比，文献调查法的作用在于：①了解与调查课题有关的各种认识、理论观点和调研方法等，为提出研究假设、设计调查方案和确定调查方法等提供重要参考。②了解与调查课题有关的已有调研成果，通过比较研究前人或他人已有的调研成果作为工作基础，认识课题的研究现状，对于设计调查方案等具有重要参考价值，少走弯路，避免调研工作的盲目性和重复劳动。③了解和学习与调研课题有关的方针、政策和法律法规，端正调研工作指导思想，保证调研工作顺利进行。④了解调查对象的历史和现状，通过了解调查对象的性质状况和所处环境条件，可以及时、全面、正确地认识调查工作对象，对有针对性地科学设计调查方案具有重要价值等[4]。

（2）文献搜集

文献调查，是从广泛搜集文献开始的，这要遵循一些基本要求，并掌握一些具体方法。

文献搜集的基本要求包括：①**有用性**，即紧密围绕调查课题搜集有用的文献资料；②**可信性**，主要是指文献来源的可信性和内容的真实性；③**代表性**，主要是指作者的代表性和文献的代表性；④**全面性**，搜集文献的内容应尽可能全面，但是也不需要搜集与调查课题无关的文献；⑤**多样性**，搜集文献的形式应尽可能多样，图书、报刊文献、影视、网络文献等都要参考；⑥**连续性**，即围绕调查课题搜集的文献在时序上要有连续性和累积性；⑦**时效性**，对于与调查课题有关的各种新资料、新信息，要及时了解、及时搜集、及时研究、及时利用，以提高调查研究的时效性和调查成果的实用价值。文献搜集工作只有满足了上述基本要求，才能为后续的摘取信息工作提供丰富、完整的文献资料。

现代社会，除私人文献外，绝大部分文献都集中在图书馆和互联网上。查找文献，特别在图书馆查找文献，一般可用以下四种方法：①**检索工具法**，即利用已有的检索工具查找文献的方法。②**参考文献查找法**，也称为追溯法，即根据作者在文章、专著中所开列的参考文献目录，或在文章、专著中所引用的文献名目，追踪查找有关文献资料的方法。具体做法是，从已经掌握的文献资料开始，根据文献中所开列的参考文献目录和所引用、所介绍的文献名目，直接去查找较早一些的文献；再利用较早文献中所开列的参考文献目录和所引用、所介绍的文献名目，去查找更早一些的文献。如此一步一步通过参考文献向前追溯查找，直到查找出比较完整的文献资料为止。③**循环查找法**，也称为分段查找法，即将检索工具查找法和参考文献查找法结合起来交替使用，循环查找的方法。循环查找法，可先采用检索工具查找法，查找出有用文献资料，然后再根据文献中所开列、所引用的参考文献名目，去查找更早一些的文献；也可先采用参考文献查找法，查找出更早一些的文献，然后再采用检索工具查找法，去扩大查找文献的线索，如此分阶段交替使用两种查找文献方法，直到查找出自己所需要的文献为止。④**专家咨询法**，即向有关专家说明自己的调研方案、所需文献的类别、范围等，请他们指点门径的方法。譬如，咨询熟悉调研课题或熟悉调研对象的专家，力求得到他们对于文献搜集的指导，从而达到事半功倍的效果；又如，咨询图书馆专业人员，就自己所需要的信息进行交流，了解哪些资源可以利用，如何获取有关文献等。

搜集文献的目的，是摘取与调查课题有关的信息。因此，摘取信息的程序是文献调查法的另一重要内容。摘取信息的一般程序是：浏览、筛选、阅读和记录。①**迅速浏览**。浏览就是将搜集到的文献资料普遍地、粗略地翻阅一遍。通过浏览，使自己对搜集的文献有个初步认识或大致了解，为下一步筛选打下基础。浏览要有明确目的，即大致了解文献内容，初步判明文献价值。②**慎重筛选**。筛选就是在浏览的基础上，根据调查课题的需要，将搜集的文献分为必用、应用、可用、不用等几个部分[4]。③**认真阅读**。阅读是摘取信息的前提，一般包括认读、理解、联想、评价四个方面,可分为粗读和精读两个阶段。④**及时记录**。记录就是把通过阅读寻找到的有价值的信息记录下来,供进一步分析研究之用。许多人阅读文献都曾有过这样的教训,即只注意阅读而忽略了及时记录,这样阅读时发现的许多有用信息,到用的时候却找不到了。记录是摘取信息的一个重要工序,文献调查的直接结果应该通过这一道工序表现出来。记录信息的主要方法包括标记、眉批、抄录、提纲、札记。

（3）优缺点

文献调查法有如下优点:

1）调查范围较广。文献调查所研究的是间接性的第二手资料,其调查对象既不是历史事件的当事人,也不是历史文献的编撰者,而是各种间接的历史文献资料。文献调查法可以超越时空条件的限制,研究那些不可能亲自接近的研究对象,可以对古代和现在、中国和外国、本地和外地等多种条件下的内容进行广泛研究。

2）非介入性和无反应性。文献始终是一种稳定的存在物,不会因研究者的主观偏见而改变,这为研究者客观地分析一定的社会历史现象等提供了有利条件。文献调查法不接触有关事件的当事人,不介入文献所记载的事件,在调查过程中不存在与当事人的人际关系协调问题,不会受到当事人反应性心理或行为的影响[4]。

3）书面调查误差较小。文献调查多为书面调查,用文字、数据、图表和符号等形式记录下来的文献,比口头调查等获得的信息更准确、可靠。文献调查法不与被调查者接触,不介入被调查者的任何活动,不会引起被调查者的任何反应,这就避免了调查者与被调查者互动过程中的反应性误差。

4）调查方便、自由。文献调查法受到外界制约因素较小,对于调查者的口头表达和组织管理等能力要求较低；文献调查不需要对调查时间和调查地点等提前进行策划和安排,调查形式方便,可以根据调查者的实际工作学习情况灵活开展；另外,文献一般集中存放在档案馆、图书馆、研究中心等地方,文献调查可以随时、反复进行,如果一次没有调查清楚的话,可以再进行第二次、第三次甚至更多次数的调查等。

5）花费人、财、物和时间较少。文献调查法不需要大量调查和研究人员,不需要特殊设备,花费人力、财力、物力和时间较少。例如,文献调查的费用支出主要是复印费、转录费和交通费等,比其他调查方式的花费要节省得多,可以以较小的成本和代价,去换取、获得比其他调查方法更多的信息,是一种高效率的调查方法。

文献调查法的缺点在于:

1）文献落后于现实。一般情况下,文献调查法不是对社会现实情况的调查,而是对人类社会在过去的时间曾经发生过的事情所进行的调查[4]。社会不断变化和发展，新的事物、现象、情况和问题不断涌现，文献总是落后于现实，文献调查所获得的信息与客观现实情况之间总会存在一定的差距，对文献的调查与对现实的理解也总有一定的遗憾。

2）信息缺乏具体性和生动性。文献调查主要是获得书本上的东西，信息内容比较生硬、呆板；文献调查法难以获得丰富的社会经验，特别是对于社会现象发展过程的描述一般较少[4]；文献的记载有着一定的时代背景和局限，且往往受到文献作者主观因素的影响较大，同调查者的调查目的之间总是存在差距和遗憾，要搜集到比较系统、全面的高质量文献比较困难；文献对特殊事件如社会敏感问题的记载等一般都会有所保留等。"纸上得来终觉浅"，这是文献调查较大的局限性。

3）对调查者的文化水平特别是阅读能力要求较高。文献调查中对文献的搜集和分析工作相当重要，对于文化水平较低或阅读分析文献能力较差的人不大适合[4]。文献调查主要是阅读大量的文献资料，且这种文献资料往往以纸质文献为主；社会调查工作比较枯燥、乏味，如果调查者缺乏一定的意志力和甘于寂寞的精神，文献调查工作将难以达到预期效果。

总之，文献调查法是一种基础性的调查方法，文献调查法往往和其他调查方法一起结合起来使用，并且总是首先进行文献调查，作出文献综述，然后采用其他调查方法继续深入调查和研究。

2. 实地观察法

（1）概念

实地观察法就是根据研究课题的需要，调查者有目的、有计划地运用自己的感觉器官如眼睛、耳朵等，或借助科学观察工具，直接考察研究对象，能动地了解处于自然状态下的社会现象的方法[4]。

实地观察法根据不同的划分标准可有不同的分类：首先，**根据观察对象的状况可分为直接观察和间接观察**。直接观察（Direct Observation）是对当前正在发生和发展的社会现象所进行的观察。间接观察（Indirect Observation）则是通过对物化了的社会现象所进行的对过去社会情况的观察，如通过地质、考古的观察方法了解某地区历史上的情况[4]。直接观察简单易行，真实可靠，但是过去了的社会现象和某些反映时弊、隐秘的社会现象无法直接观察，只有借助间接观察的调查手段。其次，**根据观察者与被观察者的关系可分为完全参与、不完全参与和非参与观察**。完全参与观察（Complete-Participatory Observation）就是观察者完全参与到被观察人群之中，作为其中一个成员进行活动，并在这个群体的正常活动中进行观察。不完全参与观察（Incomplete-Participatory Observation）就是观察者以半客半主的身份参与到被观察人群之中，并通过这个群体的正常活动进行观察。非参与观察（Non-

Participatory Observation）就是观察者不加入被观察的群体，完全以局外人或旁观者的身份进行观察[4]。再次，**根据观察的内容和要求可分为结构观察和无结构观察**。结构观察（Constructed Observation）要求观察者事先设计好观察项目和要求，统一制定观察表格或卡片，严格按照设计要求进行观察，并作出详细观察记录。无结构观察（Non-Constructed Observation）仅要求观察者有一个总的观察目的和要求，一个大致的观察内容和范围，然后到现场根据具体情况有选择地进行观察[4]。

实地观察法的显著特点在于：①**观察者有目的、有计划的自觉认识活动**。这是实地观察法区别于日常生活中的观察活动的重要内容[4]。日常生活中的观察活动是一种感性的自发行动，如人们在大街上散步时看到街道上的车水马龙，在超市里通过眼睛观察查找需要购买的商品等。实地观察法则是一种以一定理性为指导的自觉的观察活动。②**观察过程即是积极的、能动的反映过程**。这是实地观察区别于照相机、摄像机对事物的扫描和摄影记录的"观察"的重要方面。实地观察法的观察过程，不仅是对观察对象的直接感知过程，同时也是调查者大脑动态的、积极的思维过程，容纳了观察者的事物感知、社会经验、理论假设、思维判断等主观因素。③**观察对象处于自然状态**。调查者对被调查对象的活动不加干预，对影响和作用于被观察对象的各种社会因素也不加干预，始终保持在自然状态下的观察和感知，不能够是人为的、故意制造的现象。

（2）**实施原则与技巧**

实地观察法需遵循相应的实施原则：①**法律道德原则**。在实地观察中，一定要遵守宪法和其他法律的有关规定，绝不可强迫被观察者干他们不愿干的事情，更不可在没有得到许可的情况下私闯他人住宅、偷看他人信件，或干出其他违法事情[6]。此外，实地观察还应该遵守一般的道德规范，绝不可在违背被观察者意愿的情况下，强行观察别人的私生活，或偷看别人不愿让人观察的事物或现象。特别是在少数民族地区调查，更要严格遵守少数民族的风俗习惯和宗教戒律。②**真实性原则**。只有按照事物的本来面目进行观察，才能正确认识事物。要坚持观察的真实性，就必须从实际出发，真实记录被观察事物的实际情况，不能按照个人好恶或利益任意增减或歪曲事实[4]。③**目的性原则**。社会调查中的观察总是围绕某一课题、实现某一特定目的而进行的[4]。观察目的越明确，注意力也就会越集中地指向有关事物，思维随之紧紧围绕着事先确定的对象展开，从而减少无关因素的干扰，提高观察的效率。④**条理性原则**。实地观察要按照一定的程序和步骤来进行，循序渐进地展开。观察者要事先了解所调查事物的特点，科学地安排整个观察过程，如根据事物出现的先后时间顺序展开，根据事物的空间远近展开[4]，或者根据由整体到局部、由主要矛盾到次要矛盾等不同的顺序展开观察。⑤**持久性原则**。实地观察往往是一种十分单调、枯燥的工作，要进行客观、全面、深入的观察，就必须坚持观察的持久性。对于许多复杂的社会现象来说,要得到正确的调查结论,往往需要坚持长达数日、数月、数年甚至更长时间的实地观察。⑥**全面完整原则**。任何客观事物都有多种多样的内在属性和表现形式,都具有多方面的外部联系,只有善于从不同侧面、不同角度、不同层次进行多方面观察,才能完整地了解客观事物的全貌。⑦**深入细致原则**。社会生活纷繁复杂,千变万化,许多社会现象不是凭一次直接的观察就能够弄清楚的,有时候看到的只是一些表层现象或者粗浅现象,必须以认真负责的态度进行深入细致的有效观察,才能够得出可靠的结论[6]。⑧**敏锐性原则**。在社会调查研究活动中,机遇对于发现新事物、获取新知识等具有重要作用,在观察过程中,要善于观察和发现事物的细节,做到"明察秋毫",从容易忽视的问题中发现新的线索和机遇[4]。

实地观察法有一些实施技巧,具体包括:①**选好观察对象和环境**。要使实地观察的结果具有典型意义,就应该选取那些典型环境中的典型对象作为观察的重点,以达到"一叶知秋"的观察效果。②**选准观察时间和场所**。一定的社会现象总是在一定的时间和空间内发生,因此要注意选择最佳的观察时间和观察地点,以得到真实、具体、准确的调查结果[4]。③**灵活安排观察程序**。被观察的社会事物和社会现象存在主要和次要、局部和整体、上下左右或远近等多个层面内容。在实地观察中,是否首先观察主要对象,然后观察次要对象,或者首先观察局部现象,然后观察整体现象等,对观察的次序要作出安排,根据观察目的、任务和观察对象的实际情况灵活掌握和运用。④**尽量减少观察活动对被观察者的影响**。实地观察有可能对被观察者产生一定的影响,使他们自觉不自觉地产生某些反应性心理或行为,从而导致种种反应性观察误差。观察者要了解处于自然状态下的社会现象,就必须善于控制自己的观察活动,尽量减少对被观察者的影响。⑤**争取被观察者的支持和帮助**。为了争取被观察者的支持和帮助,观察者应努力与被观察者建立良好的人际关系,这是一件重要而困难的事情,需要一定的调查实践以获得方法经验。最基本的方法是:其一,参与被观察者的某些活动,通过共同活动来增进了解,建立友谊,自然进入观察状态。其二,反复说明来意,解除被观察者的顾虑,使他们认识调查的重要意义和对他们的好处,起码是不会损害他们的利益。其三,尊重当地的风俗习惯和道德规范,尽量使用当地语言开展交流,注意避免说出违反禁忌的话和做出违反禁忌的事情等。其四,力所能及地对被观察者提供尽可能的帮助,增进信任和感情。其五,首先选择若干有影响、有能力的当地人进行重点调查,建立良好信任关系,然后通过他们的介绍和帮助去采访更多的人。其六,对于被观察者之间的矛盾纠纷,做到少介入、多团结,注意身份,保持中立。⑥**观察和思考紧密结合起来**。观察不是人的视觉器官对观察对象的纯客观扫描,而是以一定的目的和理论为指导、以一定的知识和经验为基础的自觉认识过程。只有目的明确、理论正确、知识渊博、经验丰富而又积极思考的人，才能获得良好的观察效果。在实地观察中，要善于把观察和思考结合起来，在观察中思考，在思考中观察，在观察中比较，在比较中观察，以捕捉尽可能多的观察材料和信息线索。⑦**制作观察工具并及时作好记录**[4]。实地观察法要做好同步的、具体的、客观的记录，以避免时过境迁而可能会忘记很多有价值的信息内容。如果不宜作同步记录，就应在观察后尽快追记。既可以根据实际需要简明地记录观察重点，也可以统一设计和制作观察记录工具，如表格和卡片等，以利于提高观察速度和质量，或者进行定量分析和对比研究。

（3）观察误差

观察误差是指实地观察过程中可能产生的错误、过失或误差等，其原因是多方面的。

就观察主体即观察者而言：第一，观察者的思想状态和认识心理。观察者的立场、态度、观点、方法和角度不同，观察同一对象的感受就会大不相同。观察者的兴趣、爱好和情绪状态等心理因素，也会对观察结果产生一定影响，从而导致观察误差。第二，观察者的生理因素和知识水平。人类感觉器官在生理上存在一定局限，同时长时间的持续观察会形成观察者的疲劳和厌倦等，导致观察能力下降，从而引发观察误差。观察者的知识水平和知识结构不同，实践经历和社会经验不同，观察问题的参照标准不同，对同一对象的观察结果就会产生差异。第三，观察者的能力因素。人的观察能力是有区别的，多数人观察能力一般，少数人观察能力很强或很弱，因而，对同一对象的观察，往往会得出不同的观察结果。

就观察客体即观察对象而言：第一，研究对象发育成熟程度不完全。由于客观事物正在发展，发育成熟度不足，其本质尚未通过现象充分暴露出来，难免使观察产生误差。第二，被观察者的反应性心理和行为。由于观察活动所引起的被观察者的反应性心理和行为，必然会造成反应性观察误差。第三，人为假象。由于社会生活存在复杂性的特点，人为的假象或多或少存在，它是造成观察误差的一个十分重要的原因[6]。

除此之外，其他主客观因素也会造成观察误差，诸如观察仪器的精确度、灵敏度，观察场所环境条件，观察角度和观察工具失灵等。

（4）优缺点

实地观察是最古老、最常用的调查方法，它既有许多优点，也有一些不可避免的缺点。

实地观察法的优点主要包括：①**直观性**。在实地观察中，观察者直接感知客观对象，它所获得的是直接的、具体的、生动的感性认识，特别是参与观察更能掌握大量第一手资料[4]。②**可靠性**。在实地观察中，观察者亲自到现场，直接观察和感受处于自然状态的事物，容易发现或认识各种人为假象，实地观察的调查结果比较真实可靠[4]。③**非介入性调查**。特别是非参与观察，它主要是观察者单方面的观察活动，一般不依赖语言交流，不与被观察者进行人际交往。因此，它有利于对不能够或不需要进行语言交流的社会现象进行调查，有利于排除语言交流或人际交往中可能发生的种种误会和干扰。简单易行，适应性强，灵活性大。可随时随地进行，观察人员可多可少，观察时间可长可短，只要到达现场就能获得一定的感性认识。

实地观察法也有一些缺点：①以定性研究为宜，较难进行定量研究。②观察结果具有一定的表面性和偶然性。③受到时间、空间等客观条件限制和约束，只能进行微观调查，不能进行宏观调查，只能对当时、当地情况进行观察，不能对历史或外域的社会现象进行观察，对于突发事件无法预料和准备，不能对保密和隐私问题开展观察等。④调查结果受到观察者主观因素影响较大，调查资料往往较多地反映出观察者的个人感情色彩。⑤难以获得观察对象主观意识行为的资料等[4]。

实地观察法尽管有种种缺点或局限性，但它却是人们获得第一手感性材料的可靠来源，是发现问题的重要途径，是建立理论假说的客观基础，是验证调查结论的有效手段。因此，实地观察是科学认识的真正起点，是社会调查最基本的方法，是一切直接调查方法的共同基础和前提[5]。在社会调查中，实地观察法往往与文献调查法等其他调查方法结合使用。

3. 访问调查法

（1）概念

访问调查法又称访谈法，是访问者有计划地通过口头交谈等方式，直接向被调查者了解有关社会调查问题或探讨相关城市社会问题的社会调查方法。

访问调查法也分为不同类型：①根据访问调查内容的不同可分为标准化访问和非标准化访问。标准化访问是按照统一设计的、具有一定结构的问卷所进行的访问，又可以称为结构式访问；非标准化访问就是按照一定调查目的和一个粗略的调查提纲开展访问和调查，又可称为非结构访问。②根据访问调查方式的不同可分为直接访问和间接访问。直接访问是访问者与被访者进行面对面的直接访谈，间接访问是访问者借助于某种工具，如电话、电脑、书面问卷等，对被访者进行访问。③根据调查对象的特点又可分为一般访问和特殊访问、个别访问和集体访问、官方访问和民间访问、一次访问和多次访问等[4]。

访问调查具有如下特点：①它是访问者与受访者面对面的直接调查；②它是通过交谈方式进行的口头调查；③它是访问者与受访者之间的双向互动调查；④它是需要一定的访谈技巧的有控制的调查。访问调查法的这些特点说明，它是比实地观察法高一个层次的调查方法，它往往能比实地观察法获得更多、更有价值的社会信息，同时也是比实地观察法更复杂、更难以掌握的一种社会调查方法[5]。

（2）访问调查过程

访谈过程，大体上可以分为接近受访者、提出问题、听取回答、引导和追询、访谈结束和再次访问、对访谈结果的整理等几个环节。要取得访谈成功，访问者必须在访谈过程的各个环节，熟练掌握和运用各种访谈技巧。

1）**接近受访者**。接近受访者必须首先考虑对方的思想、感情和心理承受能力，绝不可只图自己的简单和方便；必须以平等、友好的态度和恰当的方式去接近对方，绝不可以以"钦差大臣"的态度和简单、生硬的方式去强加于人；必须遵守道德和法律底线，绝不可采用违背社会公德、违反法律规范的方式去接近受访者。

2）**提出问题**。应注意提问的语言要求，话语应尽量简短，语言应尽可能做到通俗化、口语化和地方化，尽量避免使用学术术语和书面语言，提问速度要适中，既要使听话人听清楚，又要紧随听话者的回答及时再提出新的问题[4]。

3）**听取回答**。访谈过程中的听，应该是有效地听，主要包括三个步骤：①捕捉和接收信息。认真听取受访者的回答，主动捕捉一切有用的信息，包括各种语言信息和非语言信息。②理解和处理信息。正确理解捕捉、接收到的信息，及时作出评价或判断，舍弃无用信息，保留有用信息和存疑信息。③记忆或作出反应。记忆有用信息，并考虑对受访者的回答特别是对存疑信息作出何种反应。有效地听的过程，就是这三个步骤交替出现、循环往复的过程。

4）**引导和追询**。引导与提问不同，不是提出新问题，而是帮助受访者正确理解和回答已提出的问题。当访谈遇到障碍不能顺利进行下去或偏离原定计划的时候，就应及时引导；排除干扰和障碍，使访谈得以按预定计划发展下去[4]。

5）**访谈结束**。访谈结束应注意两个问题：一是适可而止，二是善始善终。所谓适可而止，主要是掌握两条：第一，每次访谈时间不宜过长，一般以一两个小时为宜，特殊情况则应灵活掌握；第二，访谈必须在良好的气氛中进行，良好的访谈气氛一旦破坏，就应马上结束访谈，若继续坚持访谈下去，会大大降低访问调查质量，甚至引起对方反感，影响以后的再次访问。所谓善始善终，主要是做好两件事：第一，表示感谢和友谊，即真诚感谢受访者对调查工作的支持，感谢从对方身上学到的知识，同时表示愿意为被访者提供力所能及的帮助等；第二，为以后的调查做好铺垫，即表示今后可能还要登门请教。如果第一次访谈没有完成任务，就应具体约定再次访问的时间、地点，最好简要说明再次访谈的主要内容，以便对方做好思想和材料准备[4]。

6）**再次访问**。如果访问调查过程由于受到时间、环境或者被访者访谈的主客观因素局限被迫终止，而调查任务尚未完成，这就可能要再次访问[4]。如果在访

图 12-1 社会调查中的访问
资料来源：作者自摄．

谈过程中发现了新的情况和新的问题需要深入调查，而调查人员尚未对此做好充足准备，这也可能导致再次访问。除此之外，典型调查往往需要对重点调查对象进行多次访问，缺乏经验的调查人员对于相对复杂的调查课题也需要进行多次的访问。

7）**访谈结果的整理**。访谈结束应及时将访谈内容逐字逐句转录成文字，制定相应的指标体系，根据指标体系找出特征，并进行评分，结合评分者信度，最后录入数据，进行统计处理（图 12-1）。

（3）访谈化设计

访问调查前应科学设计访问提纲，包括详细的问题及其询问方式、问题的顺序安排等。如果是标准化访问，应该设计统一的访问提纲和问卷。设计调查提纲同时包括学习和了解与调查内容相关的各种知识，便于访问时具有较多的素材以提高访谈兴趣和被访者的积极性。访问提纲应对访问调查中可能会出现的各种有利和不利情况进行预测，并设计必要的应对措施。

在设计访谈提纲时应注意：①详细说明访谈目的与变量，如网络游戏对大学生的影响，可能涉及学习、人际关系、心理状态等方面；②访谈问题形式的设计，包括封闭式问题和开放式问题；③具体访谈问题的编制，如问题要清楚明确、不含糊、不模棱两可，文字表述要适合对象的文化程度和知识经验水平，避免使用术语等；④对于一些问题的说明要统一，每一个具体的提问要集中在一个单一的变量或问题上，避免引导性的问题，避免使用奉承性的问题；⑤访谈前的准备工作，包括充分熟悉访谈问卷的内容，带齐所需的有关材料（文字说明、单位介绍信、各色笔、录音机等），尽可能了解访谈对象，选择好合适的访谈时间和地点，认真挑选访谈人员并对其进行培训等。

（4）访问调查法的优缺点

访问调查法具有以下优点：①**应用范围广**。访问调查法的应用范围相当广泛，既可以了解当时当地正在发生的情况，也可以询问过去或其他地方曾经发生过的事情，既可以了解事实和行为方面的问题，也可以询问观念、感情方面的问题。同时，访问调查适用于各种调查对象。②**易于深入探究和讨论**。访问调查是访问者和被访者思想互动的交流过程，既可以了解被访问者的态度、看法，也可以深入询问其产生这些态度、看法的原因。这样不仅便于了解比较复杂的社会现象，而且能够深入探讨社会现象的因果联系和内在本质，深入研究改造社会的道路和方法，利于把调查和研究结合起来。③**调查过程可以控制和把握，具有灵活性**。访问调查是面对面的直接调查，它可根据访问对象和访谈过程的具体情况，采取灵活多样的方法，有针对性地做工作，排除各种可能出现的干扰，能有效控制访谈过程。④**提高调查的成功率和可靠性**。访问调查法是面对面的口头调查，当受访者对问题不理解或有顾虑时，访问者可以及时引导和解释。而当访问者的回答不完整、不准确时，访问者可以当面引导或追询。另外，在访谈过程中，访问者还能获得许多非语言信息，这些也有利于提高调查的质量和成功率。

访问调查法也存在一些缺点：①**主观影响较大**。访问调查的结果和质量，在很大程度上取决于访问者的素质，取决于受访者的合作态度和回答能力。②**不能匿名**。有些问题不能或者不宜当面询问。对于敏感性、尖锐性、保密性和隐私性问题，访问者不能或不宜当面询问，或者是被访者不愿当面回答或不可能真实回答，这都会对访问调查产生不利影响[5]。③**调查材料和信息的准确性有待查证**。访问调查是口头调查，调查所获得的都是一些口头信息，它们的真实性和准确性都还有待证明。因此，对于访问调查的结果，特别是那些重要的事实和数据，一般都需要检验、查证或核实。④**访问调查费人力、费财力、费时间**。访问调查一般都需要较多的访问人员，需要专门培训。访问时，还要动员对象所在单位和访问对象给予合作，访谈过程还要花费更多的时间。访谈调查费人、费时，就必然费钱。

访问调查尽管有种种缺点，但它与实地观察法一样，都是一种基础性的调查方法，社会调查的一些其他方法，如集体访谈法、德尔菲法、问卷调查法等，实质上都是访问调查法的延伸和发展。

4. 集体访谈法

（1）概念

集体访谈法即开调查会，就是调查者邀请若干受调查者，通过集体座谈方式了解社会情况或研究社会问题的调查方法[4]。它与访问调查法的区别在于，它所访问的不是一个一个的受访者，而是同时访问若干个受访者；它不是通过与个别受访者的单独交谈来进行调查，而是通过与若干受访者的集体座谈来进行调查[7]。因此，

图12-2 社会调查中的集体访谈

资料来源：深圳商报.为服务打开新局面！新阁社区开展2021年度长者需求焦点访谈小组[EB/OL].（2021-03-03）[2021-11-09].http://duchuang.sznews.com/content/2021-03-03/content_24014907.html.

集体访谈过程，是若干个受访者之间互相影响、互相作用的过程，要取得集体访谈的成功，调查者不仅要有熟练的访谈技巧，而且要有驾驭调查会议的能力。

集体访谈法根据调查目的，可分为以了解情况为主的调查会和以研究问题为主的调查会；根据调查内容，可分为综合性调查会和专题性调查会；根据会议规则，可分为讨论式调查会和各抒己见式调查会；根据调查方式，可分为口头访谈式调查会和书面咨询方式调查会。

集体访谈法具有全面搜集信息、深入探讨问题、集体建构知识、研究访谈过程和提高调控能力等功能（图12-2）。

（2）计划和执行

由于集体访谈参与人员较多、会议时间有限，召开会议很不容易，因此应提前做好会前的各项准备工作。主要包括：①**明确会议主题与规模**。会议的主题要明确、集中，应该是与会者共同关心和了解的问题，应该有利于形成会议中心。会议规模主要取决于调查内容的需要和调查者驾驭会议的能力，但同时为了避免"开陪会"的现象发生，集体访谈会议的规模应当恰当，一般以5~7人为宜，参加人数较多的情况下，可以控制在8~12人，但一般不超过15人。②**设计调查提纲**。调查者应当认真考虑会议的具体内容，包括应该了解和可能了解的内容，都应列入调查提纲，并按照调查提纲的计划要求具体指导访谈会议的组织进行。③**选择和接洽参会人员**。一般来讲，参加集体访谈会议的人员，应该是具有代表性和典型性的人、了解情况的人、干预发表见解的人、互相信任和有共同语言的人，他们在学历、经验、家庭背景等各方面情况应尽可能相近。为了使参会人员增加互信，减少疑虑，可采取对不同类型的人分别召开不同会议的方法进行调查，以及事先了解一下参会人员的个人问题，避免触及个人隐私而造成被动局面。为了提高会议效率，取得较好的调查效果，应尽可能首先征得被邀请者同意，然后再发出正式邀请。争取在会议正式召开之前，将会议的具体内容、会议要求和参会人员名单等告诉全体与会人员，同时提醒他们做好参加会议的思想准备和材料准备等。参会人员的筛选特别重要，也比较难，通常要在需要调查的总人数的基础上增加20%~30%的样本量以弥补临时出现的空缺。④**安排会议时间和地点**。会议时间应该比较充裕，使参会人员感到合适。会议地点应该方便参会人员到达，同时环境应该比较安静，有利于大家以轻松愉快的心情参与访谈。⑤**会议组织分工协调**。对于会议的主持、会议记录和会议服务等组织工作内容，应由具体人员承担，分别落实责任，从而保障会议的有效开展[4]。

会议主持人需要具备以下基本素质：①**坚定中带有和善**。会议主持人应以不偏不倚的超脱的态度理解对方并有感情地进行。②**容许心**。主持人必须容许小组出现兴奋点或主题不集中的情况，但必须有所控制。③**鼓励介入**。主持人必须鼓励和促进较热情的个别参会人员介入，尤其是鼓励不发言的成员积极参与。④**灵活、敏感**。主持人必须对小组访谈中出现的问题进行灵活处理。此外，主持人还必须满足年龄要求、性别要求、专业要求、形象要求等，主持人在主持前必须注意与委托方事前沟通好一切问题。

在实施集体访谈调查过程中，会议主持人需对会议进行正确的引导和有效控制，以保证会议按照访谈计划顺利进行，主要包括：打破短暂沉默，活跃访谈气氛，把握会议主题，开展平等对话，做好会议记录，适时结束会议等。

在集体访谈结束后，应当及时做好各项后续工作，主要包括：整理会议记录，总结分析会议情况，查证有疑虑的数据和问题，开展补充调查等。调查会的结束，并不意味着调查工作的结束，实践证明，及时做好调查会后的各项工作，对于巩固和发展调查会成果具有重要意义。

（3）集体访谈法的优缺点

集体访谈法具有如下优点：①简单易行，对于被调查人员的要求较低，比如适用于文化程度较低的调查对象；②工作效率高，能够一次对若干个被调查者进行调查，能够获得较多的社会信息，有利于节约人力、财力、物力和时间；③集思广益，参会人员可以互相启发，互相补充，互相核对，互相修正，可以广泛、真实地了解情况；④有利于对访谈过程进行有效的指导和控制，有利于将调查情况和研究问题结合起来，把认识问题和探索问题解决方法结合起来等[4]。

集体访谈法同样存在缺点：①对访谈会议的组织和驾驭要求较高，对于集体访谈会议的时间、地点安排，在参会人员之间的协调比较困难。②被调查者之间容易相互影响，一些演讲口才能力比较好的人、职位较高或权威较大的人往往会垄断会议发言。③往往由于受到时间的局限，对于比较复杂的问题，难以进行详细、深入的交谈。由于时间和场所的限制，被调查者不能够完全充分地发表个人意见等。④城市社会的有些问题不宜集体访谈。如某些敏感性、威胁性、保密性和隐私性的问题，就不宜在调查会上交谈。集体访谈法只有与其他调查方法配合使用，才能取得更好的调查效果[4]。

5. 头脑风暴法与反向头脑风暴法

头脑风暴法是按照一定规则召开的鼓励创造性思维的一种会议形式[4]，主要规则包括：

1）会议主持人简要说明会议主题，提出讨论的具体要求，并严格规定讨论问题的范围。

2）鼓励参会人员自由发表意见，但不得重复别人的意见，也不允许反驳别人的意见，从而形成一种自由讨论的气氛，激发参会人员创造性思维的积极性。

3）支持参会人员吸取别人的观点，不断修改、补充和完善自己的意见。

4）鼓励参会人员在综合别人意见的基础上，提出自己的新想法。

5）要求修改或补充自己的想法的人具有优先发言权。

6）会议主持者、高级领导人和权威人士，在会议结束时方能发表自己的意见或表示自己的倾向，从而避免其妨碍会议的自由气氛。

头脑风暴法有利于自由发表意见，充分发扬会议民主；有利于各种不同观点互相启发，互相借鉴和互相吸收；各种意见在讨论中得到不断修改、补充和完善，从而走向成熟。头脑风暴法对于鼓励创造性思维具有积极作用。

反向头脑风暴法是对已经形成的设想、意见和方案等进行可行性研究的一种会议形式[4]。其规则是：参会人员对已提出的设想、意见和方案等，禁止进行确认论证，而只允许提出各种质疑或批评性评论。

反向头脑风暴法质疑和评论的内容是：论证原设想、意见和方案不能成立或无法实现的根据，说明要实现原设想、意见和方案可能存在的种种制约因素，以及排除这些制约因素的必要条件等。

反向头脑风暴法的程序是：对已经形成的设想、意见和方案提出疑问或批评性评论，直到没有可质疑或批评的问题为止；对各种质疑和批评意见进行归纳、分析、比较和评估；最后形成一个具有可行性的具体结论。

6. 问卷调查法

（1）概念

问卷调查法又称问卷法，它是调查者运用统一设计的问卷向受调查者了解情况或征询意见的调查方法。问卷调查法与访问调查法有密切联系，都是通过受调查者的回答来了解情况或征询意见，但相比两者，又有许多不同的特点，见表12-1。

按照问卷填答者的不同，问卷调查可以分为自填式问卷调查和代填式问卷调查。自填式问卷调查中，按照问卷传递方式的不同，可分为报刊问卷调查、邮政问卷调查、网络问卷调查和送发问卷调查；代填式问卷调查中，按照与受调查者交谈方式的不同，可分为访问问卷调查和电话问卷调查[6]。以上各种问卷调查方法各有利弊，简要概括见表12-2。

问卷调查与访问调查比较　　　　　　　　　　　　　　　表 12-1

比较项目	问卷调查	访问调查
是否标准化	标准化调查，按照统一设计的有一定结构的问卷进行调查	分为标准化访问和非标准化访问两类
直接或间接	间接调查，调查者不与被调查者直接见面，问卷由被调查者填写（代填式、面对面访谈式问卷调查除外）	直接调查，访问者与被访者面对面直接进行调查
定性或定量	以定量调查为主，通过样本统计量推断总体	以定性调查为主，不存在从数量上推断总体的问题
提问方式	调查者书面提出问题，被调查者书面回答问题	通过交谈方式提出和回答问题
调查对象的选取	抽样调查，调查对象通过抽样方法选取，调查对象较多	根据需要选取调查对象（非抽样方法），调查对象较少

各种问卷调查方式优缺点比较　　　　　　　　　　　　　　表 12-2

项目	自填式问卷调查				代填式问卷调查	
	报刊问卷	邮政问卷	网络问卷	送发问卷	访问问卷	电话问卷
调查范围	很广	较广	很广	窄	较窄	可宽可窄
调查对象	难以控制和选择，代表性差	有一定的控制和选择，代表性难以估计	难以控制和选择，代表性较差	可控制和选择，但过于集中	可控制和选择，代表性较强	有一定的控制和选择，代表性可能较强
影响回答的因素	无法了解、控制和判断	难以了解、控制和判断	无法了解、控制和判断	有一定的了解、控制和判断	便于了解、控制和判断	不太好了解、控制和判断
回复率	很低	较低	中等	较高	高	不稳定
回答质量	较高	较高	较高	较低	不稳定	不稳定
调查人员	较少	较少	很少	较少	多	较多
调查费用	较低	较高	很低	较低	高	较高
调查时间	较长	较长	较短	短	短	较短

（2）问卷的结构与设计

问卷的一般结构包括卷首语、指导书、问题和回答方式、编码、结束语和其他资料六个部分：①**卷首语**，是问卷调查的自我介绍信，又称为封面信，内容应包括调查的目的、意义，调查的主要内容，选择受调查者的途径和方法，调查的匿名和保密原则，调查的单位名称和时间，调查单位的联系人和联系方式等。②**指导书**，是告诉受调查者如何正确填写问卷的指导书，它的内容包括填写问卷的方式，对受调查者的希望和要求，填写问卷时应该注意的问题，回复问卷的时间等。③**问题和回答方式**，是问卷的主体部分，一般包括调查所要询问的问题、回答问题的答项和方式，以及对回答方式的说明等。④**编码**，就是把问卷中询问的问题和受调查者回答的答项，转变为英文字母和数字，以便录入计算机并对问卷数据进行处理。⑤**结束语**，特别是自填式问卷，往往有一个结束语，简短的几句话，对受调查者的合作表示真诚感谢，也可以顺便征询一下受调查者对问卷设计和问卷调查的看法。⑥**其他资料**，包括问卷名称，受访者的地址、单位和问卷编号，访问开始时间，访问结束时间，访问完成情况，访问员、审核员、录入员姓名以及他们的看法或意见等。这些资料是审核和分析问卷的重要依据，应该认真填写。

调查问卷的设计一般应掌握几条原则：①**目的性原则**，即必须围绕调查目的和研究假设设计询问的问题；②**客观性原则**，即设计的问题必须符合调查对象的客观情况；③**相称性原则**，即设计的询问问题必须与调查主题相对称；④**可能性原则**，即必须充分考虑被调查者的知识水平和回答能力等；⑤**自愿性原则**，即必须考虑受调查者是否自愿真实回答问题。

调查问卷的设计一般应遵循四个步骤：①**做好准备工作**。一是根据调查主题、目的和研究假设确定问卷纲要；二是通过多种途径了解受调查者各方面的基本情况；三是研究相关问卷，为设计调查问卷作参考。②**设计问卷初稿**。通常采用两种方法，一是卡片法，即将设计出的每个问题写在一个卡片上，然后按照问题内容、日常习惯、心理反应和填答方便等对卡片进行分类、排序、整理；二是框图法，是先有框架，再有具体问题，与卡片法相反。③**评审和试调查**。问卷初稿设计好后，一般都应该经过主观评审（请相关领域专家对问卷进行评审，请其提出批评、修改、补充意见）和客观调查（对某些有代表性的调查对象进行试调查，并从中发现问题）的检验。④**修改和定稿**。根据主观评审意见和客观调查检验出来的问题，对问卷进行修改和补充，形成较为完善的调查问卷后才能最后定稿。

对一些答项及其填写说明的设计，一般应满足以下几点要求：①**相关性**，即设计的答项必须与询问的问题具有直接相关关系；②**同层性**，即设计的答项必须具有相同层次关系；③**完整性**，即设计的答项应该是穷尽一切可能的答项，起码是一切主要的答项；④**互斥性**，即设计的答项必须是互相排斥的；⑤**准确性**，即设计的答项必须准确，有时还必须有统一的计算方法；⑥**可能性**，即设计的答项必须是受调查者能够回答、也愿意回答的。

问卷设计中常见的错误有问题含糊、概念抽象、问题带有倾向性、问题欠考虑、双重含义问题、问题与答案不协调、答案设计不合理以及语言雕琢问题等。另外，问卷太长、问题太多、封面信中对调查介绍不清楚、语言过于专业繁琐、校对检查不够等也是问卷调查中经常出现的问题，在实施问卷调查前，应该认真仔细检查好问卷的每一个部分，避免犯此类错误[8]。

（3）问卷调查的实施

问卷调查的实施有许多不同的特点，但进行问卷调查也要遵循一定的程序来进行。问卷调查的一般程序是：设计调查问卷，选择调查对象，分发问卷或开展调查，回收问卷并审查问卷。然后，再对问卷调查结果进行统计分析和理论研究。

在代填式问卷调查特别是访问问卷调查中，调查员是研究者与受调查者联系的中间环节，调查员的素质和工作状况对调查工作成败、调查质量高低往往起决定性作用。因此，认真做好调查员的培训和督导工作，是搞好这类问卷调查的重要环节。

（4）问卷调查法的优缺点

问卷调查法具有如下优点：①**范围广泛**。问卷调查法的最大优点是突破了时空限制，在广阔的范围内对众多调查对象同时进行调查。②**定量研究**。问卷调查的另一突出优点是便于对调查结果作定量研究。③**匿名性强**。由于调查者与受调查者不直接见面，回答的问卷不署名，这有利于调查者询问那些不宜当面询问的敏感问题、尖锐问题和隐私问题。④**方便易行**。在问卷调查中，被调查者不必当面回答问题，调查者不必花费较多时间来接触被调查者，被调查者可以对问题进行从容思考后再填写[4]。⑤**排除干扰**。问卷调查是间接的书面调查，在很大程度上排除了人际交往中误会或偏见的干扰。⑥**省时、省力、省钱**。问卷调查法具有很高的效率，可以以较小的投入成本来获取较多的社会信息[4]。

问卷调查法同样存在一些缺点：①**缺乏生动性和具体性**。问卷调查法大多只能获得书面的社会信息，难以了解到生动具体的社会现实情况，特别不适宜对新情况、新问题和新事物等调查者无法预计的问题进行调查和研究。②**缺乏弹性，难以定性研究**。问卷调查其所询问的问题、提供的答案大多是统一、固定的，很少有伸缩余地，难以发挥被调查者的主动性和创造性，难以适应复杂多变的实际情况，也难以对某一问题开展定性研究或深入探讨[4]。③**被调查者合作情况无法控制**。问卷调查的互动性和交流效果较差，调查者无法做到有效控制和适当把握，调查结果的真实性、可信度等难以测量。④**问卷回复率和有效率较低，且质量欠佳**。问卷调查中有些受调查者任意打钩、画圈或是在从众心理驱使下按照社会主流意识填答，这都会使调查真实性大打折扣。

问卷调查法是访问调查法的延伸和发展。问卷调查法尽管是一种适应现代社会需要的高效率的社会调查方法，但是它仍然存在着许多为其自身特点所决定的缺点或局限性。因此，问卷调查法不能代替其他社会调查方法，正如其他社会调查方法不能代替问卷调查法一样。

12.2 社会调查分析和报告编制

通过社会调查所获得的大量第一手资料，只是粗糙、表面和零碎的材料，尚不能够直接作为社会调查结论的依据，需要经过检验、整理、统计分析和理论分析等研究过程，才能最终为调查结论的得出提供科学的依据[4]。

12.2.1 资料整理

资料整理就是根据调查研究的目的，运用科学方法，将社会调查所获取的资料进行审核、检验、分类、汇编等初步加工，使其更加系统化和条理化，以简明集中的方式反映调查对象的总体情况的工作过程。整理资料是研究资料的基础，是城市社会调查的研究阶段工作的正式开始[4]。

1. 意义与原则

资料整理的意义在于：

1）是提高调查资料使用价值的必要步骤。因为运用各种调查方法获得的调查资料往往是分散的、零乱的，而且难免会出现虚假、差错、短缺和冗余等现象。这些资料根本无法直接运用于研究工作，必须首先对这些资料开展全面的检查和整理，区分资料的真假和粗精，以保证资料的真实、准确和完整，必要时还应继续开展补充调查等。通过整理工作，调查资料的质量和使用价值就会大大提高。

2）是研究资料的重要基础。在正式开展研究工作之前，认真鉴别和整理调查资料，坚决纠正或淘汰各种不合适的资料，把各种资料的差错消灭在统计分析和理论分析之前，从而有利于研究阶段工作的顺利开展，并获得正确的调查研究结论。

3）是保存资料的客观要求。认真整理社会调查的原始资料，不仅是进行研究工作和得出调查结论的客观依据，也有利于社会调查资料的长期保存。实践证明，真实、准确、完整的调查资料，往往具有长久的研究价值，而且随着时间的推移，其价值越来越大。

如果说调查阶段是认识的感性阶段，研究阶段是认识的理性阶段，那么，整理资料则是从调查阶段过渡到研究阶段、由感性认识上升到理性认识的一个必不可少的中间环节[4]。

资料整理的主要原则如下：

1）真实性原则。整理所得的资料，必须是真实、准确、实事求是的，不能够是虚假、主观杜撰或自相矛盾的[4]。

2）准确性原则。整理后的资料，事实要清楚，数据要准确。如果整理出来的资料事实含混不清，数据互相矛盾，那么就不可能得出科学的结论。对准确性的要求应该从实际出发，以能说明问题为原则，并不是越精确越好。

3）完整性原则。整理资料应该尽可能全面、完整、客观、真实地反映出调查对象的全貌[4]。

4）统一性原则。整理出来的资料要统一，包括调查对象要统一，调查指标及其操作定义要统一，调查数据的计算公式、计量单位要统一，调查结果表现形式要统一等。

5）简明性原则。整理所得资料应尽可能系统化和条理化，以简明、集中的方式清晰地反映出调查对象的总体状况[4]。

6）新颖性原则。整理资料时，应尽可能采用新观点、新视角和新思维来审视资料、组合资料，善于从调查资料中发现新情况、新问题、新思路，从而为创造性研究打下基础[4]。

2. 定性资料整理方法

定性资料是研究者从实地研究中所得到的各种以文字、符号表示的观察记录、访谈笔记以及其他类似的记录材料，其来源一般有两个：一是实地调查与访问资料，二是文献资料。定性资料的来源不同，整理方法就会有所不同，但一般都要经过审查、分类、汇编等程序[1]。

审查就是通过仔细推究和详尽考察的方法，来判断、确定定性资料的真实性、可靠性与合格性。定性资料的真实性审查，包含定性资料本身的真实性审查和定性资料内容的可靠性与合格性审查。定性资料的合格性审查，即其适用性审查，主要是指审查定性资料是否符合原设计要求[4]。

分类就是按照科学、客观、互斥和完整的原则，根据定性资料的性质、内容或特征，把相异的资料区分开来，把相同或相近的资料合并为同一类的过程。通过分类，可以使定性资料条理化、系统化，为找出规律性的联系提供依据。

汇编就是按照完整、系统、简明、集中的原则，根据调查的目的和要求，对分类之后的资料进行汇总和编辑，使其更加清晰明了地反映出调查对象的总体情况。具体任务是：根据调查目的、要求和调查对象的具体情况，确定合理的逻辑结构，使汇编后的资料能够说明调查所要说明的问题，进而对分类资料进行初步加工[4]。

3. 定量资料整理方法

定量资料是研究者从社会研究中用计量方法测量某项指标所获得的数值材料。定量资料的整理，一般要经过检验、分组、汇总、制作统计表和统计图等步骤，它是统计分析的基础。

检验就是检查、验证各种统计定量资料是否完整和正确。定量资料的完整性检查，主要是检查应该调查的单位和每个单位应该填报的表格是否齐全，是否有遗漏单位或遗漏表格现象；检查每张调查表格的填写是否完整，是否有缺报的指标或遗漏内容等。定量资料的正确性检验，就是查看定量资料的内容是否符合实际，计算方法是否正确等，其正确性检验主要采用经验判断、逻辑检验、计算审核等方式来进行[4]。

分组就是根据调查对象的某些特征或标志把有关数据划分为不同的类别或组成部分。分组应该坚持以研究目的为依据，以客观实际为基础，以界限明确为要求，以穷尽性和互斥性为原则。分组的目的在于，反映各组事物的数量特征，考察总体内部的构成状况，研究总体内各组成部分的相互关系等。分组的一般步骤是：选择分组标志，确定分组界限，编制变量数列。

汇总就是根据社会调查和统计分析的研究目的把分组后的数据汇集到有关表格中，并进行计算和加总，以集中、系统的形式反映调查对象总体的数量情况。汇总可采用手工汇总和计算机汇总两种方法[4]。现在，大多是在 SPSS、Excel、dBASE 等统计软件上直接登入统计资料、建立数据文件，然后再进行汇总计算。

制作统计表和统计图就是将汇总的数据通过表格或图形表现出来。统计表以表格形式反映变量的数值分布，是表述统计资料数量特征及关系的主要形式，具有系统、完整、简明、集中的特点，便于查找、计算和开展对比研究等。统计图是根据统计数据绘制的图形，用以反映统计对象的数量特征，具有形象、生动、直观、概括、活泼和醒目等特点，具有较强的吸引力和说服力。统计图可分为几何图、象形图、统计地图和复合图等多种类型[4]。

12.2.2 统计分析

统计分析是定量研究不可缺少的环节和重要内容。要科学地进行统计分析，必须正确认识统计分析的目的、原则、过程、层次等问题，掌握描述统计和推断统计、单变量统计分析、双变量与多变量统计分析等基本方法。此外，随着计算机的广泛使用，统计分析一般都要借助统计软件完成，因此还必须初步了解计算机统计软件的知识与技能。

统计分析就是运用统计学原理和方法处理调查所获得的数据资料，简化和描述数据资料，揭示变量之间的统计关系，并进而推断总体的一整套程序和方法。统计分析中必须坚持科学性原则、规范性原则和效益最大化原则来处理数据。问卷调查的统计分析，大致要经过数据录入、数据清理、数据预处理和数据统计分析这四个过程。

统计分析按照不同标准划分为不同层次，从统计分析的性质来看，可分为描述统计和推断统计；从统计分析涉及变量的多少，可分为单变量统计分析、双变量统计分析和多变量统计分析[4]。

1. 描述统计与推断统计

描述统计是关于样本的统计分析方法，它的分析结果是样本统计量。描述统计是相对推断统计而言的,凡是只对样本数据作分析而不涉及推断总体的统计分析都属于描述统计。描述统计的内容,包括单变量、双变量和多变量等几种层次的统计分析。

推断统计是运用样本统计量对总体进行推断的一种统计分析方法,是以概率理论为基础的。一般来说,社会调查的目的都是要通过对样本的调查来了解总体,因此,社会调查的统计分析中,一般都要运用到推断统计方法。推断统计的必要前提是,样本必须来自随机抽样调查,只有运用随机方法抽取的样本,其样本统计量才具备推断总体的资格。推断统计有两种基本形式,即参数估计与假设检验。参数估计,就是运用样本统计量对总体参数进行推断或估计的统计过程与统计方法,包括点值估计与区间估计两种方法。假设检验是以抽样分布原理为基础,检验调查样本中的统计特性是否在总体中同样存在的一种统计方法。它是推断统计中最重要也是最常用的方法。假设检验与参数估计一样,都是从样本出发来推断总体,但两者又存在着区别,参数估计是用具体的样本统计量(如平均数、标准差、百分比等)来推断总体参数,而假设检验则是检验样本中的事实、关系在总体中是否也存在。

描述统计与推断统计是密不可分的。描述统计是推断统计的基础和前提,只有在描述统计求出了样本统计量的基础上,才能推断总体参数或进行假设检验,推断统计是描述统计的深化和发展[4]。

2. 单变量统计分析

单变量统计分析包括频数分布与频率分布、集中趋势分析、离散趋势分析以及单变量推断统计分析。

单变量的频数分布是指在统计分组和汇总的基础上形成的各组次数的分布情况,通常以频数分布表的形式表达。所谓频率分布是指资料分组中,各组的频数相对于总数的比率分布情况。频数分布表的作用主要有两个方面:一方面简化功能,即它能将调查所得的庞杂的原始数据,以十分简洁的统计表的形式反映出来;另一方面的作用是认识功能,即通过频数分布表,可以清楚地了解到现象总体内部的结构、差异以及发展变化的状况。同时,它还是下一步对调查资料进行统计分析的基础[4]。

集中趋势分析是指用一个具体的统计量反映一组数据向该统计量集中趋势的统计方法,它所表示的是一组数据集中的程度或水平。集中趋势有平均数、中位数、众数、四分位数、百分位数以及倒数平均数、几何平均数等,常用的有平均数、中位数和众数。

对统计数据规律性的研究,可以从两方面进行,集中趋势反映的是各变量值向其中心值聚集的程度,而各变量值之间的差异状况就需要考察数据的离散程度[4]。数据的离散趋势反映的是分布的差异程度,它是数据分布的另一重要特征。离散趋势用离散量数来表示,离散量数是表示一组数据变异程度或分散程度的量数。离散量数越大，表示数据分布范围越广，越不集中，越不整齐；反之，离散量数越小，表示数据分布范围越集中，变动程度越小。离散量数有多种，如方差、标准差、全距、四分位差、异众比率、离散系数、偏度系数等。其中常用的是方差、标准差、全距、异众比率和偏度系数。

单变量分析中的统计推断主要有总体平均数的参数估计、总体比率的参数估计和总体方差的参数估计，以及总体均值的假设检验、总体比率的假设检验和总体方差的假设检验这几种类型。

3. 双变量与多变量统计分析

对社会现象之间的联系进行定量分析，涉及变量之间的关系问题。对变量关系的统计分析，分双变量统计分析和多变量统计分析。双变量统计分析只涉及两个变量，是最简单的变量关系分析，分为相关分析和因果分析两种形式。多变量分析涉及 3 个或 3 个以上的变量，其分析方法更为复杂。双变量分析是多变量分析的基础，只有学会双变量分析方法，才能更好地掌握多变量分析方法[4]。

双变量分析中，相关分析是指在双变量或两个以上变量之间不存在严格的数量关系，只表现为不同程度的联系；彼此之间存在着一种伴随变动状态，并无因果关系。依据划分标准不同，可分为不同的相关关系。按相关关系的程度，可分为零相关、低度相关、显著相关、高度相关和完全相关；按照相关关系涉及的因素的多少，可分为单相关和复相关；按照相关关系的表现形式，可分为直线相关和曲线相关；按照相关关系的性质，可分为正相关、负相关、零相关。相关统计量是概括两个变量相关程度的数值，相关统计量有各种不同的测算方法，但无论哪一种测算方法，相关统计量的取值都大体一致，取值范围一般都是在 0~1 之间或 –1~+1 之间。相关统计量的绝对数值越大，则表示现象之间的相关程度愈大；相关统计量的正、负号，代表了现象连同发生或共同变化的不同方向。

双变量分析中，常用到交互分类表。交互分类表就是指将两个变量按其变化类别的次数进行交互分配的统计表。由于表内的每一次数都同时满足两个标志的要求，又称为条件次数表或列联表。要计算相关统计量，首先要做交互分类表。

若双变量之间存在必然的因果关系，对这种关系进行统计分析的方法，称为回归分析法。这种情况下，事物之间有完全确定性关系，即变量之间存在一种严格的数量上的关系，而且有自变量和因变量之分。回归分析是通过一个数学方程式反映现象之间数量变化的一般关系的一种统计分析方法，一般分为直线回归分析和非直线回归分析。回归分析与相关分析的研究对象都是社会现象之间的相关关系，相关分析的重点在于确定事物之间相关的方向及其密切程度，即通过计算相关统计量来测定；而回归分析则着重确定社会现象之间量变的一般关系值，建立变量间的数学关系式[4]。

多变量统计分析，又称为多元统计分析，是当代统计学发展最迅速、最活跃的领域，新的多变量统计分析方法不断涌现，并迅速应用到包括社会调查研究的各个领域。常用到的多变量统计分析方法有：多变量相关分析、多元回归分析、多元方差分析、因子分析、对数线性模型分析、结构方程模型分析与多层线性模型分析等。

关于社会调查统计分析使用的软件很多，SPSS 是当今世界上公认的名声最大、流行最广的统计分析系统之一。此外，还有 Excel、SAS、BMDP、SYSTAT、STAT、Statistica、LISREL、AMOS、URPMS 等，都是比较流行的统计分析软件[4]。

4. 定性资料的分析

定性资料具有来源多样、形势无规范、不同阶段具有变异性的特点，定性资料的分析是对社会现象的描述，对经验现象进行概括，并提出尝试性理论解释。定性资料分析的基本过程包括初步浏览、熟悉、审核资料，阅读编码（资料整理阶段），分析抽象这三个过程。

定性资料分析的方法有：举例说明法、比较分析法、连续接近法。①**举例说明法**，是用经验证据来说明和解释某种理论，实际上是对已有理论寻找合适的经验证据的方法。一是研究者列举个案或现象来表明理论模型可以说明、揭示某种特定的个案、现象；二是列举多个不同个案，说明理论可适用于多种不同个案情况。②**比较分析法**，是从先前已有的理论或从归纳中发展出相关的规律或关系模型的思想，然后研究者将注意力集中在少数规律上，用其他替换的解释与之进行比较。在此基础上，进一步考察那些不限于某一特定背景（特定时间、地点、群体）的规律性[2]。③**连续接近法**，是通过不断地反复和循环的步骤，使得研究者从开始是一个比较含糊的观念以及杂乱、具体的资料细节，到达一个具有概括性的综合分析的结果。这里的反复和循环，指一种从理论和假设出发，通过阅读资料寻找证据，分析概念对资料的拟合程度，同时对经验证据进行抽象概括，创造新的概念或修正原来的概念。然后再从资料中收集新的证据，解决第一阶段尚未解决的问题，或修正原来的理论。不断重复直至达到较为完善的理论[2]。其他分析定性资料的方法还有事件结构分析法、时间（空间）分布分析法、流程图分析法、多重分类程序法等。

定量资料分析方法与定性资料分析方法的区别：①分析程序与技术的标准化程度不同；②资料分析的开始点不同，后者贯穿研究的过程，前者是一个特定阶段；③与社会理论的关系上不同，前者多用于检验理论或假设，后者多用于建构理论；④分析的方式和所用的工具不同[2]。

12.2.3 理论分析

理论分析指调查者运用科学思维方法，依据调查过程中获得的经验材料和已有的知识，按照逻辑的程序和规则，对整理和统计分析后的文字资料和数据资料进行研究，并得出结论，形成社会调查成果的抽象思维活动。社会调查是从感性认识入手来研究社会现象的，但社会调查不能停留在对社会现象的经验描述上，必须借助理论思维，透过事物的表面和外部联系来揭示事物的本质和规律。理论分析不仅存在于社会调查的总结阶段，在社会调查的其他阶段和环节上，也离不开理论思维的帮助。在调查的总结阶段，理论分析的具体作用主要是：首先，对统计分析的结果作出合乎逻辑的理论解释；其次，结合统计分析的结果从理论上对研究假设进行检验和论证；再次，由具体的、个别的经验现象上升到抽象的、普遍的理性认识；最后，根据理论分析的结果，提出研究结论，并解释研究成果。

在社会调查中经常用到的科学思维方法有：比较法、分类法、综合法、分析法、矛盾分析法、系统分析法、因果关系分析法、结构—功能分析法和创新思维法等。

1）**比较法**，是确定认识对象之间相异点和相同点的思维方法。比较是对调查资料进行理论分析的最常用、最基本的方法。世界上没有绝对相异的事物，也没有绝对相同的事物，事物之间的差异性和共同性，是比较法的客观基础。比较方法是通过对各种事物或现象的对比，发现其共同点和不同点，并由此揭示其相互联系和相互区别的本质特征。

2）**分类法**，是根据认识对象的相异点或相同点，将认识对象区分为不同类别的思维方法。即在大量观察或定量描述的基础上，对各种具体社会现象进行辨别和比较，发现它们的共同特征和性质，加以概括，然后根据事物的某种标志进行分类。要进行各种类型的比较，就要先对事物进行分类和建立类型。

3）**综合法**，是在思维中把对客观事物各个要素、各个部分、各个方面分别考察后的认识联结起来，然后再从整体上加以考察的思维方法。任何客观事物都是由各个要素、部分或方面构成的统一整体，要完整地认识事物，就必须在分析的基础上加以综合。分析不是目的，而只是深入认识事物的一种手段，只有在分析的基础上通过综合形成的对于客观事物的整体认识，才能达到思维的目的。

4）**分析法**，是在思维中把客观事物分解为各个要素、各个部分、各个方面，然后对分解后的各个要素、部分、方面逐个加以查考或研究的思维方法。分析的过程是思维运动从整体到部分、从复杂到简单的过程。在分别考察各个部分的基础上，分析法能够找出构成事物的基础部分或本质方面，是一种比较深刻的思维方法。社会调查中常用的分析方法有矛盾分析法、系统分析法、因果关系分析法、结构—功能分析法等。

5）**矛盾分析法**，是运用矛盾的对立统一规律来分析社会现象的思维方法。主要应当做到：分析事物内部的对立和统一，揭示事物发展的内因和外因，认识矛盾的普遍性和特殊性。对立统一规律是唯物辩证法的实质和核心，在社会调查中运用矛盾分析法是坚持唯物辩证法的关键，是科学进行社会调查的内在要求。

6）**系统分析法**，是运用系统论的观点分析社会现象的一种思维方法。这里的系统就是由各种构成要素按照一定的方式联结在一起的、具有特定性质和功能的统一整体，系统论则是研究现实系统或可能系统的一般性质和规律的理论。

7）**因果关系分析法**，是探求事物或现象之间因果联系的思维方法，形式逻辑和唯物辩证法是研究因果联系的有效方法。

8）**结构—功能分析法**，就是运用系统论关于结构和功能相互关系的原理来分析社会现象的思维方法。结构—功能分析法的主要内容包括：结构分析法、功能分析法、黑箱方法、灰箱方法和白箱方法。

9）**创新思维法**，是指在原有知识、经验的基础上，突破一般思维定势的具有开创意义的思维活动或结果。它具有新颖性、开创性、独特性、开拓性、灵活性等特点。常用的创新思维方法有求是思维、求异思维、扩展思维、逆向思维、类比思维、联想思维、想象思维、直觉思维这几种类型。

12.2.4 社会调查报告写作

调查报告是反映调查成果的书面报告，是交流、使用和保存调研成果的重要载体。调查报告的撰写关系到成果质量的高低和社会作用的大小。要撰写好调查报告，需要了解研究调查报告的特点、分类、结构、写作步骤和撰写要则等问题。

1. 报告特点与类型

调查报告是以文字、图表等形式反映调查对象实际情况、表达研究者观点和方法的书面报告，主要特点是：**针对性**——写调查报告必须有明确的目的，做到有的放矢。必须明确调查对象，明确要解决什么问题。**真实性**——调查报告最基本的特点是真实，是用事实说话，真实地反映客观现实[6]。**新颖性**——任何调查报告都应该引用一些新事实，提出一些新观点，形成一些新结论。**时效性**——调查报告的写作或发表，必须讲究时效，及时提供新的信息、建议和方法，以达到促进社会进步的目的。调查报告的特点是相互联系的：针对性是调查报告的目的；真实性是调查报告的基础，是针对性、新颖性和时效性赖以存在的前提；新颖性、时效性则是针对性、真实性的客观要求。

根据不同的划分标准，调查报告可分为多种类型。

1）根据调查报告的广度进行分类，可以分为综合性调查报告和专题性调查报告。综合性调查报告内容比较广泛，反映情况比较全面，篇幅一般较长；专题性调查报告内容比较狭窄、专一，问题比较集中，有较强的针对性和实效性，篇幅一般比较短小。

2）根据调查报告的深度进行分类，可分为描述性和因果性、预测性调查报告。

描述性调查报告是对社会真实情况的具体描写和叙述，其内容可以是定性的，也可以是定量的，但都以回答"是什么"和"怎么样"的问题为主；因果性、预测性调查报告是以揭示社会现象之间的因果联系为主要内容的调查报告，它不仅要说明"是什么"和"怎么样"的问题，而且还要回答"为什么"和"怎么办"的问题，有的因果性调查报告，包含有预测性内容和对策性建议。描述性调查报告尽管在内容层次上比较浅，但却是任何调查报告不可缺少的基本组成部分。任何因果性、预测性调查报告，都必然包括一定篇幅的描述性内容，并以描述性调查为立论基础。描述性调查报告可以独立成篇，因果性、预测性调查报告则是在描述性调查基础上深入分析研究的结果。

3）根据调查报告的主要用途进行分类，可分为应用性调查报告和学术性调查报告。应用性调查报告主要有以认识社会、政策研究、经验总结、揭露问题、支持新生事物、思想教育为目的的六种类型；学术性调查报告以理论探讨为主要目的，大体上可分为理论研究性调查报告和历史考察性调查报告。其中，理论研究性调查报告主要是通过对现实问题的调查研究，作出理论性的概括和说明；历史考察性调查报告主要是通过对文献资料的调查分析，来揭示某些社会现象的内在本质及其发展规律。

2. 报告结构

社会调查报告的撰写没有固定不变的模式和要求，但调查报告的基本结构和基本内容却是大体相同的，基本上都是由标题、摘要、导言、主体、结束语、参考文献、后记、附录等内容组成，有些调查报告可能会缺少摘要、后记和附录。

标题是调查报告的题目。撰写调查报告，应重视标题的推敲。标题的写作有以下几种方式：①**直叙式**，即直接用调查对象或调查内容作标题，如《新农村背景下农村居民公共服务参与意识调查报告》；②**判断式**，即用作者的判断或评价作标题，如《"工具性"色彩的淡化：一种新健康观的生成与实践——以绍兴醴村为例》；③**提问式**，即用提问方式作标题，如《他们为什么选择试婚？》；④**抒情式**，即用抒发作者感情的方式作标题，如《疯狂的权钱权色交易》；⑤**双标题**，即两个标题，包括主标题与副标题、引题与主标题两种形式，如《大学生"村官"扎根基层的客观影响因素分析——基于苏北灌云县的调查》《"社会复合主体"的追求：生活中更高品质的创新和创业——社会学视野下"杭州经验"的理论与实践》等。

摘要是对调查报告主要内容的简要介绍，对研究报告内容、方法、结果与结论的简要小结。

导言又称前言、引言，是调查报告的开头部分，对全文起着总领和引导作用，其主要任务是向读者介绍本次社会调查的背景、主旨、目的和方法等。应用性调查报告与学术性调查报告的导言，在写作上有很大的不同。**应用性调查报告**

的导言，主要有三种写作方法：①主旨陈述法，即在导言中说明调查目的和宗旨；②结论前置法，即在导言中先简要说明调查的基本结论；③提问设置法，即在导言中只提出问题、设置悬念，而不作正面回答。**学术性调查报告**的导言一般应该包括如下几部分内容：①调查的主题、目的和意义，即说明调查的主题是什么，为什么要选择这个主题，调查这一主题有何价值或意义。②对有关文献的综述和评论，主要包括介绍已有文献的基本内容和主要贡献，并指出其存在的缺点或局限；说明自己调查的主要视角和特点，凸显自己调查的意义或价值；阐述本次调查的学术定位，说明它在本学术领域中的位置。这一部分的写作，必须把综述和评论结合起来，而不能停留在对原有文献的罗列和梳理上。③调查的研究设计。主要说明本次调查是如何进行的，包括调查采取的主要方法，资料收集方法、分析方法、工作程序等；若是抽样调查，应说明研究总体的界定、抽样方法、抽样过程等；另外，要确定理论分析的基本框架，包括研究假设的说明及其理论基础，说明研究变量的或概念的测量方法与指标等。在学术性调查报告中，研究设计是非常重要的一部分。

主体即调查报告的正文，是调查报告内容重点展开的部分，是调查报告最主要和核心的部分。调查报告的主体部分主要包括三个方面的内容：①客观叙述研究对象的基本状况及其相关行为，阐明其性质和特点；②分析各现象之间的相互关系，解释社会现象、社会行为之间的因果联系；③根据以上叙述和分析，提出必要的对策性建议或方案。调查报告主体部分的结构，通常有三种形式：纵式结构、横式结构、纵横交错式结构。纵式结构是按事物发展的历史顺序和内在逻辑来叙述事实、阐明观点；横式结构是把调查的事实和形成的观点，按性质或类别分成几个部分，并列排放、分别叙述，从不同的方面共同说明调查报告的主题。

结束语是调查报告的结尾部分。从内容上看，调查报告的结束语有以下几种写法：①概括全文、深化主题，即根据调查情况，概括出主要观点，深化主题，增强调查报告的说服力和感染力。②总结经验、形成结论，即根据调查情况，总结基本经验，形成基本结论。③指出问题、提出建议，即根据调查情况，指出存在的问题和不足，提出改进的具体建议。④说明危害、引起重视，即根据调查情况，说明问题的严重性、危害性，以便引起有关方面的重视，以及提出对策性的具体意见。⑤展望未来、指明意义，即根据调查情况，由点到面、由此及彼，开阔视野，展望未来，指出有关问题的重要意义。学术性调查报告的结语，常常包括"讨论"的内容，即从调查中能得出什么样的推论，研究的假设是否得到证实。在这些推论中，哪些同调研数据结合得紧密，哪些同抽象理论相关，研究结论的理论内涵和实践意义是什么，本次调查存在的缺陷、尚未解决的问题和新出现的问题，其结论的推广应具备哪些条件或限制，以及对进一步研究的建议等。

参考文献是指本次社会调查与调查写作中参考的相关文献，参考文献的书写有一定的格式。

后记是撰写在结束语之后的，对与调查报告的形成、写作、出版有关的问题所作的说明，如果调查报告在导言、主体或结束语中已经说明这些问题，就不必再写后记了。

附录是调查报告的附加部分，一般包括调查问卷或量表、访谈资料、调查指标的解释或说明、计算公式和统计用表、调查的主要数据、典型案例、名词注释、人名和专业术语对照表等。附录不是调查报告必不可少的部分，只有那些与调查报告密切相关、而调查报告正文包括不了或者没有说到而又需要说明的情况和问题才应列入附录。

3. 报告写作

社会调查报告有四大构成要素：主题、结构、材料和语言。其中，主题是灵魂，结构是骨架，材料是血肉，语言是肌肤，调查报告的草拟也围绕这些构成要素而展开。撰写调查报告的一般步骤是：提炼报告主题、拟定写作提纲、精选调查材料、推敲书面语言。

主题是调查报告的灵魂。它是分析社会现象、揭示事物本质所形成的中心思想或基本观点。正确提炼主题，是写好调查报告的关键。提炼调查报告主题，要努力做到正确、集中、深刻、新颖和对称。

结构是调查报告的骨架。调查报告写作提纲，则是结构的具体体现。拟定写作提纲的过程，实际上就是研究调查材料的过程，明晰报告主题的过程。一份高质量的写作提纲，从内容的角度看应符合突出报告主题、阐明基本观点、实现观点与材料的统一和符合内在逻辑这四条基本要求。写作提纲的拟定，主要有两种方式：一是标题法，即按总标题、大标题、小标题、子标题的形式，将内容分层排列；二是句子法，即用句子的形式，把所要论述的内容概括表达出来。

材料是调查报告的血肉。在撰写调查报告前，应对社会调查中收集的资料进行认真研究，精选真实、准确、全面、系统的材料，努力做到既不漏掉重要材料，又使所用材料具有最大的代表性和最强的说服力[1]。为了充分论证主题，应该精心选择典型材料、综合材料、对比材料和统计材料。

语言是调查报告的肌肤。一篇高质量的调查报告，不仅要正确提炼主题，合理安排结构，精选调查材料，而且要反复推敲书面语言。调查报告的语言应力求做到准确、统一、简洁、朴实、生动。掌握调查报告语言的独特风格十分重要，语言表达得好，犹如锦上添花；语言表达不好，就会功亏一篑，甚至会影响调查报告社会作用的发挥[9]。

12.3 社会调查案例

城中村祠堂的死与生——广州城中村祠堂保护研究 ①

摘要：在广州城中村改造的浪潮中，如何更好地保护独特的民间祠堂及其相关的传统文化，是关系到地方文脉传承的重要议题。本报告主要从相关理论综述入手，介绍祠堂功能历史演变轨迹、祠堂的现实意义、不同群体对祠堂保护的意见及相关利益群体对于祠堂保护的博弈过程等调查成果。本报告试图通过对历史与现状的分析探讨，对其保护模式以及作为传统公共空间的回归与升华提出相应的建议。

关键词：城中村；祠堂保护；差序格局；关系建构

12.3.1 导言

广州市在城中村改造的过程中，如何保护具有特殊文化价值的祠堂、传承传统文脉、构建和谐社会，引发多方舆论关注，甚至激起了许多矛盾。对广州城中村已有不少综合性的研究成果，然而对城中村祠堂保护的专题研究还比较欠缺[10, 11]。祠堂的更多研究来自社会学或结合社会学领域的研究，在论文内容方面，主要包括对祠堂与宗族社会组织的研究[12, 13]，对祠堂功能演变的研究[14, 15]，对祠堂建筑空间与价值的研究[16, 17]，对地方祠堂整体更新、保护、利用的研究[18, 19]等。

本次社会调查拟提取费孝通先生提出的中国乡土社会的差序格局中的价值观内涵[20~22]，与现实意义的祠堂结合，在乡村社会结构被嵌入了科层组织与经济理性的背景下，主要通过访谈及问卷的调查研究，研究现实背景下祠堂的功能变化，不同主体对祠堂保护的态度差异与其导致的结果，以及广州城中村改造的特殊语境下祠堂保护的博弈关系，最后提出供实践参考的保护模式及政策建议，旨在促使祠堂文化更好地延续保存，并一定程度上丰富祠堂相关学术研究的内容。

12.3.2 主体

1. 数据和方法

本次调查选取研究案例为猎德、杨箕、沥滘三地，并对沥滘进行重点调查分析。本研究主要采用访谈法、问卷调查法、非参与观察法、文献综述法，同时采用问卷定量分析和被调查者的态度、观点的定性分析两种方法，研究对象涉及多重主体。调查分为问卷调查以及访谈调查两个小组，分别在10月至11月期间独立进行。访谈组完成深度访谈时间440min，随机访谈时间210min，总计访谈时间超过

---

① 本节内容选编自案例调研报告《城中村祠堂的死与生——广州城中村祠堂保护研究》。完成人：辜培钦、刘畅、刘泓、黄颖（中山大学地理科学与规划学院城市与区域规划系2008级本科生）。指导老师：何深静教授。

650min；问卷组共对沥滘村居民派发问卷125份，回收问卷119份，回收率为95.2%，有效率为100%。问卷的后期数据运用SPSS进行处理，对随机访谈进行笔记摘录，对深度访谈进行录音及后期逐字转录，结合理论对调查所得进行分析整合，得出以下调查结果。研究所引数据资料均来自上述渠道。

2. 结果分析

（1）城中村祠堂发展历程

沥滘村在中华人民共和国成立前一度保留有31座卫氏祠堂，

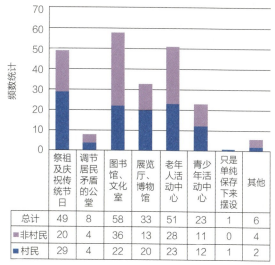

图12-3 城中村祠堂功能偏好统计直方图
资料来源：学生案例调研报告.

由于历史的原因到现在只留下了11座，但当年祠堂群的规模还依稀可见。

大宗祠已经成为族人寻找和维系血缘、地缘社会关系和记忆的场域。而对于丧失传统功能的小祠堂，村民们更注重的是使其不受更大的破坏，并作为村内公共空间的功能补充（图12-3）。

祠堂功能的异化以及法定所有权的异化并没有改变祠堂为宗族所有的观念建构，而属于集体物业的祠堂并没有受到众多法定所有者的重视，这极大地阻碍了祠堂的维持与保护。

传统的乡土社会组织一定程度上被社会主义的基层政权组织形式所取代，然而村民中人治与长老统治观念却依然牢固，宗族利益没有得到伸张，宗族非正规组织没有体现出润滑剂功能。

（2）城中村不同主体对祠堂保护态度的差异性研究

1）运用"差序格局"的理论分析

运用"差序格局"的理论分析，得出理论上以从血缘到业缘、年少到年老的差序距离变化作用下的各种不同人群对祠堂保护的重视程度的分异情况，结果呈现出以宗族、老年为原点的沿半径方向重视程度递减的扇形分异情况（图12-4）。

通过实证调查，将村民组48

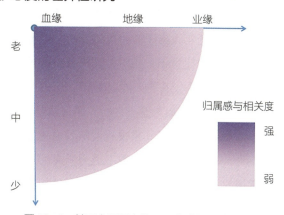

图12-4 基于实证调查的不同人群归属感分异图
资料来源：学生案例调研报告.

个样本的去祠堂经常性、祠堂改造保留完整度、祠堂维修捐款意愿度三个指标进行等重加权得出归属感,非村民组 71 个样本的归属感则为保护关系度单一指标。运用 SPSS 中 Spearman 相关分析方法得出,村民归属感与年龄呈显著正相关,而非村民组的关系度则无显著相关性(表 12-3)。

Spearman 相关系数检验结果表　　　　　表 12-3

	村民归属感与年龄	非村民归属感与年龄
相关系数	0.342*	0.194
Sig.(双侧)	0.017	0.105
N	48	71

*在置信度(双测)为 0.05 时,相关性是显著的。

2)以横轴为划分基础进行年龄差异分析

结合访谈与上述计量分析,得出以血缘、地缘、业缘关系为横轴,以老、中、少的年龄差异为纵轴的四象限模型(图 12-5)。血缘关系中,老年人对祠堂保护反应最为强烈,归属感最强;中年人出于对城市发展的考虑,表现出更多的理性与灵活性;年轻人对祠堂感情不深,甚至部分不知道祠堂是什么、在哪里;而地缘关系中,大家对祠堂保护的意识相对淡薄,但随着年龄的年轻化,持"与我无关"态度的人逐渐减少;业缘关系中,老年人的空暇时间相对较多,青年人的生活

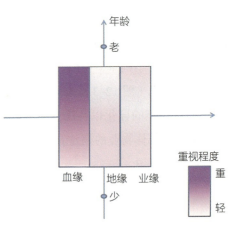

图 12-5　理论假设下不同人群对祠堂的归属感分异图

资料来源:学生案例调研报告.

压力较小,老年人出于对传统的支持,而青年出于对功能拓展后的祠堂对自身需求的满足,有着比中年人相对较重的保护意识。但由于对本地祠堂没有感情基础,这种保护意识还是较其他人群更淡。

3)以年龄方向为基础进行差序关系距离因素分析

对于老年群体,其重视程度随着血缘、地缘、业缘关系呈现出与理论分析较大的差别,在血缘关系中呈现出最为明显的重视程度。对于中年群体,他们对祠堂保护意识的情况与老年人较为类似,只是相对于老年群体,他们对祠堂保护的心态更加理性与现实。而对于青年群体,从血缘、地缘、业缘的角度出发,其重视程度并没有多大的变化。

（3）城中村改造过程之祠堂保护事件中村民、村集体、开发商等多方主体的关系建构

如表 12-4 所示，对沥滘村村民的问卷调查中，依均值可得村民眼中的祠堂保护责任依次递减为：市政府、村集体、村民、开发商，且从标准差看出村民对于市政府与村集体的责任度意见较为集中，对于村民与开发商意见则较为分散。结合访谈结果，可以得出各主体责任度及角色定位的掌型模型（图 12-6、表 12-5）。

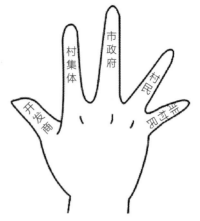

图 12-6　各相关主体保护责任度掌型模型
资料来源：学生案例调研报告.

城中村改造过程中祠堂保护责任度调查统计表　　　表 12-4

	市政府	村集体	村民	开发商
均值	3.23	2.97	2.34	2.28
标准差	0.843	0.891	1.072	1.031

注：数据来源为调查问卷采集，沥滘村村民样本量 48，各单位满分为 4 分，最低分为 1 分。

城中村改造过程中祠堂保护责任度各主体掌型模型定位表　　　表 12-5

主体	手指	责任排序	角色定位
市政府	中指	1	宏观调控者、监督者
村集体	食指	2	产权所有者、管理者、监督者、利益所得者
村民	无名指	3	使用者、保护者
开发商	大拇指	4	开发者、使用者、潜在破坏者或保护者
非村民	尾指	5	无过多利益相关

根据调查资料分析，可以得出多元主体的博弈关系。对于村民来说，祠堂作为村落氏族文化的根，就是村民们的根，"祠堂没了，就等于没了祖宗"。村民对政府管理不满，提出拿回祠堂产权自治，要求开发商赔偿。另一方面，对祠堂的保护能力有限的村民们又十分期待政府的牵头，将祠堂的保护落到实处。

开发商在城中村改造中与政府存在利益关系，往往要追求自身利益的最大化，因而对祠堂这一地方文脉的保护缺少考虑，没有尽到"谁使用，谁保护"的职责，"大拆大建"对祠堂造成破坏，为强拆与村民讨价还价。

政府和村集体作为所有者却"监督不足，调控无力"，改造过程中巨大的利益漏洞诱使局部腐败行为，引起村民的不满。

12.3.3 结束语

1. 研究结论

1）祠堂封建迷信的神圣化色彩日渐淡化，历史沿革后的祠堂功能趋于多样化，祠堂的传统功能似乎已经渐渐"死去"，而适应新时期的功能获得"新生"。

2）非村民的事不关己、村民内部利益的不同等原因导致了群体的分化，阻碍了祠堂等传统文化的传承。

3）由于经济理性的嵌入以及基层政权组织形式的改变，致使实际情况比经典理论更为复杂。

4）在涉及政府、村集体、开发商、村民等多方利益相关主体的城中村改造的利益博弈过程之中，各方均从自己的既得利益出发，而缺乏对相互间利益及城中村整体发展利益的考虑。

5）祠堂保护应该因地制宜，视具体情况与具体对象，澄清各方权利与责任，进而制定适宜的保护政策与措施。

2. 建议

1）政府在进行整体规划时应制定有弹性的详细规划，考虑古村落历史文脉与街区风貌的保护，体现城市的历史性、包容性与多样性，避免千篇一律。

2）政府部门在管理过程中，主动落实主体管理者的职责，适当"让权于民"，特别是对于城中村老年居民这一弱势群体，需要倾听他们的声音。

3）政府应着力完善祠堂的经营机制，通过税收减免、资金补助及优惠贷款等手段吸引民间资本对祠堂保护的投入，扩充祠堂功能为公共空间，同时提高监督力度。

4）开发商可以将祠堂等古建筑保护融入长期发展战略规划，通过遗产保护复活的后续影响取得利益，而不是强拆重建。

5）村民应提高祠堂保护意识，理性表达诉求，成立自治组织弥补政府管理中的不足，积极配合祠堂的功能改造。

12.3.4 案例评析

该社会调查研究报告体现出研究者社会调查研究的科学态度，调查和分析方法比较规范。本次调查虽然是学生自行自觉的调查，但能够认真完成社会调查前期阶段的自学思考，并采取了文献调查、实地观察、访问调查等多种调查方法获取材料和数据，对调研资料进行了比较全面的统计分析，调查报告的写作也比较通俗易懂，调查研究内容和研究结论具有一定的实践价值和现实意义。

该项调查也存在不足之处：社会调查研究的深度不足，调查报告虽然比较具体地反映了城中村祠堂保护的某些问题，但总体上还是停留在对表层现象的描述为主，对其社会深层次问题和矛盾反映较少，造成研究深度不够。若能进行深入调查和分析，确实厘清祠堂保护与开发过程中的深层次问题与原因，并在此基础上提出宗祠保护与开发的优化建议，该调查报告的成果与结论将更有意义和价值。

推荐阅读资料

1. 水延凯. 社会调查教程 [M]. 5 版. 北京：中国人民大学出版社，2011.
2. 风笑天. 现代社会调查方法 [M]. 3 版. 武汉：华中科技大学出版社，2005.
3. 边燕杰，李路路，蔡禾. 社会调查方法与技术：中国实践 [M]. 北京：社会科学文献出版社，2006.
4. 李和平，李浩. 城市规划社会调查方法 [M]. 北京：中国建筑工业出版社，2004.
5. 巴比·E. 社会研究方法基础 [M]. 4 版. 邱泽奇，译. 北京：华夏出版社，2010.
6. 福武直，松原治郎. 社会调查方法 [M]. 王康乐，译. 长沙：湖南大学出版社，1986.
7. 埃里克·P，西雅图·R. 调查研究手册 [M]. 王彦，译. 北京：中国轻工业出版社，2008.
8. 福勒·F. 调查研究方法 [M]. 孙振东，龙藜，陈荟，译. 重庆：重庆大学出版社，2009.
9. 基钦·R，泰特·N J. 人文地理学研究方法 [M]. 蔡建辉，译. 北京：商务印书馆，2006.

思考题

1. 如何理解实证主义与人文主义方法论的异同以及在社会学研究中的应用？
2. 阐述社会调查的主要方法及特征。
3. 阐述资料整理的原则与意义。
4. 结合实际案例，谈谈问卷的结构与设计。
5. 如何理解统计分析中定量与定性资料分析方法的区别？
6. 阐述理论分析的思维方法与运用。
7. 结合身边的案例，谈谈具体的社会调查方法与实践效果。

本章参考文献

[1] 风笑天. 社会学研究方法 [M]. 北京：中国人民大学出版社，2009.

[2] 风笑天. 社会研究方法 [M]. 4 版. 北京：中国人民大学出版社，2013.

[3] 林聚任，刘玉安. 社会科学研究方法 [M]. 2 版. 济南：山东人民出版社，2008.

[4] 李和平，李浩. 城市规划社会调查方法 [M]. 北京：中国建筑工业出版社，2004.

[5] 水延凯. 社会调查教程 [M]. 5 版. 北京：中国人民大学出版社，2011.

[6] 江立华，水延凯. 社会调查教程 [M]. 7 版. 北京：中国人民大学出版社，2018.

[7] 深圳商报. 为服务打开新局面！新阁社区开展 2021 年度长者需求焦点访谈小组 [EB/OL]. （2021-03-03）[2021-11-09]. http://duchuang.sznews.com/content/2021/03/03/content_24014907. html.

[8] 风笑天. 现代社会调查方法 [M]. 4 版. 武汉：华中科技大学出版社，2009.

[9] 水延凯. 社会调查教程 [M]. 4 版. 北京：中国人民大学出版社，2007.

[10] 蓝宇蕴. 都市里的村庄：一个"新村社共同体"的实地研究 [M]. 北京：生活·读书·新知，三联书店，2005.

[11] 李培林. 村落的终结 [M]. 北京：商务印书馆，2001.

[12] 杨国安. 空间与秩序：明清以来鄂东南地区的村落、祠堂与家族社会 [J]. 中国社会历史评论，2008（9）：34-62.

[13] 罗艳春. 祠堂与宗族社会 [J]. 史林，2004（5）：42-51.

[14] 付文茂. 新农村视野下村落宗族与乡村发展研究：以赣东桐源乡为例 [D]. 桂林：广西师范大学，2007.

[15] 李芳. 传承与再生：无锡惠山古祠堂群的保护和更新研究 [D]. 无锡：江南大学，2009.

[16] 石林，过伟敏. 广州陈家祠建筑装饰艺术的空间特征解析 [J]. 南京艺术学院学报（美术与设计），2016（6）：128-131.

[17] 张艳华. 在文化价值与经济价值之间：上海城市建筑保护与再利用 [M]. 北京：中国电力出版社，2007.

[18] 刘仁义，吴洪，钟杰. 乡村振兴背景下徽州祠堂适宜更新策略：以安徽省祁门县马山村祠堂为例 [J]. 小城镇建设，2020，38（12）：83-91.

[19] 陈晓华，谢晚珍. 徽州传统村落祠堂空间功能更新及活化利用 [J]. 原生态民族文化学刊，2019，11（4）：92-97.

[20] 费孝通. 乡土中国 [M]. 北京：生活·读书·新知三联书店，1985.

[21] 吕德文. "差序格局"的拓展性理解：行动单位的视角 [J]. 江海学刊，2007（4）：118-121.

[22] 柴玲，包智明. 当代中国社会的"差序格局" [J]. 云南民族大学学报（哲学社会科学版），2010，27（2）：44-49.

后 记

这本教材的编写，缘起于我于2010年在华南理工大学建筑学院城市规划系承担"城市社会学"的课程教学工作。为能胜任相关教学工作，我结合自己多年来聚焦城市社会空间、住房与社区发展规划、城市更新等相关领域的研究成果、心得和体会，并认真研读已有的大量城市社会学教材，同时对相关领域的巨量文献资料进行了初步综述与整理，搭建了课程的内容框架和知识体系，制作了相关教案。

之后的几年，我开始着手《城市社会学》教材的编写，也恰逢住房城乡建设部土建类学科专业"十三五"规划教材建设计划申报，本教材很荣幸入选该计划，同时也得到了"华南理工大学校级本科教材建设项目"的立项支持。中国建筑工业出版社为本书的出版付出了极大的努力，从立项到内容编审，杨虹主任及其团队编辑对本教材的出版给予了关心和极大支持。华南理工大学的黄幸副教授、刘于琪副教授先后加入城市社会学的课程教学，并积极参加了教材的编写工作。我们很荣幸地邀请到香港大学的何深静教授、钱俊希副教授以及一批青年学者叶原源讲师、张园林助理教授、邱君丽博士后研究员、赵楠楠博士后研究员等参与了本教材的撰写工作。本教材的编写，从谋划、编撰到最终定稿，历经十年之久，期间对文稿内容进行了多轮的修改与完善、数据和图表更新等，博士生莫海彤、黄世臻、安月辉，硕士生李嘉靖、姚龙、何微丹、路昀、刘欢芳、李元珍、王敏芳、孙旭、曹冬等协助并完成了诸如此类的大量的琐碎工作，在此一并致谢！

世界将继续其城镇化进程，而城镇化仍将是全球增长的主要动力，城市的重要性持续显著。多样化、包容性、可持续是城市发展的永恒价值观，当前的中国城市发展，已经进入存量更新时代，城市社会问题将更加多元和繁杂，城市低收入、住房、就业、移民等传统领域仍需要持续关注，老龄化、新中产、新文化空间等新议题层出不穷。一本教材无力也不可能聚合城市社会学相关学科领域的全部知识，这决定了其在尽力建构相对系统的学科知识体系的同时，无法做到对所有问题的全面呈现和深入分析。鉴于此，本教材的编写完成并顺利出版，仅可看作编写团队对城市社会学学科领域工作的一个小小总结和阶段性终点，我们更愿意将其视为该领域科研和教学工作的另一个起点。期待与学科、业界同仁，共同努力，扎根于实践，精心于科研与教学，持续产出更多高质量的成果，为新时代中国的城市社会发展做出应有的学科贡献。

刘玉亭